Analysis and Review of Selected Intellectual Property Cases
(2021)

知识产权精品案例评析
(2021)

广州知识产权法院　组织编写
主编　黎炽森

知识产权出版社
全国百佳图书出版单位
—北京—

图书在版编目（CIP）数据

知识产权精品案例评析. 2021 / 广州知识产权法院组织编写；黎炽森主编. —北京：知识产权出版社，2022. 11

ISBN 978-7-5130-8436-9

Ⅰ. ①知… Ⅱ. ①广… ②黎… Ⅲ. ①知识产权法—案例—中国 Ⅳ. ①D923. 405

中国版本图书馆 CIP 数据核字（2022）第 204321 号

责任编辑： 常玉轩　　**责任校对：** 潘凤越
封面设计： 纺印图文·韩力君　　**责任印制：** 刘译文

知识产权精品案例评析（2021）

广州知识产权法院　组织编写

黎炽森　主编

出版发行： 知识产权出版社有限责任公司　　**网　址：** http //www. ipph. cn
社　址： 北京市海淀区气象路50号院　　**邮　编：** 100081
责编电话： 010-82000860 转 8390　　**责编邮箱：** changyuxuan08@163.com
发行电话： 010-82000860 转 8101/8102　　**发行传真：** 010-82000893/82005070/82000270
印　刷： 三河市国英印务有限公司　　**经　销：** 新华书店、各大网上书店及相关专业书店
开　本： 720mm×1000mm　1/16　　**印　张：** 29.25
版　次： 2022 年 11 月第 1 版　　**印　次：** 2022 年 11 月第 1 次印刷
字　数： 500千字　　**定　价：** 128.00 元

ISBN 978-7-5130-8436-9

知识产权精品案例评析（2021）

序

时代的画卷，底色是不变的初心；民族的复兴，根基是共同的信仰；司法的公信，关键是审判规则和审判理念的提炼与传承。

2021年是中国共产党建党一百周年，也是全面开启社会主义现代化国家新征程和实施“十四五”规划的元年。在新冠肺炎疫情肆虐、全球经济重创和经贸摩擦加剧的大背景下，科学技术前所未有地影响着国家和民族的命运。知识产权司法保护关系到国家治理体系和治理能力现代化，关系到高质量发展和人民福祉，如何履行好《知识产权强国建设纲要（2021—2035年）》赋予人民法院的职责，发挥好司法保护知识产权的作用，是人民法院必须面对和回答的问题。

2021年，广州知识产权法院深入贯彻习近平法治思想和党的十九大、十九届历次全会精神，主动融入和服务国家战略，紧扣高质量发展主题，加强科技创新成果知识产权保护，切实推动知识产权司法保护水平迈上新台阶。全年受理案件15244件，审结案件14297件，创历史新高。进一步加强对涉及信息通信、人工智能、生物医药、高端设备制造、新材料新能源、植物新品种等前沿领域和高新技术纠纷案件的审判，聚焦服务和保障科技创新、规范市场秩序、促进文化繁荣等主方向，打造了一批社会效果良好、理论价值较高的精品案例。在台沃种业公司诉清远农业科技中心侵害植物新品种权纠纷案中，明确研发机构将植物新品种作为非商业性育种和申请植物新品种不构成侵权，获评国家农业农村部2021年农业植物新品种保护十大典型案例。在深圳天源半导体公司诉佛山蓝箭公司集成电路布图设计专有权纠纷案中，依法认定被诉芯片的布图设计复制了权利人的集成电路布图设计独创性部分，并就侵权事实部分作出先行判决，有效避免权利人损失扩大。在快乐阳光公司诉唯思软件公司不正当竞争纠纷案中，依法认定屏蔽浏览器广告行为构成不正当竞争，获评全国法院十大反垄断与反不正当竞争典型案例。在济宁罗盒网络公司与广州玩友网络公司等侵害计算机软件著作权纠纷案中，从平衡著作权人和社会公众利益的角度，有效规制开源软件许可及使用行为，及时回应开源软件保护新要求，探索推动前沿法律问题解决。

徒法不足以自行，法律的生命不仅在于条文和裁判，更在于对司法实践的逻辑归纳和理论提炼。时值2022年金秋，在收获的季节，广州知识产权法院推出《知识产权精品案例评析（2021）》，作为本院案例评析系列书籍的第五辑，延续了2017年以来的精品案例汇编思路，在传承“准确划定权利边界、统一侵权判定尺度、平等保护市场主体”等一贯理念的同时，立足新时代知识产权保护面临的新要求、新挑战和新问题，以广阔的视野和深刻的洞察，对2021年广州知识产权法院典型案例进行评述和呈现，涉及专利权、商标权、著作权和垄断及不正当竞争等多个领域，它们是鲜活的知识产权司法保护实践的缩影，充分体现了人民法院为知识产权司法保护作出的巨大努力和取得的显著进步。我们不仅希望能以本书传播观点、传承智慧，更希望与广大知识产权工作者交流、互动，激励更多的知识产权工作者勤于钻研、建言献策，为推动社会高质量发展提供坚实有力的知识产权司法保障。

目　　录

专利权案件

商标权案件

著作权案件

垄断或不正当竞争案件

植物新品种权案件

其他类型案件

专 利 权 案 件

1

龙芝翔公司与迪亚公司、周某侵害实用新型专利权纠纷案

阅读提示：如何审查专利侵权纠纷中的犯意诱发型陷阱取证？

【裁判要旨】

被诉侵权人基于他人行为而实施侵害知识产权行为所形成的证据，可以作为权利人起诉其侵权的证据，但被诉侵权人仅基于权利人的取证行为而实施侵害知识产权行为的除外。如果权利人的购买行为属前述“犯意诱发型”取证，被诉侵权人仅基于权利人的诱发取证而实施涉案销售行为，则权利人取得的公证证据不具有证明力。

【案号】

一审：广州知识产权法院（2021）粤73知民初298号

【案情与裁判】

原告：广州龙芝翔影视设备有限公司（以下称“龙芝翔公司”）

被告：广州市迪亚舞台灯光有限公司（以下称“迪亚公司”）、周某

起诉与答辩

龙芝翔公司起诉称：龙芝翔公司经权利人许可获得名称为“内翻转免拆卸折叠灯钩”、专利号为ZL201720987593.4的实用新型专利权权益，该专利至今合法有效。迪亚公司未经许可，将被诉侵权产品大量销往世界各地，并在其

经营的网店上展示了被诉侵权产品的图片、价格、产品介绍等销售信息，存在许诺销售、销售等侵权行为。迪亚公司为一人有限责任公司，周某是其唯一股东，两者存在主体混同、账户混同等经营混同情形，应共同承担连带责任。综上，龙芝翔公司向法院请求判令：1. 迪亚公司立即停止销售、许诺销售被诉侵权产品，并销毁库存侵权产品及专用模具；2. 迪亚公司、周某共同赔偿龙芝翔公司经济损失及维权合理费用共计 12 万元；3. 迪亚公司、周某承担本案的诉讼费用。

迪亚公司、周某共同答辩称：应当驳回龙芝翔公司的诉讼请求：1. 龙芝翔公司虽然公证取证，但属于钓鱼取证、陷阱取证、引诱取证，严重违背诚信原则，属恶意引诱迪亚公司实施侵权行为而获取的非法证据。龙芝翔公司未能提供证据证明迪亚公司过往有对被诉侵权产品的销售、宣传，其故意提供专利产品图样引诱迪亚公司进行交易，侵害了迪亚公司的合法权益，龙芝翔公司的证据无效。2. 迪亚公司不存在继续侵权，过往也没有销售、宣传被诉侵权产品，因此，龙芝翔公司请求停止侵权及赔偿的诉讼请求不能成立。迪亚公司也没有库存和生产模具。

一审审理查明

涉案专利名称为“内翻转免拆卸折叠灯钩”、专利号为 ZL201720987593.4，专利权人为程某杰，专利申请日为 2017 年 8 月 9 日，授权公告日为 2018 年 2 月 23 日，已按期缴纳专利年费，至今合法有效。国家知识产权局针对涉案专利作出的《实用新型专利权评价报告》初步结论为，权利要求 4 不符合授予专利权条件，权利要求 1—3 未发现存在不符合授予专利权条件的缺陷。

程某杰与龙芝翔公司于 2018 年 2 月 24 日签订《专利实施许可合同》，双方约定涉案专利以普通许可方式许可龙芝翔公司实施，期限自 2018 年 2 月 24 日至 2027 年 8 月 9 日，许可实施费用总额 150 万元，并约定如果出现第三方侵权，龙芝翔公司有权单独提起诉讼及获得赔偿。

涉案专利权利要求 1 为一种内翻转免拆卸折叠灯钩，包括灯具连接吊件和旋转安装于所述灯具连接吊件两端的两个钩体，两个所述钩体上分别设有夹紧机构，其特征在于：所述内翻转免拆卸折叠灯钩还包括调节螺母和独立翻转连接头，两个所述钩体分别为带翻转连接头的钩体和不带翻转连接头的独立钩体，所述带翻转连接头的钩体的安装座旋转安装于所述灯具连接吊件的一端并能够向内侧方向翻转 90°，所述独立翻转连接头的安装座旋转安装于所述灯具连接吊件的另一端并能够向内侧方向翻转 90°，所述独立钩体通过所述调节螺母安装于所述独立翻转连接头上并能够 360° 旋转，所述独立钩体的旋转平面与所述独立翻转连接头的翻转平面相互垂直。

（2020）深证字第 25821 号公证书记载以下事实：2020 年 3 月 12 日，龙芝翔公司的委托代理人李某松在公证员监督下收取单号为 773026869589025 的申通快递，对快递包裹内外拍照后，选取其中 2 个产品进行封存。公证书所附的照片显示，快递单上记载的寄件人信息为“周某”、收件人为“李某松”；快递包裹内有折叠灯钩 3 套；“周某”名片上记载有“广州迪亚电子舞台灯光设备厂 地址：广州市白云区石井镇鸦岗欧塘街 6 号”等信息；收据上记载“李某松采购样品 3 套费用 240 元”，加盖有迪亚公司印章，经手人处有周某签名；报价单上记载产品单价为 80 元，收款账户的户名为周某，并加盖有迪亚公司印章。公证费发票记载金额为 890 元。

龙芝翔公司确认上述公证书中记载的李某松与快递收件人“李某松”系同一人，是为了取证而虚拟的名字，并认为上述公证购买的折叠灯钩技术方案与涉案专利权利要求 1 记载的技术特征相同，侵害涉案实用新型专利权。迪亚公司、周某确认两者技术特征相同。经核，被诉侵权技术方案包含涉案专利权利要求 1 记载的全部技术特征。

经当庭核对，迪亚公司、周某提交的微信聊天记录与周某手机上的聊天信息一致，其中包括以下内容：微信备注名称为“李某松”的用户于 2020 年 1 月 9 日添加周某微信，并询问有无舞台灯钩，周某未回复，直至 2020 年 2 月 17 日，“李某松”多次发送消息，周某均未回复；2020 年 2 月 20 日，“李某松”询问“你们舞台灯钩有没，有些什么款”，周某回复语音称有，后“李某松”发送一张产品照片并询问有没有这款，周某未回复；2020 年 2 月 25 日上午 11:11，“李某松”发送“什么意思啊，都不回复的”，周某未回复，当日下午 4:15“李某松”发起微信语音通话，后周某回复称“不知道产品的孔位对不对”，“李某松”回复“可以根据孔位修改灯的位置”“这个都不是问题，方便发你们灯钩的图片及规格不”，周某未回复；2020 年 2 月 28 日，“李某松”发送“请发产品图片和孔位尺寸”，周某未回复；2020 年 3 月 2 日，“李某松”发送“什么意思，都不回复微信”，周某未回复；2020 年 3 月 4 日，“李某松”

发送语音询问“周总，你怎么不回微信……”，周某回复“在，不好意思，今天刚拿到配件”并发送图片和尺寸，“李某松”询问能否提供样货、单价、数量；2020 年 3 月 5 日，双方协商购买样品 3 个，单价为 80 元，周某按照“李云松”提供的名称、地址、电话等信息发送《折叠灯钩资料表》后，“李某松”要求附上“收款账号（私账）”并加盖公司印章；2020 年 3 月 7 日，周某表示灯钩配件已经发货；2020 年 3 月 13 日，“李某松”表示已收到样板。

一审判理和结果

一审法院经审理认为，龙芝翔公司经合法授权取得涉案名称为“内翻转免拆卸折叠灯钩”、专利号为 ZL201720987593.4 实用新型专利的实施许可，其合法权利应受法律保护。任何单位或者个人未经许可，不得为生产经营目的销售及许诺销售该专利产品。

龙芝翔公司主张迪亚公司销售、许诺销售被诉侵权产品，对此提交涉案（2020）深证字第 25821 号公证书作为迪亚公司实施侵权行为的证据，其中确有记载迪亚公司销售被诉侵权产品的事实。经对比，被诉侵权技术方案包含龙芝翔公司请求保护的涉案专利权利要求 1 记载的全部技术特征。但迪亚公司和周某认为，其是在龙芝翔公司恶意引诱下实施的涉案销售行为，龙芝翔公司所取得的证据无效。围绕双方当事人的诉辩意见，本案需要解决的焦点问题是龙芝翔公司提交的关于迪亚公司实施销售行为的证据能否予以采纳。

迪亚公司、周某为证明其仅在龙芝翔公司引诱下实施了被取证的销售行为，提交周某与“李某松”的微信聊天记录，经审查，该聊天记录已当庭核对真实性、系合法取得且聊天内容与本案事实相关；聊天对象“李某松”与被诉侵权产品的收件人信息相符，龙芝翔公司确认“李某松”系该公司办理公证取证的委托代理人李某松（两个名字的中间字不同）；同时，龙芝翔公司也对该微信聊天记录真实性、合法性予以确认，故对该证据予以采纳。结合聊天记录的内容可知：1. 迪亚公司、周某对于涉案销售行为主观上是被动的。龙芝翔公司委托代理人“李某松”自 2020 年 1 月 9 日至 2020 年 2 月 20 日多次主动询问周某是否销售舞台灯钩，周某并未回复；2. 迪亚公司、周某日常并未销售被诉侵权产品。按照生活经验，销售者对于其所售产品应当能够及时备货或拍摄产品照片，并乐于促成销售，但龙芝翔公司委托代理人“李某松”于 2020 年 2 月 25 日让周某发送其产品图片，周某经多次催促直至 2020 年 3 月 4 日均未发送，由此可以表明，被诉侵权产品并非迪亚公司、周某日常销售或此前销售过的产品；3. 迪亚公司、周某是在龙芝翔公司引诱下实施销售被诉侵权产品的行为。“李某松”于 2020 年 2 月 20 日发送需要购买的产品图片并询问有无该产品或类似产品，多次催促后，周某 2020 年 2 月 25 日才表示“不知道孔位对不对”，“李某松”接着回复“孔位不是问题、可以根据孔位修改灯的对应位置”，后又经多次催促，周某于 2020 年 3 月 4 日才表示刚拿到被诉侵权产品并发送产品图片、规格；4. 龙芝翔公司未提交证据证明迪亚公司、周某除销售涉案公证取证的 3 个被诉侵权产品外，此前还有其他销售、许诺销售被诉侵权产品的行为，或者此后继续销售、许诺销售被诉侵权产品；5. 龙芝翔公司以迪亚公司、周某财务混同为由主张周某应承担连带责任，而龙芝翔公司在取证时明确要求周某提供的报价单附上私账收款账户，该行为一定程度上表明龙芝翔公司主观上具有不正当性。综上，应当认定龙芝翔公司的上述购买行为属“犯意诱发型”取证，迪亚公司仅基于龙芝翔公司的诱发取证而实施涉案销售行为，因此，龙芝翔公司取得的公证证据不具有证明力，不予采纳。

鉴于龙芝翔公司未提交其他证据证明迪亚公司销售、许诺销售被诉侵权产品，因此，龙芝翔公司在本案中提出的诉讼请求缺乏事实和法律依据，应予以驳回。

一审判决后，龙芝翔公司不服，向最高人民法院提起上诉。二审现在审理中。

【法官评述】

在知识产权侵权诉讼中，最关键也是最必不可少的环节为证据的固定及收集，但由于知识产权权利客体自身的特殊性，导致知识产权侵权行为较为隐蔽，权利人往往难以获得证据，使得“陷阱取证”在知识产权诉讼中成为获取证据的优选路径。但是，所取得的证据是否具备证据效力，还应当予以具体区分认定。

根据《最高人民法院关于知识产权民事诉讼证据的若干规定》第七条规定：“权利人为发现或者证明知识产权侵权行为，自行或者委托他人以普通购买者的名义向被诉侵权人购买侵权物品所取得的实物、票据等可以作为起诉被诉侵权人侵权的证据。被诉侵权人基于他人行为而实施侵害知识产权行为所形成的证据，可以作为权利人起诉其侵权的证据，但被诉侵权人仅基于权利人的取证行为而实施侵害知识产权行为的除外。”该条款是关于知识产权诉讼中“陷阱取证”如何采纳证据的具体规定，其中分别对应了“机会提供型”和“犯意诱发型”，并明确了“机会提供型”取证方式所得证据，可以作为证据使用，具备证据效力；而“犯意诱发型”取证即被诉侵权人如果仅基于权利人的取证行为而实施被诉侵权行为，则权利人因此取得的证据不具有证明力，不应被采纳。

本案中，原告通过公证其收货过程所得的资料指控被告销售、许诺销售被诉产品。但被告所提交的微信聊天记录显示：1. 主观方面，被告对于实施涉案侵权行为是消极、被动的，其对原告持续的、重复多次的询问均未予答复；2. 客观方面，原告让被告发送其产品图片，被告经多次催促均未发送，表明被诉产品并非被告日常销售或此前销售过的产品；3. 因果关系方面，被告是在原告发送产品图片并经多次催促才表示拿到了配件，可证明被告是在原告引诱下实施销售被诉侵权产品的行为。而原告未提交其他证据证明被告除了被取证的行为之外，此前还有其他销售、许诺销售被诉侵权产品的行为，或者此后继续销售、许诺销售被诉侵权产品。另考虑到原告要求被告提供的报价单附上私账收款账户，该行为一定程度上表明原告主观上具有不正当性。综上，应当认定被告仅基于原告的诱发取证而实施涉案销售行为，原告取得的公证证据应予以排除。因原告的诉请无证据予以支持，故判令驳回其诉请。

对于权利人引起的“犯意诱发型”取证，权利人基于保全证据而进行诱导的主观目的难谓正当，甚至，该种取证行为用于提起诉讼要求追究侵权人的侵权责任，实质上是对侵权人权益的损害，因此，所得证据不应当被采纳。本案对于如何审查认定“侵权人系仅基于权利人的取证而实施侵权行为”进行了详细论述，明确了应当审查的主观方面、客观方面、因果关系等具体要素，对于判定是否排除“陷阱取证”证据具有借鉴意义。

编写人：广州知识产权法院　王冠燕

（编辑：邓文婷）

2

烨晶公司、金象公司与尹某专利申请权权属纠纷案

阅读提示：专利申请权权属纠纷中的技术比对问题。

【裁判要旨】

职务发明创造，申请专利的权利属于单位，非职务发明创造，申请专利的权利属于发明人或设计人。一般情况下，申请人是个人的，可以推定该发明创造为非职务发明创造，申请人是单位的，可以推定该发明创造是职务发明创造。对于因该专利申请是否属于职务发明创造存疑，进而对专利申请权归属存疑的，应当依据现有证据重新确定其申请人，即该专利申请权的归属。

【案号】

一审：广州知识产权法院（2019）粤73知民初257号

二审：最高人民法院（2021）最高法知民终2513号

【案情与裁判】

原告：四川金象赛瑞化工股份有限公司、北京烨晶科技有限公司（以下分别称“金象公司”“烨晶公司”）

被告：尹某

起诉与答辩

烨晶公司、金象公司起诉称：1. 烨晶公司、金象公司是涉案专利申请以及相关技术成果的合法权利人。两公司在三聚氰胺项目的研发和实施过程中，

形成了大量的技术图纸、技术参数、操作流程说明、技术应用等技术信息，这些技术信息的形成时间远早于涉案专利的申请日，其所反映的技术成果包括涉案专利申请的“一种组合式气体分布器及流化床反应器”技术。烨晶公司、金象公司共同拥有上述技术成果的全部权利，经对比，涉案专利申请的技术与上述技术成果具有高度一致性，涉案专利申请权利要求中的主要技术特征与上述技术图纸中的相关技术点具有明确对应关系，涉案专利申请权应当归属烨晶公司、金象公司所有；2. 尹某从烨晶公司、金象公司处接触并非法获取了涉案技术成果，据以提交 ZL201810534744.X 发明专利申请。尹某在 2006 年至 2012 年长达六年多的时间里，曾在烨晶公司、金象公司处供职，主要负责三聚氰胺项目并担任总工程师、技术中心主任等技术要职，接触了大量核心技术信息。尹某所申请的涉案专利技术显然来自烨晶公司、金象公司，尹某不应作为涉案专利申请的权利人；3. 尹某利用非法获取的技术成果提交发明专利申请，公开了烨晶公司、金象公司的核心技术，即便得到专利保护，也造成烨晶公司、金象公司难以挽回的损失，尹某应当赔偿烨晶公司、金象公司维权支出费用。综上，烨晶公司、金象公司向法院请求：1. 确认 ZL201810534744.X 发明专利申请权归烨晶公司、金象公司所有；2. 判令尹某赔偿烨晶公司、金象公司维权合理支出 1000000 元，包括但不限于律师费、公证费、翻译费、调查费用及其他费用；3. 判令尹某承担本案的全部诉讼费用。

尹某答辩称：请求驳回烨晶公司、金象公司的诉请。其从来没有见过烨晶公司、金象公司所谓的图纸和技术，在其申请涉案专利之前，烨晶公司、金象公司甚至连该技术的思路、原理都不明白。其在烨晶公司、金象公司任职期间主要负责技术工作，该公司三聚氰胺装置中的流化床反应器一直存在着气体分布器分布效果不好的问题。其入职中山大学以来，一直从事三聚氰胺的研究，并致力于解决流化床反应器的气体分布器分布效果的问题，经过多年研究，取得一系列国际领先的成果并申请多项专利。其在 2018 年 5 月 29 日向国家知识产权局同时提交 ZL201810534744.X 发明专利、ZL201820817068.2 实用新型专利申请，两项专利名称均为“一种组合式气体分布器及流化床反应器”，其中发明专利申请于 2018 年 8 月 24 日公开，目前进入实质审查阶段。由于该专利技术应用于三聚氰胺装置，能够有效解决烨晶公司、金象公司三聚氰胺装置中流化床反应器长期存在的问题，因此，烨晶公司、金象公司实施了专利侵权行为，并且反过来声称该专利申请权应归其所有。烨晶公司、金象公司的诬告行为给其造成严重的侵害，其保留追责的权利。

一审审理查明

一、涉案相关公司的情况

金象公司为股份有限公司（中外合资、未上市），成立于2003年5月21日，注册资本51870万元，经营范围包括生产、销售三聚氰胺、制造化工设备等，变更前名称为“四川金圣赛瑞化工有限责任公司”。

烨晶公司为有限责任公司，成立于2006年4月12日，注册资本3500万元，经营范围包括技术开发、转让、咨询、销售机械设备等，其股东包括金象公司。

二、尹某在烨晶公司、金象公司的履职情况

烨晶公司与尹某于2006年7月1日、2007年7月1日、2009年7月1日签订三份《工作合同》，合同年限分别为一年、一年、三年，最后一份合同终止日期为2012年6月30日，合同约定，烨晶公司聘用尹某为项目工程师，工作范围包括工艺与设备的开发、设计、现场安装调试指导、项目管理、客户服务等，尹某须对公司的技术和商务机密进行保密并在正式签订工作合同前签订保密协议，在工作期间不得向其他公司和个人泄密，在工作期间对所从事的技术有所发展、改进或创新，其知识产权和专利将归公司所有。

2008年8月25日，尹某在四川玉象蜜胺科技有限公司任职总工程师兼技术中心主任。2009年3月1日，尹某在四川玉象蜜胺科技有限公司任职技术中心主任。四川玉象蜜胺科技有限公司的独资股东为金象公司，经营范围包括生产三聚氰胺。

2011年6月1日，尹某作为四川金圣赛瑞化工有限责任公司委派对外投资公司高层管理人员，任新疆玉象胡杨化工有限公司常务副总经理。新疆玉象胡杨化工有限公司的股东包括金象公司，其经营范围包括生产三聚氰胺。

此后，尹某从烨晶公司离职。

三、涉案申请情况

2018年5月29日，尹某提出涉案发明专利申请，申请号为ZL201810534744.X、名称为“一种组合式气体分布器及流化床反应器”，申请公布日为2018年8月

24日。该专利申请的权利要求书记载：

1. 一种组合式气体分布器，其特征在于，包括一次气体分布器和二次气体分布器；所述一次气体分布器包括基本设置在同一平面的气体分布总管（11）、气体分布支管（12）和喷嘴（13），气体分布总管（11）连接有气体分布支管（12），喷嘴（13）均匀设置在气体分布总管（11）和气体分布支管（12）上；所述二次气体分布器包括由下往上依次设置的下层多孔板（21）和上层多孔板（20），每层板具有相互交错的孔；所述二次气体分布器设于一次气体分布器上方。

2. 根据权利要求1所述组合式气体分布器，其特征在于，所述一次气体分布器与气体进口管（10）连通。

3. 根据权利要求1所述组合式气体分布器，其特征在于，所述气体分布总管（11）与气体进口管（10）连通；所述气体分布支管（12）为圆环式或梳篦式排列，其中心线位于同一水平面上。

4. 根据权利要求1所述组合式气体分布器，其特征在于，所述喷嘴（13）开口向下，包括喷嘴孔板（131）和喷嘴管（132），呈一定角度朝向反应器底部封头（40）。

5. 根据权利要求1所述组合式气体分布器，其特征在于，所述上层多孔板（20）和下层多孔板（21）上的分布孔为正三角形排列，上层多孔板（20）与下层多孔板（21）垂直交错。

6. 根据权利要求1所述组合式气体分布器，其特征在于，所述上层多孔板（20）和下层多孔板（21）上的分布孔为同心圆排列，上层多孔板（20）与下层多孔板（21）错开一定角度。

7. 一种流化床反应器，其特征在于，包括权利要求1—6任一项所述的组合式气体分布器。

8. 权利要求7所述流化床反应器在化工领域气固催化反应中的应用。

9. 根据权利要求8所述应用，其特征在于，是在三聚氰胺或甲烷化生产中的应用。

10. 根据权利要求8所述应用，其特征在于，是在甲醇制烯烃中的应用。

该专利申请说明书“发明内容”第［0013］段记载：“本发明的目的是为了克服现有技术的上述不足，提供一种组合式气体分布器，该组合式气体分布器具有气体分布均匀、喷嘴不堵塞、操作简便可靠、催化剂利用效率高等优点。”

一审判理和结果

一审法院经审理认为，本案争议焦点为涉案申请权应归谁所有。

（2019）川眉山证字第316号公证书中邮件所附图纸记载的技术方案简称技术方案A，涉案专利申请的技术方案简称技术方案B。

一、关于体现为技术方案A的技术成果权利归属

（2019）川眉山证字第316号公证书表明，载有技术方案A的涉案技术图纸上均标记有烨晶公司名称，综合判断，在无相反证据的情况下，可证明该技术成果的权利归属烨晶公司。

烨晶公司、金象公司在本案中主张共同享有技术方案A的专利申请权，因烨晶公司、金象公司所签订的《技术秘密转让合同》无法证实合同约定转让的“加压气相淬冷工艺生产三聚氰胺”技术秘密与技术方案A的关联性，烨晶公司、金象公司未提交其他证据证实双方共同享有技术方案A的专利申请权，故对烨晶公司、金象公司该主张不予采纳。

二、关于技术方案A与技术方案B之间的关系

烨晶公司、金象公司认为，二者的技术特征高度一致，技术方案B的权利要求6、8、9、10相应技术特征属公知常识，故技术方案B实质上是将技术方案A与公知常识结合而得，技术方案B的专利申请权应属于烨晶公司、金象公司。

尹某认为，技术方案A即为涉案专利申请说明书的背景技术所描述的公知常识，技术方案B是针对技术方案A存在的缺陷而进行的发明创造，二者存在本质的区别，具体如下：1. 技术方案B只有1个气体进口管，气体分布支管共8圈，没有吹扫反应器封头底部催化剂出口的喷嘴；而技术方案A有4个气体进口管，气体分布支管共9圈，且设计有喷嘴分别吹扫反应器封头底部的4个催化剂出口。2. 技术方案B的气体分布器是一次气体分布器和二次气体分布器的有机结合，要达到反应器正常流化后气体分布器下方的封头内为催化剂稀相区；而技术方案A的气体分布器类型是两种气体分布器的简单叠加式，其底层栅板、上层栅板只是普通栅板，仅有简单气体分布的功能，根本没有控制气速及起到一个“单向阀”的作用，该反应器正常流化后气体分布器下方的封头内为催化剂密相区，无法解决喷嘴堵塞等问题。3. 技术方案B中同心圆排列的分布孔其分布效果明显优于正三角形排列的分布孔，同心圆排列的分布孔可以采用从中心到筒壁逐渐增加排列密度的分布方式，克服“塔壁效应”。4. 技术方案 A 只能用于三聚氰胺反应器，根本不能用于甲烷化流化床反应器、甲醇制烯烃流化床反应器。

对此，一审法院认为：对于权利要求 1，名称为“反应器栅板结构图”、发送时间为 2009 年 12 月 31 日的邮件所附图纸“栅板组装图”“底层栅板”“上层栅板”展示有“组合式气体分布器，包括一次气体分布器和二次气体分布器，二次气体分布器设于一次气体分布器上方；一次气体分布器包括基本设置在同一平面的气体分布总管、气体分布支管和喷嘴，气体分布总管连接有气体分布支管，喷嘴均匀设置在气体分布总管和气体分布支管上；二次气体分布器包括由下往上依次设置的下层多孔板和上层多孔板，每层板具有相互交错的孔”的技术特征。

对于权利要求 2，前述邮件所附图纸“栅板组装图”展示有“一次气体分布器与气体进口管连通”的技术特征。

对于权利要求 3，前述邮件所附图纸“栅板组装图”展示有“气体分布总管与气体进口管连通，气体分布支管为梳篦式排列，其中心线位于同一水平面上”的技术特征；另，名称为“新疆反应器”、发送时间为 2010 年 11 月 22 日的邮件所附图纸“反应器 气体分布器”展示有“气体分布总管与气体进口管连通，气体分布支管为圆环式排列，其中心线位于同一水平面上”的技术特征。

对于权利要求 4，前述名称为“反应器栅板结构图”邮件所附图纸“栅板组装图”、名称为“新疆反应器”邮件所附图纸“反应器 气体分布器”展示“喷嘴开口向下，包括喷嘴孔板和喷嘴管，呈一定角度朝向反应器底部封头”的技术特征。

对于权利要求 5，前述名称为“反应器栅板结构图”邮件所附图纸“栅板组装图”“底层栅板”“上层栅板”展示有“上层多孔板和下层多孔板上的分布孔为正三角形排列，上层多孔板与下层多孔板垂直交错”的技术特征。

对于权利要求 6，在前述图纸已展示权利要求 5 的技术特征的基础上，结合《生物质热解原理与技术》（2006 年 9 月第 1 版）中所记载的“分布器的形式多种多样，如多孔板式、微孔板式……一般来说，分布器需要有足够的压降才能保证气体在整个床层截面上均匀分布”内容，应当认定权利要求 6 所附加的“上层多孔板和下层多孔板上的分布孔为同心圆排列，上层多孔板与下层多孔板错开一定角度”技术特征属于本领域公知常识。

对于权利要求7，前述名称为“反应器栅板结构图”邮件及名称为“新疆反应器”邮件的名称、发送内容及所附图纸中均记载有“5万吨三聚氰胺”“反应器”“反应器气体分布器”等字样，故应当认定前述图纸中的组合式气体分布器是用于流化床反应器。

对于权利要求8，《有机合成工艺设计及反应装置》（1988年10月第1版），其中记载有“气固接触催化反应器在实际生产中选择固定床和流化床”的内容，前述图纸均用于三聚氰胺生产项目，三聚氰胺反应器为典型的气固催化反应，故前述图纸中的流化床反应器是在化工领域气固催化反应中的应用。

对于权利要求9，前述图纸已经记载相应设备系用于三聚氰胺生产项目，同时，结合《化工生产实习教程》（2002年8月第1版）所记载的“甲烷化炉……为使进入气体在催化剂床层上分布均匀，设有气体分布器”等内容，可知将包括有组合式气体分布器的流化床反应器用于甲烷化生产是本领域的公知常识。

对于权利要求10，结合《节能减排新途径与新技术》（2010年5月第1版）所记载的“故UOP/Hydro MTO工艺采用流化床反应器和再生器设计”等内容，可知将包括有组合式气体分布器的流化床反应器用于甲醇制烯烃是本领域的公知常识。

至于尹某所主张的技术方案A与技术方案B的区别，具体分析如下：对于区别1，因技术方案B的权利要求没有记载“气体进口管”的数量、“气体分布支管”的圈数，也没有记载“吹扫反应器封头底部催化剂出口的喷嘴”，故尹某以前述设计存在不同为由主张技术方案A与技术方案B不同依据不足，不予采纳。对于区别2，如上述权利要求5的对比分析所述，技术方案A的底层栅板、上层栅板为分布有正三角形排列的多孔板，且上下多孔板为交错设置，故尹某以技术方案A的底层栅板、上层栅板只是普通栅板为由主张技术方案A与技术方案B不同依据不足，不予采纳。对于区别3，如上述权利要求6的对比分析所述，同心圆排列的多孔板系本领域公知常识，至于“同心圆排列的分布孔可以采用从中心到筒壁逐渐增加排列密度的分布方式”在技术方案B中并未记载，故尹某以同心圆排列的分布孔分布效果优于正三角形为由主张技术方案A与技术方案B不同依据不足，不予采纳。对于区别4，如上述权利要求9、

10 的对比分析所述，流化床反应器用于甲烷化、甲醇制烯烃生产是本领域的公知常识，故尹某以技术方案 A 不能用于甲烷化、甲醇制烯烃为由主张技术方案 A 与技术方案 B 不同依据不足，不予采纳。

基于以上分析，技术方案 A 已展示技术方案 B 的主要技术特征，另结合本领域公知常识，应认定技术方案 A 与技术方案 B 无实质性差异。

三、尹某是否独立研发技术方案 B

尹某辩称其从未见过载有技术方案 A 的图纸，技术方案 B 系其自主研发。因尹某在烨晶公司任项目工程师负责技术工作，其确认使用过“ymd891@163.com”邮箱，结合公证书记载，尹某辩称其从未见过上述技术图纸，依据不足，且尹某于 2018 年 5 月 29 日提出技术方案 B 的专利申请，但其在本案中未提交其自烨晶公司离职后自主研发技术方案 B 的充分证据，故对该意见不予采纳。

综上所述，尹某在烨晶公司任职期间接触技术方案 A，其于 2018 年 5 月 29 日提出涉案专利申请的技术方案 B 与技术方案 A 无实质性差异，故烨晶公司主张其享有技术方案 B 的专利申请权合法有据，应予支持。烨晶公司在本案中要求尹某赔偿其维权合理开支，因本案为专利申请权属纠纷，在法律和司法解释没有明确规定权属纠纷中胜诉方合理开支由败诉方支付的情况下，烨晶公司主张由尹某承担合理开支缺乏依据，不予支持。

一审法院判决：申请号为 ZL201810534744.X、名称为“一种组合式气体分布器及流化床反应器”的发明专利申请权归属于烨晶公司，驳回金象公司、烨晶公司的其他诉讼请求。

一审判决后，尹某不服，向最高人民法院提起上诉。二审经审理后判决：驳回上诉，维持原判。

【法官评述】

一、本案属较新类型的权属纠纷案件

1. 争议焦点新。《专利法实施细则》规定，员工离职一年内作出的发明创造属于职务发明创造，归属原单位所有，绝大多数员工离职产生的专利权权属纠纷均为该类型。但是本案所涉员工已离职 6 年，诉争专利的申请权是否还能判定归原单位所有，是本案需要解决的新问题。普通的专利申请权属纠纷审理焦点在于判定申请专利的技术方案是否属于职务发明创造；本案与之不同，双方对于技术方案A属于烨晶公司的职务发明创造并无争议，争议焦点在于尹某申请专利的技术方案B与烨晶公司享有权利的技术方案A之间是否相同或无实质性差异。

2. 技术对比形式新。技术方案A中的相关技术特征记载在工业设计图纸上，是视图化的表现形式。审理中，需先对图纸进行解读，从图纸中获取技术特征得到技术方案A，并通过文字进行阐述，以便将技术方案A与技术方案B作对比。同时，技术调查官在对比过程中，紧扣涉案化工设备所要解决的技术问题，从发明构思入手，遵循专利侵权技术特征对比的方式就内部结构逐一比对，最终认定技术方案B与技术方案A构成相同的技术方案。

二、专利权权属纠纷中能否判令合理开支

《专利法》第六十五条关于“赔偿数额还应当包括权利人为制止侵权行为所支付的合理开支”的适用范围通常限于专利侵权纠纷，一般不及于专利申请权属纠纷。专利申请权属争议仅解决权利应归属于谁的问题，其法律适用的构成要件不包括过错。本案中，尹某虽然知悉技术方案A，但其提交专利申请的技术方案B并非对技术方案A的简单复制或抄袭，其辩称两者存在实质性进步，且从以上分析看，两者是否存在实质性差异涉及复杂的技术对比，现有证据难以认定其故意对技术方案A加以侵占。在法律和司法解释没有明确规定权属纠纷中胜诉方合理开支由败诉方支付的情况下，烨晶公司主张由尹某承担合理开支缺乏依据。本案在缺少成熟裁判规则的情况下，对该问题做了有益探索，为今后类似案件的处理提供了有益参考。

近年来，掌握技术的员工跳槽所引发的纠纷屡见不鲜，特别是知识产权权属、商业秘密等纠纷更为常见，此类纠纷损害企业的正常生产经营秩序，引起社会普遍关注。在本案之前，原、被告之间已产生多起诉讼纠纷，均是因员工跳槽引发。本案与前案的审理，逐案理顺了离职员工与原单位之间在技术研发方面的法律关系，依法保护企业对技术成果的知识产权。

编写人：广州知识产权法院　王冠燕

（编辑：邓文婷）

3

华创众成公司与宏贲公司等侵害发明专利权纠纷案

阅读提示：现有技术抗辩中销售公开是否存在例外情形？对合法来源抗辩需满足的条件及相应的举证责任分配，在审判实践中应如何把握？

【裁判要旨】

虽然涉案专利产品在专利申请日之前已经销售，但合同中约定有保密条款，则在被告无证据证明涉案专利技术方案在申请日之前已经泄露的情况下，仅凭销售行为不宜认定该技术方案在申请日之前已经公开。

从举证责任的分配看，客观来源系合法来源抗辩者所主张，且为肯定性事实，依“谁主张、谁举证”的原则应由合法来源抗辩者承担举证责任，而主观上“不知道”为否定性事实，依法理则不宜简单、笼统地将举证责任分配给合法来源抗辩者一方。

【案号】

一审：广州知识产权法院（2019）粤73知民初238号

【案情与裁判】

原告：深圳市华创众成智能装备有限公司（以下称“华创众成公司”）

被告：深圳市宏贲科创有限公司、深圳市宏贲科创有限公司东莞分公司、深圳市宏贲科创有限公司湖南分公司、广东嘉拓新能源科技有限公司东莞分公司（以下分别称“宏贲公司”“宏贲东莞分公司”“宏贲湖南分公司”“嘉拓东莞分公司”）

起诉与答辩

华创众成公司起诉称：华创众成公司是专利号为ZL201610239004.4的“一种带托盘的电池上下料系统及方法”的发明专利权人。华创众成公司发现宏贲公司未经其许可授权，擅自制造、销售被诉产品，构成侵害涉案专利权。宏贲东莞分公司、宏贲湖南分公司均系宏贲公司的分公司，其中宏贲东莞分公司系宏贲公司的研发和制造基地，而宏贲湖南分公司系宏贲公司的销售中心。此外，嘉拓东莞分公司未经许可擅自使用涉案被诉产品，给华创众成公司造成严重的经济损失。华创众成公司请求法院判令：1.宏贲公司、宏贲东莞分公司、宏贲湖南分公司立即停止制造、销售侵犯涉案专利权的被诉产品，并销毁库存侵权产品及制造侵权产品的专用生产模具；2.嘉拓东莞分公司立即停止使用被诉产品；3.宏贲公司、宏贲东莞分公司、宏贲湖南分公司、嘉拓东莞分公司赔偿华创众成公司经济损失5160000元；4.宏贲公司、宏贲东莞分公司、宏贲湖南分公司、嘉拓东莞分公司赔偿华创众成公司为维权所支出的调查费、公证费、律师费等合理支出50000元；5.宏贲公司、宏贲东莞分公司、宏贲湖南分公司、嘉拓东莞分公司承担本案诉讼费用。

宏贲公司、宏贲东莞分公司答辩称：1.被诉侵权技术方案没有落入涉案专利权的保护范围；2.被诉产品采用的是现有技术，不构成侵权；3.华创众成公司的诉请赔偿金额没有法律依据。

宏贲湖南分公司未答辩。

嘉拓东莞分公司答辩称：被诉产品合法来源于宏贲东莞分公司，嘉拓东莞分公司已支付合理对价，且不知道宏贲东莞分公司销售的被诉产品侵害涉案专利权，故请求驳回华创众成公司对嘉拓东莞分公司的诉请。

一审审理查明

华创众成公司是专利号为ZL201610239004.4、名称为“一种带托盘的电池上下料系统及方法”的发明专利权人，该专利申请日为2016年4月15日，授权公告日为2018年3月9日，何某凌是该专利发明人之一。

华创众成公司在本案中明确专利权保护范围为权利要求1—10，具体内容略。其中，权利要求1—9保护产品，权利要求10保护产品的使用方法。

2019年3月6日，华创众成公司向广州知识产权法院请求对嘉拓东莞分公司处的型号为5V5A256CH、5V6A256CH、5V2A256CH、5V3A256CH热压夹具化成设备进行证据保全。华创众成公司陈述上述四种型号的产品技术特征一致，区别仅在于适用的热压化成电流不同，但结构完全相同，这一点可以从型号中的第3、4位看出，其中5A、6A、2A、3A均表示适用的热压化成电流大小。2019年5月16日，广州知识产权法院对嘉拓东莞分公司住所地的型号为5V5A256CH、5V6A256CH的设备各一台进行证据保全。

华创众成公司明确以上述5V5A256CH型号设备作为本案被诉产品，但认为5V5A256CH与5V6A256CH两型号产品的技术特征一致。宏赉公司、宏赉东莞分公司确认上述两型号仅电源输出不一样，在被诉侵权技术方案方面一致，上述5V5A256CH型号设备系其制造、销售。

嘉拓东莞分公司抗辩被诉产品合法来源于宏赉东莞分公司，并提交设备订购协议书及付款凭证。该合同签订时间为2018年5月4日，需方为嘉拓公司，供方为宏赉东莞分公司，供方联系人为何某凌，设备名称为加热加压化成设备及化成系统，型号为5V5A256CH，数量36套，总单价为123000元，总金额为4428000元。

对此，华创众成公司认为宏赉公司与嘉拓东莞分公司签订合同的联系人为宏赉公司总经理何某凌，其曾系华创众成公司的员工，其在华创众成公司处任职期间曾代表华创众成公司与嘉拓东莞分公司签订相同设备销售合同，故嘉拓东莞分公司向宏赉公司购买被诉产品时，主观上明知或应知被诉产品系侵权设备或者系没有合法授权的设备。为此，华创众成公司提交设备订购协议书及发票。该合同签订时间为2016年7月6日，需方为嘉拓公司，供方为华创众成公司，供方联系人为何某凌，设备名称为加热加压化成设备，型号为5V5A256CH，数量4套，单价220000元。

嘉拓东莞分公司提出现有技术抗辩，并提交设备订购协议书、送货单、付款凭证等。该合同签订时间为2015年9月9日，需方为嘉拓公司法定代表人朱某虎，供方为华创众成公司，设备名称为恒温恒压夹具化成设备，型号为5V3A256CH，数量2套，单价235000元，总金额为470000元。上述送货单时间为2015年10月27日，名称及规格为恒温恒压化成柜（成品）2台、蓝奇电源5V3A等。

对此，华创众成公司认为，没有任何证据能够证明5V3A256CH与5V5A256CH的产品相同；根据上述合同的保证条款，设备技术参数、配置标准、产品规格、调机（或正式生产的）样品或材料均属于保密范畴；5V3A256CH设备属于供嘉拓公司使用的样品机，除直供嘉拓公司试用外，华创众成公司并未对外作任何销售、推广；该样品机已经被后来生产的5V5A256CH设备所替换。因此，5V3A256CH产品使用的相关技术在被证明实际公开之前仍然处于非公知的状态，故现有技术抗辩不成立。

上述所有的“设备订购协议书”中均约定有内容完全一致的“保证条款”，其内容为：“任何一方未经另一方书面同意不得以任何方式向第三方透露因履行本合同或其他途径得到的另一方的商业秘密，或将该商业秘密用于履行本合同之外的用途。该商业秘密包括但不限于设备技术参数，配置标准，设备价格，产品规格，买方的生产工艺、调机（或正式生产的）样品或材料等。一经查实，将依法追究责任方有意泄露另一方商业秘密的法律责任。”

一审判理和结果

一审法院经审理认为，经比对，被诉侵权技术方案覆盖涉案专利权利要求1—10的全部技术特征，被诉侵权技术方案落入涉案专利权的保护范围。

关于现有技术抗辩能否成立的问题。经审查，上述现有技术抗辩证据可以证明，华创众成公司于涉案专利申请日前向嘉拓公司销售并交付了型号为5V3A256CH的设备。因此，现有技术抗辩能否成立，取决于两个层次的问题：一是华创众成公司销售的5V3A256CH与5V5A256CH两型号设备在涉案专利技术方案方面是否相同；二是嘉拓公司对于5V3A256CH型号设备的技术方案是否有保密义务。关于第一个层次。根据华创众成公司的主张及其提交的相关证据，可以认定其制造、销售的5V5A256CH型号恒温恒压夹具化成设备采用了涉案专利技术方案。如前分析，宏贲公司、宏贲东莞分公司制造、销售的5V5A256CH型号被诉产品亦采用了与涉案专利相同的技术方案。华创众成公司在本院进行证据保全前的询问中陈述，5V5A256CH、5V6A256CH、5V2A256CH、5V3A256CH四种型号的产品技术特征一致，区别仅在于适用的热压化成电流不同，但结构完全相同，这一点可以从型号中的第3、4位看出，其中5A、6A、2A、3A均表示适用的热压化成电流大小。虽然上述陈述是针对华创众成公司所指控的涉嫌侵权产品，但显然其是基于自身专利产品所作出的专业判断。对于广州知识产权法院保全的嘉拓东莞分公司所使用的5V5A256CH、5V6A256CH设备，各方均确认两者采用了相同的技术方案，仅电源输出的电流大小不同，这也佐证了上述判断的正确性。华创众成公司销售给嘉拓公司的5V3A256CH与5V5A256CH两型号均为恒温恒压夹具化成设备，其型号的命名方式与被诉产品相同，于本领域技术人员而言，有理由相信该两型号设备所采用的技术方案相同，而仅是电源输出的电流大小不同。由涉案专利的技术方案亦可以看出，该方案并不涉及限定电源输出电流大小的技术特征。因此，结合本案现有证据，已达到“确信待证事实的存在具有高度可能性”的证明标准，可以认定华创众成公司销售的5V3A256CH与5V5A256CH两型号设备在涉案专利技术方案方面相同。华创众成公司虽不认可该事实，但其作为该5V3A256CH型号设备的制造者，未能提交相反证据，亦不能合理解释或指出两者技术方案之间有何不同，其应承担相应的不利后果。关于第二个层次。现有技术，是指申请日以前在国内外为公众所知的技术。所谓“为公众所知”，应指现有技术的有关内容在申请日之前处于公众能够获得的状态。这种状态强调的是公众想要知道就能知道的状态，而非公众已经实际获得的状态。于产品而言，销售行为可以使产品技术处于公众能够获得的状态。经查，在本案证据所涉及的所有设备订购协议书中，均约定有同样的保密条款。该条款约定需要保密的商业秘密包括但不限于设备技术参数，配置标准，设备价格，产品规格，买方的生产工艺、调机（或正式生产的）样品或材料等。该保密条款虽属于卖方制定的格式条款，但合法有效，对签约双方均具有约束力。该条款所涉及的保密对象具有概括性，虽未明确指向涉案专利技术方案，但在该技术方案未向社会公众公布之前，应可认为卖方有意愿和需要将其作为商业秘密加以保护。而且，承载该技术方案的设备在正常情况下均在买方的厂房内使用，具有保密的可行性。因此，在无证据证明涉案专利技术方案在申请日之前已经泄露的情况下，仅凭上述销售行为不宜认定该技术方案在申请日之前已经为公众所知。据此，宏贲公司、宏贲东莞分公司、嘉拓东莞分公司的现有技术抗辩不成立。

关于嘉拓东莞分公司合法来源抗辩是否成立的问题。首先，根据《中华人民共和国专利法》及其相关司法解释的规定，合法来源抗辩首先是侵权抗辩，被诉产品属于专利侵权产品系前提。其次，合法来源抗辩还应符合主体要求，即该抗辩仅适用于专利侵权产品或使用专利方法而直接获得的产品的使用者、许诺销售者或者销售者，而不适用于专利侵权产品的制造者和方法专利的使用者。最后，合法来源抗辩成立应满足主客观两个要件，即主观上不知道是未经专利权人许可而制造并售出的专利侵权产品，且客观上能证明该产品具有合法来源。本案中，对于权利要求1—9，嘉拓东莞分公司作为被诉产品的使用者，可主张合法来源抗辩。涉案专利权利要求10保护专利产品的使用方法，嘉拓东莞分公司为该方法专利的使用者，故对于权利要求10而言，嘉拓东莞分公司不符合合法来源抗辩的主体要件。关于客观要件，嘉拓公司与锦熹东莞分公司签订有设备订购协议书，被诉产品系嘉拓东莞分公司自锦熹东莞分公司取得，各方对此均无异议，广州知识产权法院予以确认。关于主观要件，具体分析如下：1. 从举证责任的分配看，客观来源系合法来源抗辩者所主张，且为肯定性事实，依“谁主张、谁举证”的原则应由合法来源抗辩者承担举证责任，而主观上“不知道”为否定性事实，依法理则不宜简单、笼统地将举证责任分配给合法来源抗辩者一方。依上述规定，“不知道”的事实包括三个层次：涉案专利的存在、被诉产品系未经专利权人许可而制造并售出的以及被诉产品系侵害涉案专利权的产品。对于第一个层次，虽然专利授权经公示并可公开查询，但仍不宜由此而推定一般的使用者、许诺销售者或者销售者知道或应当知道专利的存在，否则将不利于市场的交易安全和稳定预期，有损公众的利益。因此，应由权利人对合法来源抗辩者知道或应当知道涉案专利的存在承担举证责任。对于第二个层次，“不知道”+“未”为双重否定即为肯定，应由合法来源抗辩者承担举证责任，即其应举证证明其有理由相信被诉产品系经专利权人许可而制造并售出的。对于第三个层次，即便一般的使用者、许诺销售者或者销售者知道或应当知道专利的存在，但可能仍难以完成相对专业的侵权比对，故对于专利侵权案件的合法来源抗辩者，一般应推定其不知道，而由专利权人对合法来源抗辩者知道或应当知道被诉产品系侵害专利权的产品承担举证责任。需要指出，只要合法来源抗辩者主观上不知道上述任何一个层次的事实，均应认为合法来源抗辩的主观要件已满足。2. 从本案的举证情况看，嘉拓公司在向锦熹东莞分公司购买被诉产品之前，曾向大华库仑公司购买到涉案专利产品5V5A256CH型号设备，当时代表大华库仑公司与嘉拓公司签订设备订购协议书的正是涉案专利的发明人之一“何某凌”；在锦熹东莞分公司与嘉拓公司签订的关于被诉产品的设备订购协议书中，“何某凌”则是锦熹东莞分公司的签约代表；被诉产品与涉案专利产品的型号相同，且采用了与涉案专利完全相同的技术方案。由此可见，嘉拓东莞分公司知道或应当知道涉案专利的存在且被诉产品系侵害涉案专利权的产品，华创众成公司已完成对上述第一、三个层次事实的举证责任。对于第二个层次的事实，嘉拓东莞分公司无此抗辩，亦无相应证据。因此，嘉拓东莞分公司的合法来源抗辩不符合主观要件，依法不能成立。

据此，广州知识产权法院判决：1. 宏贲公司、宏贲东莞分公司自本判决发生法律效力之日起停止制造、销售侵害名称为“一种带托盘的电池上下料系统及方法”、专利号为 ZL201610239004.4 发明专利权的产品（型号为 5V5A256CH）；2. 嘉拓东莞分公司自本判决发生法律效力之日起停止使用侵害名称为“一种带托盘的电池上下料系统及方法”、专利号为 ZL201610239004.4 发明专利权的产品（型号为 5V5A256CH）；3. 宏贲公司、宏贲东莞分公司自本判决发生法律效力之日起十日内赔偿华创众成公司经济损失 489600 元；4. 嘉拓东莞分公司自本判决发生法律效力之日起十日内赔偿华创众成公司经济损失 100000 元；5. 宏贲公司、宏贲东莞分公司、嘉拓东莞分公司共同赔偿华创众成公司维权合理开支 50000 元；六、驳回华创众成公司的其他诉讼请求。

本案一审宣判后，因当事人上诉，目前尚处于二审审理中。

【法官评述】

现有技术抗辩与合法来源抗辩，在专利侵权案件中可算是最常见的两种抗辩类型。前者为不侵权抗辩，而后者为侵权抗辩，法律后果并不相同。

一、现有技术抗辩

现有技术，是指专利申请日以前在国内外为公众所知的技术。所谓“为公众所知”，应指现有技术的有关内容在申请日之前处于公众能够获得的状态。这种状态强调的是公众想要知道就能知道的状态，而非公众已经实际获得的状态。这里的“公众”，不应包括对该技术内容负有保密义务的人。在审判实践中，销售公开是被告常采用的现有技术抗辩形式。一般而言，产品一经销售，则其所承载的技术方案应处于“为公众所知”的状态。但若产品销售的对象有限，且该对象均对产品技术方案负有保密义务，则尚不能认为“为公众所知”，此为销售公开的例外情形。如本案中，产品的销售合同约定有保密条款，该保密条款虽属于卖方制定的格式条款，但合法有效，对签约双方均具有约束力。虽然该条款所涉及的保密内容具有概括性，未明确指向涉案专利技术方案，但在该技术方案未向社会公众公布之前，可认为卖方有意愿和需要将其作为商业秘密加以保护。而且，承载该技术方案的设备在正常情况下均在买方的厂房内使用，具有保密的可行性。因此，在无证据证明涉案专利技术方案在申请日之前已经泄露的情况下，仅凭上述销售行为不宜认定该技术方案在申请日之前已经为公众所知。需要指出，若依产品本身的特点，该技术方案在使用的过程中根本不具有保密的可行性，或者有证据显示该技术方案在申请日之前已经被泄露并处于“为公众所知”的状态，则仍可构成销售公开。

二、合法来源抗辩

《专利法》(2008年修改)第七十条规定，为生产经营目的使用、许诺销售或者销售不知道是未经专利权人许可而制造并售出的专利侵权产品，能证明该产品合法来源的，不承担赔偿责任。《最高人民法院关于审理侵犯专利权纠纷案件应用法律若干问题的解释(二)》第二十五条规定，为生产经营目的使用、许诺销售或者销售不知道是未经专利权人许可而制造并售出的专利侵权产品，且举证证明该产品合法来源的，对于权利人请求停止上述使用、许诺销售、销售行为的主张，人民法院应予支持，但被诉侵权产品的使用者举证证明其已支付该产品的合理对价的除外。上述所称不知道，是指实际不知道且不应当知道；上述所称合法来源，是指通过合法的销售渠道、通常的买卖合同等正常商业方式取得产品；对于合法来源，使用者、许诺销售者或者销售者应当提供符合交易习惯的相关证据。

首先，合法来源抗辩属侵权抗辩，被诉产品属于专利侵权产品系前提条件。若被诉产品并不侵权，则无进一步分析合法来源抗辩是否成立之必要。

其次，合法来源抗辩还应符合主体要求。即该抗辩权仅能由专利侵权产品或使用专利方法而直接获得的产品的使用者、许诺销售者或者销售者行使，而该产品的制造者、进口者以及方法专利的使用者均无此权利。如本案权利要求10为产品的使用方法，嘉拓东莞分公司作为该方法的使用者，对该权利要求所保护的技术方案不能行使合法来源抗辩权。而对权利要求1—9所保护的产品，嘉拓东莞分公司具备合法来源抗辩主体资格。此需特别注意。

最后，合法来源抗辩成立应满足主客观两个要件，即主观上不知道是未经专利权人许可而制造并售出的专利侵权产品，且客观上能证明该产品具有合法来源。关于主观要件，从举证责任的分配看，客观来源系合法来源抗辩者所主张，且为肯定性事实，依“谁主张、谁举证”的原则应由合法来源抗辩者承担举证责任，而主观上“不知道”为否定性事实，依法理则不宜简单、笼统地将举证责任分配给合法来源抗辩者一方。实际上，“不知道”的事实可分为三个层次：涉案专利的存在、被诉产品系未经专利权人许可而制造并售出的以及被诉产品系侵害涉案专利权的产品。对于第一个层次，虽然专利授权经公示并可公开查询，但仍不宜由此而推定一般的使用者、许诺销售者或者销售者知道或应当知道专利的存在，否则将不利于市场的交易安全和稳定预期，有损公众的利益。因此，应由权利人对合法来源抗辩者知道或应当知道涉案专利的存在承担举证责任。对于第二个层次，“不知道”+“未”为双重否定即为肯定，应由合法来源抗辩者承担举证责任，即其应举证证明其有理由相信被诉产品系经专利权人许可而制造并售出的。对于第三个层次，即便一般的使用者、许诺销售者或者销售者知道或应当知道专利的存在，但可能仍难以完成相对专业的侵权比对，故对于专利侵权案件的合法来源抗辩者，一般应推定其不知道，而由专利权人对合法来源抗辩者知道或应当知道被诉产品系侵害专利权的产品承担举证责任。需要指出，只要合法来源抗辩者主观上不知道上述任何一个层次的事实，均应认为合法来源抗辩的主观要件已满足。结合本案，虽然嘉拓东莞分公司的合法来源抗辩符合客观要件，但其主观要件不满足，故合法来源抗辩依然不成立。实际上，在专利侵权案件，尤其是发明、实用新型专利等技术类案件中，由于原告举证证明被告在主观上知道或应当知道上述第一、三个层次的事实往往比较困难，故一般情况下，只要被告能举证证明客观来源即已完成举证责任。这样的举证责任分配设置，也符合专利法设计合法来源抗辩制度的初衷，即重点在于惩治源头，而对于主观上无过错的流通环节及终端使用者，得以抗辩合法来源而免责。

编写人：广州知识产权法院　官健　陈建辉

（编辑：邓文婷）

4

美利肯公司与海天公司等侵害发明专利权纠纷案

阅读提示：如何理解并确定发明专利权利要求的保护范围？

【裁判要旨】

在无证据证明海天公司采用检测最终产物满足涉案专利所限定的不等式来确定着色剂用量的情况下，即便海天公司以与涉案专利实施例中相同剂量且类型完全一样的澄清剂和着色剂用于制备聚丙烯产品，亦不能据此推定被诉侵权技术方案落入涉案专利权的保护范围。

【案号】

一审：广州知识产权法院（2019）粤 73 知民初 1014 号

【案情与裁判】

原告：美利肯公司（MILLIKEN & COMPANY）

被告：徐州海天石化有限公司、东莞市艾米粒塑胶科技有限公司（以下分别称“海天公司”“艾米粒公司”）

起诉与答辩

美利肯公司享有专利号为 ZL201180068470.6、名称为“添加剂组合物及包含其的热塑性聚合物组合物”的发明专利权。美利肯公司认为海天公司使用涉案专利方法，销售、许诺销售依照该专利方法直接获得的产品，以及制造、使用其专利产品，艾米粒公司销售、许诺销售依照该专利方法直接获得的产品，诉请海天公司、艾米粒公司停止侵权，海天公司赔偿经济损失及合理开支850万元。

海天公司答辩称：1. 美利肯公司无证据证明被诉侵权技术方案落入涉案专利权的保护范围；2. 被诉产品使用的是现有技术，不构成侵权。

艾米粒公司答辩称：1. 艾米粒公司不生产被诉产品，仅销售被诉产品，销售金额不足20000元，获利极低；2. 被诉产品购买自海天公司。

一审审理查明

美利肯公司是专利号为ZL201180068470.6、名称为“添加剂组合物及包含其的热塑性聚合物组合物”的发明专利权人。该专利申请日为2011年12月20日，授权公告日为2015年9月9日。

美利肯公司在本案中明确专利权保护范围为权利要求1—9、19—33、43—48。其中，权利要求1、19、25、43均为独立权利要求，其余权利要求均为相应的从属权利要求。从具体内容上看，权利要求1和25均为方法发明，保护主题均为“一种制备热塑性聚合物组合物的方法”，两者的主要区别在于所述热塑性聚合物组合物所要求满足不等式中的参数不同，前者为Δb^*与Δa^*，后者为b^*与a^*，故前者需要对比物，后者否；权利要求19和43均为产品发明，保护主题均为“一种添加剂组合物”，两者区别同上，所述添加剂组合物与上述制备方法中所使用的添加剂组合物完全一致。

涉案专利权利要求1的具体内容为：1. 一种制备热塑性聚合物组合物的方法，所述方法包括以下步骤：(a) 提供热塑性聚合物；(b) 提供包括以下的添加剂组合物：(i) 至少一种选自下组的澄清剂：三酰胺、2, 2'-亚甲基二-(4, 6-二-叔-丁基苯基)磷酸铝、2, 2'-亚甲基二(4, 6-二-叔-丁基苯基)磷酸锂、单羧酸化合物和符合式(I)结构的缩醛化合物，其中R_1、R_2、R_3、R_4、R_5、R_6、R_7、R_8、R_9和R_{10}各自独立选自氢、烷基基团、烷氧基基团、烯基基团、芳基基团和卤素；且其中R_{11}是选自$-CH_2OH$和$-CHOHCH_2OH$的羟烷基基团；和(ii)着色剂；(c) 混合所述热塑性聚合物和所述添加剂组合物以制备热塑性聚合物组合物，其中所述热塑性聚合物和所述添加剂组合物分别提供；其中基于所述热塑性聚合物组合物的总重，所述热塑性聚合物组合物中澄清剂的量为100ppm至5000ppm；其中存在于所述热塑性聚合物组合物中的着色剂的量足以制备显示满足以下每个不等式的Δa^*值和Δb^*值的热塑性聚合物组合物：$\Delta b^* \leqslant 0-(2.8571 \times \Delta a^*)$、$\Delta b^* \geqslant -1.5231+(5.8461 \times \Delta a^*)$、$\Delta b^* \geqslant -$

$2.6000-(1.0909\times\Delta a^*)$、$\Delta b^*\leqslant 0+(1.2727\times\Delta a^*)$，其中 Δb^* 不是 0；其中 Δa^* 值和 Δb^* 值通过如下方式计算：测量由对比热塑性聚合物组合物制成的 1.27mm（50 密耳）薄板所显示的 a^* 值和 b^* 值，测量由所述热塑性聚合物组合物制成的 1.27mm（50 密耳）薄板所显示的 a^* 值和 b^* 值，并从由所述热塑性聚合物组合物制成的薄板的 a^* 值和 b^* 值减去由所述对比热塑性聚合物组合物制成的薄板的 a^* 和 b^* 值；且其中所述对比热塑性聚合物组合物包含所述热塑性聚合物和所述澄清剂但不含着色剂。

涉案专利说明书第［0005］段记载：所述添加剂组合物包括澄清剂和相对低水平的至少一种着色剂，其中着色剂的类型和量选择为使得包含该添加剂组合物的热塑性聚合物组合物显示落入特定色彩空间（colorspace）内的 CIE L^*、a^* 和 b^* 值。该色彩空间可通过以下方面定义：包含所述添加剂组合物的热塑性聚合物组合物的 L^*、a^* 和 b^* 的绝对值，或者包含所述添加剂组合物的热塑性聚合物组合物相对于不包含着色剂的对比热塑性聚合物组合物所显示的 a^* 和 b^* 值的变化。

第［0006］段记载：不同于着色剂的更典型应用（其中着色剂的类型和量选择为给聚合物赋予显著和容易察觉的色彩），本发明的组合物被设计为使得含有所述热塑性聚合物组合物不被察觉为显著着色。因此，本发明组合物所采用的着色剂水平通常显著低于在被设计为有色聚合物组合物中所使用的那些着色剂水平。这些组合物的设计是基于申请人的以下发现：即，含有相对少量着色剂的澄清热塑性聚合物（例如，落入产生 CIE $L^*a^*b^*$ 色彩空间的特定部分中的聚合物的着色剂的量和类型）通常被察觉为比不包含着色剂的澄清热塑性聚合物更具视觉吸引力。

第［0093］段记载：实际上，本发明热塑性聚合物组合物中着色剂的量足够低以至大部分观察者将描述该聚合物组合物或由其制成的任何制品为没有明显颜色。事实上，当裸眼观察时，着色剂所赋予聚合物组合物或由其制成的任何制品的色调仅在将该聚合物组合物或制品与不含着色剂的类似组合物或制品比较时才可能被察觉。由于在本发明组合物中使用这样低的着色剂载荷，并且出于不同着色剂通常显示不同强度的事实，难以使用通常的单位（诸如基于重量的浓度或百分数）来有意义地表达本发明组合物中存在的着色剂的量。因此，申请人已发现本发明组合物中着色剂的量最好通过如下方式来量化和限制：即，指明使用所述组合物制成的 1.27mm（50 密耳）厚的薄板（即，由包含本发明的添加剂组合物的热塑性聚合物组合物制成的薄板或由本发明的热塑性聚合物组合物制成的薄板）的 CIE $L^*a^*b^*$ 色彩空间。如后面的实施例中所证实的，申请人发现包含足以产生具有特定 L^*、a^* 和 b^* 值的薄板的量的着色剂的组合物在视觉上将可被察觉为有吸引力的（在其自身还有与不含着色剂的对比物比较时都是如此），并且将仍被察觉和描述为没有显著着色的。

第［0152］段记载：除了上面所述的 CIE $L^*a^*b^*$ 测量之外，薄板还被呈现给一组评价者以与相关对比物进行定性比较。特别是，每位组员被呈以两块薄板，其一使用上述样品中的一种制成，且另一由相关对比物制成，二者均被平放在用冷白荧光源照射的区域中的白色表面上。然后要求每位组员确定由上述样品制成的薄板与相关对比物相比是更具视觉吸引力、更不具视觉吸引力、没有区别或者显著着色。被大部分组员分级为更具视觉吸引力的样品薄板在“增强”栏中被鉴定为“是”。被分级为更不具视觉吸引力、与对比薄板没有区别或显著着色的那些样品薄板在“增强”栏中被鉴定为“否”。（注：样品 129、130、131 的色料 CI 名称均为颜料蓝 29/ 颜料紫 15，色料水平分别为 42ppm/28ppm、48ppm/32ppm、54ppm/36ppm，增强测定结果均为“是”。）

第［0164］段记载：为有助于结果的分析和比较，使用 CIE $L^*a^*b^*$ 测量结果和视觉评价来生成每个薄板的 Δa^* 和 Δb^* 值以及 a^* 和 b^* 绝对值的绘图……被确定为与相关对比物相比更具视觉吸引力的那些薄板落入绘图的特定区域。该区域被线段 A、B、C 和 D 所限定，且每一线段可通过以下等式之一定义：（A）$\Delta b^*=0-(2.8571\times\Delta a^*)$，（B）$\Delta b^*=-1.5231+(5.8461\times\Delta a^*)$，（C）$\Delta b^*=-2.6000-(1.0909\times\Delta a^*)$，（D）$\Delta b^*=0+(1.2727\times\Delta a^*)$。因此，更具视觉吸引力的薄板所落入的区域可被定义为其中 Δa^* 和 Δb^* 值满足上述每个不等式的那些点。

当庭拆封上述公证物，内各有聚丙烯产品一袋，型号分别为“RP368T”“RP358T”。美利肯公司确认上述“RP368T”为被诉产品，“RP358T”为对照物。海天公司确认上述产品均为其制造、销售。

美利肯公司提交的北京国威知识产权司法鉴定中心《司法鉴定意见书》显示，委托鉴定的样品为上述公证取得的“RP358T”“RP368T”产品；经检测，两者主要成分均为聚丙烯，且均含有少量澄清剂 1，3：2, 4 – 双（3, 4 – 二甲基亚苄基）山梨糖醇（以下简称 3, 4–DMDBS），具体含量分别为 1947.98mg/kg 和

1946.34mg/kg；北京聚睿众邦科技有限公司出具着色剂检测报告，“RP358T”中不含蓝色颜料，“RP368T”中含有蓝色颜料；以“RP358T”为对比样品，测试所得“RP368T”的 Δb^* 和 Δa^* 满足权利要求 1 中限定的不等式；测试所得“RP368T”的 b^* 和 a^* 亦满足权利要求 25 中限定的不等式。该鉴定意见结论为：（2019）赣洪大证内字第 276 号公证书封存的“RP368T”聚丙烯产品，包含热塑性聚合物、澄清剂和着色剂。根据本领域普通技术人员对该专利授权文本的分析，“RP368T”中澄清剂和着色剂的加入可能存在如下情形：（1）将上述澄清剂 3, 4-DMDBS 和蓝色颜料预先制成添加剂组合物，然后再与聚丙烯混合制备“RP368T”；（2）将上述澄清剂 3, 4-DMDBS、蓝色颜料、聚丙烯各自独立提供，经混合来制备“RP368T”。在情形（1）下，“RP368T”所体现的技术特征与涉案专利权利要求 1—9、25—33 的技术特征相同；在情形（2）下，“RP368T”所体现的技术特征与涉案专利权利要求 10—18、34—42 的技术特征相同。

关于“RP368T”产品的制备方法，海天公司说明如下：首先，将丙烯、乙烯（用量 3.5%）和催化剂四氯化钛放入反应器中进行共聚，形成聚丙烯粉料；然后，在 180 ~ 230℃下，加入复合助剂（包括 ZC-3 成核剂、着色剂和其他助剂），进行均匀混合；混合完成后，再进行挤压造粒，最终形成“RP368T”产品；复合助剂由 ZC-3 成核剂、着色剂和其他助剂等配制，其中的 ZC-3 成核剂为第三代山梨醇类透明剂（DMDBS），用量为 2200ppm；着色剂为群青蓝、群青紫或者两者的混合，用量为 88ppm；其他助剂主要包括分散剂（二氧化硅）、抗氧剂（1010、168）、除酸剂（硬脂酸钙）。

美利肯公司再次提交北京聚睿众邦科技有限公司《着色剂检测报告》显示，“RP368T”样品中含有颜料蓝 29 和颜料紫 15 混合的着色剂，重量比近似为 3：2；北京国威知识产权司法鉴定中心《司法鉴定意见书》，该鉴定意见结论为，根据海天公司对“RP368T”产品制备过程的说明，“RP368T”中澄清剂和着色剂的加入方式符合此前鉴定报告结论的情形（1），故其体现的技术特征与涉案专利权利要求 1—9、25—33 相同，而与权利要求 10—18、34—42 不相同也不等同；“RP368T”中所使用的复合助剂技术特征与涉案专利权利要求 19—24、43—48 相同。

“群青蓝”与“颜料蓝 29”，“群青紫”与“颜料紫 15”为同一化学物质。

海天公司提交下列现有技术相关证据：1.《有机颜料作为成核剂改善聚丙

烯透明性的研究》。内容显示：广州石油化工总厂的陈韫韬先生于 1999 年已经对聚丙烯生产过程中加入有机颜料改善聚丙烯透明性进行研究，并得出有机颜料的微量加入能改善聚丙烯透明性、使制品外观更白亮、光泽更好的结论。2. 申请号 2010800630792 的专利文件。内容显示：巴斯夫欧洲公司于 2010 年 11 月 3 日申请名称为“具有改进的光学性能和 / 或提高的结晶温度的透明聚丙烯产品”的发明专利，其核心技术特征是加入 1 ~ 10ppm 一种或多种多环有机颜料、50 ~ 250ppm 的成核剂，能使聚丙烯制品降低浊度、提高透明度。对于该发明专利，国家知识产权局认为，在聚丙烯生产领域，本领域的人员容易想到使用一种或两种作为着色剂；对于着色剂的含量，本领域的技术人员利用有限的实验容易得到合适的着色剂相对于聚丙烯的合适用量；通过调整配混时的工艺参数使得颜料与成核剂均匀分布在聚丙烯中属于本领域的常规技术手段；“具有改进的光学性能和 / 或提高的结晶温度的透明聚丙烯产品”与现有技术相比不具备创造性。3. 申请号 200780012633.2 及申请号 201510216753.0 的专利文件。内容显示：美利肯公司于 2007 年申请名称为“用于制备澄清制品的组合物和方法”的专利被驳回。国家知识产权局认为，与对比文件相比较，本领域技术人员有动机减少着色剂的用量，使得在组合物中着色剂用量减少；本领域技术人员通过常规技术手段如选取低色彩强度的着色剂等方式即可实现组合物基本上是白色、且 L^* 值为 85 或更高；通过现有技术以及对比文件给出的教导，本领域技术人员能够预期达到本申请的效果；“用于制备澄清制品的组合物和方法”不具备创造性。4. 申请号 02104405.8 的专利文件。内容显示：中国石化北京燕山石油化工股份有限公司树脂应用研究所于 2002 年 3 月 12 日申请“一种透明聚丙烯”的专利，通过加入透明剂和微量染料增加聚丙烯透明度和外观色相。

一审判理和结果

广州知识产权法院经审理认为，涉案专利所要求保护的核心在于添加剂组合物，包括其主要成分及各自的用量。

涉案专利所述添加剂组合物主要由澄清剂和着色剂组成。其中，所述澄清剂可选自符合式（I）结构的缩醛化合物，海天公司确认其所用复合助剂中包含第三代山梨醇类透明剂（DMDBS），用量为 2200ppm，与美利肯公司提交的鉴定意见基本一致，双方对此并无异议。双方主要分歧在于着色剂。涉案专利对所述着色剂的种类和用量并未作出直接的限定，而是以间接的方式，即“着色剂的类型和量选择为使得所述热塑性聚合物组合物显示落入特定色彩空间的CIE L^*、a^* 和 b^* 值”。是否落入“特定色彩空间”则以所述热塑性聚合物组合物的 Δb^* 与 Δa^* 或 b^* 与 a^* 是否满足特定不等式为判断依据。因此，如何理解该限定方式并确定其保护范围是本案审理的关键所在。对此，广州知识产权法院分析如下：

首先，从涉案专利说明书中的具体实施例可以看出，在澄清剂及其他助剂固定的情况下，选择同一用量的不同类型着色剂或不同用量的同一类型着色剂，结果可能完全不同。由此可见，涉案专利是以分组试验的方式，以最终产物的检测结果满足上述不等式来确定不同类型着色剂的合适用量。因此，判断被诉产品所使用的制备方法或制造被诉产品所使用的添加剂组合物是否具备涉案专利关于“着色剂用量”的技术特征，被诉产品满足上述不等式仅为必要条件。除此之外，还必须要求所使用的着色剂用量是通过检测最终产物满足上述不等式所确定的。也就是说，即便美利肯公司提交的关于“被诉产品经检测满足上述不等式”的鉴定意见可以采信，仍然不能据此认定被诉侵权技术方案已经具备涉案专利关于“着色剂用量”的技术特征，还需审查其着色剂用量的确定是否采用了检测最终产物满足上述不等式的方法。

其次，从海天公司提交的有关现有技术的证据看，在聚丙烯材料中加入澄清剂和少量着色剂，以改善其透明度和外观色相，在涉案专利申请日之前已经被公开。与之相比，根据涉案专利说明书的记载，涉案专利的发明贡献主要在于，其发现被大部分评价者分级为更具视觉吸引力的样品具有 Δb^* 与 Δa^* 或 b^* 与 a^* 满足特定不等式的性质，并据此将主观评价客观化，将最终产物满足上述不等式作为确定着色剂用量的依据。美利肯公司认为被诉产品满足上述不等式即可认定其具备涉案专利关于“着色剂用量”的技术特征，若支持此观点，则相当于将涉案专利的保护范围扩大至最终产物本身，这显然与其发明贡献不相匹配，不合理地扩大了涉案专利的保护范围，并可能将现有技术囊括在内，导致权利人与社会公众之间的利益失衡。

再次，由上述现有技术可知，使用涉案专利方法制备的聚丙烯材料显然不属于《中华人民共和国专利法》第六十一条所规定的“新产品”。因此，海天公司是否采用了检测最终产物满足上述不等式的方法来确定着色剂用量，应当由美利肯公司承担举证责任。即便被诉产品经检测确实满足上述不等式，亦不足以反向推定其着色剂用量的确定采用了检测最终产物满足上述不等式的方法。正如涉案专利说明书所记载，通过对最终产物视觉效果的主观评价同样可以作为判断着色剂用量是否合适的依据。这种方法简单易行，于生产企业而言，并无必要舍易求难而选择检测最终产物满足上述不等式的方法。

最后，在美利肯公司无证据证明海天公司采用检测最终产物满足上述不等式来确定着色剂用量的情况下，即便海天公司以与涉案专利实施例中相同剂量且类型完全一样的澄清剂和着色剂用于制备聚丙烯产品，亦不能据此推定被诉侵权技术方案落入涉案专利权的保护范围。这是因为，影响最终产物的透明度和外观视觉效果的因素，除了澄清剂和着色剂之外，其他因素如聚丙烯原料、其他助剂、反应条件等亦不可忽略。也就是说，即便选择与涉案专利具体实施例中相同剂量且类型完全一样的澄清剂和着色剂，而其他条件因素有所不同的情况下，也不能保证最终产物具备与该实施例一致的 L^*、a^* 和 b^* 值，或者说确定最终产物能够满足上述不等式。况且，据海天公司提交的制备方法，或者根据美利肯公司提交的鉴定意见书中的检测结果，被诉产品中的澄清剂或着色剂的用量与涉案专利具体实施例并不完全一致。据此，本案驳回美利肯公司的诉请。

本案一审宣判后，美利肯公司提出上诉，目前尚处于二审审理中。

【法官评述】

涉案发明涉及化工领域，美利肯公司是一家美国的化学品企业，海天公司是本土大型化工国企。本案的核心问题在于如何理解并确定涉案专利的保护范围。

根据《专利法》及其司法解释的相关规定，发明专利权的保护范围以其权利要求的内容为准，说明书及附图可以用于解释权利要求的内容。人民法院应当根据权利要求的记载，结合本领域普通技术人员阅读说明书及附图后对权利要求的理解，确定权利要求的内容。人民法院对于权利要求，可以运用说明书及附图、权利要求书中的相关权利要求、专利审查档案进行解释。以上述方法仍不能明确权利要求含义的，可以结合工具书、教科书等公知文献以及本领域普通技术人员的通常理解进行解释。

以权利要求 1 为例，其中的澄清剂部分属于现有技术，加入着色剂亦为现有技术，其创新之处在于对着色剂的用量如何限定。按照通常的做法，在书写权利要求时可以对着色剂的种类及用量具体列明，或者如权利要求 1 中对澄清剂的限定，对种类采用马库什方式作为上位概念，对剂量采用封闭区间值。但本案比较特别，权利人采用经该方法制备的最终产物的有关光学参数满足其建立的数学模型，反过来对着色剂的种类和用量进行限定。根据美利肯公司的主张，其希望通过此种安排达到如下目的，即无论被告采用何种着色剂、多大剂量，只要检测最终制造的产品的相关参数满足该数学模型，就可以认定被诉侵权技术方案具备上述关于着色剂的技术特征。该主张乍看起来无懈可击，连被告在答辩中也未对此提出异议，似乎认同了该观点。但究其实质，该主张倒果为因，不合理地扩大了保护范围，其效果相当于将最终产物作为产品专利纳入涉案专利的保护范围。

从涉案专利说明书的内容可以看出，美利肯公司发现加入少量着色剂可以改善热塑性聚合物的外观，该发现实质上是现有技术的内容，而并非本专利的发明点。涉案专利的发明贡献主要在于其通过大量实验，采用多种着色剂及不同剂量，发现被大部分评价者分级为更具视觉吸引力的样品具有 Δb^* 与 Δa^* 或 b^* 与 a^* 满足特定不等式的性质，通过建立数学模型将主观评价客观化，将最终产物满足上述不等式作为确定着色剂用量的依据。如果支持美利肯公司的上述观点，则意味着若有人采用了加入少量着色剂以改善热塑性聚合物外观的做法，即有可能落入涉案专利权的保护范围。这相当于将涉案专利的保护范围扩大至最终产物本身，而该最终产物并未获得专利保护，而属于公知技术。这显然与其发明贡献不相匹配，不合理地扩大了涉案专利的保护范围，并可能将现有技术囊括在内，损害社会公众的利益。因此，从正、反两个方面分析，均不能支持美利肯公司的观点。

本案给我们三点启示：1. 权利要求不能书写得五花八门，正确理解权利要求并准确界定保护范围对于审好此类案件至关重要；2. 不能被当事人牵着鼻子走，尤其是技术类问题，不能完全依赖双方当事人的诉辩，法官应有独立思考能力并主动审查；3. 对于重大涉外案件，法官要保持政治敏锐性，增强大局意识、全局意识，在平等保护的同时，合理保护本土企业的合法权益。

编写人：广州知识产权法院　官健　陈建辉

（编辑：邓文婷）

5

东和公司、沃威克公司与乐翼公司、林某专利权权属、侵权纠纷案

阅读提示：明知专利权权属存在争议，形式上的权利人随意处分权利的行为性质如何认定？

【裁判要旨】

本案为专利权属纠纷案件，审理过程中发现诉争专利已被被告声明放弃，故将放弃行为的性质判定与专利归属并案处理。员工离职后一年内申请的、与其原本职工作相关的专利应依法认定为职务发明创造，而判断形式上的专利权人行使放弃权利的行为是否具有正当性，应综合行使权利的时间、行使的理由、行使的方式以及行为后果等因素进行认定。

【案号】

一审：广州知识产权法院（2019）粤73知民初1585号

【案情与裁判】

原告：东莞市东和汽车零部件有限公司、沃威克音乐有限公司（WARWICK MUSIC LIMITED）（以下分别称“东和公司”“沃威克公司”）

被告：东莞市乐冀乐器有限公司（以下称“乐冀公司”）、林某

起诉与答辩

东和公司和沃威克公司起诉称：东和公司和沃威克公司为乐器产品生产合作伙伴。林某曾入职东和公司担任品技经理职务，本职工作包括小号类产

品的研发，接触到大量设计图纸、修改意见等，其在任职期间积累了丰富的小号研发经验和研发能力。后来，林某离职并入职乐翼公司，在一年内发明了“一种复合材料小号”的实用新型专利，并以乐翼公司作为申请人获得专利授权，而两被告在与东和公司磋商专利权属期间恶意放弃了专利。两原告请求法院判令：1. 申请号为 201820079790.0 的实用新型专利权归属两原告所有；2. 乐翼公司在 2019 年 5 月 28 日放弃名称为“一种复合材料小号”、专利号为 ZL201820079790.0 的实用新型设计权的行为为恶意放弃专利权；3. 两被告支付两原告因维权而付出的律师费 10000 元，公证费 620 元，翻译费 740 元，担保费用 1100 元，共计 12460 元；4. 本案的诉讼费和财产保全费由两被告承担。

乐翼公司和林某答辩称：1. 乐器的开发，以及本案所涉及的小号产品的开发不属于东和公司的经营范围，林某不可能在东和公司从事其并不存在的业务；2. 沃威克公司与东和公司并不存在涉案专利产品的委托设计或者合作开发乐器的技术开发关系，而且林某与沃威克公司也从未建立过任何劳动关系或者是劳务关系。因此，沃威克公司与本案并无直接的利害关系，不是本案适格原告；3. 林某离职后设计涉案专利与其在东和公司承担品质、技术经理的本职工作以及分配的任务无关，品质技术经理的工作职责内容是对已经设计完成的产品在生产阶段的方案进行设计，目的是以最小的成本生产出优质的产品，该过程涉及的是采用材料、工艺和方案，以及在生产过程中就可能会出现的问题给出建议方案，并不涉及小号产品前端的开发和设计；4. 本案属于专利权权属纠纷，并非专利权侵权纠纷，两原告诉请维权费用由两被告承担没有法律依据；5. 林某对小号的研发和设计能力属于其个人能力的范畴。林某的研发能力除了在东和公司的工作经验以外，更在于其个人的后天努力以及天赋，在没有特殊约定限制其使用的情况下，可以自由使用。

一审审理查明

一、涉案专利情况

乐翼公司于 2018 年 1 月 18 日向国家知识产权局申请名称为“一种复合材料小号”的实用新型专利，于 2018 年 8 月 24 日获得授权，专利号为 ZL201820079790.0，发明人为林某。

乐翼公司于 2019 年 5 月 28 日向国家知识产权局提出放弃该专利权声明。该声明于 2019 年 6 月 5 日获得国家知识产权局审查通过，同意其放弃专利权，并于2019年6月25日予以公告。

二、各方当事人与涉案专利技术方案的关联情况

东和公司系有限责任公司（自然人控股），成立于2007年11月5日，法定代表人为李某秋，经营范围包括产销：五金制品、塑胶制品；汽车零部件设计、研发。自然人股东显示为李某秋和刘某菊；公司高管人员信息显示李某秋任总经理职务，刘某菊任监事职务。

东和过滤器公司系有限责任公司（自然人控股），成立于2013年9月16日，法定代表人为李某秋，经营范围包括产销：汽车过滤器、汽车零部件、五金制品、塑胶制品；乐器；汽车零部件设计、研发。公司仅有的两名自然人股东显示为李某秋和刘某菊；公司高管人员信息显示李某秋任总经理职务，刘某菊任监事职务。

沃威克公司系英国企业，成立于2002年2月11日，法定代表人为Steven Robert Greenall。沃威克公司向中国知识产权局申请了多项发明专利及外观设计专利，包括2018年4月6日授权的“混合喇叭”外观设计专利，2015年6月3日申请公布的“乐器”发明专利，2012年5月30日申请公布的“乐器”发明专利。

乐翼公司系有限责任公司（自然人独资），成立于2017年11月23日，法定代表人和唯一股东均为林某，经营范围包括研发、生产、销售：西洋管乐器、民族乐器。

东和公司履历表记载，林某文化程度为本科，毕业于湖南师大工程学院，所学专业为机械。林某的诉讼代理人明确林某毕业院校为湖南师范大学。

三、涉案专利文件记载的设计人的劳动关系及研发能力情况

2013年12月17日，林某与东和公司签订劳动合同，固定期限从2013年12月17日起至2017年12月17日止，任品技部门品技经理职务，合同未进一步约定具体工作内容。从2014年2月起，东和公司开始为林某缴纳社保，缴纳至2017年7月份。东和公司的考勤表记录，林某入职后属品技部员工，2015年6月后所属部门变更为开发部。

2017年4月6日，林某与东和过滤器公司签订劳动合同，固定期限从2017年4月1日起至2022年3月30日为止，在品技部门从事品技工作。该劳动合同于第二十三条约定竞业禁止条款：“1. 甲乙双方在约定的服务期内，乙方必须保守甲方的商业秘密和与知识产权相关的保密事项，在合同解除或终止后，管理人员、技术人员和其他有保密义务的人员两年内不得自己开与甲方经营相同的工厂、从事同类产品的相关工作，具体内容参照竞业禁止协议。2. 乙方应当保守在甲方工作期间获得或了解的甲方的商业秘密，不得向任何无关第三方泄露。否则，如造成甲方的经济损失，依法应当全额予以赔偿。具体内容参照保密协议。”东和过滤器公司的考勤表显示，林某入职后所属部门为开发部。

广东省广州市广州公证处（2019）粤广广州第 098652 号公证书记载：东和公司的委托代理人李某俊于 2019 年 8 月 6 日向公证处申请对其登录邮箱 lfq_0735@126.com，浏览、打印相关邮件的内容及过程进行保全证据公证。输入密码登录该网易邮箱，显示邮箱所有人为李某秋，搜索包含“WMG 短号方案三评估”的邮件，可查找到发送人为“林某”的邮件，该邮件收件人标记为“东和－李总”，邮件内容记载“李总：WMG 短号方案三与原来方案稍微有一点差别！附件模具价格与成本基本无变化！”，文字下附带小号的图片两张以及圈出小号的设计部位，落款为“东莞市东和过滤器有限公司，品技部：林某”。点击查看邮件附件，显示“短号项目工艺评估”“方案三”，图表中记载部件名称、中文名称、材料、图片、工艺、模具形式、模具成本、夹具成本、单件加工费用、单件材料成本、优缺点分析等。搜索包含“dh's suggestions for pcornet”的邮件，可查找到“林某”作为收件人之一的邮件，邮件内容为全英文，包含四个 PPT 附件。点击查看邮件附件，显示中英文字并配图的小号设计内容，包含调音弯管与喇叭口、调音内连接管与调音弯管、调音内连接管与三通管、O 型圈安装槽、模具结构、端头形状等修改意见。搜索包含“Fw: Re: 转发：dh's suggestions for pcornet”的邮件，可查找到“林某”作为收件人之一的邮件，发件人“曾某”对原始文件的修改意见作出相应回应，并提出“现在最重要的是尽快报出”。

四、其他事实

庭后，东和公司和乐翼公司、林某为回应本院询问，分别提交了书面材料，说明双方就涉案专利的沟通经过。东和公司称双方于 2019 年 5 月 21 日进行通话，东和公司告知林某违法并将委托律师进行维权。乐翼公司、林某称，东和公司大概是在 2019 年 4 月底至 5 月初与林某沟通，告知其专利产品侵害东和公司的专利权。

东和公司、沃威克公司同时在广州知识产权法院起诉乐翼公司、林某，两个案件的案号分别为（2019）粤73知民初1585号、（2019）粤73民初2367号，东和公司、沃威克公司认为涉案两项专利权属均应归东和公司、沃威克公司所有，具体专利信息为：名称为“一种复合材料小号”、专利号为ZL201820079790.0的实用新型专利；名称为“小号（乐器）”、专利号为ZL201830022801.7的外观设计专利。

两原告主张其在本案维权支出含律师费10000元、翻译费740元、公证费620元、担保费用1100元，并提交本案及（2019）粤73民初2367号案的民事委托代理合同和相关发票予以证明。经查，民事代理合同以及相应的律师费发票记载的付款方是东和过滤器公司，其他发票记载的付款方为东和公司，上述发票显示金额与两原告在两案中合计主张数额一致。

一审判理和结果

一审法院经审理认为，本案的争议焦点为：1.涉案专利权属如何认定；2.两被告是否属于恶意放弃专利权。

关于涉案专利权属问题。关于林某在东和公司工作期间是否从事与涉案专利研发相关工作的问题。首先，从林某与东和公司签订的劳动合同来看，该合同约定，林某于2013年12月17日至2017年12月17日期间在东和公司品技部门担任品技经理职务；根据考勤表的记载，林某自2015年6月1日至2017年2月28日，均在东和公司开发部工作，此前还曾在品质部工作。林某曾任职的品技部、品质部和开发部，从部门名称上看，均与产品研发密切相关，而开发部则更明显地具有研发产品职能。其次，从（2019）粤广广州098652号公证书记载的内容来看，东和公司法定代表人邮箱中多封与“WMG短号项目”相关的邮件均系林某发出或接收，其中涉及事项包括产品设计图纸修改、零部件图片及报价等产品研发的重要事宜，邮件中亦披露了相关产品的关键技术参数。因此，东和公司提供的证据基本证明林某在东和公司期间从事了产品研发和生产的相关工作。最后，从林某个人技术背景和经历来看，林某作为机械专业毕业人员，并无证据显示林某在进入东和公司前即具备涉案专利产品研发的相应技术背景。东和公司提交的录音资料亦可从侧面佐证林某在工作期间接触了东和公司相关产品设计图纸以及从事产品研发、生产相关工作的事实。综上，林某在东和公司开发部工作期间从事相关产品设计图纸修改、产品优缺点评估以及零部件修改和报价等工作，上述工作均与涉案专利技术相关，本案证据亦可证实林某接触过相关图纸和及技术参数，因此涉案专利与林某在东和公司处的本职工作或分配任务有关联性。结合林某离职后一年内即申请涉案专利的事实，涉案专利属于职务发明创造，应当归属于东和公司所有。沃威克公司与林某并无劳动关系，与东和公司之间亦无证据显示存在委托开发关系或相关合同约定。因此，沃威克公司仅凭自有专利及其与东和公司之间的邮件记载，主张涉案专利归属于东和公司和沃威克公司共同所有，该主张于法无据，一审法院不予支持。

关于乐翼公司、林某是否属于恶意放弃专利权的问题。首先，从行使时间上看，东和公司于2019年5月与林某就涉案专利侵权问题进行沟通。2019年5月28日，在双方正就和解事项进行商谈期间，林某单方面向国家知识产权局作出放弃涉案专利权的声明。乐翼公司是在东和公司与之联系并告知其涉案专利权可能存在纠纷的情况之后、双方在商谈和解事宜期间，主动放弃专利权。其次，从行使方式上看，乐翼公司未将放弃专利权的事实告知东和公司，且乐翼公司和林某明确表示是因为东和公司告知其将以诉讼方式解决纠纷，受到东和公司所谓“威胁”，才放弃专利权。最后，从行为后果上看，乐翼公司放弃涉案专利权既对自身无实际利益，又增加了东和公司获得专利权的难度，并且可能使得人民法院权属纠纷判决无法执行，专利行政机关也可能需要就涉案专利状况进行反复变更，极大地浪费了司法和行政资源。因此，从节约社会成本，遏制权力滥用的角度，乐翼公司在涉案专利权属纠纷发生时，以不合理的方式行使权利，既欠缺正当行使权利的主观意图，又造成当事人之间利益失衡，违背了诚实信用的基本原则。乐翼公司虽主张其仅与东和公司就专利侵权事宜进行沟通，但根据双方均认可的东和公司法定代表人与乐翼公司法定代表人之间的通话记录，东和公司法定代表人已经告知乐翼公司专利权属可能存在纠纷的事实。此外，乐翼公司的委托诉讼代理人当庭也表示乐翼公司是基于东和公司“威胁”放弃涉案专利，可见乐翼公司放弃专利行为确系在东和公司告知专利可能存在纠纷的事宜后针对该事宜对东和公司采取的措施。若如乐翼公司所称，其在先仅知悉专利侵权纠纷而不知悉专利权属纠纷，则采取放弃专利权的措施并无法摆脱其可能面临的专利侵权纠纷的不利处境，无法合理解释其在和解过程中突然放弃专利权的行为。因此，乐翼公司该主张不能成立。

综上，东和公司主张乐翼公司恶意放弃涉案专利权，对东和公司合法权益构成侵害，该主张于法有据，广州知识产权法院予以支持。至于合理费用的负担问题，根据本案查明的事实，林某和乐翼公司将东和公司的职务发明成果自行申请专利，并在产生纠纷后擅自放弃专利权，引发本案诉讼。东和公司为应对林某和乐翼公司的恶意行为，需要付出相应的成本来恢复专利应有的状态，乐翼公司和林某行为具有过错，并对东和公司合法权益造成了损害，应当承担相应的合理维权费用。东和公司主张律师费 10000 元，律师费发票及合同虽记载付款方为东和过滤器公司，但东和公司在本案中确有委托律师出庭参与诉讼，其主张的律师费金额亦未超出合理范围，一审法院对此予以支持。此外，公证费 620 元及担保费用 1100 元均有相应的发票予以佐证，两被告亦认可发票的真实性、合法性，故一审法院对东和公司主张的该部分合理维权费用亦予以支持。

一审法院依照《中华人民共和国专利法》第六条第一款、第六十五条，《中华人民共和国专利法实施细则》第十二条、第十三条，《中华人民共和国民事诉讼法》第六十四条第一款的规定，判决专利号为 ZL201820079790.0、名称为"一种复合材料小号"的实用新型专利权归东和公司所有；乐冀公司、林某共同赔偿东和公司合理维权费用 11720 元。

【法官评述】

本案涉及员工离职后申请专利又恶意放弃专利的特殊情形。根据《专利审查指南 2010》的规定，专利权人随时可以主动要求放弃专利权。放弃专利权的声明生效后，专利权人无正当理由不得要求撤销放弃专利权的声明；除非在专利权非真正拥有人恶意要求放弃专利权后，专利权真正拥有人（应当提供生效的法律文书证明）可要求撤销放弃专利权声明。依照上述规定，要申请恢复被放弃的专利权，专利权人必须向国家知识产权局证明：1. 其为专利权真正拥有人；2. 申请恢复的专利权被专利权非真正拥有人恶意放弃。故本案应先对诉争专利未被放弃前的权利归属问题进行审查和判定，再进一步判定乐翼公司放弃专利权行为是否具有正当性，从而充分厘清各方权利义务，妥善解决本案纷争。

关于离职人员职务发明的归属认定。根据《专利法》的规定，劳动、人事关系终止后1年内作出的，与其在原单位承担的本职工作或者原单位分配的任务有关的发明创造，属于职务发明创造。具体到本案而言，诉争专利为被告林某离职后1年内作出的发明创造；林某离职前分别在东和公司品技部、品质部和研发部工作，工作期间接触小号类产品设计图纸修改、产品优缺点评估以及零部件修改和报价等工作，涉案发明创造与林某在东和公司处的本职工作或分配任务有关联性；从林某个人技术背景和经历来看，其进入东和公司后并不具备诉争专利产品研发的相应技术背景。综合以上情况，诉争专利属于林某在东和公司任职期间作出的职务发明创造，应当归属于东和公司所有。

关于恶意放弃专利行为的认定。东和公司主张乐翼公司恶意放弃诉争专利权，对东和公司合法权益构成侵害，该问题应从一般侵权行为的构成要件进行评判。本案中，乐翼公司在与东和公司就和解事项进行商谈期间主动申请放弃诉争专利，该行为直接导致东和公司在本案专利权权属纠纷案件判决生效后无法实际执行，东和公司需要通过本案诉讼付出相应的成本来恢复诉争专利应有的状态，因此，本案侵权行为判断的行为要件、损害结果要件、因果关系要件均已具备，关键在于乐翼公司作为诉争专利登记的专利权人，主动行使放弃诉争专利权的行为是否存在主观"恶意"。对此，本案主要从以下几个方面进行考量：

第一，从行使时间上看，东和公司于2019年5月与林某就诉争专利侵权问题进行沟通。2019年5月28日，在双方正就和解事项进行商谈期间，乐翼公司单方面向国家知识产权局作出放弃诉争专利权的声明。虽然乐翼公司为诉争专利登记的专利权人，但其必须在合理限度内行使权利，乐翼公司在东和公司与之联系并告知其诉争专利权可能存在纠纷的情况之后，双方在商谈和解事宜期间，主动放弃专利权，违反诚实信用原则和权利不得滥用的法律规定。

第二，从行使的理由上看，乐翼公司明确表示是因为东和公司告知其将以诉讼方式解决纠纷，受到东和公司所谓"威胁"，才放弃专利权。可见放弃行为确系在东和公司告知专利可能存在纠纷的事宜后针对该事宜对东和公司采取的措施。乐翼公司虽辩称其在先仅知悉专利侵权纠纷而不知悉专利权属纠纷，但采取放弃专利权的措施并无法摆脱其可能面临的专利侵权纠纷的不利处境，该理由无法合理解释其在和解过程中突然放弃专利权的行为。

第三，从行使方式上看，乐翼公司声明放弃诉争专利后，至本案立案审理前期，仍表示愿意与东和公司进行商谈和解，在此过程中未将放弃专利权的事实告知东和公司，存在刻意隐瞒意图，直接导致东和公司无法及时作出反应，乐翼公司得以毫无阻碍地行使了放弃诉争专利的权利。

第四，从行为后果上看，乐翼公司放弃诉争专利权既对自身无实际利益，又增加了东和公司获得专利权的难度，并且可能使得人民法院权属纠纷判决无法执行，专利行政机关也可能需要就诉争专利状况进行反复变更，极大地浪费了司法和行政资源。

综上所述，乐翼公司在专利权属纠纷发生时，以不合理的方式行使权利，既欠缺正当行使权利的主观意图，又造成当事人之间利益失衡，违背了诚实信用的基本原则，应认定为恶意放弃专利，在本案中应赔偿东和公司相应维权合理费用。

编写人：广州知识产权法院　石静涵　邓文婷

（编辑：邓文婷）

6

马克图布公司与众传公司等侵害外观设计专利权纠纷案

阅读提示： 转用规则是否可以适用于现有设计抗辩？现有设计抗辩能否突破相同或近似种类产品的限制？

【裁判要旨】

根据转用规则，外观设计相同或相近似的比对在存在转用启示的情况下可以突破产品种类的限制，若某一产品的外观设计可以从另一不相同也不近似种类产品的外观设计转用得到，则前者与现有设计不具有明显区别而不能被授予专利权。基于外观设计专利不保护现有设计的基本原理，在外观设计专利侵权纠纷中，若被诉侵权产品的外观设计属于对现有设计的转用，则应认定该被诉侵权产品实施的是该现有设计。

【案号】

一审：广州知识产权法院（2020）粤73民初2629号

【案情与裁判】

原告：深圳马克图布网络科技有限公司（以下称“马克图布公司”）

被告：佛山市众传智能科技有限公司、佛山市一格科技有限公司、佛山市果麦电子商务有限公司（以下分别称“众传公司”“一格公司”“果麦公司”）

起诉与答辩

马克图布公司起诉称：其于2018年11月28日向国家知识产权局申请了

专利名称为“灭蚊灯（A）”的外观专利，并于2019年7月9日获得专利权，专利号为ZL201830681491.X。马克图布公司公证购买的被诉侵权产品上显示的监制商为众传公司，制造商为一格公司，产品外包装上标示的商标为“Uben源本生活”，该商标为果麦公司的注册商标，扫描产品条形码显示“源本生活星空灭蚊灯－薄墨灰”。众传公司、一格公司、果麦公司侵害了马克图布公司的专利权。马克图布公司请求法院判令众传公司、一格公司、果麦公司：1.立即停止侵害外观设计专利权的行为，即立即停止制造、销售、许诺销售被诉侵权产品；2.赔偿经济损失100万元及合理维权支出5万元；3.承担本案的诉讼费用。

众传公司、一格公司、果麦公司共同答辩称：1.涉案专利已被申请专利无效，不具有稳定性，请求中止审理本案；2.涉案专利被现有设计ZL201130068700.1号外观设计专利公开，涉案专利直接转用了风扇的外观设计到灭蚊灯，属于其他种类产品现有设计的直接转用，不具备明显区别；3.马克图布公司没有举证因维权所付费用；4.马克图布公司请求赔偿金额过高。

一审审理查明

马克图布公司于2018年11月28日向国家知识产权局申请名称为“灭蚊灯（A）”的外观设计专利，并于2019年7月9日获得授权，专利号为ZL201830681491.X，现处于有效状态。国家知识产权局2020年4月22日出具的外观设计专利权评价报告显示，涉案专利未发现存在不符合授予专利权条件的缺陷。

马克图布公司的委托代理人在众传公司经营的“源本生活旗舰店”网店通过公证购买了一款灭蚊器产品即本案被诉侵权产品，产品外包装上的贴条标有“Uben源本生活 监制商：佛山市众传智能科技有限公司 制造商：佛山市一格科技有限公司”字样。果麦公司是“源本生活”商标的权利人。

马克图布公司主张众传公司实施了制造、销售、许诺销售被诉侵权产品的行为，一格公司实施了制造被诉侵权产品的行为，果麦公司实施了制造被诉侵权产品的行为。众传公司承认其销售、许诺销售了被诉侵权产品，一格公司承认其制造了被诉侵权产品。马克图布公司认为众传公司、一格公司、果麦公司系本案被诉侵权产品的共同制造商，其行为存在关联性，因此请求法院判令众传公司、一格公司、果麦公司共同赔偿马克图布公司的损失。

将被诉侵权产品与涉案专利进行比对，马克图布公司、众传公司、一格公司、果麦公司均认为被诉侵权产品与涉案专利构成近似。

众传公司、一格公司、果麦公司主张被诉侵权产品使用的是现有设计并提交了授权公告日为 2011 年 9 月 14 日，专利号为 ZL201130068700.1 的专利文本作为证据予以证明。马克图布公司认为众传公司、一格公司、果麦公司主张的现有设计抗辩不能成立，具体理由包括：1. 对比文件 1 在底座壳体上设有环绕整个底座壳体的蜂窝状吸风孔，被诉侵权产品没有此设计；2. 被诉侵权产品的主体壳腔内设有若干条连续的槽，对比文件 1 没有此设计；3. 被诉侵权产品的主体壳体与对比文件 1 的主体壳体的长宽比例不同；4. 被诉侵权产品主体壳腔内的槽内设有诱蚊灯，而对比文件 1 没有此设计；5. 被诉侵权产品开关和充电口设置的位置与对比文件 1 不同。

众传公司、一格公司、果麦公司提交了涉案专利无效宣告请求受理通知书，并请求中止本案的审理。

一审判理和结果

一审法院审理认为，本案的争议焦点为：1. 本案是否需要中止审理；2. 众传公司、一格公司、果麦公司是否实施了被诉侵权行为；3. 众传公司、一格公司、果麦公司主张的现有设计抗辩能否成立；4. 众传公司、一格公司、果麦公司应当如何承担民事责任。

关于中止审理，马克图布公司提供的外观设计专利权评价报告显示，涉案专利未发现存在不符合授予专利权条件的缺陷，因此众传公司、一格公司、果麦公司请求中止审理本案的主张不成立。

关于众传公司、一格公司、果麦公司实施的行为，根据查明的事实和众传公司、一格公司各自的确认，可以认定众传公司实施了销售、许诺销售被诉侵权产品的行为，一格公司实施了制造被诉侵权产品的行为。根据众传公司的经营范围包括制造家电等，其在网店宣传是研发企业，被诉侵权产品载明其为监制商，足以认定其制造了被诉侵权产品。根据被诉侵权产品印有果麦公司的注册商标，众传公司经营涉案网店并宣传其拥有该商标的自主品牌，且众传公司和果麦公司的法定代表人为同一人，上述证据足以推定果麦公司参与了被诉侵权产品的制造。

关于众传公司、一格公司、果麦公司主张的现有设计抗辩，其提交的对比文件 1 的授权公告日早于涉案专利的申请日，可以作为涉案专利的现有设计。

本案被诉侵权产品为灭蚊灯，其用途在于灭蚊，属于《国际外观设计分类表》中22-06类“捕捉器，灭虫的用具”产品，而对比文件1为风扇，用于通风降温，属于《国际外观设计分类表》中23-04类“通风和空调设备”产品，因此，被诉侵权产品与现有设计产品不属于相同种类或者相近种类的产品。根据《专利审查指南2010》的规定可知，外观设计相同或相近似的比对在存在转用启示的情况下可以突破产品种类的限制，若某一产品的外观设计可以从另一不相同也不近似种类产品的外观设计转用得到，则前者与现有设计仍不具有明显区别而不能被授予专利权。转用有两种情形，一种情形是模仿自然物、自然景象以及将无产品载体的单纯形状、图案、色彩或者其结合应用到产品的外观设计中。另一种情形是具体的转用手法在相同或者相近种类产品的现有设计中存在启示的，比如，虽然现有设计中没有网球形状的音箱设计，但是在已经存在足球形状音箱设计的情况下，该转用手法在相同种类的产品的现有设计中存在启示。在这种情形下，如果某专利由现有设计转用得到，且与现有设计相对应的特征相同或仅有细微差别，则该专利与现有设计不具有明显区别，不应授予专利权。在外观设计专利侵权纠纷中，若被诉侵权产品的外观设计属于对现有设计的转用，则应认定该被诉侵权产品实施的是该现有设计，被诉侵权人实施被诉侵权设计的行为不构成专利侵权。具体到本案中，灭蚊灯对风扇的转用不属于上述第一种情形即通过模仿自然物、景象或应用单纯形状、图案等而来，另外众传公司、一格公司、果麦公司亦无证据证明现有灭蚊灯类产品的外观设计中存在对风扇类产品外观设计的转用。因此，众传公司、一格公司、果麦公司实施的设计并非对现有设计的转用，其主张的现有设计抗辩不成立。

关于民事责任的承担，根据查明的事实以及众传公司、一格公司、果麦公司的确认，被诉侵权产品落入了涉案专利的保护范围，故众传公司、一格公司、果麦公司已构成侵权，众传公司应停止制造、销售、许诺销售侵权产品，一格公司应停止制造侵权产品，果麦公司应停止制造侵权产品。众传公司、果麦公司均参与了一格公司制造侵权产品的行为，众传公司和果麦公司的法定代表人伍某强亦是一格公司的股东，足以认定众传公司、一格公司、果麦公司之间存在共同侵权的意思联络，故众传公司、一格公司、果麦公司应共同承担赔偿责任。本案综合考虑涉案专利权为外观设计专利、侵权行为的性质（众传公司实施的是制造、销售、许诺销售行为，一格公司实施的是制造行为，果麦公司实施的是制造行为）、侵权产品的售价以及马克图布公司为制止侵权需要支出合理费用等因素，酌定众传公司、一格公司、果麦公司共同赔偿马克图布公司经济损失及合理维权费用共计 30 万元。

一审判决后，双方均未上诉，本判决已经生效。

【法官评述】

外观设计专利侵权比对的前提是产品种类相同或近似，同样地，现有设计抗辩也以被诉侵权产品和现有设计属于相同或近似种类为基础。然而，在专利审查中存在转用制度，若构成转用则可以突破种类相同或近似的限制，从而认定专利与现有设计不具有明显区别，不能被授权。那么，专利审查中的转用制度能否以及如何适用于专利侵权审查中的现有设计抗辩，需要基于现有设计抗辩的法理基础以及实际案情综合判断。

一、现有设计抗辩的法理基础和沿革

现有设计是指在申请日以前在国内外为公众所知的设计。我国《专利法》规定，授予专利权的外观设计，应当不属于现有设计。现有设计抗辩是指，在外观设计专利侵权纠纷中，被控侵权人有证据证明其实施的设计属于现有设计的，不构成侵犯专利权。换言之，现有设计抗辩本质上是一种抗辩权，其功能在于阻止专利权人有关专利侵权的知识产权请求权的行使。

现有设计抗辩制度的意义在于有利于简便高效地保护公众使用现有设计的自由。我国专利制度实行二元制，即只能在行政程序中审查专利的有效性，司法程序中不能。通过现有设计抗辩制度，被诉侵权人在司法程序中可通过提交有关证据证明被诉侵权产品的外观设计是现有设计，证明自己未侵犯该外观设计专利权，则无须再通过冗长的行政程序去无效专利，减轻被诉侵权人的诉累，对维护公平正义具有重要意义。

我国 2008 年修订的《专利法》第六十二条首次引入现有设计抗辩规则，并在第二十二条、第二十三条中分别对现有技术和现有设计作出了规定，这使得现有设计抗辩在立法层面上得到了正式确立。2009 年公布的《最高人民法院关于审理侵犯专利权纠纷案件应用法律若干问题的解释》第十四条第二款规定："被诉侵权设计与一个现有设计相同或者无实质性差异的，人民法院应当认定被诉侵权人实施的设计属于专利法第六十二条规定的现有设计。"由此进一步明确了现有设计抗辩的比对对象，即应将现有设计与被诉侵权设计进行比对。

二、转用制度在现有设计抗辩中的适用

外观设计专利权利的保护范围受产品范围限制，专利权人有权禁止他人在与其专利产品相同或近似类别产品上使用其外观设计，但无权禁止他人在受保护的产品范围以外的其他产品上使用该外观设计。《专利审查指南2010》明确规定"外观设计实质相同的判断仅限于相同或相近种类的产品外观设计"。

但是，根据《专利法》第二十三条第二款的规定，除应不属于现有设计外，授予专利权的外观设计还应当"与现有设计或者与现有设计特征的组合相比，应当具有明显区别"。对于专利"与现有设计相比不具有明显区别"的具体情形，《专利审查指南2010》第四部分第五章进行了列举，"涉案专利是由现有设计转用得到的，二者的设计特征相同或者仅有细微差别，且该具体的转用手法在相同或者相近种类产品的现有设计中存在启示"属其中之一。根据这一规则，外观设计相同或相近似的比对在存在转用启示的情况下可以突破产品种类的限制，若某一产品的外观设计可以从另一不相同也不近似种类产品的外观设计转用得到，则前者与现有设计仍不具有明显区别而不能被授予专利权。

在此基础上，《专利审查指南2010》第四部分第五章第6.2.2节界定了转用的概念，即"转用，是指将产品的外观设计应用于其他种类的产品。模仿自然物、自然景象以及将无产品载体的单纯形状、图案、色彩或者其结合应用到产品的外观设计中，也属于转用"，并对判断现有设计是否存在具体的转用启示作了进一步细化，明确了四种类型的转用"属于明显存在转用手法的启示的情形，由此得到的外观设计与现有设计相比不具有明显区别"，分别为：1. 单纯采用基本几何形状或者对其仅作细微变化得到的外观设计；2. 单纯模仿自然物、自然景象的原有形态得到的外观设计；3. 单纯模仿著名建筑物、著名作品的全部或者部分形状、图案、色彩得到的外观设计；4. 由其他种类产品的外观设计转用得到的玩具、装饰品、食品类产品的外观设计。

综上可知，转用存在两种情形：一是原则性的总体规定，即具体的转用手法在相同或者相近种类产品的现有设计中存在启示的；二是细化的特殊规定，即模仿自然物、自然景象以及将无产品载体的单纯形状、图案、色彩或者其结合应用到产品的外观设计中，具体包括上述明显存在转用手法启示的四种类型。

虽然《专利审查指南2010》关于外观设计“转用”的内容是对《专利法》中外观设计专利授权条件的细化，但是，基于外观设计专利不保护现有设计的基本原理，在外观设计专利侵权纠纷中，若被诉侵权产品的外观设计属于对现有设计的转用，则应认定该被诉侵权产品实施的是该现有设计，被诉侵权人实施被诉侵权设计的行为不构成专利侵权。

值得注意的是，转用中存在两个现有设计，一个是作为转用直接来源的现有设计，另一个是引致启示的与被诉侵权产品相同或近似种类的现有设计。例如在“通过现有的足球形状音箱的启示转用网球形状设计出网球形状音箱”的例子中，一个现有设计是网球形状，另一个现有设计是足球形状音箱。那么，对于第一个现有设计的公开时间显然应早于外观设计专利的申请日，对于第二个现有设计的公开时间要求有两种意见，第一是公开时间早于专利申请日，第二是参照等同侵权的判断时间点即公开时间早于侵权时间。笔者倾向于第一种意见，理由是专利本身就有启示作用，若采用第二种意见的话，那么被诉侵权人的启示就不是来源于第二个现有设计而是来源于专利本身和自然物等的结合。

编写人：广州知识产权法院　谭海华　林奕濠

（编辑：邓文婷）

7

陈某与安国律所专利代理合同纠纷案

阅读提示：专利代理合同纠纷中过失履约导致专利失效的赔偿责任认定依据。

【裁判要旨】

专利代理合同所约定的违约责任远低于因代理人怠于履行合同义务导致专利失效带来的损失时，损失责任的判定应考虑合同所涉标的物的特殊性。如违约行为导致的损失超出合同约定的违约金时，委托人的实际损失不宜仅依据合同约定的代理费数额来确定，应结合代理合同所涉技术的专利类型、技术方案所涉行业领域、研发成本、同类专利价值、违约过错及代理合同约定等因素，综合判定专利代理合同纠纷中的违约责任。

【案号】

一审：广州知识产权法院（2020）粤 73 知民初 750 号

【案情与裁判】

原告：陈某

被告：广东安国律师事务所（以下称“安国律所”）

起诉与答辩

陈某起诉称：陈某于2014年3月5日与安国律所签订《专利代理委托合同》约定，陈某委托安国律所代理申请专利号为201410171364.6、名称为“高稳定量子点复合物的制备方法”的发明专利，代理费为4600元。在履行合同过程中，安国律所怠于履行合同义务，导致涉案专利因未及时缴费而被视为放弃专利权。陈某请求法院判令安国律所双倍赔偿代理费9200元及不能取得专利的经济损失200000元，并向陈某赔礼道歉。

安国律所答辩称：安国律所并无怠于承担义务的行为，因电子申请系统发生数据混乱，安国律所从未收到该专利的《办理登记手续通知书》《视为放弃取得专利权通知书》。国家知识产权局以权利恢复请求超出2个月期限为由不同意该专利恢复权利后，安国律所代理陈某提出行政复议、行政诉讼，已尽力履行合同义务。陈某不得提出超出合同金额的损失主张。

审理查明

陈某（甲方）与安国律所（乙方）于2014年3月5日签订《专利代理委托合同》约定，委托项目为“发明专利申请”，专利名称为“高稳定量子点复合薄膜及粉末的制备方法”，代理费金额为4600元，并约定：“乙方在处理合同中专利代理事务过程中，由于乙方原因导致给甲方造成损失的，乙方承担损失并作赔偿，赔偿金额不超过合同金额。”

国家知识产权局于2016年8月2日出具的《授予发明专利通知书》《办理登记手续通知书》载明，发明创造名称为“高稳定量子点复合物的制备方法”，申请人为陈某，申请人收到本通知后，还应当依照办理登记手续通知书的内容办理登记手续。申请人按期办理登记手续后，国家知识产权局将作出授予专利权的决定，颁发发明专利证书，并予以登记和公告。期满未办理登记手续的，视为放弃取得专利权的权利。另载明：“申请人应当于2016年10月17日之前缴纳费用……申请人期满未缴纳或未缴足上述费用的，视为放弃取得专利权的权利。”其后，国家知识产权局出具的《视为放弃取得专利权通知书》载明：“申请人未在规定的期限内办理登记手续，该专利申请被视为放弃取得专利权的权利。”国家知识产权局于2017年9月12日出具的《恢复权利请求审批通知书》载明，申请人的恢复权利请求是在规定期限届满后提出的，不符合《中华人民共和国专利法实施细则》第六条的规定。经审查，不同意恢复权利。国家知识产权局于2018年2月9日出具《行政复议决定书》维持“2017年9月12日作出的恢复权利请求审批通知书，驳回复议申请人的复议请求”。

北京知识产权法院作出的（2018）京73行初2451号行政判决书，认定被告国家知识产权局不同意陈某所提的恢复权利请求，并无不当，并判决驳回陈某的诉讼请求。陈某不服上述行政判决提起上诉，最高人民法院于2020年9月17日作出（2020）最高法知行终337号行政判决书，驳回上诉，维持原判。

判理和结果

一审法院审理认为，安国律所未能按期办理涉案专利登记手续及缴纳相关费用，且未能按期办理请求恢复涉案专利权的手续及缴纳恢复权利请求费，安国律所履行涉案专利代理合同的行为存在过错。

安国律所的过失履约行为导致陈某未能获得涉案专利权的授予，且其对未能及时履行专利代理合同的义务存在过错，导致合同的根本目的不能实现，应当承担违约责任。双方当事人在涉案合同中约定的违约金为4600元，但国家知识产权局于2016年8月2日出具《授予发明专利通知书》可证实涉案专利符合授权条件，基于涉案专利类型属发明专利，且为“高稳定量子点复合物的制备方法”发明专利，安国律所履行合同过错导致陈某的损失显然超过4600元，陈某诉请调整赔偿金额的意见于法有据。综合考虑涉案专利的类型为发明专利、专利技术方案的研发成本、专利方案所涉技术领域、涉案合同约定的代理费标准、安国律所履行合同存在明显过错等因素，酌情确定安国律所向陈某赔偿经济损失100000元。违约行为仅导致陈某的财产权受损害，其要求赔礼道歉的主张不能成立。

【法官评述】

专利代理合同的违约责任，往往涉及违约损失及侵权损失的竞合问题。若委托人选择违约之诉，则应考虑履约双方的过错，衡平双方当事人的合同利益。当代理合同所约定的违约责任远低于因代理人怠于履行合同义务导致专利失效带来的损失时，损失责任的判定应考虑合同所涉标的物的特殊性。如违约行为导致的损失超出合同约定的违约金时，应考虑代理合同所涉技术的专利类型、技术方案所涉行业领域、研发成本、同类专利价值、违约过错及代理合同约定等因素，综合判定专利代理合同纠纷中的违约责任。

依据《合同法》第一百一十三条规定，当事人一方不履行合同义务或者履行合同义务不符合约定，给对方造成损失的，损失赔偿额应当相当于因违约所造成的损失，包括合同履行后可以获得的利益，但不得超过违反合同一方订立合同时预见到或者应当预见到的因违反合同可能造成的损失。因此，对于专利代理合同损失的判定仍应考虑违约行为造成的实际损失及预期利益损失。

一、关于专利代理合同纠纷中实际损失的考量因素

专利代理合同纠纷中，违约行为导致的实际损失，当事人往往主张专利研发投入损失及实施专利投入损失的问题。陈某在本案中主张的直接损失包括：专利前期开发费用5万元，以及为实施专利而成立公司、装修、购买办公桌椅、支付办公房租及员工工资等费用的支出总计56万。

1. 关于专利研发的前期投入损失问题。由于专利技术的研发需要材料、实验、收集数据等方面的投入，因此，在发明专利因代理人的过失履约而导致失权的情况下，研发费用也难以通过专利的实施或许可等方式得到弥补，故当事人主张专利研发成本属专利代理合同中代理人违约导致的实际损失于法有据，应在违约责任的判定时加以考虑，但具体损失金额仍应由提出主张一方进行充分举证证实。

2. 关于专利实施的前期投入损失问题。在专利被授权之前，发明专利的新颖性、创造性问题均可能影响专利权的授予，技术方案最终是否能获得专利授权存在一定的不确定性。专利申请人为实施专利进行投入时，应对其投入的风险作出充分的判定，由于商业经营所带来的投入风险应由经营者自行承担，所以，仅在当事人所提供的证据足以证实其前期投入是基于当时国家知识产权局所作出的授权通知或不可避免地存在前期投入必要性的情况下，才具备主张损失的基础。本案中，陈某主张其为实施专利而成立公司、装修办公室、购买办公桌椅、支付办公房租及员工工资等费用的支出属专利代理合同的违约行为所导致损失，缺乏事实依据。此外，陈某在未能确定涉案技术方案是否可获得专利授权的情况下，即使其基于此设立公司，亦属其投资风险，而非对方的违约责任所致损失。而且，涉案公司成立时间为2013年11月20日，《专利代理委托合同》签订于2014年3月5日，现有证据不足以证实该公司是基于涉案专利的实施所成立，故其主张不能成立。

二、关于专利代理合同纠纷中预期利益损失的考量因素

对于预期利益损失，本案中，陈某主张相同专利的转让或者实施许可的费用一般在50万元以上，投产后的预期销售额在200万元以上，故其主张每年损失的利润在100万以上。

1. 关于涉案技术方案所属技术领域。涉案的发明专利申请名称为“高稳定量子点复合薄膜及粉末的制备方法”，属于涉及“量子点”“复合薄膜及粉末”，且属制作方法类技术方案。在无相反证据的情况下，应认定该专利的价值明显超出合同约定的金额4600元。

2. 关于涉案技术方案的价值问题。由于国家知识产权局已对该技术方案发出《授予发明专利通知书》，故应认定该技术方案具备授权发明专利权的条件。至于该技术方案的实际价值仍需根据当事人所提交的证据进行具体认定。陈某提交“一种纳米铁氧体颗粒的制备方法”发明专利转让信息网页打印件、“用豆腐废水制作碳量子点的方法”专利转让信息网页打印件、“一种用于调节白光LED的荧光化合物及其制备方法和应用”专利出售信息网页打印件，以此主张与涉案专利相类似的专利的市场转让价超过50万元，但上述专利的名称及类别均与涉案专利存在明显差异，且陈某既未能举证证实上述专利与涉案专利价值之间的关联性，也未能举证证实上述专利的真实转让情况及付款信息，故其据此主张涉案专利的价值依据不足，其以案外不同专利的转让价格来确定安国律所的赔偿责任亦缺乏依据，不应采纳。

三、关于违约过错的情节

安国律所在履行涉案合同的过程中存在明显过错，既未能按期办理涉案专利登记手续及缴纳相关费用，也未能按期办理请求恢复涉案专利权的手续及缴纳恢复权利请求费，故赔偿责任应考虑其多次怠于履行合同义务的情况。

基于专利代理合同内容的特殊性，该类合同的违约责任既有缔约方意思自治的性质，又涉及专利技术方案的法益损害的判定问题。专利代理合同所约定的违约责任远低于因代理人怠于履行合同义务导致专利失效带来的损失时，损失责任的判定应考虑合同所涉标的物的特殊性。发明专利的授权须经实质审查，已获授予发明专利通知可初步证实该发明专利具备新颖性、创造性，虽难以直接判断其市场价值，但仍应结合具体案情，综合考虑所涉专利类型、专利技术方案所涉行业和领域、研发成本、同类专利价值、违约过错及代理合同约定等因素，以衡平双方当事人的合同利益和义务。

编写人：广州知识产权法院　黄彩丽　黄榆岚

（编辑：邓文婷）

8

雷盟公司与美高公司侵害实用新型专利权纠纷案

阅读提示：重复侵害专利权行为的赔偿责任认定及其考量因素。

【裁判要旨】

对于知识产权侵权违法行为中具有重复侵权、恶意侵权情节的行为，依法加大惩治力度、赔偿力度，提高赔偿数额，是知识产权严格司法保护的应有之义。侵权人在被前案生效判决认定构成侵害实用新型专利的情况下，拒不履行前案生效判决确定的侵权责任，再次实施侵害同一专利权的行为，构成恶意明显的侵权性质及重复侵权行为的侵权情节，对该类侵权行为，应在法定幅度内确定相对较高的赔偿责任。

【案号】

一审：广州知识产权法院（2020）粤73知民初57号

二审：最高人民法院（2020）最高法知民终1866号

【案情与裁判】

原告：雷盟光电股份有限公司（以下称“雷盟公司”）

被告：中山市美高照明有限公司（以下称“美高公司”）

起诉与答辩

雷盟公司起诉称：美高公司未经许可，再次制造、销售、许诺销售的产品侵害专利号为ZL201420776830.9、名称为“发光二极管灯泡结构改良”的实用新型专利。雷盟公司曾于2017年12月就美高公司的侵权行为起诉，美高公司在该案中被判令停止侵权并赔偿雷盟公司损失。美高公司拒不履行生效判决，继续擅自制造、销售、许诺销售被诉侵权产品，属于恶意侵权，应受法律严惩。请求判令美高公司：1. 停止制造、销售、许诺销售侵害专利号为ZL201420776830.9、名称为“发光二极管灯泡结构改良”的实用新型专利权的产品，销毁库存侵权产品，并销毁用于生产涉案侵权产品的模具、图纸等生产工具；2. 赔偿雷盟公司经济损失及维权合理开支共计25万元；3. 承担本案的全部诉讼费用。

美高公司答辩称：美高公司无制造被诉侵权产品行为，加工、销售的被诉侵权产品，是通过雷盟公司的代理商天益丰公司订购，线路板来源于案外人越利厂，产品有合法来源，不侵犯涉案专利权。

一审审理查明

雷盟公司是专利号为ZL201420776830.9、名称为“发光二极管灯泡结构改良”实用新型专利的专利权人。2019年9月，雷盟公司在美高公司经营的店铺公证购买取得被诉产品LED灯芯，同时取得的名片、宣传册均载有工厂地址，宣传册载有美高公司是“集研发，生产，销售LED照明系列产品的综合性高科技企业”的内容。

雷盟公司曾就美高公司涉嫌侵害涉案专利权的行为提起（2018）粤73民初200号案件的诉讼，民事判决认定，美高公司制造、销售、许诺销售的产品侵害雷盟公司名称为“发光二极管灯泡改良结构”、专利号为ZL201420776830.9的实用新型专利权并判令其停止侵权及赔偿雷盟公司损失及维权合理费用共计6万元。

广东省中山市中级人民法院（2019）粤20执3号执行裁定书载明，申请执行人为雷盟公司，被执行人为美高公司，裁定书内容包括：“广州知识产权法院2018年6月20日作出的（2018）粤73民初200号民事判决已经发生法律效力，依据判决确定的义务，被执行人应履行以下义务……未发现有可供执行的财产信息，本院已对被执行人作出限制高消费处理。”

一审判理和结果

一审法院审理认为，被诉侵权技术方案包含与涉案专利修改后的权利要求

1 记载的全部技术特征相同的技术特征，落入涉案专利权的保护范围。雷盟公司在美高公司的店铺购买取得被诉产品，可认定美高公司制造、销售、许诺销售的被诉产品侵害涉案专利权的事实。

关于侵权责任的确定，雷盟公司没有提供其因被侵权所受损失或美高公司因侵权所获利益的具体数额，也没有提供可以参照的专利许可使用费数额，雷盟公司主张美高公司的被诉行为属于恶意侵权，应受法律严惩，并据此要求美高公司赔偿经济损失和维权合理开支 25 万元。关于侵权性质及情节，美高公司在拒不履行生效判决的情况下，再次实施制造、销售、许诺销售被诉侵权产品的行为，侵权故意明显，侵权性质恶劣，侵权时间长，侵权情节严重，该类行为应受到有效遏制，侵权人应承担高额赔偿责任，以体现对该类行为的惩罚性。综合考虑案件的具体案情，一审法院对雷盟公司的诉讼请求全额支持。

一审判决后，美高公司不服，向最高人民法院提起上诉。二审经审理后判决：驳回上诉，维持原判。

【法官评述】

知识产权保护制度的重要价值在于保护科技创新，促进我国科学技术的发展。加大知识产权侵权违法行为惩治力度，提高赔偿数额，利于有效遏制和威慑侵犯知识产权行为，是知识产权司法保护政策的主要导向。我国已逐渐形成对侵害知识产权行为实施惩罚性赔偿的法律体系，除《商标法》《反不正当竞争法》《著作权法》《专利法》等部门法关于惩罚性赔偿的规定外，《民法典》也对侵害知识产权行为的惩罚性赔偿问题作出原则性规定，该规定对于前述部门法施行前的知识产权权利强化保护，具有重要意义。

一、对于恶意侵害知识产权行为适用高额赔偿责任的认定依据

《民法典》第一千一百八十五条规定，故意侵害他人知识产权，情节严重的，被侵权人有权请求相应的惩罚性赔偿。根据该法律规定，专利侵权案件适用惩罚性赔偿需考量两个要素：一是侵权人主观恶意明显；二是侵权行为客观情节严重。

关于知识产权纠纷中侵权人的主观恶意认定标准。在《民法典》中未对主观恶意的认定标准作出明确规定，但在司法实践中对该类问题的处理已积累一定的经验。如在《最高人民法院关于审理侵害知识产权民事案件适用惩罚性赔

偿的解释》第三条对于故意侵权的类型作出了明确规定:“对于下列情形,人民法院可以初步认定被告具有侵害知识产权的故意:(一)被告经原告或者利害关系人通知、警告后,仍继续实施侵权行为的;(二)被告或其法定代表人、管理人是原告或者利害关系人的法定代表人、管理人、实际控制人的;(三)被告与原告或者利害关系人之间存在劳动、劳务、合作、许可、经销、代理、代表等关系,且接触过被侵害的知识产权的;(四)被告与原告或者利害关系人之间有业务往来或者为达成合同等进行过磋商,且接触过被侵害的知识产权的;(五)被告实施盗版、假冒注册商标行为的;(六)其他可以认定为故意的情形。知识产权侵权案件中,在无相反证据的情况下,推定侵权人存有侵权主观过错。”通过上述规定可知,侵权人明知存在涉案专利权的情况下,仍实施侵害专利权的行为,在无相反证据的情况下,可推定侵权人存有侵权主观过错。本案虽未适用上述规定,但上述规定具有一定的参考意义,对于侵权人属于“明知故犯”的情形是适用惩罚性赔偿的必要条件之一。美高公司曾因侵害雷盟公司同一实用新型专利权被判令停止侵权并赔偿损失,亦即,美高公司明确知悉涉案专利权的存在,仍然实施侵权行为,其侵权主观恶意较大,符合适用惩罚性赔偿的主观要件。

关于侵权情节认定的标准。《最高人民法院关于审理侵害知识产权民事案件适用惩罚性赔偿的解释》第四条规定:“对于侵害知识产权情节严重的认定,人民法院应当综合考虑侵权手段、次数,侵权行为的持续时间、地域范围、规模、后果,侵权人在诉讼中的行为等因素。被告有下列情形的,人民法院可以认定为情节严重:(一)因侵权被行政处罚或者法院裁判承担责任后,再次实施相同或者类似侵权行为;(二)以侵害知识产权为业;(三)伪造、毁坏或者隐匿侵权证据;(四)拒不履行保全裁定;(五)侵权获利或者权利人受损巨大;(六)侵权行为可能危害国家安全、公共利益或者人身健康;(七)其他可以认定为情节严重的情形。”本案中,美高公司在(2018)粤73民初200号民事判决判令其停止侵权的情况下,不仅再次针对同一专利权人的同一专利实施侵权行为并获利,而且,拒不履行前案判决认定的赔偿责任,隐匿财产,导致法院在(2019)粤20执3号执行案件中“未发现有可供执行的财产信息”而对其作出“限制高消费处理”,应认定美高公司侵权情节严重,导致极为不良的社会效果,违背经营诚信的商业道德 。

二、关于赔偿责任中计算依据的确定

在现有的法律框架中，《民法典》未对惩罚性赔偿的具体适用问题进行明确规定，《商标法》《反不正当竞争法》等部门法虽对惩罚性赔偿的主观要件及赔偿基数计算的依据、赔偿倍数的范围进行了规定，但对于赔偿基数、倍数的具体确定缺乏要素式的指引，对此，需要在司法实践中进一步探索。

关于赔偿基数的确定。《最高人民法院关于审理侵害知识产权民事案件适用惩罚性赔偿的解释》第五条规定："人民法院确定惩罚性赔偿数额时，应当分别依照相关法律，以原告实际损失数额、被告违法所得数额或者因侵权所获得的利益作为计算基数。该基数不包括原告为制止侵权所支付的合理开支；法律另有规定的，依照其规定。前款所称实际损失数额、违法所得数额、因侵权所获得的利益均难以计算的，人民法院依法参照该权利许可使用费的倍数合理确定，并以此作为惩罚性赔偿数额的计算基数。人民法院依法责令被告提供其掌握的与侵权行为相关的账簿、资料，被告无正当理由拒不提供或者提供虚假账簿、资料的，人民法院可以参考原告的主张和证据确定惩罚性赔偿数额的计算基数。构成民事诉讼法第一百一十一条规定情形的，依法追究法律责任。"根据上述规定，原告实际损失数额、被告违法所得数额或者因侵权所获得的利益等作为计算惩罚性赔偿的基数，在确定赔偿基数时，是主要的计算依据。但实际损失数额、违法所得数额、因侵权所获得的利益均难以计算的，权利许可使用费的合理倍数也可作为计算基数的依据，维权合理费用不应计算在赔偿基数中，而应单独认定。

关于赔偿倍数的确定。确定惩罚性赔偿的倍数时，前述所涉及的侵权性质及情节仍应作为判定考量的要素。如是否以侵害知识产权为业、是否隐匿侵权证据、侵权规模的大小、侵权持续时间的长短、侵权行为是否为源头性侵权、侵权行为是否为重复侵权、权利人遭受损失的严重性、侵权行为对公共利益造成的不利影响等因素，均可作为赔偿倍数确定的要素之一。

中共中央办公厅、国务院办公厅印发的《关于加强知识产权审判领域改革创新若干问题的意见》指出："加大知识产权侵权违法行为惩治力度，降低维权成本。对于具有重复侵权、恶意侵权以及其他严重侵权情节的，依法加大赔偿力度，提高赔偿数额，让侵权者付出沉重代价，有效遏制和威慑侵犯知识产权行为。"由此可见，打击恶意侵害知识产权的行为已被提升到保护科创的战略层面。如前所述，我国已逐渐形成对侵害知识产权行为实施惩罚性赔偿的法律体系，《民法典》对侵害知识产权行为的惩罚性赔偿问题作出原则性规定，《商标法》《反不正当竞争法》《著作权法》《专利法》等部门法关于惩罚性赔偿作出明确规定，《最高人民法院关于审理侵害知识产权民事案件适用惩罚性赔偿的解释》则通过进一步明确惩罚性赔偿制度的适用具体条件和考虑因素，增强了惩罚性赔偿制度的适用基础，有助于强化和提升知识产权的司法保护力度，对于有效遏制和威慑侵犯知识产权的行为具有重要意义。

编写人：广州知识产权法院　黄彩丽　黄榆岚

（编辑：陈建辉）

9

凯华公司与同方公司等侵害发明专利权纠纷案

阅读提示：对申请时缩小了独立权利要求保护范围的发明专利，如何适用等同认定？

【裁判要旨】

滥用等同原则将使专利权保护范围缺乏确定性而损害社会公众利益。对于在专利申请过程中缩小的权利要求保护范围，进而获得专利授权的发明专利，人民法院在进行侵权比对时，应综合考虑涉案专利权利要求书、专利说明书背景技术、说明书实施例，准确界定涉案专利权的保护范围，进而适用禁止反悔原则，谨慎适用等同认定。

【案号】

一审：广州知识产权法院（2018）粤73民初3658号

二审：最高人民法院（2020）最高法知民终1317号

【案情与裁判】

原告：东莞市凯华电子有限公司（以下称“凯华公司”）

被告：同方股份有限公司、同方国际信息技术（苏州）有限公司、东莞京东利昇贸易有限公司（以下分别称“同方公司”“同方苏州公司”“京东公司”）

起诉与答辩

凯华公司起诉称：凯华公司是专利号为ZL201610802371.0、名称为“一种产生按压声音的键盘开关”的发明专利的权利人。凯华公司发现同方公司、同方苏州公司、京东公司制造、销售、许诺销售的被诉侵权产品落入涉案专利权保护范围，侵犯了凯华公司的专利权，严重损害了凯华公司的经济利益。凯华公司请求法院判令：1. 同方公司、同方苏州公司停止制造侵权产品、销毁库存产品和专用模具；2. 京东公司停止销售和许诺销售侵权产品并销毁库存产品；3. 同方公司、同方苏州公司、京东公司共同连带赔偿凯华公司经济损失 1000 万元；4. 同方公司、同方苏州公司、京东公司承担凯华公司为制止侵权行为所支付的合理开支共 5 万元；5. 本案诉讼费由同方公司、同方苏州公司、京东公司承担。

同方公司、同方苏州公司共同辩称：被诉侵权产品不侵权，凯华公司无证据证明同方公司、同方苏州公司有侵权行为。凯华公司提供的销售证据不能证明其实际损失，凯华公司夸大损失赔偿额，有不正当竞争的嫌疑，请求驳回凯华公司全部诉讼请求。

京东公司答辩称：被诉侵权产品均具有合法来源，由同方公司向京东公司供货，双方签订产品购销协议，且发生实际采购行为。京东公司销售被诉侵权产品并开具发票，在进货前已经审核同方公司的资质，京东公司已尽到审慎审查的义务。被诉侵权产品已下架。京东公司没有过错。

一审审理查明

凯华公司是专利号为 ZL201610802371.0、名称为“一种产生按压声音的键盘开关”的发明专利的权利人。

凯华公司在本案中主张的专利权利保护范围为权利要求 1，内容如下：一种产生按压声音的键盘开关，包括一基座与一盖子，该盖子盖合于基座上形成一容置腔体，该容置腔体中设置有一按压组件、一弹簧与一导通组件，该弹簧位于按压组件底部与基座之间，且该按压组件上端位于盖子上端，其特征在于，所述按压组件上设置有一按压块，所述基座上分别设置有一导引斜面与一弹性件，该弹性件的一端部位于按压块的正下方，且位于导引斜面的正上方，该按压块位于导引斜面侧边；所述弹性件为扭簧，该扭簧包括簧体、连接于簧体上端的第一端部、连接于簧体下端的第二端部，该扭簧的第一端部延伸至按压块正下方，第二端部固定连接于基座上，且该扭簧的第一端部与按压块下表面相抵接；所述按压组件包括导芯，该按压块设置于导芯侧边，该按压块端部具有一倾斜面，且该按压块整体呈三角形；所述按压块下表面与按压组件的角度不大于 90 度；所述按压块下表面的长度小于导引斜面下表面的宽度；所述基座内底部上设置有一限位部，该限位部位于弹性件一端部的正上方，且位于按压块侧边。

涉案专利申请文本中原权利要求 1 的内容为：一种产生按压声音的键盘开关，包括一基座与一盖子，该盖子盖合于基座上形成一容置腔体，该容置腔体中设置有一按压组件、一弹簧与一导通组件，该弹簧位于按压组件底部与基座之间，且该按压组件上端位于盖子上端，其特征在于，所述按压组件上设置有一按压块，所述基座上分别设置有一导引斜面与一弹性件，该弹性件的一端部位于按压块的正下方，且位于导引斜面的正上方，该按压块位于导引斜面侧边。在授权阶段，凯华公司将原权利要求 2、3、5、6、11 中的附加技术特征合并到原权利要求 1，后获得授权。原权利要求 2、3、5、6、11 的内容为："2. 根据权利要求 1 所述的产生按压声音的键盘开关，其特征在于，所述弹性件为扭簧，该扭簧包括簧体、连接于簧体上端的第一端部、及连接于簧体下端的第二端部，该扭簧的第一端部延伸至按压块正下方，第二端部固定连接于基座上，且该扭簧的第一端部与按压块下表面相抵接；3. 根据权利要求 1 所述的产生按压声音的键盘开关，其特征在于，所述按压组件包括导芯，该按压块设置于导芯侧边，该按压块端部具有一倾斜面，且该按压块整体呈三角形；5. 根据权利要求 1 至 4 中任一所述的产生按压声音的键盘开关，其特征在于，所述按压块下表面与按压组件的角度不大于 90 度；6. 根据权利要求 1 至 4 中任一所述的产生按压声音的键盘开关，其特征在于，所述按压块下表面的长度小于导引斜面下表面的宽度；11. 根据权利要求 1 所述的产生按压声音的键盘开关，其特征在于，所述基座内底部上设置有一限位部，该限位部位于弹性件一端部的正上方，且位于按压块侧边。"

涉案专利说明书第［0002］段"背景技术"载明："电子设备的很多操作需要使用到键盘开关作为输入手段，键盘开关的好坏决定了输入设备的体验，这就需要键盘开关具有良好的手感和声感。现有采用金属片作为动触片的薄型键盘开关因为开关内部空间的限制，金属片的弹力相对不足，缺乏按压手感。生产厂家不断从金属片材料、形状等各个方面进行改进，以增加按压感受，但一直仅限于对按压触感的改进，由于薄型键盘开关内部空间的限制，始终无法像大键盘开关一样具有按压声音。"

涉案专利说明书第［0016］段“发明内容”载明：“本发明的有益效果为：通过按压组件上的按压块、基座上的导引斜面及弹性件的配合结构设计，在按压组件下压过程中，弹性件通过导引斜面导引脱出按压块，弹性件势能释放敲击基座而发出声音，充分利用键盘开关内部空间，能够在键盘开关尽量小的前提下，使键盘开关在按压过程中具有良好的触感，并使得在按压过程中能够产生声音，解决长期以来超薄键盘开关中由于空间限制无法像大键盘开关一样产生声音的问题，提升用户感受。”

涉案专利说明书第［0029］段“具体实施方式”载明：“当按压组件被向下按压时，带动按压块 31 下压，基座 1 上的导引斜面 11 导引扭簧 6' 的第一端部 62' 脱出按压块 31，回弹复位敲击基座 1 产生声音。”

涉案专利说明书第［0032］段“具体实施方式”载明：“如图 4 所示，作为本实施例的进一步改进，所述按压块 31 下表面的长度小于导引斜面 11 下表面的宽度，若按压块下表面的长度大于或者等于导引斜面 11 下表面的宽度，那么在按压块 31 下压的过程中，扭簧 6' 的第一端部 62' 移动到导引斜面 11 下端时，扭簧 6' 的第一端部 62' 依然无法脱离按压块 31，只有将按压块 31 下表面的长度设定成小于导引斜面 11 下表面的宽度，则扭簧 6' 的第一端部 62' 在导引斜面 11 上不断倾斜向下移动时，未移动到导引斜面 11 下端，扭簧 6' 的第一端部 62' 已脱出按压块 31，便于扭簧 6' 回弹复位敲击基座 1 产生声音。”

涉案专利说明书第［0034］段“具体实施方式”载明：“如图 6 所示，所述导通组件 5 包括一动簧片 51 与一静片 52，其中，所述动簧片 51 包括一动簧引出片 511、设置于动簧引出片 511 下端的第一插入部 512、设置于动簧引出片 511 侧面上的一压合部 513 与一动触点 514，该动簧引出片 511 呈 U 状，且该动簧引出片 511 具有一左动簧连接片 5111、一右动簧连接片 5112、连接于左动簧连接片 5111 与右动簧连接片 5112 之间的弧形动簧连接片 5113，该第一插入部 512 设置于左动簧连接片 5111 下端，该压合部 513 与动触点 514 设置于右动簧连接片 5112 侧边，所述静片 52 具有一静片连接板 521、设置于静片连接板 521 下端的第二插入部 522、设置于静片连接板 521 上且与动触点 514 相对应的静触点 523。”

涉案专利说明书第［0041］段“具体实施方式”载明的“本发明的重点主要在于……”的内容与上述有益效果内容一致。

2018—2019年，凯华公司公证购买了多台笔记本电脑。凯华公司在本案一审中向法院提交了三台被诉侵权产品，当庭予以拆封并比对。

本案被诉侵权产品为笔记本电脑，涉及侵权的部分为电脑键盘的键盘开关，凯华公司提交的三台笔记本电脑的键盘开关结构完全相同。被诉侵权键盘开关能产生按压声音，包括一个基座，一个盖子，盖子盖合在基座上，形成一个腔体。腔体中有按压组件及一个弹簧，弹簧位于按压组件底部与基座之间，按压组件上端位于盖子上端。按压组件上设置按压块，基座的侧边上设置有导引斜面与一弹性件，弹性件的一端部位于按压块的正下方，且位于导引斜面的正上方，按压块位于导引斜面侧边。弹性件为扭簧，包括簧体、连接于簧体上端的第一端部、连接于簧体下端的第二端部，扭簧的第一端部延伸至按压块正下方，第二端部固定连接于基座侧边上，该扭簧的第一端部与按压块下表面在静止状态下不抵接。按压块整体呈L形，L形的短边为斜面。按压块下表面与按压组件的角度不大于90度。按压块下表面的长度大于导引斜面下表面的宽度。基座侧边上还有一限位部，限位部位于弹性件一端部的正上方，且位于按压块侧边。与按压块对应的另一端的按压组件中部设置有凸出的遮光片，对应的电脑键盘底板上有一对应的U形缺口，U形两端分别为红外线发射装置和接收装置。经比对，凯华公司认为被诉侵权键盘开关落入涉案专利权保护范围，并确认二者有以下区别：1. 被诉侵权技术方案有导通组件，但是为光导通，涉案专利是机械导通。凯华公司认为虽然导通方式不同，但都是导通组件；2. 涉案专利按压块具有一斜面，且该按压块整体呈三角形。被诉侵权键盘开关的按压块整体呈L形。但凯华公司认为L形端部呈三角形；3. 涉案专利按压块下表面的长度小于导引斜面下表面的宽度，被诉侵权键盘开关的按压块的宽度小于引导斜面下表面的宽度，长度大于导引斜面下表面的宽度。但凯华公司认为被诉侵权按键开关按压块的下表面从按压块与扭簧接触的点计算，也小于引导斜面下表面的宽度。同方公司、同方苏州公司、京东公司认为被诉侵权键盘开关没有落入涉案专利权保护范围：1. 被诉侵权键盘开关没有导通组件，被诉侵权键盘开关实现导通的方式是在键盘开关之外实现的；2. 按压块整体不能分割，被诉侵权键盘开关的按压块不是三角形；3. "按压块下表面与按压组件的角度不大于90度"表述不清楚；4. 按压块下表面的长度和导引斜面下表面的宽度无法对比，权利要求书也没有对此进行描述；5. 被诉侵权键盘开关的按压块与扭簧的第一端部不抵接。

庭后，凯华公司提交书面意见，称权利要求 1 中的“导通组件”并非功能性技术特征，属于现有技术。有多种导通方式，包括“动静片导通结构”“光电导通结构”“磁导通结构”“霍尔导通结构”“弹片式轻触导通结构”等。涉案专利使用的是“动静片导通结构”，被诉侵权键盘开关使用的是“光电导通结构”，但普通技术人员仅通过阅读权利要求即可直接、明确地实现导通组件的具体实施方式，且涉案专利“导通组件”位于前序部分，而非特征部分。故称权利要求 1 中的“导通组件”并非功能性技术特征，并提交了专利号为 ZL201520738595.0 及专利号为 ZL201620840008.3 与专利号为 ZL201720930442.5 的专利等证据予以佐证。

同方公司、同方苏州公司为证明其抗辩主张，提交了发明专利证书、实用新型专利证书、民事判决书、网页截图等。

京东公司为了证明被诉侵权产品具有合法来源，提交了《产品购销协议》、《情况说明》、发票、销售链接截图、营业执照等。

庭审中，凯华公司称同方公司、同方苏州公司、京东公司在网络及实体店大量销售被诉侵权产品，推定其有库存产品。关于专用模具，凯华公司主张涉案专用模具为生产上、下盖的塑料模具，同方公司和同方苏州公司回应称其模具是完整的技术方案模具，因其没有侵权，故不存在销毁的问题。

本案凯华公司同时在一审法院起诉同方公司、同方苏州公司、京东公司侵害实用新型专利权侵权纠纷一案，案号为（2018）粤 73 民初 3657 号，该案的被诉侵权产品涉及本案的被诉侵权产品。该实用新型专利系与涉案发明专利同日申请，于 2017 年 3 月 15 日获得授权。凯华公司在本案中就被诉侵权产品仅主张涉案发明专利授权日 2018 年 6 月 29 日之后的经济损失。另案中，凯华公司认为计算至 2018 年 6 月 28 日，“机械革命 Z2”侵权产品的总销售量为 68588 台。

凯华公司在本案中主张同方公司、同方苏州公司、京东公司共同赔偿经济损失 1000 万元，并提供了具体的经济损失计算方式。凯华公司在本案中主张 5 万元的合理费用。

一审其他查明事实略。

一审判理和结果

广州知识产权法院经审理认为，凯华公司于本案中主张保护涉案专利权利要求 1，被诉侵权产品为同方公司、同方苏州公司、京东公司制造、销售、许诺销售的笔记本电脑的键盘按键开关。本案中，双方技术比对的争议焦点在于：1. 关于导通组件，涉案专利导通组件位于盖子与基座形成的容置腔体内，被诉侵权按键开关具备导通组件，但部分组件突出于腔体、部分组件位于基座下的 PCB 板上；2. 涉案专利扭簧的第一端部与按压块下表面相抵接，被诉侵权按键开关上的扭簧的第一端部与按压块下表面不相抵接；3. 涉案按压块整体呈三角形，被诉侵权按键开关上的按压块呈 L 形；4. 如何理解涉案专利所述“按压块下表面与按压组件的角度不大于 90 度”；5. 如何理解涉案专利所述“按压块下表面的长度小于导引斜面下表面的宽度”。广州知识产权法院认为，应当慎重运用等同认定，滥用等同原则将致使专利权保护范围缺乏确定性而损害社会公众利益。权利要求书具有公示作用，在权利要求撰写时，专利权人应充分考虑权利要求保护范围的界定。且专利申请过程中缩小的权利要求保护范围，在诉讼中，应适用禁止反悔原则。最终认定被诉侵权按键开关的上述 1、2、3、5 四个技术特征与涉案专利权利要求 1 中的对应四项技术特征不相同亦不等同，被诉侵权技术方案不落入涉案专利权利要求 1 的保护范围，不构成侵权。故此，广州知识产权法院判决驳回原告的全部诉讼请求。

一审判决后，凯华公司不服，向最高人民法院提起上诉。二审经审理后判决：驳回上诉，维持原判。

【法官评述】

在知识产权司法保护领域，有权利必有救济，但同时权利也应有界限。平等保护各方当事人是知识产权司法保护的基本原则之一。凯华公司诉请得到法院支持是保护创新的体现，准确界定权利保护范围、支持被告主张，亦是保护创新的体现。本案中，原、被告均系高新技术企业，被告同方公司（原名清华同方股份有限公司）更系国内知名电脑产品生产企业。承办法官通过审慎适用等同原则，综合考虑涉案专利权利要求书、专利说明书背景技术、说明书实施例，准确界定涉案专利权的保护范围，最终认定被诉侵权技术方案不构成侵权，驳回了原告的全部诉讼请求。案件的审理结果保护了创新，避免现有专利不当阻碍技术进步与企业发展。

具体而言，本案中双方当事人争议的重点在于对申请时缩小了独立权利要求保护范围的发明专利，在诉讼中如何适用等同认定的问题。案件中双方当事人关于等同原则适用的争议技术特征为“扭簧的第一端部与按压块下表面相抵接”“该按压块整体呈三角形”以及“按压块下表面的长度小于导引斜面下表面的宽度”。双方当事人争议的三个技术特征均属于涉案发明专利申请文本中的附加技术特征，且该三个附加技术特征均是对原独立权利要求中相关技术特征的限定，即凯华公司在涉案专利申请过程中，缩小了涉案专利独立权利要求的保护范围，并获得授权。故应适用禁止反悔原则，谨慎适用等同认定。通常认为，禁止反悔是对等同原则的限制，两者相辅相成，共同确保对专利权人提供既充分又适度的保护范围，同时，又兼顾社会公众的利益。[①] 依据《最高人民法院关于审理侵犯专利权纠纷案件应用法律若干问题的解释》第二条规定：“人民法院应当根据权利要求的记载，结合本领域普通技术人员阅读说明书及附图后对权利要求的理解，确定专利法第五十九条第一款规定的权利要求的内容。”第三条规定：“人民法院对于权利要求，可以运用说明书及附图、权利要求书中的相关权利要求、专利审查档案进行解释。说明书对权利要求用语有特别界定的，从其特别界定。以上述方法仍不能明确权利要求含义的，可以结合工具书、科研书等公知文献以及本领域普通技术人员的通常理解进行解释。”第六条规定：“专利申请人、专利权人在专利授权或者无效宣告程序中，通过对权利要求、说明书的修改或者意见陈述而放弃的技术方案，权利人在侵犯专利权纠纷案件中又将其纳入专利权保护范围的，人民法院不予支持。”

对于三个争议技术特征，结合前述法律法规，承办法官综合分析如下：

1. 关于“扭簧的第一端部与按压块下表面相抵接”。如上所述，按照由内到外的解释顺序，说明书及附图并未对该“抵接”作特殊界定，从字面通常理解，抵接应当是指相互挤压的接触。从技术方案整体分析，权利要求描述扭簧的第一端部延伸至按压块正下方，且该扭簧的第一端部与按压块下表面相抵接，即按压块下压时与扭簧的第一端部相抵接，则与前述“扭簧的第一端部延伸至按压块正下方”意思有重复。故被诉侵权键盘开关扭簧的第一端部与按压

① 程永顺：“专利侵权判定中几个主要原则的运用”，载《专利侵权判定实务》，法律出版社 2002 年版。

块下表面不抵接，与涉案专利不同。

2. 关于“该按压块整体呈三角形”。被诉侵权键盘开关的按压块整体呈L形，两者不同。至于是否构成等同的问题，等同认定应当慎重。此处，专利权人将按压块整体限定为呈三角形，从涉案专利整体技术方案理解，按压块的整体形状并非仅能为三角形，在专利撰写之时，专利权人应当予以注意。被诉侵权键盘开关按压块整体形状的改变并非由技术进步而导致的简单替换。专利权人将权利要求中该技术特征限定为整体为三角形是将其他形状排除在涉案专利权的保护范围之外。在侵权认定时，不应对其进行扩大保护。故被诉侵权键盘开关不具备“该按压块整体呈三角形”的技术特征。

3. 关于“按压块下表面的长度小于导引斜面下表面的宽度”。如上所述，按照由内到外的解释顺序，说明书及附图并未对该技术特征中的“长度”“宽度”作特殊界定，应当作普通解释，普通解释中提及“长度”和“宽度”都会认为，两者是相对的概念，不会混淆。即按压块下表面的长度指的是按压块下表面长边的长度、导引斜面下表面的宽度指的是按压块下表面短边的长度。说明书“具体实施方式”第［0032］段也是按照普通理解直接用长度和宽度来进行的比较。从第［0032］段我们可以理解该工作原理仅需要弹性件在按压块下表面的行程短于弹性件在导引斜面上的行程即可，只有这样弹性件才能及时脱出按压块。由于按压块整体形状的变化以及导引斜面厚薄的变化，该行程体现在两者下表面的距离究竟是长度还是宽度发生了变化。被诉侵权键盘开关正是如此，由于被诉侵权键盘开关按压块的整体形状呈L形，经过测量，被诉侵权键盘开关按压块下表面的长度大于导引斜面下表面的宽度。与前述理由相同，人民法院亦认为该技术特征不应认定为等同。

最后，被诉侵权键盘开关与涉案专利权利要求1中“该容置腔体中设置有………一导通组件”“扭簧的第一端部与按压块下表面相抵接”“该按压块整体呈三角形”以及“按压块下表面的长度小于导引斜面下表面的宽度”等技术特征不同，故被诉侵权键盘开关不落入权利要求1的保护范围，被诉侵权产品不构成侵权。

编写人：广州知识产权法院　丁丽　刘小艳

（编辑：陈建辉）

10

林某与裕展公司侵害外观设计专利权纠纷案

阅读提示：在外观设计专利侵权诉讼中，如何对“一般消费者”进行认定？

【裁判要旨】

判断外观设计专利和被诉侵权设计的近似性，应当以“一般消费者”为判断主体，该主体身份的确定可通过对侵权产品的具体种类、功能作用进行分析，并考虑侵权产品系终端还是非终端消费产品，结合具体案情与在案证据进行界定。

【案号】

一审：广州知识产权法院（2019）粤73民初2358号

二审：广东省高级人民法院（2020）粤民终1322号

【案情与裁判】

原告：林某

被告：佛山市裕展不锈钢有限公司（以下称“裕展公司”）

起诉与答辩

林某起诉称：林某是专利号为ZL201530442711.X、名称为“钢板板材保护膜贴（鱼头）”的外观设计专利的专利权人。林某发现裕展公司未经其许可，擅自制造、销售落入林某专利权保护范围的产品，侵犯了林某的专利权，应承担相应的法律责任。林某请求法院判令裕展公司：1. 停止制造、销售侵权产品，销毁库存侵权产品、侵权宣传画册及制造侵权产品的专用模具；2. 赔偿林某经济损失及维权费用合计 10 万元；3. 承担本案的诉讼费。

裕展公司答辩称：1. 林某与裕展公司之间存在承揽合同关系，裕展公司按照林某的定做要求完成工作成果，不存在任何侵权行为；2. 涉案专利为现有设计；3. 裕展公司使用的被诉侵权产品具有合法来源；4. 被诉侵权产品的价值几乎为零，林某要求赔偿损失明显不合理，依法应予驳回。

一审审理查明

林某是专利号为 ZL201530442711.X、名称为“钢板板材保护膜贴（鱼头）”的外观设计专利的专利权人，该专利申请日为 2015 年 11 月 9 日，授权公告日为 2016 年 4 月 6 日。

林某于 2019 年 6 月 28 日向裕展公司公证购买了不锈钢板。当庭拆开公证封存的公证物，里面为一块不锈钢板，被诉侵权产品为钢板上贴有的保护膜。经比对林某认为被诉侵权设计与原告专利整体视觉无实质性差异，构成近似侵权。裕展公司认为两者既不相同也不近似，被诉侵权产品不落入涉案专利保护范围。

裕展公司称其一直以其拥有的“裕展”商标对外进行生产经营活动，并提交了第 10439059 号商标注册证及该商标查询信息、一张商标使用的图片作为证据。

裕展公司拟证明其与林某之间存在承揽合同关系及被诉侵权产品具有合法来源，向法院提交了“李某隆”的身份证复印件、微信聊天记录截图打印件、裕展配送单、加工单、支出证明单、收款收据、银行对账单、营业执照及工商登记资料等证据。林某确认了微信聊天记录截图内容的真实性。

裕展公司还提出了现有设计抗辩，提交了：1. 网页打印件；2. 申请 / 注册号 150226 商标查询信息一份；3. 申请 / 注册号 5079287 商标查询信息一份。一审庭审中，裕展公司明确以上述证据作为现有设计比对对象。经比对，林某认为比对文件都是单一的标识，与被诉侵权产品的设计不构成相同或近似。

一审其他查明事实略。

一审判理和结果

广州知识产权法院经审理认为，林某是涉案专利的专利权人，该专利处于合法有效状态，应受法律保护。任何单位或者个人未经专利权人许可，都不得为生产经营目的制造、销售侵害涉案专利的产品。

关于裕展公司是否实施了制造、销售被诉侵权产品的问题。本案中，林某向裕展公司微信询问304#磨砂鱼头膜及钢板规格，要求裕展公司报价，是买卖合同关系中要约邀请的行为，林某虽然询问产品的具体型号、贴膜的图案及报价，但并不属于个性化的定制业务，裕展公司报价的行为属于要约，双方之间的交易行为属于买卖合同关系。故对裕展公司称双方是承揽合同关系的抗辩，一审法院不予采纳。公证书显示林某从裕展公司处购买了一批钢板，钢板上贴有被诉侵权的鱼头图案保护膜，故认定裕展公司实施了销售被诉侵权产品的行为。裕展公司的经营范围为销售不锈钢、五金制品，并不包含保护膜的制造，且被诉侵权产品上并无标识制造商，裕展公司也否认制造了被诉侵权产品。林某指控裕展公司制造了被诉侵权产品，证据不足，不予支持。

关于合法来源抗辩的问题。依据裕展公司提交的支出证明单、收款收据及银行个人明细对账单、加工单，可认定裕展公司与案外人存在加工业务往来。下单的时间、产品的名称型号、数量与被诉侵权产品的情况基本相符，且该加工单上有公章，结合裕展公司的经营范围、裕展公司提交的转账记录等，无证据显示裕展公司有明知或应知被诉侵权产品涉嫌侵权的情况，故认定裕展公司合法来源抗辩成立。

关于现有设计抗辩的问题。依据裕展公司提交的证据。裕展公司主张的现有设计未揭示现有设计的全部图案，就其已展示的图案而言，被诉侵权产品与其既不相同，也不近似，故裕展公司的现有设计抗辩不成立。

关于被诉侵权产品是否落入涉案专利保护范围的问题。被诉侵权产品为钢板板材保护膜贴，与涉案专利设计为同类产品。人民法院应当以外观设计专利产品的一般消费者的知识水平和认知能力，判断外观设计是否相同或者近似。被诉侵权产品为钢板板材保护膜贴，钢板板材非终端产品，通常是作为制作其他不锈钢产品的原材料，比如门窗。而钢板板材保护膜贴的作用就是在销售不锈钢板材及制造、销售不锈钢制品过程中，防止不锈钢表面磨花。在终端产品使用时，该保护膜贴通常是撕去的。对于终端产品使用者，当然不排除保留保护膜贴的可能性。故被诉侵权的保护膜贴的一般消费者应当主要是不锈钢板材产品的制造商、销售商和不锈钢制品的制造商、销售商以及极少数的终端产品使用者。对于不锈钢板材产品的制造商、销售商和不锈钢制品的制造商、销售商，作为业内经营者，对保护膜贴产品具有一定的了解，对于各种产品的区别点较容易注意到。作为极少数的终端产品使用者，排除功能性的用途，对于美感有较高的注意度，亦容易注意到各种产品的区别点。将被诉侵权保护膜贴和涉案专利设计进行比对，被诉侵权膜贴鱼头图案中间的圆形，一半是空白，一半是条纹，而涉案专利设计中间为一完整的空白圆形。被诉侵权设计大、小鱼头交错排列，而涉案专利为平行排列。这些不同点较容易被注意到，对整体视觉效果有实质性的影响。故被诉侵权设计与涉案专利设计既不相同也不近似，不构成侵权。

鉴于被诉侵权产品未落入涉案专利保护范围，不构成侵权，故林某的诉讼请求缺乏事实和法律依据，不予支持。

综上所述，广州知识产权法院依照《中华人民共和国专利法》第二条第四款、第十一条第二款、第二十三条第四款、第七十条，《最高人民法院关于审理侵犯专利权纠纷案件应用法律若干问题的解释》第八条、第九条、第十条、第十一条，《中华人民共和国民事诉讼法》第六十四条第一款的规定，判决如下：驳回林某的全部诉讼请求。案件受理费 2300 元，由林某负担。

一审判决后，林某不服，向广东省高级人民法院提起上诉。二审经审理后判决：驳回上诉，维持原判。

附图一：专利授权公告图片

主视图

附图二：被诉侵权产品图片

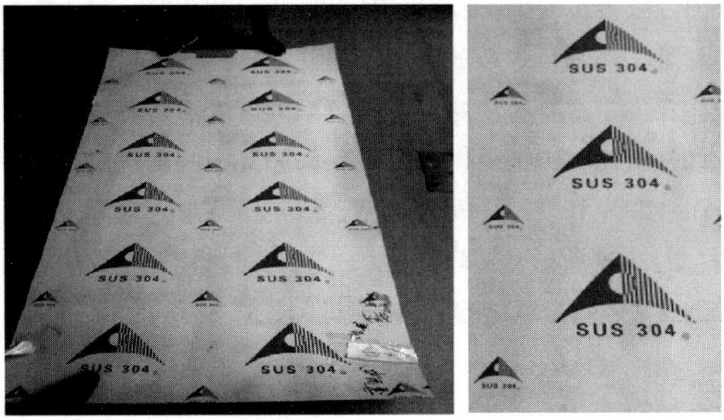

【法官评述】

在侵权诉讼中，外观设计专利侵权的判断主体应为一般消费者，但在多数外观设计侵权案件中，对一般消费者的认定容易被忽视。如何认定一般消费者，并无明确法律规定。本案对侵权产品一般消费者的认定是一次有益的司法实践，具有借鉴意义。可以说，本案对一般消费者的正确认定，直接影响了侵权比对的结果。

《最高人民法院关于审理侵犯专利权纠纷案件应用法律若干问题的解释》（以下简称解释）第十条规定，人民法院应当以外观设计专利产品的一般消费者的知识水平和认知能力，判断外观设计是否相同或者近似。该解释首次明确了以“一般消费者”作为外观设计专利侵权的判断标准，但具体的“一般消费者”内涵及外延的具体内容，司法实践中并无定论。“一般消费者”作为法律上的拟制主体，有学者认为上述解释第十条所称的“一般消费者”，是指对授权外观设计的相关设计状况具有常识性了解，并且对不同外观设计之间形状、图案、色彩上的差别具有分辨力的人，但其通常不会注意到形状、图案、色彩的微小变化。这里的常识性了解，不应理解为基础性、简单性的了解，而应当是通晓相关外观设计状况，但其并不具有设计的能力。[①] 故而，“一般消费者”

① 孔祥俊、王永昌、李剑：“最高人民法院关于审理侵犯专利权纠纷案件应用法律若干问题的解释》的理解与适用”，载《人民司法》2010 年第 3 期。

的认定有待于立法及实践的进一步明确与探讨。

承办法官认为，界定侵权产品的一般消费者需要对侵权产品的具体种类、功能作用进行分析，并考虑侵权产品系终端还是非终端消费产品，结合具体案情与在案证据，对侵权产品的一般消费者进行认定。本案中，被诉侵权产品为钢板板材保护膜贴，钢板板材产品非终端消费产品，钢板板材保护膜贴的作用就是在销售不锈钢板材及制造、销售不锈钢制品过程中，防止不锈钢表面磨花。在终端产品使用时，该保护膜贴通常是撕去的。被诉侵权的保护膜贴的一般消费者应当主要是不锈钢板材产品的制造商、销售商和不锈钢制品的制造商、销售商以及极少数的终端产品使用者。作为业内经营者，对保护膜贴产品具有一定的了解，对于各种产品的区别点较容易注意到。故被诉侵权产品与涉案专利的区别点较容易被上述的一般消费者注意到，对整体视觉效果有实质性影响，两者之间不相同、不近似，被诉侵权产品不构成侵权。

编写人：广州知识产权法院　丁丽　刘小艳

（编辑：陈建辉）

11

华为公司与捷普公司、所乐公司等侵害实用新型专利权纠纷案

阅读提示：双方当事人均为高新技术企业的情况下，可以充分发挥当事人的技术优势，查明事实；对于代工类型的侵权，应当综合考虑参与各方在侵权中实际发挥的作用，合理确定其侵权责任。

【裁判要旨】

被诉侵权产品的型号在符合相关条件下可以进行适当的扩展；对于代工企业与授权生产者之间构成共同侵权的情况下，应当考虑代工企业在共同侵权中的作用。

【案号】

一审：广州知识产权法院（2019）粤73知民初590号

二审：最高人民法院（2022）最高法知民终18号

【案情与裁判】

原告：华为数字技术（苏州）有限公司（以下称“华为公司”）

被告：捷普电子（广州）有限公司、所乐太阳能科技（上海）有限公司、广州所乐机械技术咨询有限公司（以下分别称“广州捷普公司”“所乐上海公司”“所乐广州公司”）

起诉与答辩

华为公司向广州知识产权法院诉请判令：1. 广州捷普公司、所乐上海公司、所乐广州公司立即停止侵害华为公司专利号为 ZL201210065271.6、名称为“逆变器母线电压的调整方法及装置”的发明专利的专利权的行为，即立即停止使用、制造、销售、许诺销售被控侵权产品的行为；2. 广州捷普公司、所乐上海公司、所乐广州公司连带赔偿华为公司经济损失 1000 万元人民币及合理开支 50 万元人民币；3. 广州捷普公司、所乐上海公司、所乐广州公司承担全部诉讼费用及保全费用。在审理过程中，华为公司变更诉讼请求第 2 项为：广州捷普公司、所乐上海公司、所乐广州公司连带赔偿华为公司经济损失 5000 万元人民币及合理开支 50 万元人民币。事实和理由：1. 华为公司是涉案专利的专利权人，依法享有发明专利权；2. 广州捷普公司、所乐上海公司、所乐广州公司未经许可，大量生产、销售、许诺销售、使用的光伏逆变器及优化器设备侵害了华为公司涉案专利权；3. 广州捷普公司、所乐上海公司、所乐广州公司应承担立即停止侵权和赔偿损失的法律责任。

广州捷普公司、所乐上海公司、所乐广州公司共同答辩称：1. 被诉侵权产品没有落入案涉专利权的保护范围，被诉逆变器至少不包含权利要求 1 和权利要求 4 中限定的与“实时调整”“最小的增加值”“电网电压增量”“电网电流增量”等有关的技术特征。即使侵权行为成立，被诉侵权产品也应当限于测试的 SE3000H 型号；2. 被告所乐上海公司与所乐广州公司没有单独或者共同实施任何被控侵权行为；3. 即使侵权行为成立，华为公司主张的损害赔偿数额也是毫无依据的；4. 华为公司主张的 50 万元合理支出没有依据，应予以驳回。

一审审理查明

华为技术有限公司于 2012 年 3 月 13 日向国家知识产权局申请名称为“逆变器母线电压的调整方法及装置”的发明专利，并于 2014 年 8 月 20 日公告授权，专利号为 ZL201210065271.6。该专利第 8 年度的专利年费已缴纳，涉案专利至今处于有效状态。2017 年 3 月 6 日，该专利的专利权人变更为本案原告华为数字技术（苏州）有限公司。所乐上海公司 2019 年 6 月 11 日提出无效宣告申请，专利局复审和无效审理部在 2020 年 4 月 1 日维持专利全部有效。

华为公司在本案中主张权利要求保护的范围是权利要求 1 和权利要求 4。

经华为公司申请证据保全，广州知识产权法院对广州捷普公司生产的多款型号的逆变器及优化器进行了证据保全，其中保全的7款逆变器型号为SE2200H、SE3000H、SE3800H-US、SE5000H、SE6000H-US、SE7600H-US、SE10000H-US。

华为公司明确其指控侵权的产品为逆变器及优化器，其中逆变器型号为27款：SE1000M、SE1500M、SE2000M、SE2200H、SE2200、SE2500H、SE3000、SE3000H、SE3500H、SE3500、SE3680H、SE3800H、SE4000H、SE4000、SE4600H、SE4600、SE5000H、SE5000、SE5500、SE6000H、SE6000、SE7300、SE7600H、SE8000H、SE9200H、SE10000H、SE114000H；优化器型号为9款：P300、P320、P340、P350、P370、P400、P404、P405、P500。

华为公司为进一步证实广州捷普公司生产了被诉侵权产品，对在澳大利亚购买的被诉侵权产品SE3000H、SE5000H进行了公证及认证。华为公司在澳大利亚所购买到的逆变器的型号为SE3000H及SE5000H，型号尾缀均无“-US”。

经开箱，SE3000H、SE5000H产品说明书及规格书的产品型号包括：SE2200H、SE3000H、SE3500H、SE3680H、SE4000H、SE5000H、SE6000H，以及SE2500H、SE3000、SE4600H、SE8000H、SE10000H共12种。该说明书封面注明“For Europe & APAC”。广州知识产权法院保全的7款逆变器中的带“-US”尾缀型号说明书中的型号为SE3000H、SE3800H、SE5000H、SE6000H、SE7600H、SE10000H、SE11400H，该说明书封面注明“For North America”。

诉讼期间，广州捷普公司向广州知识产权法院提交说明一份，该说明记载，该司自2015年1月至2020年3月24日生产的SolarEdge单相逆变器及优化器全部出口至“SolarEdge Technologies Ltd”。

各方当事人均认为案涉技术复杂，需要将相关逆变器产品上电测试，并均同意在深圳必维华法商品检定有限公司东莞分公司（以下简称必维公司）进行测试，由必维公司提供测试场地及部分测试设备，各方当事人根据各自测试方案补充提供相应测试设备，根据各方当事人提出的测试方案分别进行了测试。在测试中，经各方当事人的共同选定，选择了SE3000H（不含“-US”尾缀）逆变器进行测试。法院组织当事人进行了一周时间的测试。

华为公司主张，根据SolarEdge公司的年报，可计算出SolarEdge公司年均营业利润率约为15%；捷普集团2019年的年报显示，其营业利润率为7.4%。

广州捷普公司、所乐上海公司、所乐广州公司则主张2015年至2019年捷普集团的平均营业利润率为2.56%。

经华为公司申请，广州知识产权法院向广州海关调取了广州捷普公司的出口案涉逆变器的出口数据。从2016年5月至2020年3月27个型号的逆变器的申报总数为809147台；欧洲及亚太版说明书记载的型号为SE2200H、SE2500H、SE3000、SE3000H、SE3500H、SE3680H、SE4000H、SE4600H、SE5000H、SE6000H、SE8000H、SE10000H及北美版说明书记载的型号为SE3000H、SE3800H、SE5000H、SE6000H、SE7600H、SE10000H、SE11400H（均有“-US”尾缀）从2016年5月至2020年3月，申报总数为784217台。

经华为公司申请行为保全，广州知识产权法院在2021年2月1日作出（2019）粤73知民初590号之一民事裁定书，裁定：被申请人捷普电子（广州）有限公司、所乐太阳能科技（上海）有限公司、广州所乐机械技术咨询有限公司于收到本裁定之日起停止制造、销售、许诺销售侵害华为数字技术（苏州）有限公司名称为“逆变器母线电压的调整方法及装置”、专利号为ZL201210065271.6的专利权的SE2200H、SE3000H、SE3800H、SE5000H、SE6000H、SE7600H、SE10000H产品（含“-US”款）。

一审判理和结果

一审法院经审理认为，根据测试结果分析，被控侵权产品SE3000H具有权利要求1及权利要求4的所有特征，落入了权利要求1及权利要求4的保护范围。

关于被控侵权逆变器型号的问题。首先，广州知识产权法院曾根据华为公司的申请对广州捷普公司制造的7款逆变器产品进行了证据保全，该7款逆变器产品既有含“-US”后缀的产品，也有不含“-US”后缀的产品。在此情况下，在技术比对时，广州捷普公司、所乐广州公司、所乐上海公司依然选定了SE3000H（不含“-US”后缀）产品用于测试并按自行设定的测试方案进行测试，其没有实质性指出SE3800H-US的相关技术特征与案涉专利权利要求1及权利要求4的技术特征究竟存在何种差异。案涉专利的权利要求1为方法专利，权利要求4实为采用了权利要求1的方法的产品专利，而权利要求4中对于母线电压调整装置的结构没有具体的描述。因此，若广州捷普公司、所乐上海公司、所乐广州公司认为带“-US”后缀的产品与不带“-US”后缀的产品有何差异，应当具体指出并在测试中请求上电测试，但广州捷普公司、所乐广州公司、所乐上海公司从未提出请求且在实际测试中亦从未用SE3800H-US或其他任何带"-US"后缀的型号的产品用于测试。其次，从产品的说明书来看，广州捷普公司生产的逆变器，有欧洲及亚太版及北美版两种。就同一份说明书来看，除了功率不同以外，因欧洲及北美地区的电压不同，故相关技术参数略有差异。根据机电产品通常的情况，型号是识别和选择机电产品品种和规格的基本标识。产品型号相同，一般来说基本功能也相同。由于案涉产品为逆变器，其与案涉专利密切相关的基本参数是输入端的参数，在此情况下，同一系列的产品，即使根据市场区域电压及机电产品法规的不同而进行必要的适应性调整，也不会影响同一系列产品的母线电压调整的方法。在此情况下，广州捷普公司、所乐广州公司、所乐上海公司若认为不同地区的电压和法规的规定导致不同区域销售的逆变器的母线电压调整方法发生变化，应当举证证明，但广州捷普公司、所乐广州公司、所乐上海公司至今尚未就此举证证明。再次，从广州捷普公司、所乐广州公司、所乐上海公司提交的沪硅所（2019）鉴字第026号司法鉴定意见书来看，广州捷普公司、所乐广州公司、所乐上海公司亦仅用SE3800H-US上电测试的方式来推定广州知识产权法院保全的7款产品没有落入案涉专利权的保护范围，并未将7款产品全部进行上电测试。因此，前述说明书记载的12款型号产品均为侵权产品。

根据本案在案证据可以认定广州捷普公司、所乐上海公司、所乐广州公司系分工负责，共同实施了制造、销售、许诺销售的行为。本案系OEM/ODM制造商和国外公司的中国子公司在中国实施共同侵权行为，即国外公司SolarEdge公司设立中国子公司（所乐上海公司、所乐广州公司），与国内OEM/ODM制造商（广州捷普公司）密切合作，甚至提供驻厂技术支持，基于共同故意实现共同侵权行为。所乐上海公司、所乐广州公司作为SolarEdge公司的全资子公司，控制了被控侵权产品制造、流通的全部环节，对于侵权行为具有主导作用，应当承担主要责任；广州捷普公司作为代工厂商处于被动配合的地位，亦应当承担相应责任。

对于赔偿损失，海关报价价格不能体现知识产权在其中的价值，不能体现侵权产品真实的合理利润。因此，根据正常交易状态下产品的市场售价来确定产品的正常价格更合理。关于销售数量方面，从2016年5月至2020年3月，申报总数为784217台。因此，该海关出口报关数据可以作为计算损失的依据。

就利润率方面而言：1. 当考察华为公司因被侵权导致的损失时，参考 SolarEdge 公司在境外市场的销售获利情况是合适的；2. 所乐上海公司、所乐广州公司所提交的审计报告中的财务数据不能作为确定所乐上海公司、所乐广州公司因侵权获利的依据，但相关内容可以作为考量因素；3. 广州捷普公司作为代工厂商仅通过加工获得了相应的加工费，其在被诉侵权产品利润实现的过程中处于价值链的较低端，其未主导专利产品的制造和流通交易的主要环节，此利润率不能体现制造专利产品的真实获利，所以亦不能以广州捷普公司及其母公司捷普集团的相关营业利润率来确定本案被控侵权产品的利润率；4. 参考同行业的 SolarEdge 公司年报中的利润率确定广州捷普公司、所乐上海公司、所乐广州公司实施侵权行为的整体利润率更加合理。对于专利贡献度，考虑到：1. 本案专利为发明专利，本案专利保护期内，曾经被提起无效，仍保持法律效力，证明本案专利具有较高技术创新价值；2. 本案专利涉及母线电压调整方法及装置，涉及电源技术领域，在保证逆变器正常工作的情况下，可同时提高并网逆变器的效率。保证逆变器正常工作，对于逆变器的重要性是不言而喻的。另外，光伏设备效率的提高对于光伏产品及光伏市场而言具有重要的技术意义及较大的市场价值；3. 本案专利涉及其他部件、自身品牌等因素产生的合理利润应予扣除。

一审法院判决：1. 被告捷普电子（广州）有限公司、所乐太阳能科技（上海）有限公司、广州所乐机械技术咨询有限公司于本判决发生法律效力之日起停止制造、销售、许诺销售侵害华为数字技术（苏州）有限公司名称为“逆变器母线电压的调整方法及装置”、专利号为 ZL201210065271.6 的专利权的产品的行为；2. 被告所乐太阳能科技（上海）有限公司、广州所乐机械技术咨询有限公司于本判决发生法律效力之日起十日内赔偿原告华为数字技术（苏州）有限公司经济损失 5000 万元及合理费用 50 万元。被告捷普电子（广州）有限公司对前述经济损失在 1000 万元、合理费用在 10 万元的范围内承担连带责任；3. 驳回原告华为数字技术（苏州）有限公司的其他诉讼请求。

二审结果，双方达成调解。

【法官评述】

专利侵权案件中，如何查明技术事实，如何合理确定赔偿责任以及如何及时有效制止侵权，是司法实践中的难点。

一、结合案件特点和当事人的技术优势，拓展技术查明的方法

本案是涉及太阳能领域的逆变器的相关方法和产品的专利技术，其技术含量较高。华为公司与所乐公司均为全球太阳能逆变器产业头部企业，其企业本身技术实力较强。在此情况下，可充分发挥当事人的技术优势，对于技术问题并非简单地交由鉴定机构进行司法鉴定。事实上，由于本案涉及的技术问题比较复杂，一般的司法鉴定机构也难以有相应的技术测试设备和相应专业人员来完成鉴定。合议庭改变传统思路和做法，充分调动当事人的技术优势，由双方当事人各自拟定技术测试方案，借用有相应技术设备的第三方力量协助进行相应测试。测试完成后，在技术调查官及专利审查协作广东中心的审查员的协助下，共同完成相关技术事实查明。

二、对于被诉侵权产品型号在特定情况下可以扩展

在专利侵权案件中，被诉侵权产品型号往往有多个，在技术测试或调查中，已经当事人挑选其中一个型号进行测试或比对的情况下，其他型号的产品是否还应当进行测试？在一般情况下，如产品本身不复杂，测试难度不大的情况下应逐一进行比对。若综合考虑产品特性、权利要求涉及的技术问题及相关产品型号及相关技术指标是否记载在同一说明书等情况下，若被诉侵权人无法提出具体的技术异议，则可推定同一说明书记载的相关型号产品均为落入相关权利要求保护范围的被诉侵权产品。

三、对于代工企业与授权生产者之间构成共同侵权的情况，应当考虑代工企业在共同侵权中的作用

从本案的现有证据看，本案是OEM/ODM制造商和国外公司的中国子公司在中国实施了共同侵权行为的情形，即国外公司（SolarEdge公司）设立中国子公司（所乐上海公司、所乐广州公司），与国内OEM/ODM制造商（广州捷普公司）紧密合作，甚至作为驻厂客户，以帮助SolarEdge公司获利。虽然广州捷普公司是实际生产的企业，但从其在案涉专利被不当使用的过程中以及不当获得利益的整个过程来看，相较所乐上海公司和所乐广州公司，广州捷普公司在共同侵权中的作用是相对次要的。广州捷普公司作为代工厂商仅通过加工获得了相应的加工费，在被诉侵权产品利润实现的过程中处于价值链的较低端，未主导专利产品的制造和流通交易的主要环节。从我国经济的实际情况来看，外国企业在中国境内委托中国企业（无论其是否为该公司的子公司）代工生产，该种生产方式对我国经济发展亦起到重要的作用。若不考虑该代工企业在侵权中的实际地位与作用，有可能在构成专利侵权的情况下，在案件实际执行中对该类企业造成重大打击，不利于我国经济发展。故结合本案的实际情况，判令广州捷普公司对部分赔偿数额承担连带责任。一方面体现对知识产权的尊重和保护，另一方面给予代工的中国企业以发展空间。

四、以“判决＋行为保全”方式，体现对高价值专利的严格保护

太阳能技术是国家大力支持发展的技术领域，也符合绿色发展国家战略。原告在太阳能领域居于全球前列地位，其案涉专利技术市场价值较高。根据本案产品的特点，被诉侵权产品全部用于出口，结合海关出口数据，并考虑被诉产权的市场售价、合理的利润率和专利贡献度等因素，全额支持了原告的赔偿金额。

由于我国相关民事诉讼法律并未规定未生效判决的临时执行制度，在一审判决作出后，如果被告提出上诉，一审判决不具有执行力，被告可以不停止侵权行为。因此，恶意行使上诉权、拖延或者逃避执行现象较为常见，故责令停止侵权的行为保全具有其独特的价值。同时，考虑到本案案件复杂，当事人上诉的可能性较大，二审的审理时间可能较长、侵权人的侵权规模较大等因素，支持了原告的行为保全申请，即通过“判决＋行为保全”的方式，给予原告专利强保护。

编写人：广州知识产权法院　刘宏

（编辑：陈建辉）

12

OPPO 公司与西斯威尔公司标准必要专利费率纠纷案

阅读提示：中国法院对当事人提起的标准必要专利使用费纠纷是否有司法管辖权？如何确定该类案件的管辖连接点？在平行诉讼的情况下，中国法院的管辖权如何确定？

【裁判要旨】

中国法院对中国标准必要专利费率纠纷具有管辖权，纠纷的发生与中国具有更密切联系，中国法院受理案件更适宜。

【案号】

一审：广州知识产权法院（2019）粤 73 知民初 1415 号

二审：最高人民法院（2020）最高法知民辖终 462 号

【案情与裁判】

原告：OPPO 广东移动通信有限公司、OPPO 广东移动通信有限公司深圳分公司（以下分别称“OPPO 公司”“OPPO 深圳分公司”）

被告：西斯威尔国际有限公司（Sisvel International S.A.）、西斯威尔香港有限公司（S.I.SV.EL.HONGKONG LIMITED）（以下分别称“西斯威尔公司”“西斯威尔香港公司”）

起诉与答辩

OPPO 公司请求判令：1. 西斯威尔公司、西斯威尔香港公司的行为违反公平、合理、无歧视义务；2. 确定西斯威尔公司就其所有的、有权做出许可的、声称并符合 2G、3G、4G 标准的中国必要专利对 OPPO 公司、OPPO 深圳分公司和 / 或其关联方的移动终端产品的许可条件，前提是 OPPO 公司、OPPO 深圳分公司和 / 或其关联方确已实际实施前述专利；3. 西斯威尔公司、西斯威尔香港公司承担本案的所有诉讼费用及相关费用。

被告西斯威尔香港公司在提交答辩状期间对管辖权提出异议，认为本案应驳回 OPPO 公司、OPPO 深圳分公司起诉，由英国法院继续审理更适宜。西斯威尔公司也对管辖权提出异议申请，但没有在提交答辩状的期间提出，而是在答辩期满后才提出管辖权异议，但其异议内容与西斯威尔香港公司基本一致。

被告西斯威尔香港公司的异议理由主要为：第一，受案法院对本诉争不享有管辖权，首先本案不存在合同签订地、合同履行地、代表机构住所地、侵权行为地、诉讼标的物所在地、可供扣押财产所在地六项管辖连接点；其次双方会面地点均不属于受案法院之管辖范围，OPPO 公司在起诉书中所主张的“违反 FRAND 义务行为”亦与广州知识产权法院的管辖范围无实际联系。第二，OPPO 公司恶意提起本诉，违反诚实信用原则，且西斯威尔公司已先于 OPPO 公司在英国法院提起关于标准必要专利的诉讼，存在平行诉讼，应当考虑国际礼让原则，请求裁定驳回起诉。

一审判理和结果

一审法院认为，本案不具有《中华人民共和国民事诉讼法》第二百六十五条规定的管辖连接点的问题。根据《中华人民共和国民事诉讼法》第二百六十五条规定，因合同纠纷或者其他财产权益纠纷，对在中华人民共和国领域内没有住所的被告提起的诉讼，如果合同在中华人民共和国领域内签订或者履行，或者诉讼标的物在中华人民共和国领域内，或者被告在中华人民共和国领域内有可供扣押的财产，或者被告在中华人民共和国领域内设有代表机构，可以由合同签订地、合同履行地、诉讼标的物所在地、可供扣押财产所在地、侵权行为地或者代表机构住所地人民法院管辖。根据该条规定，只要涉外案件中存在以上所述一个管辖连接点，该管辖连接点的受案法院即可对案件拥有管辖权。此时，无论其他管辖连接点是否存在，均不影响受案法院对该案件拥有管辖权。双方就西斯威尔公司所宣称的标准必要专利许可条件尚未达成一致意见并签订许可协议。即使如此，确定无疑的是，案涉的纠纷是由标准必要专利许可使用费而引起的。虽然双方没有就许可使用费的条件达成一致意见，但基于西斯威尔公司所宣称的标准必要专利及其对ETSI的FRAND承诺的事实，OPPO公司作为涉案专利请求被许可方，其住所地及实施案涉专利的主要经营场所均在本院辖区是确定的事实。

双方当事人基于FRAND原则进行许可条件的谈判，主要是解决专利许可费率的问题，而许可费率的计算方法，并不会改变OPPO公司在其主要生产经营地实施案涉标准必要专利的事实。从标准必要专利实施许可合同纠纷的角度看，合同主要履行地即为OPPO公司的住所地广东省东莞市。对于双方的纠纷而言，OPPO公司的所在地与本案纠纷显然具有更密切的、实际的、真实的联系。面谈是标准必要专利实施许可合同的协商过程中的环节之一而非唯一环节，因此面谈地点也不是与标准必要专利实施许可合同纠纷具有最密切联系的连接点之一。在本案中与实施有关标准必要专利的产品的生产地相比，专利实施地与本案纠纷更具有密切关联。

根据当事人所提交的与MCP专利池相关的英国诉讼的资料来看，本案从案由到所涉及的主体以及所涉及的专利均与英国案件不同，故而不存在所谓“国际礼让”的前提。关于西斯威尔香港公司认为由英国法院审理更适合的问题。广州知识产权法院认为，首先，中国法院曾经受理多起标准必要专利涉及费率的案件，在审理与标准必要专利相关的案件上已经累积了丰富的经验。中国民事诉讼法律体系对于事实查明机制有完善的规定，可以有效地促使双方出示相关证据材料，以对许可协议内容进行准确和深入的比较与审查。同时，由于OPPO公司实施地在广州知识产权法院辖区，本院对于查明OPPO公司实施案涉标准必要专利的情况更便利，对于中国专利情况的把握更准确。

一审裁定驳回西斯威尔香港公司的管辖权异议。

二审裁定驳回西斯威尔香港公司的上诉，维持原裁定。

合议庭在确认对本案有管辖权后，有计划地对案件开始进行审理，对案件涉及的FRAND原则、计算合理费率的自上而下法、可比协议法等内容进行了深入审理，并根据双方诉辩意见挑选了更加合适的可比协议进行比对。有力地推动了当事人之间和解谈判，在确定最佳的可比协议后两周，双方达成全球和解。

一审结果：OPPO 公司申请撤回本案起诉。

【法官评述】

知识产权成为全球最重要的无形资产，在国际经贸竞争中的核心地位更加突出，各国围绕标准必要专利案件为代表的国际管辖权、全球定价权、经贸规则制定权的斗争更加激烈。司法实务中，涉及标准必要专利的纠纷主要包括禁令救济纠纷、垄断纠纷和费率纠纷。本案涉及通信领域标准必要专利许可费率管辖权确定的问题。近年来，此类涉及标准必要专利案件数量在全球范围内越来越多。由于历史及发展水平等原因，外国企业多为标准必要专利的许可方，我国为制造业大国，我国的企业大多为标准必要专利的被许可方。标准必要专利的许可方所声称的专利是否为真正的标准必要专利，其所主张的费率是否符合 FRAND 原则，与我国企业及行业发展的切身利益息息相关。通过该案，明确了我国法院对于标准必要专利费率的案件具有管辖权。

对于标准必要专利使用费纠纷，该类纠纷既有专利侵权纠纷的某些特点，也具有合同纠纷的某些特点，属于一种特殊类型的纠纷。对于该类纠纷，可考虑许可标的所在地、专利实施地、合同签订地、合同履行地等是否在中国境内，是否与中国有实质性的联系等，只要前述地点之一在中国境内，即可认为案件与中国存在适当的联系，中国法院对纠纷具有管辖权。

在本案中，双方当事人尚未达成许可协议，且当事人争议的并不仅是许可费的支付，还可能涉及案涉专利是否为真正的标准必要专利等问题，本案原告的注册地均在中国，许可标的包含中国专利，作为标准必要专利的专利实施地为中国，案件争议主要事实发生在中国境内，因此，中国法院对于纠纷具有更密切的联系，由中国法院审理更适宜。西斯威尔公司在英国提起的诉讼，不影响中国法院的管辖权。

由于同类案件数较少，此案的判决对行业影响深远，引起社会广泛关注。此案反映了社会各界对我院知识产权审判能力的认可，处理过程及结果则进一步反映了我国知识产权平等保护的基本原则，亦维护了我国通信企业在国际竞争中的核心利益。

编写人：广州知识产权法院　刘宏

（编辑：陈建辉）

13

和力泰公司与伟东公司侵害实用新型专利权纠纷案

阅读提示：惩罚性赔偿的适用条件在审判实践中应如何把握？

【裁判要旨】

伟东公司的侵权行为持续至《民法典》施行之后，故可以适用《民法典》关于惩罚性赔偿的规定。同时，和力泰公司主张的侵权时间段截至2021年3月，本案所处理的侵权行为应限于该时间之前，故尚不能适用新专利法的规定，但该规定所确定的倍数范围仍可在本案中予以参照。本案中，和力泰公司与伟东公司曾有合作关系，该合作终止后和力泰公司许可伟东公司使用涉案专利2年，该事实足以认定伟东公司主观上构成故意。伟东公司在许可期限届满后仍持续、大量制造、销售、许诺销售被诉产品，在和力泰公司起诉及有关行政部门两次检查后仍不停止，可见其侵权情节严重。据此，本案可适用惩罚性赔偿。

【案号】

一审：广州知识产权法院（2018）粤73民初1033号

【案情与裁判】

原告：深圳市和力泰科技有限公司（以下称“和力泰公司”）

被告：广州伟东机械公司（以下称“伟东公司”）

起诉与答辩

和力泰公司起诉称：和力泰公司于2014年8月7日向国家知识产权局申请名称为“包装机”的实用新型专利，2015年1月21日获得授权，专利号为ZL201420443947.5。和力泰公司在伟东公司现场发现其未经授权擅自生产、许诺销售、销售落入涉案专利权利要求1保护范围的产品（型号：WDMMJ-4、WDMMJ-6、WDMMJ-8）共计20余台。和力泰公司请求法院判令伟东公司：1. 立即停止制造、销售、许诺销售侵害涉案专利权的产品，销毁库存侵权产品及专用设备；2. 赔偿和力泰公司经济损失5000000元；3. 赔偿和力泰公司为制止侵权行为所支付的合理开支共计100000元；4. 伟东公司承担本案的全部诉讼费。

伟东公司答辩称：1. 双方于2017年9月30日签订的《终止合作协议书》中明确约定，和力泰公司许可伟东公司在2017年10月1日至2019年10月1日期间实施涉案专利，故此期间伟东公司拥有涉案专利的使用权；2. 涉案专利许可到期后，伟东公司再无实施涉案专利的生产行为，伟东公司后续生产的面膜机是自主研发，其从2014年就开始自主研发生产面膜机并不断优化改进；3. 涉案专利权利要求1中的第一调节组件、第二调节组件、第三调节组件均是功能性表述，根据相关法律规定，此种情形应该将涉案专利的具体实施方式与被诉产品的实施方式进行对比，而两者的具体实施方式既不相同也不等同。

一审审理查明

专利号为ZL201420443947.5、名称为“包装机”的实用新型专利申请日为2014年8月7日，授权公告日为2015年1月21日，专利权人为和力泰公司。该专利按期缴纳年费。国家知识产权局出具评价报告，初步结论为涉案专利全部权利要求1—10未发现存在不符合授予专利权条件的缺陷。涉案专利经多次无效宣告请求均被维持有效。2021年4月26日，涉案专利权人由和力泰公司变更为深圳市和力泰科技集团有限公司。

2021年3月13日，深圳市和力泰科技集团有限公司作为受让方与和力泰公司作为转让方签订《专利权转让补充协议》，约定：1. 涉案专利在转让前因侵犯本专利所采取的维权救济措施（包括保全、诉讼等）以及相应的维权赔偿所得权利归和力泰公司所有；2. 涉案专利在转让后，但侵权行为发生在转让以前或侵权行为连续持续中、侵权诉讼案件尚未审结的，深圳市和力泰科技集团有限公司授权和力泰公司（或以和力泰公司作为诉讼主体）继续代理参与诉讼，维权所得赔偿款归和力泰公司所有。

和力泰公司在本案中主张权利要求保护的范围是权利要求 1，其权利要求书记载："1. 一种包装机，其特征在于，包括设置于同一工作平台的至少一组装装置，所述组装装置包括用于储存包装袋的储袋槽、与所述储袋槽的出袋口对接的过渡槽、与所述过渡槽对接的导槽、用于将所述储袋槽中的包装袋取出并放入所述过渡槽中的取袋组件、用于从所述过渡槽滑落至所述导槽内的包装袋进行定位的定位组件、用于对定位后的包装袋进行开袋的开袋组件、用于对将待包装物装入所述包装袋内的填充组件、用于对所述包装袋进行封口的封口组件、第一调节组件、第二调节组件、支架和第三调节组件；其中，所述第一调节组件与所述储袋槽连接，以调节所述储袋槽的宽度；所述第二调节组件与所述导槽连接，以调节所述导槽的宽度；所述支架与所述定位组件固定连接；所述第三调节组件与所述定位组件连接，以调节所述定位组件的高度。"

广东省深圳市宝安公证处（2020）深宝证字第 24550 号公证书记载，2020 年 10 月 13 日，和力泰公司委托代理人使用该处计算机登录 1688 的伟东公司网店，显示有 WDMMJ-4 型号四位面膜包装机及 WDMMJ-6 型号六位面膜包装机的销售链接、产品图片及介绍。其中，四位面膜机的价格为 85000 元 / 台，起批量 2 ~ 4 台为 78000 元 / 台，起批量≥ 5 台为 72000 元 / 台；六位面膜机的价格为 118000 元 / 台，起批量 2 ~ 4 台为 108000 元 / 台，起批量≥ 5 台为 98000 元 / 台。

2020 年 9 月 10 日，广州市白云区市场监督管理局对伟东公司的住所地进行勘验检查，现场并未发现存放有面膜包装机产品。伟东公司法定代表人林某伟现场陈述，伟东公司与和力泰公司曾合作生产面膜包装机，但目前已终止合作，最近伟东公司并未生产面膜包装机。2020 年 10 月 14 日，广州市白云区市场监督管理局再次对伟东公司的住所地进行勘验检查。执法人员在现场发现伟东公司正在生产面膜包装机，在生产车间内存放有面膜包装机 5 台。其中，WDMM-4 型号高速全自动四位面膜机 2 台，WDMM-8 型号高速全自动八位面膜机 3 台。伟东公司法定代表人林某伟现场陈述，伟东公司与和力泰公司曾于 2016 年 11 月 8 日签订合作协议合作生产面膜包装机，后于 2017 年 9 月 30 日签订终止合作协议书，双方终止合作，现场的面膜机为 2019 年 10 月 1 日后生产。

庭审中，伟东公司确认上述被诉侵权的面膜机产品系其制造、销售、许诺销售，并确认其厂房内有库存产品，其每月的销售数量为5台左右；上述面膜机的技术方案大体一致，但是有区别。区别体现在通道的数量上，每条通道上采用的技术一致。

和力泰公司明确以广州市白云区市场监督管理局现场勘验所拍摄照片中的产品作为比对对象。经当庭比对，和力泰公司认为被诉产品所采用的技术方案与涉案专利权利要求1的技术方案一致，落入涉案专利权的保护范围。伟东公司认为，被诉产品的“过渡槽”与涉案专利的“过渡槽”功能不一样，其相应的结构属于储袋槽，故被诉产品没有包含涉案专利中的“过渡槽”这一结构；其他结构均确认，但被诉产品的“第一调节组件”“第二调节组件”“第三调节组件”的具体实施方式与涉案专利不同，没有落入涉案专利的保护范围。

庭后，伟东公司补充提交了两张光盘，其中一张光盘中的视频文件通过其产品展示并讲述“过渡槽”“定位组件”，另一张光盘中的视频文件通过其产品展示并讲述“第一调节组件”“第二调节组件”“第三调节组件”。伟东公司认为，被诉产品的“落袋槽”与涉案专利的“过渡槽”在结构、连接关系、功能上均不同，“落袋槽”底端与导槽之间存在2～3cm的间隔，故与导槽不存在连接关系，该“落袋槽”功能在于将面膜袋与取袋组件的真空吸嘴脱离，使面膜袋掉落；被诉产品的“定位组件”与支架无连接关系，该“定位组件”的两端分别套设于第三调节组件的丝杆之上，并随丝杆上下调节高度；涉案专利权利要求1中的开袋组件、填充组件、封口组件的技术特征及结构组成、与其他部件的连接关系以及其设置位置均无描述，应认定为功能性特征。和力泰公司确认上述第一张光盘视频中的产品是本案的被诉产品，但不确认另一张光盘视频。

此外，伟东公司还提供了其与和力泰公司于2017年9月30日签订的《终止合作协议书》，内容显示：双方同意终止双方于2016年11月8日签订的《合作协议书》，本协议书签订后，和力泰公司同意许可伟东公司自合作协议终止之日起实施专利号为ZL201420443947.5的面膜机专利，伟东公司向和力泰公司支付专利使用费，从2017年10月1日起算，每年支付专利使用费250000元，为期两年。和力泰公司对上述证据的真实性无异议。

和力泰公司请求根据伟东公司的侵权获利酌定赔偿数额，明确不需要按照专利许可使用费计算，并主张适用惩罚性赔偿。具体如下：按照伟东公司自认的每月生产销售 5 台，从 2019 年 10 月计算至 2021 年 3 月共 18 个月，总共为 90 台；按照伟东公司的网络报价，四位面膜机为 72000 元 / 台，六位面膜机为 98000 元 / 台，八位面膜机没有网络报价，可按四位面膜机与六位面膜机的价差来预估八位面膜机为 118000 元 / 台，每种按 30 台计算；产品毛利润率参考和力泰公司的可达 40% 左右；涉案专利为整机专利，且没有其他专利，贡献率可达 100%；伟东公司与和力泰公司有合作关系，且有明确的专利许可时间，伟东公司的主观侵权恶意明显；伟东公司以侵害涉案专利为业，侵权获利巨大，构成情节严重。和力泰公司认为，即便按 72000 元 / 台计算，利润也达到 72000 元 / 台 ×90 台 ×40%=2592000 元，以此为基数按 3 倍惩罚性赔偿为 7776000 元，故其请求赔偿经济损失 5000000 元及合理开支 100000 元，应全额支持。伟东公司确认和力泰公司关于被诉产品总数量的意见，但辩称其实际销售的价格要低于网络报价，按其购销合同，六位面膜机为 85000 元 / 台；这类自动化设备毛利润率不高，大概 27%；被诉产品的具体实施方式不同，涉案专利的贡献率应该是 10%。

一审判理和结果

一审法院经审理认为，和力泰公司是专利号为 ZL201420443947.5、名称为“包装机”的实用新型原专利权人。涉案专利虽变更权利人为深圳市和力泰科技集团有限公司，但根据其与和力泰公司的约定，和力泰公司有权继续本案的诉讼及获得赔偿。该专利权至今合法有效，其合法权利应受法律保护。他人未经许可，不得为生产经营目的实施该专利。

本案中，伟东公司确认被诉产品系其制造、销售、许诺销售，且有涉案公证书及广州市白云区市场监督管理局的现场勘验笔录为证，一审法院予以确认。

根据查明的事实并结合双方的诉辩意见，本案主要的争议焦点为：1. 被诉侵权技术方案是否落入涉案专利权的保护范围；2. 法律责任如何承担。

一、关于被诉侵权技术方案是否落入涉案专利权保护范围的问题

本案中，和力泰公司明确要求保护涉案专利权利要求 1。经比对，被诉产品具备权利要求 1 中的全部技术特征。针对伟东公司提出的异议，一审法院论述如下：

关于功能性特征的问题。《最高人民法院关于审理侵犯专利权纠纷案件应用法律若干问题的解释（二）》第八条第一款规定，功能性特征，是指对于结构、组分、步骤、条件或其之间的关系等，通过其在发明创造中所起的功能或者效果进行限定的技术特征，但本领域普通技术人员仅通过阅读权利要求即可直接、明确地确定实现上述功能或者效果的具体实施方式的除外。由此可见，如果技术特征中除了对功能或效果的限定，同时也限定了与该功能或效果相关的结构特征，本领域普通技术人员仅通过阅读权利要求即可直接、明确地确定实现上述功能或者效果的具体实施方式，并且该具体实施方式可以实现该功能或效果，则这种同时使用“结构”和“功能或效果”限定的技术特征并不属于上述规定的“功能性特征”。同时，在认定权利要求中某一技术特征是否属于功能性特征时，不仅需要考虑技术特征本身文字的含义，还需将该技术特征纳入权利要求限定的整体技术方案中进行理解。本案中，权利要求 1 中包含取袋组件、开袋组件、填充组件、封口组件、定位组件、第一调节组件、第二调节组件、第三调节组件等诸多技术特征。虽然上述技术特征均包含功能性描述，但同时也限定了与该功能相关的结构特征。于本领域普通技术人员而言，通过阅读权利要求 1 中的整体技术方案，可以直接、明确地确定实现该功能的具体实施方式。于涉案专利权利要求 1 的整体技术方案而言，亦不会出现因使用该功能性表述而导致保护范围过宽的情形。因此，上述技术特征不应理解为功能性特征，而是结构性特征。据此，即便如伟东公司所称，被诉产品的第一调节组件、第二调节组件、第三调节组件等技术特征的具体实施方式与涉案专利不同，亦不影响一审法院对被诉产品具备上述技术特征的判断。

关于过渡槽的问题。对于被诉产品的相应结构，伟东公司称之为“落袋槽”，并认为其归属于储袋槽的一部分，故被诉产品没有“过渡槽”。但经查看伟东公司所提交的关于“过渡槽”的视频文件，所谓的“落袋槽”与储袋槽的出袋口相对接，且“落袋槽”的下端与导槽相对接，取袋组件将储袋槽中的包装袋取出后即放入该“落袋槽”，包装袋从“落袋槽”滑落后进入导槽，完全符合权利要求 1 对于“过渡槽”这一技术特征的限定。因此，所谓“落袋槽”即为“过渡槽”，被诉产品具备权利要求 1 中“过渡槽”这一技术特征。至于伟东公司认为“落袋槽”底端与导槽之间存在 2 ~ 3cm 的间隔，故与导槽不存在连接关系，该“落袋槽”功能在于将面膜袋与取袋组件的真空吸嘴脱离，使面膜袋掉落，这些所谓的“不同”均不影响上述认定。

关于定位组件的问题。权利要求 1 中，对定位组件与其他结构的连接关系作出限定，即定位组件与支架固定连接，第三调节组件与定位组件连接，以调节定位组件的高度。经查看伟东公司所提交的关于“定位组件”的视频文件，被诉产品的定位组件固定连接于一框架结构上，该框架两端与第三调节组件的丝杆连接，通过第三调节组件可以调节该框架的高度，从而达到调节定位组件高度的目的。上述框架结构在整个设备正常工作状态下保持不动，仅在需要调节定位组件高度时可上下移动。由此可见，该框架即为权利要求 1 中的支架，被诉产品的定位组件固定连接于该框架上，而第三调节组件通过该框架与定位组件实现间接连接的关系，通过上下移动该框架而实现调节定位组件高度的功能，故被诉产品具备权利要求 1 中“定位组件”的技术特征。伟东公司将上述框架结构定义为“定位组件”的一部分，从而认为被诉产品的“定位组件”与支架无连接关系，显然与事实不符。

据此，被诉产品全面覆盖权利要求 1 所包含的技术特征，被诉侵权技术方案落入涉案专利权的保护范围。

二、关于法律责任如何承担的问题

伟东公司未经许可，制造、销售、许诺销售落入涉案专利权保护范围的被诉产品，构成侵权。和力泰公司诉请伟东公司停止侵权并销毁库存侵权产品，一审法院予以支持。和力泰公司还诉请销毁制造侵权产品的专用设备，但未提交相应证据，一审法院不予支持。

关于赔偿责任。《中华人民共和国专利法》（2008 年修改）第六十五条第一款规定，侵犯专利权的赔偿数额按照权利人因被侵权所受到的实际损失确定；实际损失难以确定的，可以按照侵权人因侵权所获得的利益确定；权利人的损失或者侵权人获得的利益难以确定的，参照该专利许可使用费的倍数合理确定；赔偿数额还应当包括权利人为制止侵权行为所支付的合理开支。本案中，和力泰公司要求按照伟东公司自认的每月销售 5 台被诉产品，从 2019 年 10 月计算至 2021 年 3 月共 18 个月，总共为 90 台，计算伟东公司的侵权获利作为其经济损失，明确不需要按照专利许可使用费计算，伟东公司并无异议，本院予以准许。

关于被诉产品的单价，按照伟东公司的网络报价，四位面膜机为 72000 元 / 台，六位面膜机为 98000 元 / 台，而八位面膜机没有网络报价，和力泰公司认为可按四位面膜机与六位面膜机的价差来预估八位面膜机为 118000 元 / 台，具有一定合理性，可予采纳。伟东公司虽对上述单价有异议，认为实际销售的价格要低于网络报价，但并未提供充分的证据证明其在上述侵权期间内实际销售的平均价格，故一审法院不予采信。

关于被诉产品的总销售额，本案被诉产品共 90 台，涉及三种面膜机，在无证据证明各种面膜机具体数量的情况下，和力泰公司主张平均按每种面膜机 30 台计算，具有合理性，伟东公司亦未对此提出异议，故一审法院予以采纳。据此计算，被诉产品的总销售额为 72000 元 / 台 ×30 台 +98000 元 / 台 ×30 台 + 118000 元 / 台 ×30 台 =8640000 元。

关于被诉产品的利润率，和力泰公司主张被诉产品的毛利润率为 40% 左右，伟东公司认为大概为 27%。《最高人民法院关于审理专利纠纷案件适用法律问题的若干规定》第十四条第二款规定："专利法第六十五条规定的侵权人因侵权所获得的利益可以根据该侵权产品在市场上销售的总数乘以每件侵权产品的合理利润所得之积计算。侵权人因侵权所获得的利益一般按照侵权人的营业利润计算，对于完全以侵权为业的侵权人，可以按照销售利润计算。"本案中，和力泰公司无充分证据证明伟东公司完全以侵权为业，故侵权获利应以营业利润计算为宜。参考双方的陈述及本案的实际情况，一审法院酌定利润率按 20% 计算较为合理。

关于涉案专利对侵权获利的贡献率，和力泰公司主张按 100%，伟东公司认为被诉产品的具体实施方式不同，涉案专利的贡献率应该是 10%。鉴于涉案专利为整机专利，涉案专利产品属于对现有技术的改进，且无证据表明被诉产品亦落入除权利要求 1 外的其他从属权利要求，亦无证据表明被诉产品有其他权利存在，故综合考虑本案实际情况，本院酌定贡献率为 60% 为宜。据此计算，伟东公司侵权获利为 8640000 元 ×20%×60%=1036800 元。

关于惩罚性赔偿。《中华人民共和国民法典》第一千一百八十五条规定："故意侵害他人知识产权，情节严重的，被侵权人有权请求相应的惩罚性赔偿。"该规定自 2021 年 1 月 1 日起施行。《中华人民共和国专利法》第七十一条规定："侵犯专利权的赔偿数额按照权利人因被侵权所受到的实际损失或者侵权人因侵权所获得的利益确定；权利人的损失或者侵权人获得的利益难以确定的，参照该专利许可使用费的倍数合理确定。对故意侵犯专利权，情节严重的，可以在按照上述方法确定数额的一倍以上五倍以下确定赔偿数额。”该规定自2021年6月1日起施行。《最高人民法院关于适用〈中华人民共和国民法典〉时间效力的若干规定》第一条第三款规定：“民法典施行前的法律事实持续至民法典施行后，该法律事实引起的民事纠纷案件，适用民法典的规定，但是法律、司法解释另有规定的除外。”本案中，伟东公司的侵权行为持续至《民法典》施行之后，故可以适用上述《民法典》关于惩罚性赔偿的规定。同时，和力泰公司主张的侵权时间段截至2021年3月，本案所处理的侵权行为应限于该时间之前，故尚不能适用上述专利法的规定，但该规定所确定的倍数范围仍可在本案中予以参照。本案中，和力泰公司与伟东公司曾有合作关系，该合作终止后和力泰公司许可伟东公司使用涉案专利2年，该事实足以认定伟东公司主观上构成故意。伟东公司在许可期限届满后仍持续、大量制造、销售、许诺销售被诉产品，在和力泰公司起诉及有关行政部门两次检查后仍不停止，可见其侵权情节严重。据此，本案可适用惩罚性赔偿。综合考虑伟东公司的主观过错程度、侵权行为的情节严重程度等因素，一审法院酌定惩罚性赔偿的倍数应以三倍为宜。据此计算，以侵权获利1036800元为基数，惩罚性赔偿数额为3110400元。关于合理开支，考虑本案的实际审理情况，一审法院酌情支持50000元。

据此，一审法院判决：一、伟东公司自本判决发生法律效力之日起停止制造、销售、许诺销售侵害名称为“包装机”、专利号为ZL201420443947.5实用新型专利权的产品，并销毁库存侵权产品；二、伟东公司自本判决发生法律效力之日起十日内赔偿和力泰公司经济损失3110400元；三、伟东公司自本判决发生法律效力之日起十日内赔偿和力泰公司合理开支50000元；四、驳回和力泰公司的其他诉讼请求。

本案一审宣判后，因伟东公司上诉，目前尚处于二审审理中。

【法官评述】

在《民法典》对知识产权侵权惩罚性赔偿作出原则性规定之后，最高人民法院于2021年3月3日发布《关于审理侵害知识产权民事案件适用惩罚性赔偿的解释》，对惩罚性赔偿的适用条件，如故意侵权的认定标准、认定情节严重的考量因素以及惩罚性赔偿数额的计算基数等，作出了较为细致的规定，具有很强的实操性，颇受业界和社会关注。预计其将会对各级法院判决惩罚性赔偿提供明确指引，未来知识产权诉讼领域将会出现越来越多的惩罚性赔偿判决，惩罚性赔偿成为知识产权侵权诉讼的“新常态”。但是，惩罚性赔偿制度毕竟超越了传统侵权法理论上的填平原则，是民事救济手段中较为严厉的一种，对被侵权人给予充分救济的同时，不可避免地给侵权人带来较大的不利影响，因此适用惩罚性赔偿的前提条件较为严苛，应谨慎把握。另外，《民法典》及近期修订的各单行知识产权部门法纷纷引入惩罚性赔偿制度，显示出立法机关从严从重打击故意侵害知识产权行为之坚决态度，这是应对目前侵权现象多发的必然之举。中国的发展已经进入新阶段，创新在现代化建设全局中具有核心地位，要推进创新驱动发展、建设世界科技强国、提高国家核心竞争力，必须要加强知识产权保护，以激励社会资源投向创新活动。因此，对于符合适用惩罚性赔偿条件的案件，应依当事人的请求大胆适用惩罚性赔偿，对故意实施情节严重侵权行为的侵权人予以沉重打击，剥夺其侵权所得，解除其继续实施侵权行为的能力，对社会而言亦能起到一般预防的警示作用。

本案探索了惩罚性赔偿的适用条件在审判实践中应如何把握，案件的处理与上述司法解释精神不谋而合。具体而言，本案技术为“包装机”的实用新型专利，所涉企业均为包装机设备的制造企业，属实体经济领域。从侵权行为的前因后果看，侵权者与权利人先有合作许可关系，后演变为侵权法律关系，可见侵权故意明显。对故意侵犯专利权，情节严重的，修改后的《专利法》规定可处以一倍以上五倍以下的惩罚性赔偿。但该规定自 2021 年 6 月 1 日起施行，本案侵权时间段延续至 2021 年 3 月，尚不能适用。于 2021 年 1 月 1 日实施的《民法典》已就知识产权侵权诉讼中的惩罚性赔偿作出原则性规定，本案可直接适用。本案侵权故意明显、情节严重，故适用《民法典》的上述规定，并参考修改后的《专利法》酌定倍数，从而确定惩罚性赔偿额。本案灵活适用法律，依法加大对恶意侵权者的惩治力度，突出体现了知识产权司法服务和保障科技创新的重要功能，有利于提升粤港澳大湾区知识产权司法保护水平，彰显广州知识产权法院切实解决知识产权诉讼中“赔偿难”问题的决心。

编写人：广州知识产权法院　官健　陈建辉

（编辑：杨岚）

14

云水山公司与花开富贵公司专利权权属纠纷案

阅读提示：诉争专利证书上记载的设计人并非原单位员工时，如何判断专利权归属？

【裁判要旨】

原单位主张涉案发明创造属于在专利申请日之前已经完成的工作任务，在诉争专利证书上记载的设计人并非原单位员工情形下，如原单位已完成的工作任务包含涉案发明创造全部设计特征，可继续审查登记设计人是否因工作关系或其他关系接触上述发明创造以明确实际的设计人。基于实际设计人与原单位关系的认定，结合原单位所主张的具体职务发明创造的类型，确定涉案发明是否属于职务发明创造。

【案号】

一审：广州知识产权法院（2020）粤73民初2666号

【案情与裁判】

原告：深圳市云水山科技有限公司（以下称“云水山公司”）

被告：东莞市花开富贵智能科技有限公司（以下称“花开富贵公司”）、周某

起诉与答辩

云水山公司起诉称：云水山公司成立于2018年6月26日，是国内首家专

注于研发、生产、销售具有动态开放功能的高档仿真花卉企业。周某于2019年3月6日与全体合伙人签订《股东合伙协议》与《股东保密协议》加入云水山公司，且于2019年2月23日成功转账部分入股资金，成为云水山公司的股东之一，随后全面参与公司动态仿真花卉项目的研发、生产及销售，对外沟通动态仿真花卉的花瓣开模、花轴开模、采购仿真花卉产品部件等事宜，深入接触和了解云水山公司动态仿真花卉的关键技术，且掌握了动态仿真花卉的技术研发资料。2019年9月19日，周某离职并退股，随后入职其配偶陈某蓉与他人合伙成立的花开富贵公司。花开富贵公司成立于2019年9月12日，经营与云水山公司具有竞争关系的动态仿真花卉产品，同日，花开富贵公司向国家知识产权局申请专利号为ZL201930502955.0、名称为“万向花轴”的外观设计专利，该专利的各视图及立体图与云水山公司生产的动态仿真花卉的花轴完全相同。周某在云水山公司期间负责动态仿真花卉项目，掌握了花轴技术图纸，且明知该技术成果未申请外观设计专利。云水山公司有理由相信花开富贵公司申请的“万向花轴”外观设计专利与周某在云水山公司任职期间掌握的动态仿真花卉技术资料具有密不可分的联系，该专利的三名设计人并非真实的设计人，三人均无从事动态仿真花卉的相关经验，亦不具备该方面的设计开发能力。陈某蓉与周某是夫妻，其作为股东投资花开富贵公司的经济收益为夫妻共同财产，周某实为受益人。2020年8月，周某以负责人身份出现在“2020第十二届亚洲园林景观产业博览会”并接受广东新闻的采访，说明其在花开富贵公司具有举足轻重的地位。上述外观设计专利属于周某利用云水山公司物质技术条件所完成的发明创造，专利权应归属于云水山公司。为了维护云水山公司合法权益，特向法院提起诉讼，请求判令：1. 花开富贵公司申请的专利号为ZL201930502955.0、名称为“万向花轴”的外观设计专利权归云水山公司所有；2. 本案诉讼费用由花开富贵公司、周某承担。

花开富贵公司、周某未作答辩。

一审审理查明

一、涉案专利的相关情况

2019年9月12日，花开富贵公司向国家知识产权局申请名称为“万向花轴”的外观设计专利，于2020年6月2日获得公告授权，专利号为ZL201930502955.0，设计人为梁某如、陈某蓉、杨某建，专利权人为花开富贵公司。

二、云水山公司及其相关技术研发情况

（一）关于云水山公司

云水山公司成立于2018年6月26日，注册资本100万元，法定代表人为艾某平，一般经营项目是电子产品、工艺品的研发及销售，许可经营项目是电子产品、工艺品的生产。

2019年3月6日，艾某平、周某、雷某、王某、肖某、艾某兵、鲁某签订《股东合作协议》，载明艾某平认缴出资额为20万元，股权比例25%，技术股10%，股份合计35%；周某认缴出资额为10万元，股权比例为10%。同日，前述股东还签订了《股东保密协议》，保密协议规定如下：保密信息指本协议生效后，披露方披露给接收方的任何以及所有以口头或书面，或以其他任何形式披露的信息或数据，包括但不限于如下的方面：工艺、技术、设计、图纸、工程、工艺流程、硬件配置信息、客户名单、合同、价格、成本、备忘录、预测和估计、报表、商业计划、商业模式、公司决议等。

（二）关于云水山公司研发、生产、销售动态仿真花卉情况

云水山公司主张，其法定代表人艾某平自2017年起就已申请动态仿真花卉相关实用新型专利，艾某平在后续研发过程中陆续以其名义或云水山公司名义申请与动态仿真花卉相关的技术成果，并提供专利文件予以证明，具体如下：1. 专利号为ZL201720794276.0、名称为“动态仿真花”的实用新型专利，申请人为艾某平，申请日为2017年7月3日，发明人为艾某平，专利权人为艾某平；2. 专利号为ZL201821329494.8、名称为“用于动态仿真花的舌头气囊”的实用新型专利，申请人为艾某平，申请日为2018年8月17日，发明人为艾某平，专利权人为艾某平；3. 专利号为ZL201921812069.9、名称为“一种动态仿真花花轴”的实用新型专利，申请人为艾某平，申请日为2019年10月26日，发明人为艾某平，专利权人为云水山公司；4. 专利号为ZL201921812070.1、名称为“一种动态仿真花花瓣”的实用新型专利，申请人为艾某平，申请日为2019年10月26日，发明人为艾某平，专利权人为云水山公司；5. 微信聊天记录，微信号为“ADP888666”、名称为“艾生”的微信用户与昵称为“塑胶产品开发模具设计蓝文剑”、备注为“工程画图蓝生”的微信用户微信聊天记录截图显示，自2017年5月18日起，“艾生”与“工程画图蓝生”就动态仿真花卉

花轴进行技术开模交流。前述聊天记录由联合信任时间戳服务中心出具《可信时间戳认证证书》。

云水山公司主张，其在花开富贵公司成立之前就已经研发成功并生产动态仿真花卉，提交在其单位布景的动态仿真花卉照片予以证明。

云水山公司向一审法院提交阿里巴巴网站销售页面截图，该截图显示店铺名称为深圳市云水山科技有限公司，经营模式为生产厂家，公司介绍宣传称：深圳市云水山科技有限公司是国内专注于从事研发、生产、销售具有动态开放功能的高档仿真花卉的企业……在模拟花朵动态开合方面全国首创，技术独到，经验丰富，"供应产品"展示有各种类动态仿真花卉图片。上述网页截图形成时间为 2020 年 9 月 8 日，由联合信任时间戳服务中心出具《可信时间戳认证证书》。

（三）关于周某在云水山公司参与动态仿真花卉项目的情况

云水山公司主张，周某在 2019 年 3 月至 2019 年 9 月在云水山公司担任股东，且是云水山公司的员工，向一审法院提交周某相关的入股转账记录、退股转账记录和周某领取工资记录予以证明。具体如下：1. 支付宝用户艾某平与周某的支付宝聊天记录。显示周某于 2019 年 2 月 23 日分别向艾某平转账 30000 元和 20000 元，转账说明为入股资金，艾某平回复"10 万入股资金，5 万到账，另外 5 万两个月内到账！"。2. 微信聊天记录。聊天记录显示 2019 年 9 月 19 日，艾某平向周某发送交通银行电子银行业务受理单，显示艾某平于 2019 年 9 月 19 日向周某转账成功 50000 元，并发送"退股资金已转"，周某回复"好的""这个月工资怎么算"，艾某平于 2019 年 9 月 20 日向周某转账 5000 元。2019 年 3 月 31 日，艾某平向周某转账 5000 元，并发送"3 月份工资"。2019 年 7 月 2 日，艾某平向周某转账 5000 元。2019 年 9 月 1 日，周某向艾某平发送"老板，把工资发一下，今天要交学费"，艾某平向周某转账 5000 元。

云水山公司主张，在涉案专利申请日之前，周某负责其公司动态仿真花卉项目的开模沟通，采购研发生产动态仿真花卉所需物料，参与动态仿真花卉技术交流并跟进开模，执行公司分配的工作任务并积极推进，掌握动态仿真花卉的相关技术、各项数据和整体结构，涉案专利是周某在云水山公司离职 1 年内申请的，属于职务发明，提供工作群聊天记录及采购订单等予以证明。具体如下：

1. 微信名称为"艾生"的微信用户与微信名称为"周某"的微信用户的聊

天记录。聊天记录显示2019年2月28日，“周某”向“艾生”发送花轴的图片一张；2019年3月9日，“艾生”向“周某”转账220元，并发送“花轴打样费”；2019年3月14日，“艾生”向“周某”发送“那个花轴，我想了一下，你可以设计一个扣位，你点胶之后，我们自己扣上去，它就稳了，也拔不出来，起到保压的作用”“你可以在那个定位柱上面做文章。插进去它就变紧的那种”，对方回复“做不了，扣位开不了模”；2019年3月22日，“艾生”向“周某”转账258元，并发送“花轴费用”；2019年5月25日，“周某”向“艾生”发送“这是我买的夹子和夹具的费用，一起249元，我已经付款了”，“艾生”向其转账249元；2019年5月28日，“周某”向“艾生”发送图片两张并释明“这是花托的设计费700元加3D打印100元，共800元”，“艾生”向其转账800元；2019年6月3日，“周某”向“艾生”发送“要不要把荷花的模具和模具供应商买过来，你看呢？只买荷花模具应该要便宜一点吧”，“艾生”回复“我明天聊一下啊”；2019年7月31日，“周某”发送“两种收据是上次的砂轮片和切割片一起，今天刚买了200个夹子夹点胶用，还有今天的工作台，一起312”，“艾生”向其转账312元；2019年8月3日，“周某”发送“壳料费一起12900，安排付一下”，“艾生”回复“好的，等一下付”。

2. 名称为“动态花”的微信群聊天记录。聊天记录显示2019年2月28日，“周某”在群内发送“这个零件画完了，明天上午给艾总确认一下再外发打样”并配花轴图片一张；2019年3月5日，“艾生”发送“周总，先把花轴的事确定一个方案，如果中间用板子做灯，那个花轴中间是不是就留1到2个螺丝位固定。帽子就去开一个花蕊造型的帽子，帽子可以画出来先打印几个出来看看效果”，“周某”回复“好的”；2019年3月9日，“周某”称“今晚约了一个做硬件的过来抄板，有问题一起沟通一下”；2019年3月21日，“艾生”向群内发送15秒的抖音短视频，该视频中显示“我的抖音号”为adp13537842437，并展示若干株动态仿真花；2019年4月18日，“艾生”称“我们的产品可以完全泡在水里”“水底”“让那些小鱼在花里穿梭”，“王某”回复“这样吗？那很好啊”“这些先不要跟客户讲，还是得去申请专利。要不别人去申请了”。

3. 名称为“牡丹花瓣沟通群”的微信群聊天记录。聊天记录显示“艾生”“周某”与“杨总”就牡丹花瓣的试模、修改、加厚等进行沟通，2019年6月20日，“艾生”向群内发送了大红色、粉色、白色、紫色的牡丹花图片四张。

4. 名称为“开模沟通群”的微信群聊天记录。聊天记录显示 2019 年 4 月 18 日，“周某”向群内分享后缀为 .stp 的文档三份，并发送“@ 涛，@ 洪某鑫，以上是最终的 3D 开模图档，请安排分模设计。同时请欧总报一个优惠的价格”，文档中显示的花轴模型有八个朝向；2019 年 4 月 19 日，“周某”向群内分享名称为“控制器 –2019–4–19 修改说明”的压缩包文件，并发送“@ 涛，@ 洪某鑫，两位老总，以上是控制器的盒子最终 3D 图档，请安排继续做下去”；2019 年 4 月 22 日，“周某”在群内询问“@ 涛，今天能把支架的评估结果和价格发出来吗？”；2019 年 4 月 26 日，“周某”在群内询问“@ 涛 @ 洪某鑫，模具进度有了吗”；2019 年 5 月 22 日，“周某”在群内询问“@ 涛 @ 洪某鑫，两位老板支架模具今天什么时候可以试模？”；2019 年 5 月 24 日，“周某”在群内分享名称为“支架检讨 ECN–2019–5–24”的压缩包文件，并发送“@ 洪某鑫 @ 涛，请查收检讨报告，附 ECN 变更”；2019 年 5 月 25 日，“周某”在群内发送“@ 洪某鑫 @ 涛，这个圆柱的胶位到做到数”，并发送花轴模型图一张；2019 年 6 月 11 日，“周某”向群内发送名称为“支架检讨说明 –2019–6–11”的 pptx 文件一份，并发送“@ 洪某鑫 @ 涛，请看一下 ppt，有问题电话联系”，该 ppt 展示了各视角下花轴模型及样品的图片；“周某”另分别于 2019 年 6 月 11 日、6 月 13 日在群内分享关于控制器修改说明的压缩包文件；2019 年 6 月 18 日，群成员在群内分享了一张花轴的样品图。“周某”向群内发送显示有两个支架样品的图片一张，称“你们点胶都不会点，就点到中间草里面，你们都点到那个侧边去了，没一个好的……”“这个是我自己发的图……后面我们自己点算了，你们都不会搞。”；2019 年 7 月 10 日，“周某”向群内发送“@ 涛 @ 洪某鑫，支架 A1、A2、A3 的产品我们确认 OK 了，你们安排 5000 套出来。今天把最终的报价单给我一下，我们下订单过来”“@ 洪某鑫，把上下盖和三套支架最终的模具图给我一下”。

5. 名称为“内部三人行沟通群”的微信群聊天记录。聊天记录显示 2019 年 8 月 26 日，“艾生”被“周某”移出群聊。2019 年 4 月 25 日，“周某”向群内发送东莞市镇田精密电子有限公司的报价单；2019 年 4 月 27 日，“周某”向群内发送名称为“品诚报价单”的 pdf 文件，“艾生”向群内发送抖音视频一个，称“现在花瓣的长度是 100–112–124–136–148–160。稳定性比之前好点”，该视频中显示“我的抖音号”为 adp13537842437，并展示有动态仿真花（牡丹花）实物图；2019 年 6 月 10 日，艾生在群内分享仿真荷花的阶段成品图三张，称“周老板，中间这个孔啊，现在是 13 毫米。它可以跑到杆子外面来哦”“我建议搞到 11 到 12 之间”“外形基本 OK。改一下孔的话就可以做了”。

6. 名称为“云水山工作交流群”的微信群聊天记录。聊天记录显示 2019 年 6 月 24 日，“艾生”在群内分享动态仿真荷花、牡丹花的视频；2019 年 7 月 3 日，“艾生”向群内发送七种颜色的仿真牡丹花图片各一张。2019 年 7 月 16 日，“艾生”向群内发送动态仿真荷花的图片两张，称“颜色不会掉”；2019 年 8 月 15 日，“艾生”向群内发送名称为“动态仿真花规格书”的 pptx 文件一份，文件中展示了动态仿真牡丹花的应用场景、产品颜色的图片以及产品参数和驱动设备连接方法。2019 年 9 月 10 日、9 月 16 日，“周某”分别向群内发送荷花花瓣模型图片三张。2019 年 9 月 10 日，“艾生”发送信息“周老板，你画图纸的能不能建个群啊，建个群我们一起沟通吧，免得耽搁时间”。

7. 送货单若干。东莞市镇田精密电子有限公司出具《送货单》，载明客户为深圳市云水山科技有限公司 SQ43，物料名称为“气泵”“气阀”，收货人处载有“周某”的签名，时间为 2019 年 7 月 24 日；浙江博众电气有限公司出具《出货现金单》两张，客户签收处有周某的签名，时间分别为 2019 年 6 月 27 日、2019 年 6 月 28 日；深圳市创力包装制品有限公司出具的《送货单》，送货日期为 2019 年 8 月 26 日，下方显示有周某的签名；东莞市凤岗创兴达橡胶制品厂出具的《送货单》三张，客户为云水山科技，产品名称为硅胶花瓣，签收公司处有周某的签名，时间分别为 2019 年 8 月 1 日、2019 年 8 月 3 日、2019 年 8 月 24 日。

8. 云水山公司（需方）与东莞市联兴工艺品有限公司（供方）签订的采购订单。采购清单品名为牡丹花托、荷花花托，尾部盖有云水山公司公章，批准人处有周某签名，时间为 2019 年 8 月 19 日。

9. 云水山公司（需方）与创兴达橡胶制品有限公司（供方）就“花瓣”签订的采购订单三份，尾部盖有云水山公司公章，批准人处有周某签名，时间分别为 2019 年 6 月 29 日、2019 年 8 月 3 日、2019 年 8 月 16 日。

10. 云水山公司（需方）与镇田精密电子有限公司（供方）签订的采购订单。型号规格为气泵 ZTQB06370033、气阀 ZTQF061220001，尾部盖有云水山公司公章，批准人处有周某签名，时间为 2019 年 6 月 29 日。

11. 云水山公司（需方）与东莞市石头科技有限公司（供方）签订的采购订单。型号 / 料号为 GQ12–050200–CC，尾部盖有云水山公司公章，批准人处有周某签名，时间为 2019 年 6 月 28 日。

12. 云水山公司与东莞市长安乐观模具加工厂签订的《模具加工协议》，甲方联系人为周某，项目名称包括支架和上下盖，甲方处盖有云水山公司公章，日期为 2019 年 3 月 29 日。

云水山公司另提交抖音号为“1055629024”的抖音用户的作品浏览过程截图，拟证明周某在云水山公司工作期间就动态仿真花卉进行过宣传。该截图形成时间为 2020 年 8 月 15 日，由联合信任时间戳服务中心出具了《可信时间戳认证证书》。

三、花开富贵公司及相关情况

花开富贵公司为有限责任公司（自然人投资或控股），成立于 2019 年 9 月 12 日，法定代表人为丁某青，注册资本为 50 万元，经营范围包括研发、销售工艺品、塑胶制品、仿真植物等，股东为陈某蓉、梁某如、丁某青。2021 年 2 月 26 日原股东陈某蓉退出该公司。

云水山公司向一审法院提交周某在博览会接受广东新闻采访视频的网页截图，拟证明周某以花开富贵公司负责人的身份接受广东新闻采访，周某在花开富贵公司具有重要地位，花开富贵公司在博览会上展示了与云水山公司研发成果相同的动态仿真花卉。该截图显示名称为“叮当叮当叮当 DDD”的用户于 2020 年 8 月 7 日在优酷网上传文案描述为“广东新闻特约播出之东莞市花开富贵智能科技”的视频，视频中显示博览会名称为“2020 亚洲园林景观产业博览会 亚洲园林景观设计、设施及用品展”，时间为 2020 年 8 月 3 至 5 日，该视频介绍称博览会有 300 多家业内知名品牌企业亮相现场，花开富贵公司是一家将“仿真植物内容 + 智能应用”结合于一起，以研发、生产、销售、创意创新设计等业务为一体的新兴科技型公司，本次展会带来了牡丹花和荷花的动态仿真花，后周某出现在视频中以负责人的身份接受采访。该视频网页截图的形成时间为 2020 年 8 月 15 日，由联合信任时间戳服务中心出具了《可信时间戳认证证书》。

四、其他

云水山公司主张周某与陈某蓉系配偶关系，两者共同居住，在相同时间段的入住登记日期及搬离注销日期均相同，结合两者共同居住时间、年龄差推断两者具有特定关系，并提交《深圳经济特区居住登记查询单》《花开富贵公司章程》予以证明，其中《花开富贵公司章程》内记载陈某蓉住所地为湖南省宁乡县大成桥镇大成桥村干子塘组 15 号;《深圳经济特区居住登记查询单》显示周某、陈某蓉于 2013 年 1 月 17 日共同登记入住龙岗区坂田塘排东五巷 18 号 603，后于 2017 年 3 月 20 日搬离；2017 年 4 月 11 日二人共同登记入住宝安区石岩水田三祝星村北区 89 号 701，后于 2019 年 3 月 11 日搬离；2020 年 12 月 6 日二人共同登记入住光明新区凤凰塘尾沙田坑北一巷 2 号 1203。

云水山公司因与花开富贵公司、周某之间的专利权权属纠纷向广州知识产权法院提起六件诉讼，另外五件案件案号分别为（2020）粤 73 民初 2667 号、（2020）粤 73 民初 2668 号、（2020）粤 73 民初 2669 号、（2020）粤 73 民初 2670 号、（2020）粤 73 知民初 2241 号。

一审判理和结果

一审法院经审理认为，本案系专利权权属纠纷，根据审理查明的事实及双方的诉辩意见，本案的争议焦点为：1. 涉案专利的实际设计人；2. 涉案专利是否为周某作出的职务发明创造，其相关权益是否应归属于云水山公司。

一、关于涉案专利的实际设计人问题

依照《中华人民共和国专利法实施细则》第十三条规定，专利法所称发明人或者设计人，是指对发明创造的实质性特点作出创造性贡献的人。判断专利权的归属，首先需判断谁是发明人或设计人，在此基础上才能确定专利权的归属。在专利授权程序中，国家知识产权局对专利申请文件中记载的发明人或设计人并不进行实质性审查，故专利证书上关于发明人或设计人的记载仅具有初步证据效力。本院认为，综合全案证据可以认定，涉案专利实际设计人系周某。具体理由如下：

首先，陈某蓉、杨某建、梁某如并非涉案专利的实际设计人。从相关专利申请情况来看，陈某蓉、杨某建、梁某如在涉案专利申请之前并未就与动态仿真花卉相关的设计申请过专利，无证据证明陈某蓉、杨某建、梁某如具有与涉案专利相关的工作经历和研发设计积累，亦无其在设计过程中的相应投入作为证据以证明其设计思路和设计过程。外观设计专利构思、研发过程需经历一段时间，花开富贵公司成立以来短时间内申请多项专利，经广州知识产权法院传票传唤，花开富贵公司未到庭对此过程作出合理解释。

其次，陈某蓉与周某存在密切关系。一方面，陈某蓉与周某共同居住时间较长。根据一审法院查明事实，陈某蓉与周某在湖南居住期间的住所地相同，在深圳居住期间二人多次于相同时间段入住及搬离同一住所；另一方面，陈某蓉与周某存在利益关联关系。陈某蓉系花开富贵公司的创始股东，周某曾以花开富贵公司负责人身份推广介绍该公司及产品。一审法院据此推断二人具有密切关系。

最后，周某具备对涉案设计实质性特点作出创造性贡献的能力。从云水山公司提交的关于周某参与动态仿真花卉项目的证据可知，2019 年 3 月至 9 月期间，周某作为云水山公司员工及股东负责动态仿真花项目的开模沟通、技术交流、进度跟进、采购物料等事项，全面参与动态仿真花卉项目的研发、生产过程，接触并知悉动态仿真花卉及支架的修改过程及各阶段设计成果。涉案专利与前述微信聊天记录中的动态仿真花卉支架属于相同种类设计。

综上，前述事实足以证明周某在云水山公司工作期间接触并掌握云水山公司有关涉案花轴设计的技术资料，涉案专利系周某以陈某蓉、杨某建、梁某如名义申请的事实具有高度盖然性。

二、关于涉案专利是否为周某作出的职务发明创造，其相关权益是否应归属于云水山公司的问题

依照《中华人民共和国专利法》第六条第一款规定，执行本单位的任务或者主要是利用本单位的物质技术条件所完成的发明创造为职务发明创造。职务发明创造申请专利的权利属于该单位；申请被批准后，该单位为专利权人。《中华人民共和国专利法实施细则》第十二条规定："专利法第六条所称执行本单位的任务所完成的职务发明创造，是指：（一）在本职工作中作出的发明创造；（二）履行本单位交付的本职工作之外的任务所作出的发明创造；（三）退休、调离原单位后或者劳动、人事关系终止后 1 年内作出的，与其在原单位承担的本职工作或者原单位分配的任务有关的发明创造。专利法第六条所称本单位，包括临时工作单位；专利法第六条所称本单位的物质技术条件，是指本单位的资金、设备、零部件、原材料或者不对外公开的技术资料等。"

一审法院认为，根据本案查明的事实，涉案专利属于职务发明创造，理由如下：其一，周某任职云水山公司期间的本职工作包括负责研发设计动态仿真花卉及花轴。从周某任职期间具体工作内容看，周某与云水山公司法定代表人艾某平以及工作群的微信聊天记录显示，周某持续进行动态仿真花卉项目的研发设计工作，参与动态仿真花卉及花轴画图、开模、采购物料等事项，其工作职责涉及动态仿真花卉及花轴等。其二，涉案专利设计领域与周某任职云水山公司期间承担的本职工作具有较强的关联性。根据本院查明事实，名称为“万向花轴”的涉案外观设计专利视图与周某参与的云水山公司工作群中所展示的设计图片近似。其三，云水山公司对涉案专利设计进行资金、不对外公开的技术资料等相关物质技术条件的投入。周某与艾某平的聊天记录显示，艾某平曾因画图设计、模具购买等事项多次向周某微信转账，涉案专利设计相关研发、采购费用由云水山公司支付，且艾某平多次向周某发送设计图等技术资料信息。其四，云水山公司持续进行相关领域设计。自 2017 年起，艾某平向国家知识产权局申请数项如“一种动态仿真花花轴”“动态仿真花”等动态仿真花及花轴相关实用新型专利。艾某平与“塑胶产品开发模具设计蓝文剑”微信用户微信聊天记录亦显示，自 2017 年 5 月 18 日起双方就动态仿真花卉花轴的设计开模相关事项进行交流。

综上，综合考虑周某在云水山公司工作职责、云水山公司物质技术投入等事实，一审法院认定涉案专利与周某在云水山公司任职时承担的本职工作有关，涉案专利属于职务发明创造，专利权依法应归属于云水山公司。云水山公司要求确认涉案专利权归其所有的主张，有事实和法律依据，本院依法予以支持。

据此，一审法院判决：确认专利号为 ZL201930502955.0、名称为“万向花轴”的外观设计专利权归深圳市云水山科技有限公司所有。

本案一审宣判后，因花开富贵公司、周某上诉，目前尚处于二审审理中。

【法官评述】

近年来，创新型企业常遇到掌握技术资料的员工获取企业发明创造成果后离职，成立新公司并依托原单位发明创造申请专利，从而引发专利权权属纠纷。本案特殊性在于，诉争专利证书上记载的设计人并非原单位员工，而是与原单位没有任何关系的案外人。如何准确判断案件专利权的归属是此类案件的难点。

一、实际设计人的认定规则

依据《专利法实施细则》第十三条规定，专利法所称发明人或者设计人，是指对发明创造的实质性特点作出创造性贡献的人。认定专利权的归属，首先需判断具体的发明人或设计人。在专利授权程序中，国家知识产权局对专利申请文件中记载的设计人并不进行实质性审查，故专利证书上关于设计人的记载仅具有初步证据效力。

司法实践中，登记设计人可能是原单位参与涉案发明创造研发人员、接触发明创造相关资料的管理人员，亦可能是与原单位无任何关联的案外人。在此情形下，人民法院需要结合专利法关于确认设计人身份和职务发明的相关规定予以认定，重点从两个方面予以审查：其一，原单位是否举证证明已完成的工作任务已包含涉案发明创造的设计特征。若经对比，原单位已完成的工作任务包含涉案发明创造全部设计特征，可继续审查登记设计人是否因工作关系或其他关系接触上述发明创造以明确实际的设计人。基于实际设计人与原单位关系的认定，结合案件查明事实，进一步判断涉案发明创造是否属于“执行本单位的工作任务”所完成的职务发明创造。其二，审查登记专利权人可否举证证明专利权证书上记载设计人即实际设计人。专利证书所记载的设计人仅是名义上的设计人，专利证书并不具有证明实际设计人的当然效力。当原单位已完成前述举证，对记载在专利证书上的设计人身份提出异议，并提交了相应的合理怀疑证据时，登记专利权人需就专利权证书上记载的设计人为实际设计人提交相关证据予以证明。

本案中，因专利权人和名义发明人均与云水山公司无直接法律关系，故难以直接适用相关法律规定确定专利权归属。本案从证据规则和事实细节入手，综合考虑涉案专利与周某在云水山公司工作期间参与设计的动态仿真花卉支架属于相同种类设计且具有相同设计要点，而陈某蓉、杨某建、梁某如并不具有与涉案专利相关的工作经历和研发设计积累，且陈某蓉与周某存在密切关系，从而排除了专利证书上所记载的案外人为实际设计人的可能性，认定涉案专利实际设计人系周某。

二、离职员工职务发明的判定及权利归属

依照《专利法》第六条第一款规定，执行本单位的任务或者主要是利用本单位的物质技术条件所完成的发明创造为职务发明创造。职务发明创造申请专

利的权利属于该单位；申请被批准后，该单位为专利权人。《专利法实施细则》第十二条规定："专利法第六条所称执行本单位的任务所完成的职务发明创造，是指：（一）在本职工作中作出的发明创造；（二）履行本单位交付的本职工作之外的任务所作出的发明创造；（三）退休、调离原单位后或者劳动、人事关系终止后1年内作出的，与其在原单位承担的本职工作或者原单位分配的任务有关的发明创造。专利法第六条所称本单位，包括临时工作单位；专利法第六条所称本单位的物质技术条件，是指本单位的资金、设备、零部件、原材料或者不对外公开的技术资料等。"

从前述法律规定可知，专利法对职务发明创造规定了不同类型，应根据原单位所主张具体职务发明创造的类型确定审查内容。对于原单位主张属于"执行本单位的工作任务""主要是利用本单位的物质技术条件"，或两者均予以主张，应根据前述法律规定的构成要件进行不同的审查。本案中，由于云水山公司两者均主张，应先行审查实际设计人的工作任务与发明创造之间的关联性，即实际设计人在原单位任职期间与涉案发明创造相关的工作任务，依据前述《专利法实施细则》所规定的两种情形予以判断。若据此可认定属于"执行本单位的工作任务"，无须继续审查发明创造的完成是否"主要是利用本单位的物质技术条件"，但原单位关于实际设计人在执行单位任务过程中利用本单位的物质技术条件的举证，亦可作为其完成工作任务的印证。综合考虑周某在云水山公司工作职责、云水山公司物质技术投入等事实，认定涉案专利与周某在云水山公司任职时承担的本职工作有关，涉案专利属于职务发明创造，专利权依法应归属于云水山公司。

编写人：广州知识产权法院　邓永军　杨岚

（编辑：杨岚）

15

P2I 有限公司与菲沃泰公司侵害发明专利权纠纷案

阅读提示： 用专利中原料和工艺制备的，且产物也符合专利权利要求的聚合物就一定与专利产品相同吗？全面覆盖原则在聚合物专利侵权案件中应当注意什么？

【技术调查要旨】

聚合物的制备方法和结构特征可以评价聚合物的新颖性。涉案专利为具有通式 a 的原料在特定工艺过程下制备的含有结构特征 A 的产物，虽未表明但却隐含了所制备的产物应符合 AAA 的整体线性结构特征。被诉产品落入其保护范围，除了须满足专利表明的内容，还须具有对应隐含的结构特征。本案，被诉产品具有与专利原料相同的高分子组分 a，以及含有特征 A 的产物，但新增的活性组分 b 可导致内在反应机理和产品性能明显不同，最终归结于产品具有 ABABBA 整体交联结构的不同，则应视为两项不同的技术方案。所以，聚合物专利案件适用全面覆盖原则时应当注意比对专利隐含的技术特征。

【案号】

一审：广州知识产权法院（2018）粤 73 知民初 2555 号

【技术调查事实】

原告：P2I 公司

被告：江苏菲沃泰纳米科技有限公司深圳分公司、惠州长城开发科技有限公司（以下分别称“菲沃泰公司”“惠州长城公司”）

技术争议焦点

P2I公司认为：两被告使用的原料、方法、装置以及按照该方法生产的产品，经第三方检测分析，以及广东省知识产权局、惠州市知识产权局另案查处取得的证据证实，使用了原告享有的专利号为ZL98807945.3、名称为“表面涂层”的专利技术，侵犯了其专利权。

菲沃泰公司认为：没有侵害原告的专利权，不应承担侵权责任。

惠州长城公司认为：原告提供的证据不能证明我方使用了侵权设备。

技术比对和分析

一、技术调查事实

原告明确专利保护范围是权利要求1和权利要求7：1.一种疏水和/或疏油基材，其包括一个聚合物涂层，该涂层是在使双键发生反应而单体结构仍基本保持不变的条件下通过等离子体处理通式（Ⅲ）的丙烯酸酯而施涂上去的$CH_2=CR^7C(O)O(CH_2)nR^5$（Ⅲ）其中R^5是烷基或卤代烷基基团，其中n是1～10的整数，其中R^7是氢或$C_{1\sim6}$烷基；7.一种制备权利要求1的基材的方法，该方法包括让所述表面经历通式（Ⅲ）的丙烯酸酯的脉冲等离子体处理$CH_2CR^7C(O)O(CH_2)nR^5$（Ⅲ）其中R^5是烷基或卤代烷基基团，其中n是1～10的整数，其中R^7是氢或$C_{1\sim6}$烷基。

为证明侵权事实，P2I公司单方委托司法鉴定机构对原料和产品进行检测并出具了鉴定报告。广东省知识产权局在行政查处阶段也进行相应检测并获得报告，过程如下：

2017年10月16日，P2I公司公证购买手机十台，交由菲沃泰公司进行纳米防水处理，并将处理后的手机委托北京科大分析检验中心检测并出具（2018）科测（W/N）第0002号、（2018）科测（W/N）第0003号检测报告。报告主要为接触角测试、表面元素和化合态分析。双方认可手机壳的处理工艺为低温等离子化学气相沉积技术。（2018）科测（W/N）第0003号检测报告显示检测到涉案专利单体中所不具有的Si元素（102ev），说明菲沃泰公司使用的原料有不在涉案专利的范围内的单体，或者样品中存有其他杂质。由于证物流转中公证记录与检测记录存在数量前后矛盾、原告方自行掺杂未知溶剂、检测过程存在污染以及未提供检测机构证明材料等各类因素，导致无法确定数据的真实性，因此，对北京科大分析检验中心出具的以上两份报告，法官未予采信。

2018 年 1 月 25 日，原告再次公证购买手机八台，交由菲沃泰公司进行纳米防水处理，并将处理后的一部分手机委托青岛科标检测研究院检测并出具 SCTA–A20180322–009N《手机内部金属件样品 ATR–FTIR 分析项目研究结果》，检测项目为 XPS、红外光谱检测。但是，由于证物流转中信息与实物检测关键信息不能吻合、检测机构另有其人且未经认证、检测机构声明仅供科研使用、原告方自行掺杂未知溶剂等各类因素，导致无法确定数据的真实性，合议庭也未予采信；另一部分手机交由北京科大分析检验中心检测并出具（2018）科测（W/N）第 0021 号检测报告，检测项目为 XPS、接触角测试。但是，由于证物流转中公证记录与检测记录在数量上也存在前后矛盾、公证过程不完整连贯，未提供检测机构资质证明，原告方自行掺杂未知溶剂等不利因素，导致无法确定数据的真实性，仍未被合议庭采信。

2018 年 3 月 23 日，广东省知识产权局（省知产局）至菲沃泰公司进行行政查处，现场发现 3 台纳米镀膜机器设备、产品摆放制具、单体材料，抽样取证单体样品 A、B 各一瓶和手机支架摆放制具 1 个。省知产局将样品委托华南理工大学分析测试中心、广州分析测试中心检测。华南理工大学分析测试中心针对“支架表面涂层”样品出具了编号 20180607“表面元素分析”、编号 20180608“红外光谱图”的检测报告，广州分析测试中心针对（液体）样品 A、（液体）样品 B 出具编号 2018005446–1b 、2018005446–2b 分析项目“红外鉴别”“核磁共振 1H”“核磁共振 19F”“核磁共振 13C”“GC/MS 分析”的检测报告。省知产局现场勘验的照片显示被诉侵权设备的液晶面板上有“SERIAL PWR MST；PB 3 Data Exchange……”字样。在原告提交的书证中记载有“正面仪表盘详情 /PSRS 遥控显示屏详情”中描述：“控制源：PANEL= 正面仪表盘 SERIAL= 串列界面；功率控制模式：PWR= 正向功率调整（内部功率感测器）PLS= 脉动调制启用（内部功率感测器）；激发器模式：MST= 主动（内部功率感测器）SLV= 从动（外部功率感测器）……”

2018 年 9 月 3 日 P2I 公司自行网购丙烯酸 1H，1H，2H，2H– 九氟己酯、1, 6– 双（丙烯酰氧基）己烷各两瓶。P2I 公司对以上网购物品自行委托广东省知识产权研究与发展中心司法鉴定所鉴定，该鉴定所转委托广州中科检测技术服务有限公司检测并出具编号为 HG181101-04、HG181101-05、HG181226-22、HG181128-14 的检测报告，其中，编号 HG181226-22、HG181219-14 的检测报告中载明“相关项目不在资质认定范围内，仅供委托方内部使用”。编号 HG181101-04、HG181101-05 的检测报告因是原告单方委托检测，其不属于民事诉讼法所规定的鉴定意见，合议庭对其内容按照私文书证性质进行审查。以上报告均表明两种单体物质为丙烯酸 1H，1H，2H，2H- 九氟己酯和 1, 6- 双（丙烯酰氧基）己烷，同时显示了相应色谱质谱图。

P2I 公司还提交《分子界面化学基础》《胶体与表面化学》《天然超疏水生物表面研究的新进展》等著作和论文作为证据。

另外，菲沃泰公司为证明其产品未落入涉案专利保护范围，提交多份教材书籍作为证据，包括:《等离子体化学与工艺》《低温等离子体化学及其应用》《等离子体技术与应用》《高分子化学的理论和应用进展》等，共同证明等离子体处理会打开单体中的大量化学键，形成离散的由多种基团组成的等离子体气体，经沉积后基团重新键接，形成新的聚合物，经过等离子体处理，单体原有的整体结构将不复存在;《高分子化学》，证明多种单体的共聚物与单一单体的均聚物在物化性能方面有极大的差异。合议庭采信以上教材的真实性，在认定事实时予以适当参考。

二、技术调查分析

技术调查首先对法官明确采信的证据材料，从其检测报告的数据、结论分析，回应合议庭关切的技术问题。同时，也在法官的要求下，以“即便退一步”的方式考查 P2I 公司的其他未被采信证据。

1. 涉案专利说明书的所有实施例是否都是单一单体化合物形成的均聚物涂层，从说明书的其他内容能否概括出还包括使用多种单体组成的混合物形成的共聚物涂层？被告的手机涂层是否是由多种单体组成的混合物而形成的共聚物涂层？共有几种单体？是否有单体符合通式（Ⅲ）？

涉案专利说明书的所有实施例都是单一单体化合物形成的均聚物涂层。根据说明书的其他内容没有证据显示可概括出还包括使用多种单体组成的混合物形成的共聚物涂层。被告的手机涂层是由至少 2 种单体组成的混合物而形成的共聚物涂层。该 2 种以外的其他单体是否参与聚合不能由在案证据得出结论。

关于是否有单体符合通式（Ⅲ）。如果合议庭采信中科检测技术服务（广州）股份有限公司出具的编号 HG181101-04、HG181101-05、HG181226-22、HG181128-14 的检测报告，则其中一图谱信息显示有且仅有 1 种单体 1H，1H，2H，2H- 九氟己酯符合通式（Ⅲ），从技术上而言，该图谱信息可以作为其他检测的佐证材料。此外，需要注意的是，符合通式（Ⅲ）的单体占比较小，只占 25.555%，反而不符合通式（Ⅲ）的另一种单体占比较大，达到 47.028%，二者占比差异之大对产品的性能效果影响是十分重大的。如果不采信此检测报告，还不足以确定占比 25.555% 的这一单体是否符合通式（Ⅲ）。

2. 根据省知产局的委托检测报告，能否认定被告使用了原告网购的单体"1H，1H，2H，2H- 九氟己酯（含稳定剂 TBC）"？

省知产局委托广州分析测试中心出具的检测报告（编号：2018005446-1b、2b）中有红外图谱、核磁共振图谱和 GC/MS 图谱，委托华南理工大学分析测试中心出具的检测报告（编号 20180607、8）有支架表面涂层的表面元素分析数据，提示含有 1H，1H，2H，2H- 九氟己酯（含稳定剂 TBC），该物质符合专利原料通式（Ⅲ），但该提示为手写笔记，不清楚来源，且并非数据库同步检索得出，故还待其他证据进一步佐证。

3. 被诉侵权设备面板显示"PWR"意为"正向功率调整"之义，该含义是否代表连续波工作状态？"PLS"代表"脉动调制启动"（脉冲工作状态）？两种工作状态会对产品结构产生什么影响？

对于被诉侵权设备，结合其设备说明书"HR 系列射频电源操作手册"，由其标牌可以明确其为 SEREN 工业电力系统公司生产的 HR601 型射频电源，射频发生器面板显示的功率控制模式"PWR"代表正向功率调整，"PLS"代表"脉动调制启动"。进一步，说明书中对该设备的功率控制模式中的射频操作进行了介绍，表明有脉冲和连续波两种操作形式，设备仪表对应处有"PWR"和"PLS"，即可以表明"PLS"代表"脉动调制启动"（脉冲工作状态），"PWR"代表"正向功率调整"（连续波工作状态）。

"PLS"脉冲工作状态会控制单体在等离子体环境下被破碎解离的程度，如果能控制恰当，则可以尽量保全单体结构基本不变。

但值得注意的是，本案勘验视频显示设备正常工作时仪表设置为 PWR 功率模式，表明设备并未在脉冲工作状态。因此，认定被诉侵权产品的制备并非在脉冲功率模式下制造。

4. 根据省知产局的委托检测结果，能否认定被诉侵权产品（被告的手机涂层）具备权利要求 1 的“该涂层是通过等离子体处理通式（Ⅲ）的丙烯酸酯而施涂上去的”和“等离子体处理的条件是使双键发生反应而单体结构仍基本保持不变”两个技术特征？

前述省知产局的委托检测报告结果形式均为图谱数据，并未进行全面图谱解析，没有体现原液中含有丙烯酸 1H，1H，2H，2H- 九氟己酯或其他符合通式（Ⅲ）的丙烯酸酯的结论，且有一质谱图中还能体现原液含有“1,6- 双（丙烯酰氧基）己烷”这一物质，但该物质并不符合通式（Ⅲ）。所以并未直接证明被诉侵权产品具有“该涂层是通过等离子体处理通式（III）的丙烯酸酯而施涂上去的”的这一特征。

进一步，由于省知产局委托检测的以上四份报告主要体现了原液中含有由 F、O、C、H 四种元素组成的五种物质，这些物质中存在某些特定官能团，其中至少两种物质可能是单体，以及支架表面涂层体现含有 F、O、C 三种元素对应百分含量和含有酯基官能团等情况，但是红外检测报告中还存在某些官能团因特征峰被相互覆盖而不能如实充分反映所有官能团情况的可能性，所以仅凭这四份报告不足以完成反应前后分子结构层面的比较，无法说明被诉侵权产品原液中每一种单体的分子结构变化，无法判断是否具有“等离子体处理的条件是使双键发生反应而单体结构仍基本保持不变”这一特征。

5. 根据省知产局的委托检测结果，即便退一步结合其他证据，能否认定被诉侵权产品（被告的手机涂层）具备权利要求 1 的“该涂层是通过等离子体处理通式（Ⅲ）的丙烯酸酯而施涂上去的”和“等离子体处理的条件是使双键发生反应而单体结构仍基本保持不变”两个技术特征？

如果可以退一步来看所有证据，以省知产局的委托检测报告为准，结合中科检测技术服务（广州）股份有限公司出具的检测报告来看，被诉侵权产品（被告的手机涂层）具有“该涂层是通过等离子体处理通式（Ⅲ）的丙烯酸酯和 1,6- 双（丙烯酰氧基）己烷而施涂上去的”的技术特征，相比原告专利对应技术特征增加了一种不符合通式（Ⅲ）的非丙烯酸酯的活性物质，即“1,6- 双（丙烯酰氧基）己烷”。

但从本领域普通技术人员的角度来说，增加一种具有活性的非通式（Ⅲ）的原料将改变原有技术特征的内涵和外延。原有技术特征的内涵是符合通式（III）的这类原料中 C=C 双键打开使单体发生聚合而反应，其外延是，该反应制备出来的产物，其结构特征由于仅有一个 C=C 双键参与反应，故而只能是直链线型聚合物。而被诉侵权技术方案因为增加了“1,6-双（丙烯酰氧基）己烷”这一活性物质，其单体分子首尾上共含有两个 C=C 双键，理论上必然会与其自身和符合通式（Ⅲ）的物质发生共聚，此处即不同于专利的内涵意义；而由此共聚反应生成的产物必然是交联网状聚合物，将明显不同于专利方案所指的直链型聚合物的空间构型，也即二者外延不同。从实际性能来看，尽管通过北科大接触角测试的检测结果可以评价被诉侵权产品也具有疏水和/或疏油的性能，但在耐磨、熔点等诸多物理性能上二者也已经体现显著的不同。因此，被诉侵权产品与权利要求 1 的“该涂层是通过等离子体处理通式（Ⅲ）的丙烯酸酯而施涂上去的”这一技术特征不同，也不等同。

关于“等离子体处理的条件是使双键发生反应而单体结构仍基本保持不变”。从广州分析测试中心出具的检测报告和中科检测技术服务（广州）股份有限公司出具的编号为 HG181101-04、HG181101-05、HG181226-22、HG181128-14 的检测报告综合对比来看，红外检测结果并不能确定菲沃泰涂层原液是否一定含有九氟己酯化合物，仅能证明菲沃泰公司涂层原液中含有与九氟己酯化合物所包含的相似的官能团；而对比两机构检测中的质谱图，被告认为九氟己酯化合物在 m/z 值为 27 的位置存在明显的碎片离子峰，菲沃泰公司涂层原液色质谱图中则在 27 的数值位置没有出峰，推定菲沃泰涂层原液分离后的组分缺少九氟己酯的成分的主张，存在一定的可能性，但结合两次质谱图（见附图 1）的基峰、分子离子峰、其他碎片离子峰的峰高、位置绝大部分都相同的情况，应认定原液中色谱分离的保留时间为 5 分钟，含量约为 25.9% 的物质与编号 HG181101-04 报告所测得的九氟己酯是相同的物质（此处 m/z 值为 27 的碎片离子峰缺失可能是因为其他设备环境因素导致）。即能反映在菲沃泰公司涂层原液中含有九氟己酯化合物。在此前提下，菲沃泰公司涂层原液的红外图谱中应当有能反映九氟己酯和 1，6-双（丙烯酰氧基）己烷的红外吸收带，故而可以采用菲沃泰公司涂层原液的红外图谱来观察经过等离子体处理后上述两种单体是否发生双键反应而这两种单体的结构仍基本保持不变的情况。

附图 1

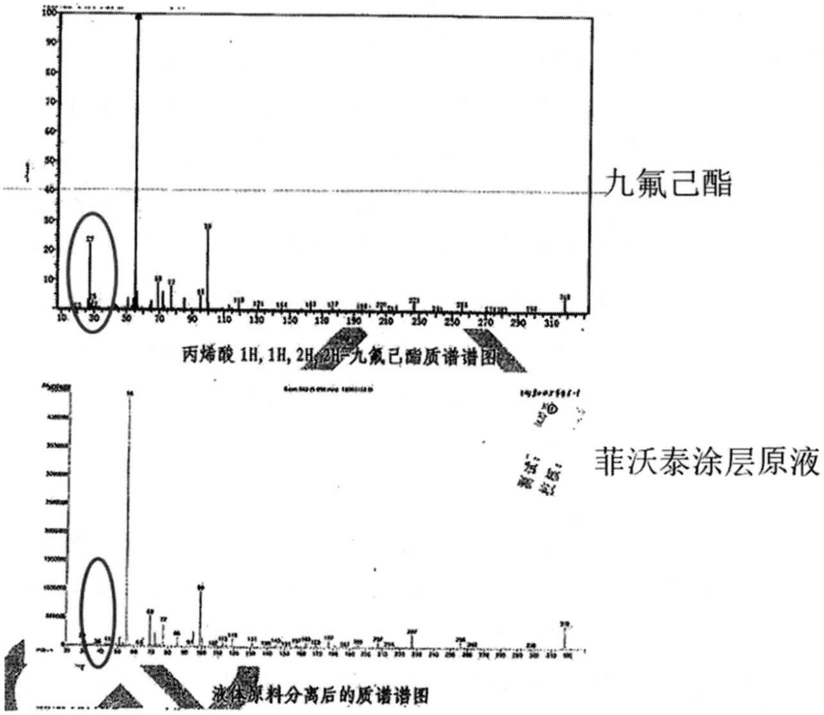

对省知产局委托广州分析测试中心、华南理工大学分析测试中心出具的检测报告，以及中科检测技术服务（广州）股份有限公司出具的检测报告，科谱研发技术中心“手机内部金属件样品 ATR-FTIR 分析项目研究结果”第 23 页的 FTIR 谱图进行综合比对：1. 正如在省知产局的委托检测报告中本应当能够反映菲沃泰公司涂层原液中 CFa 吸收峰的红外吸收带被丙烯酸酯的吸收峰给覆盖一样，在科谱研发技术中心的 FTIR 谱图中也未能体现出 CFa 的特征吸收峰，无法判定 CFa 基团的变化情况；2. 菲沃泰公司涂层原液的红外谱图与科谱研发技术中心“手机内部金属件”红外谱图相比（见附图 2），反映丙烯酸酯 C=C 双键及 C–H 键特征峰的 1636cm^{-1}、1621cm^{-1}、1409cm^{-1}、1296cm^{-1}、985cm^{-1} 和 811cm^{-1} 的峰消失，能够证明 C=C 双键发生加聚反应，即存在专利的“双键发生反应”的技术特征。反映丙烯酸酯 C=O 的 1725cm^{-1} 的特征峰依然保持，表明仍然存在丙烯酸酯 C=O 官能团。但是，反映丙烯酸酯 C–O 的 1061cm^{-1} 的特征峰消失了，以及反映其他官能团的 2942cm^{-1}、2864cm^{-1} 特征峰也发生了位移和强度增强，这说明除 C=C 双键及 C–H 键因 C=C 双键打开发生聚合，保留了部分丙烯酸酯 C=O 官能团外，也有包括丙烯酸酯 C=O 官能团在内的其他非 C=C 双键参与了反应，并且形成某些新的官能团，表明单体结构除 C=C 双键之外还有其他部分结构参与反应并增加了某些官能团的数量，整体结构发生改变。

附图 2

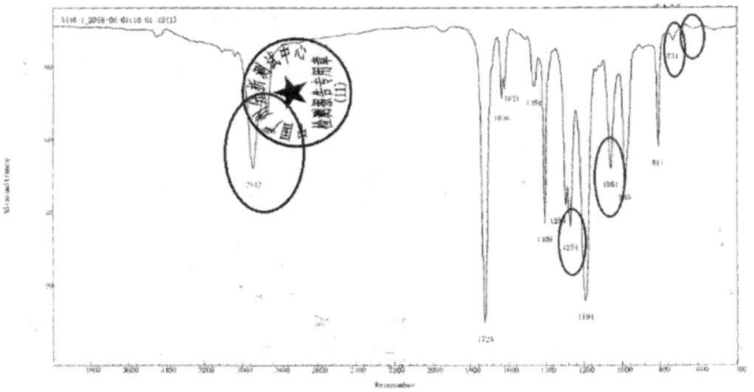

菲沃泰涂层原液红外谱图

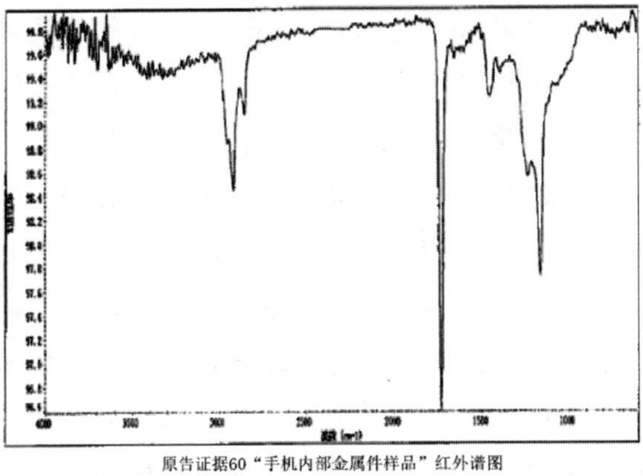

原告证据60“手机内部金属件样品”红外谱图

6. 以上图谱比对是在理想状况下进行的图谱重叠比对，实际上因为原液的红外谱图与次成膜后的红外谱图测试所用检测设备的光强、背景采样、样品制备、数据格式等均不完全一样，故而数据之间存在一定误差，叠加比对存在一定误差。而且，反映涂层成膜后的两次红外图谱本应基本一致，但也存在较明显的差异，二者在 1000 ~ 1400cm^{-1} 之间峰形相反，在小于 1000cm^{-1} 的区域峰形不同。因此，用于作为涂层的红外图谱本身存有瑕疵，进而红外图谱叠加进行数据分析的过程也存较明显瑕疵，无法由以上报告得出绝对可靠的具体哪些官能团发生了什么程度的改变的结论。综上，无法判定被诉侵权技术方案是否具有专利的“单体结构仍基本保持不变”的技术特征。

技术调查结论

本案原告的证据不能充分证明被诉侵权产品的技术方案具备涉案专利权利要求 1 的两个技术特征，相反，结合证据材料通过理论分析能够说明被诉侵权产品的技术方案未落入涉案专利权利要求 1 的保护范围。而独立权利要求 7，则因其是制备“权利要求 1 的基材的方法”，相应也不能证明被诉侵权方法与涉案权利要求 1 所述产品相同，据此，技术调查官认为被诉侵权产品并未落入涉案专利保护范围。

一审判决后，P2I 公司不服，向最高人民法院提起上诉。二审正在审理中。

【技术调查官评述】

一、从纯技术的角度来看

本案涉及制造高分子聚合物产品原料和方法的同一性比对。我们知道，高分子化合物是由一种（均聚物）或几种（共聚物）结构单元用共价键连接在一起的、分子量很高的、比较规则的连续序列构成的化合物。但涉及高分子化合物的专利，其保护范围受原料结构式、反应机理、工艺参数、用途效果的不同而各有差异。由于原料化学结构与反应机理、工艺参数和用途效果之间通常会存在一定的必然对应关系，但倘若专利撰写过程基于此而仅仅记载原料结构式，则可能遗漏现实中存在的其他对应关系。本案正是专利权利要求仅以化合物原料的结构通式限定保护范围，而对内在反应机理、产品结构性能未作准确描述，导致保护范围出现分歧。事实上，根据本领域技术人员公知常识，化学反应遵循一定的科学规律，限定某种结构特征的单体原料参与反应，则必然遵循生成相应结构特征的聚合物，即便专利未作表明，但也隐含这一特征。

本案中，原告费尽周折，单方委托多个检测机构对原料和产品进行检测并出具报告，获得了相关技术信息，包括原料种类、产品性能。尽管大多数并未被采信，但也有一定印证价值。而行政查处阶段的检测报告作为有效证据则完整地体现了所有原料种类和产品状况。至此，双方争议的实质不再是证据的多少和真假，而是对专利保护范围的争议，即对本案中的原料掺入不同结构式的单体是否会导致反应机理不同、产品性能效果明显不同的争议。结合本领域的基本常识，可以认为应当有如下判定原则：被诉侵权产品即便具有与专利原料相同的高分子组分，但若其新增的活性高分子组分可导致内在反应机理和产品性能明显不同，则应视为两项不同的技术方案。基于该原则，技术调查官在肯定鉴定报告数据正确可信的基础上，最终否定了鉴定报告中“技术特征相同”的片面结论，认定被诉侵权产品不落入专利保护范围。

因此，在聚合物专利纠纷案件中，用专利中原料和工艺制备的，且产物也符合专利权利要求的聚合物不一定与专利相同。全面覆盖原则在聚合物专利侵权案件中应注意隐含特征的比对，切莫遗漏化学反应潜在的一些自然规律。

本案技术调查的实质是对检测数据的分析判断、化工产品的工艺评价，具有很强的专业性，对体现涉高分子化合物专利同一性比对不能简单套用全面覆盖原则具有典型示范意义。

二、从社会影响的角度来看

本案系英国企业诉中方两家企业侵害发明专利权纠纷的涉外、涉新材料案件。涉案企业是华为供应商，诉讼全程有高校专家证人参与，案件成败关系被告能否上市，社会关注度很高。诉讼双方依托检测报告展开对话，借助专家证人进行庭审辩论。技术调查官联合本院专家，科学解读数据、评析鉴定报告，帮助合议庭作出技术事实认定。

在当下手机市场日益激烈的竞争趋势下，周边企业聚焦新材料专利之战，备受业界关注。本案的技术调查，增强了知识产权审判的专业性和权威性，不仅有利于营造公平竞争的市场营商环境，也有利于保护自主创新成果，驱动企业核心技术升级。本案充分体现了我院贯彻两办《关于加强知识产权审判领域改革创新若干问题的意见》、加大知识产权保护力度的决心，取得了良好的政治效果、法律效果和社会效果。

编写人：广州知识产权法院　赵军

（编辑：杨岚）

16

晶泰公司与沣瑞公司侵害发明专利权纠纷案

阅读提示：看似一样的结构特征，实际起到的作用不同，是否能够认定相同？

【技术调查要旨】

机械类案件的特征对比中，认定被诉侵权产品是否具备权利要求的技术特征应遵循“四相同”原则，即要从权利要求所要保护的技术方案整体判断，如果被诉侵权产品与专利权利要求的技术领域、所要解决的技术问题、技术方案和预期效果实质上相同，则可以认定具备权利要求的技术特征，不能孤立地仅从某一个特征进行比对。

【案号】

一审：广州知识产权法院（2020）粤73知民初108号

【技术调查事实】

原告：深圳市晶泰电子有限公司（以下称“晶泰公司”）

被告：东莞市沣瑞电子科技有限公司（以下称“沣瑞公司”）

技术争议焦点

原告专利为电脑键盘领域的“明星专利”，起诉了数十家厂商和经销商，核心特征为权利要求3中的键盘导柱下方的“避空结构”，原告找到市场上的键盘，拆开任意一个按键，只要发现键盘底面PCB电路板上对应有孔，即认为是“避空结构”，并发起诉讼且多有胜绩。被告则认为，虽然被诉侵权产品的底面 PCB 电路板上有孔，但不能认为是权利要求 3 中的“避空结构”。

技术比对和分析

原告专利权利要求 3 的附加技术特征为“所述 PCB 板上在每个所述红外线发射管和与该红外线发射管相对的所述光敏接收管之间形成有防止所述开关轴撞击所述 PCB 板的避空结构”，该特征能够防止开关轴撞击 PCB 板，取得了有益的技术效果，也不是本领域公知常识。权利要求 4 进一步限定了避空结构为通孔或盲孔。在其他特征都具备的前提下，该特征的比对就至关重要。

通过拆解被诉侵权产品可以发现，产品在 PCB 板的每个按键中心部位设置有上孔，每个红外线发射管和与该红外线发射管相对的光敏接收管之间设置下孔，从位置限定上来看，下孔为原告认为的避空结构。

但是，被诉侵权产品在下盖的底端有位于中心的凸起 1 和位于下方的凸起 2，分别对应上孔和下孔，安装完成之后凸起 1 伸入上孔，凸起 2 伸入下孔，即上述两个通孔的作用是容纳凸起，下孔并不是权利要求 3 中所述的避空结构。本专利产品在正常打字输入时，开关轴带动下端导柱上下移动，并不会进入避空结构，仅仅是用力过大时导柱才会伸入避空结构避免伤害 PCB 板；而被诉侵权产品在正常打字输入时，凸起 1 始终在上孔内，凸起 2 始终在下孔内，并且其采用避免伤害 PCB 板的方法是在凸起 2 的下端设置封装 U 形保护套，防止凸起 2 内部的发声 T 形轴向下运动时用力过大撞击 PCB 板。

也就是说，虽然被诉侵权产品和原告专利都属于电脑键盘按键的技术领域，所要解决的技术问题都是避免导柱向下时撞击 PCB 板，但是所采用的技术方案是不一样的。原告专利在导柱下方设置通孔，这样用力过大时导柱向下会深入 PCB 板的通孔内，防止撞击 PCB 板；而被诉侵权产品在导柱下方设置了 U 形保护套，这样用力过大时导柱向下会被 U 形保护套阻挡，防止撞击 PCB 板。虽然 PCB 板同样的位置设有同样的通孔，但是该通孔的作用是容纳导柱和 U 形保护套，所达到的技术效果也是不一样的。

上述技术事实的认定与国家知识产权局专利局复审和无效审理部在对涉案专利的无效决定中分析一致。

技术调查结论

被诉侵权产品与本专利权利要求 3 的技术方案不同，也不是本领域技术人员容易想到的替代方案。

【技术调查官评述】

在技术调查中，特征比对是关键。机械领域属于传统领域，技术特征往往比较常见，单个技术特征往往都可以在教科书中找到，但是对于技术方案的理解应当从整体上把握，除了看是否有该特征，也要考虑该特征与其他特征的组合，以及在产品中实际起到的作用综合认定，不然就可能会出现“盲人摸象”的问题。

本案原告采用的策略仍然延续之前的思路，先拆键盘，见孔就告。但是，本案被告显然知晓原告的专利，有意规避了原告专利中的技术方案。虽然键盘底部的 PCB 板上也有孔，但是此孔非彼孔，发挥作用的时机不同，一个是用力过大时防止损坏 PCB 板，另一个是正常工作时容纳导柱，因此在技术方案中所起到的作用也不一样，并且被告的产品还特意在导柱下方增加了 U 形保护套的特征来保护 PCB 板，进一步与原告专利划清界限。就技术调查官个人看来，如果没有吃过原告的亏，一般人想不出这样复杂的技术方案来规避原告专利。

技术调查官办理的另外一件机械类案件中，被告方提出现有技术抗辩，认为自己的技术方案是现有技术，不侵犯对方专利权。针对被告技术方案与最接近现有技术的区别技术特征，被告方找出一本《机械设计手册》作为工具书，并且在其中找到了原告专利中技术方案中的各个机械结构部件来证明。技术调查官打了个比方，给你一套积木，你能不能堆出所有可能的形状？正如“盲人摸象”，每个部位似乎都是已知的，但是组成整体却是一头所有人都没有见过的大象。

引申出来，在机械类特征对比中，工具书的举证意义在于，如果两个技术方案其余特征都一样，区别仅在于将专利中的某个特征 A 变成了 B，并且 A 和 B 在工具书中都有明确记载，且采用 A 和 B 的技术方案达到的技术效果相同，那么可以证明 B 为公知常识，认为两个技术方案是等同。但是，任何人都不可能通过阅读现有的所有工具书，就自动发明出所有的机械。发明人为了解决其要解决的技术问题，通过对已知机械部件的选择、搭配，连接甚至再加工，然后进行反复调试的过程，正是其发明的智慧和价值所在。如果我们对于一个发明拆解之后证明每一个零件都是现有的从而否定其创新，这也是一种“事后诸葛亮”的错误。

综上所述，机械类案件的特征对比中应遵循“四相同”原则，立足所属领域普通技术人员的站位，比较被诉侵权产品与专利权利要求所要保护的技术方案的技术领域、所要解决的技术问题、技术方案和预期效果是否实质上相同，不能孤立地仅从某一个特征进行比对，也不能只看特征而不看特征所起的作用，对于工具书的举证作用更加要有明确的认识，才能得出正确的技术调查结论。

编写人：广州知识产权法院　李是珅

（编辑：杨岚）

商标权案件

17

阿尔塞拉公司与柯派公司侵害商标权纠纷案

阅读提示：适用惩罚性赔偿的情形有哪些以及标准是什么？

【裁判要旨】

柯派公司在受到行政处罚并与阿尔塞拉公司达成和解后，并未履行协议，而是继续实施本案侵权行为，销售数额巨大且侵权产品直接用于人体面部，侵权恶意明显，侵权情节严重，依法可适用惩罚性赔偿。根据本案案情，酌情确定了两倍的惩罚性赔偿基数。

【案号】

一审：广州市白云区人民法院（2019）粤 0111 民初 23340 号

二审：广州知识产权法院（2020）粤 73 民终 2442 号

【案情与裁判】

上诉人（一审原告）：阿尔塞拉公司（Ulthera，Inc）

被上诉人（一审被告）：广州市柯派实业有限责任公司（以下称“柯派公司”）

起诉与答辩

阿尔塞拉公司起诉称：阿尔塞拉公司系第 7083456 号“ULTHERA”（核定使用的商品为第 10 类“超声成像治疗仪器”）和第 17876530A 号“ULTHERA”（核定使用的商品为第 10 类“医用超声成像仪、医疗用超声器械等”）商标的权利人，两商标至今持续有效。阿尔塞拉公司发现，柯派公司未经阿尔塞拉公司许可，在其经营场所内生产、组装、销售带有“ULTHERA”标识的超声美容仪。而且，早在2016年9月6日，柯派公司就曾因在广州美博会上展示、销售侵犯阿尔塞拉公司上述商标专用权产品而被广州市工商行政管理局进行了现场查处，并被处以“没收、销毁侵权产品和罚款”的行政处罚。但在被处罚后，柯派公司仍继续生产、销售假冒阿尔塞拉公司“ULTHERA”商标的超声成像治疗仪器等产品以获取高额的违法利益。由此可见，柯派公司侵权主观恶意明显，属恶意侵权，应在按照《中华人民共和国商标法》第六十三条规定的方式确定数额的一倍以上三倍以下确定赔偿数额。阿尔塞拉公司请求法院判令柯派公司：1. 停止生产、销售侵犯阿尔塞拉公司第7083456号和第17876530A号注册商标的侵权行为，并销毁库存侵权商品；2. 赔偿阿尔塞拉公司经济损失95万元及合理费用5万元，共计100万元；3. 承担本案全部诉讼费。

柯派公司答辩称：1. 柯派公司并未实施侵犯阿尔塞拉公司第7083456号和第17876530A号商标权的行为。柯派公司生产的超声刀并不是医疗超声器械，而阿尔塞拉公司的商标核定使用的商品与柯派公司的商品不是同一种商品，所以，柯派公司即使有部分商品贴有ULTHERA商标的行为，也不构成侵权。2. 阿尔塞拉公司并没有在中国大陆实际使用过该注册商标，柯派公司不需要承担赔偿责任。3. 阿尔塞拉公司要求柯派公司赔偿100万元也无事实和法律依据。综上所述，请求驳回阿尔塞拉公司的全部诉讼请求。

一审审理查明

一、关于阿尔塞拉公司主张的商标的注册及使用情况

第7083456号“ULTHERA”注册商标注册人为阿尔塞拉公司，核定使用商品为第10类超声成像治疗仪器，注册有效期限自2010年6月21日至2020年6月20日。

第17876530A号“ULTHERA”注册商标注册人为阿尔塞拉公司，核定使用商品类别为第10类，包括牙科设备和仪器，医疗用超声器械，理疗设备，医用X光装置，医用放射设备，医用超声成像仪等，注册有效期限自2016年11月28日至2026年11月27日。

二、阿尔塞拉公司主张的侵权行为情况

2016年9月6日，广州市工商行政管理局对柯派公司位于广州市海珠区琶洲会展中心B区11.3 F41展位及登记住所地广州市白云区钟落潭镇广从商业北街 11 号 102 依法进行检查，现场发现柯派公司销售带有“ulthera”标识的超声成像治疗仪器。该局根据查明事实认定柯派公司销售标有“ulthera”标识的超声成像治疗仪器的行为，已构成“销售侵犯注册商标专用权的商品”的商标侵权行为。以实际销售价格计算，柯派公司商标侵权行为涉及违法经营额为 29664 元。2016 年 10 月 17 日，该局出具穗工商处字［2016］127 号行政处罚决定书，决定没收、销毁侵犯“ULTHERA”注册商标专用权的标注有“ulthera”标识的超声成像治疗仪器 3 台并罚款人民币 60000 元整。

2017 年 8 月 8 日，阿尔塞拉公司与柯派公司签订《和解协议》，其主要内容包括：

1.1 柯派公司承认阿尔塞拉公司是“ULTHERA”系列注册商标以及“DEEPSEE”系列商标在中国的权利所有人并享有“ULTHERA”系列注册商标的良好商誉及所有相关权利；1.2 柯派公司确认在本协议签订之日，柯派公司已经停止所有针对阿尔塞拉公司的“ULTHERA”系列商标以及“DEEPSEE”系列商标的侵权行为；1.3 柯派公司承诺在双方签署本协议之日起 7 日内向阿尔塞拉公司支付 8 万元以部分补偿因柯派公司侵权行为给阿尔塞拉公司造成的经济损失；销毁柯派公司所有或持有的一切侵犯阿尔塞拉公司注册商标专用权的产品、材料、广告宣传资料，以及其他商业材料……3.1 在本协议生效之后，如柯派公司违反本协议的任何条款（包括不履行、部分履行或者迟延履行），阿尔塞拉公司有权通过相关法律程序向柯派公司主张相关赔偿金以及法律救济。阿尔塞拉公司主张在和解协议签订后，柯派公司仅支付了 8 万元赔偿款项，没有停止侵权行为。柯派公司主张其已停止了生产、销售行为，全面履行了《和解协议》约定的义务。

2019 年 9 月 10 日，广州市越秀区人民法院作出（2018）粤 0104 刑初 856 号刑事判决书，其中判决查明：

2015 年 7 月 24 日，卢某根、卢某姣共同注册成立广州市柯派实业有限责任公司（以下简称柯派公司），经营医疗、美容器械的生产、销售等业务。自 2016 年起，卢某根、卢某姣在经营柯派公司的过程中，在没有取得授权的情况下，将注册商标“ulthera”使用在聚焦超声治疗仪（俗称“超声刀”）上。2017 年 11 月 7 日，公安人员经侦查，将柯派公司人员卢某根、卢某姣、卢某庆等七人抓获归案，并缴获皮秒仪 2 台、超声刀 56 台、超声刀零部件 123 个、包装盒 500 个、说明书及假冒注册商标的商标标识 66096 个等涉案物品。经审查统计缴获的销售记账凭证等确认，2016 年 11 月 28 日至 2017 年 11 月 6 日生产、销售假冒注册商标的商品的数额为 2290410 元，缴获的涉案商品中假冒注册商标的商品的货值为 193100 元。

该判决认定：另据 ULTHERA 商标注册证显示注册日期 2016 年 11 月 28 日……因此司法鉴定检验意见中的数额应自 2016 年 11 月 28 日开始计算涉案销售数额……综上，本院认定本案生产、销售假冒注册商标的商品的数额为 2290410 元。卢某根、卢某姣作为广州市柯派实业有限责任公司的直接负责的主管人员，卢某庆等五人作为该单位的其他直接责任人员，未经注册商标持有人许可，在同一种商品上使用与其注册商标相同的商标，扰乱市场秩序，情节特别严重，均构成假冒注册商标罪。

上述判决作出后，柯派公司不服提出上诉，二审驳回上诉，维持原判。

另，根据广州市公安局越秀区分局的扣押决定书记载，扣押的物品包括：“美版超声刀 ulthera”55 套及“白色 ULTHERA 美版超声刀”1 台；“超声刀手柄 ulthera”39 个、“超声刀刀头 ulthera”84 个、“Ulthera 包装盒”500 个、“产品说明书等相关资料（印有“ulthera”字样）”5 份及假冒注册商标的商标标识等。现场查处照片显示在仪器的屏幕正面下方及主机背面、手柄、刀头上标注“ulthera”。

三、阿尔塞拉公司主张的经济损失情况及其他查明的事实

阿尔塞拉公司提交的广州市公安局越秀区分局出具的《价格证明》载明，鉴于这批假冒产品材质和做工质量拙劣，无法确定其价值，但是阿尔塞拉公司提供正规“ULTHERA”医疗用超声器械产品及其相关产品正品在中国大陆的建议零售价格如下：标有“ULTHERA”商标的医疗用超声器械（不带拖车）789000 元 / 台，标有“ULTHERA DEEPSEE”商标的手柄 35000 元 / 个，标有“ULTHERA”商标的换能器 29800 元 / 个。

阿尔塞拉公司主张，根据刑事判决查明的事实，结合阿尔塞拉公司的正品销售价格及公安机关的扣押产品数量，可计算得出阿尔塞拉公司因柯派公司侵权行为所遭受的损失达 500 多万元，加之柯派公司属于重复侵权，应适用惩罚性赔偿，故主张包括维权合理费用在内的 100 万元。

一审审理和结果

一审法院认为，阿尔塞拉公司是第 7083456 号“ULTHERA”及第 17876530A 号“ULTHERA”注册商标的权利人，该商标处于有效保护期内，依法受法律保护。

关于柯派公司具体的侵权行为及是否构成商标侵权的问题。第一，根据广州市越秀区人民法院作出的（2018）粤 0104 刑初 856 号刑事判决查明内容，以及庭审中柯派公司确认上述产品由其生产、销售，故一审法院对柯派公司生产、销售涉案被控侵权产品的事实予以确认。第二，被控侵权产品超声刀与阿尔塞拉公司的第 7083456 号“ULTHERA”及第 17876530A 号“ULTHERA”注册商标核定使用的第 10 类商品属同类产品。涉案被控侵权产品整机、配件上标注的标识与第 7083456 号“ULTHERA”及第 17876530A 号“ULTHERA”注册商标相比，英文字母相同，且字母排列一致，只是将七个大写英文字母全部变成了对应的小写英文字母，且后三个字母上均多了一个小圆点。故两者构成近似，以普通消费者的认知，会对被诉侵权商品的来源产生误认，极易导致相关公众误认为被诉侵权商品与注册商标核定使用的产品之间有特定联系，系阿尔塞拉公司或者阿尔塞拉公司授权的产品。故一审法院依法认定被控侵权产品整机、配件均为侵犯阿尔塞拉公司第 7083456 号“ULTHERA”及第 17876530A 号“ULTHERA”注册商标专用权的产品。

关于阿尔塞拉公司主张的经济损失，一审法院认为，阿尔塞拉公司的产品尚未在中国大陆市场销售，故其主张参照其产品在中国大陆的建议零售价计算其损失缺乏依据；在无证据证实柯派公司的产品成本价值的情况下，单凭销售侵权产品的金额无法认定柯派公司因侵权所获得的利益。因此，综合考虑以下因素：1. 阿尔塞拉公司注册商标在医疗用超声器械行业的知名度较高；2. 柯派公司自 2016 年起实施生产、销售侵权产品的行为，且在与阿尔塞拉公司签署《和解协议》后，未依约停止侵权行为，其侵权的持续时间较长，主观过错明显；3. 刑事判决认定柯派公司通过经销商，以多种渠道将侵权产品销售至全国多个地区，经营规模较大，侵权区域较广；4. 侵权产品售价较高，柯派公司的销售金额较高；5. 阿尔塞拉公司的产品尚未在中国大陆销售；6. 柯派公司的主管人员、直接责任人员已被刑事处罚；7. 阿尔塞拉公司为维权所支出的合理费用，酌情确定柯派公司应当赔偿的经济损失（包含合理费用）12 万元。

上诉与答辩

一审宣判后，阿尔塞拉公司不服，向广州知识产权法院提起上诉，请求撤销一审判决，依法改判支持阿尔塞拉公司一审全部诉讼请求。事实和理由：1. 柯派公司侵权行为时间长、规模大、区域广、侵权情节严重；2. 柯派公司实施的侵权行为给阿尔塞拉公司造成了逾千万元的损失且其侵权获利逾百万，应以阿尔塞拉公司所受损失来确定赔偿数额，故阿尔塞拉公司侵权赔偿一百万元合理，应予支持；3. 柯派公司侵权获利逾百万，根据《中华人民共和国商标法》第六十三条的规定，可据此确定本案赔偿数额，故阿尔塞拉公司仅请求一百万元的赔偿数额合理，应予支持；4. 柯派公司多次实施侵犯 ULTHERA 注册商标的行为，其在本案中的侵权行为为二次侵权，属恶意侵权行为，根据《中华人民共和国商标法》第六十三条的规定，应适用惩罚性赔偿。故阿拉塞尔公司的赔偿请求应全部予以支持，一审判赔数额过低。

柯派公司辩称，不同意阿尔塞拉公司全部上诉请求，具体理由如下：1. 现有证据无法证明柯派公司实施了侵犯阿尔塞拉公司第 7083456 号、第 17876530A 号注册商标权的行为；2. 柯派公司没有侵权主观恶意。在刑事案件发生前，美容行业和柯派公司对于超声刀的性质均认为属于家用电器，虽然和解协议和行政处罚书均认定柯派公司所生产的“超声成像治疗仪器”侵害了阿尔塞拉公司第 7083456 号商标。事实上，该超声刀并没有超声成像功能，与阿尔塞拉公司持有的商标核定使用商品不相同，也不类似，该行政处罚决定书本身是错误的。综上，即使认定柯派公司存在商标侵权，因涉案注册商标未在中国大陆实际使用，依法应驳回阿尔塞拉公司的全部诉讼请求。

二审审理查明

经查明，一审法院查明的事实清楚，本院依法予以确认。根据当事人在一审过程中提交的证据及双方的质证意见，本院另查明以下事实：广东大同司法会计鉴定所出具的大同检字［2017］215 号司法鉴定检验意见（以下简称司法鉴定检验意见）表 2 记载：含“6S”字样的仪器销售数量为 2355 台，销售总价为 2480610 元；含“HF6”字样的仪器销售数量为 3454 台，销售总价为 2510740.48 元。

二审判理和结果

二审法院认为，本案为侵害商标权纠纷。本案争议焦点是：被诉侵权商品与涉案注册商标核定使用商品是否属于相同或类似商品，以及一审判赔数额是否适当。

一、关于被诉侵权商品与涉案注册商标核定使用商品是否相同或类似的问题

本案中，涉案第7083456号“ULTHERA”注册商标核定使用商品为第10类超声成像治疗仪器、第17876530A号“ULTHERA”注册商标核定使用商品包括第10类“医用超声器械、医用超声成像仪”。被诉侵权商品为超声刀。

首先，865号刑事判决书认定，根据国家食品药品监督管理总局于2002年发布的《医疗器械分类目录》界定本案产品聚焦超声治疗仪（俗称超声刀）在案发期间未纳入医疗器械管理，故不构成非法经营罪。可见，在被诉侵权行为发生时，被诉侵权商品未列入《医疗器械分类目录》。由国家食品药品监督管理局北京医疗器械质量监督检验中心于2015年5月出具的清关说明、2015年11月出具的检验报告以及上海市食品药品监督管理局于2017年1月医疗器械临床试验备案表所涉商品均包括“超声治疗仪 Ulthera®System”。可见，虽然超声治疗仪未纳入《医疗器械分类目录》，但在本案侵权行为发生时相关行政管理部门实际已经将超声刀等商品作为医疗器械进行管理。

其次，涉案注册商标核定使用商品是第10类商品，而区分表第10类商品除包括外科、医疗、牙科和兽医用仪器及器械等外，还包括整形用品等。同时，由于区分表的商品分类原则上按照功能、用途、原材料、成分等作为一般原则进行归类，同一群组下，各部分商品或服务未必类似，而不同群组间亦未必一定不类似。根据《最高人民法院关于审理商标民事纠纷案件适用法律若干问题的解释》第十二条的规定，区分表仅仅是判断商品或服务是否类似的参考。因此，即使被诉侵权商品超声刀不属于区分表第10类所列商品，亦不能仅以此认定其与涉案注册商标核定使用商品不类似。

再次，从商品功能、用途、销售渠道和消费群体分析，阿尔塞拉公司的ULTHERA超声刀是用于局部皮肤紧致的超声治疗仪，主要是用于治疗面部皱纹，产品主要销售渠道和消费群体是医疗美容行业；被诉侵权商品超声刀为美容仪器，其销售渠道主要是美容行业的从业者，柯派公司亦在广州、上海举办的美博会上宣传推介被诉侵权商品。可见，被诉侵权商品与涉案注册商标核定使用的商品，二者在消费和服务对象上亦存在重合之处，容易使相关公众认为商品和服务系同一主体提供，或者提供者之间存在特定联系。

综上，一审法院认定柯派公司生产、销售的超声刀与涉案第7083456号“ULTHERA”及第17876530A号“ULTHERA”注册商标核定使用商品属于相同商品依据充分，本院予以维持；柯派公司仅以被诉侵权商品超声刀在侵权行为发生时未列入《医疗器械分类目录》管理为由主张其与涉案注册商标核定使用商品不属于相同商品，依据不足，本院不予支持。

二、关于一审判赔数额是否适当的问题

《中华人民共和国商标法》第六十三条第一款规定:“侵犯商标专用权的赔偿数额，按照权利人因被侵权所受到的实际损失确定；实际损失难以确定的，可以按照侵权人因侵权所获得的利益确定；权利人的损失或者侵权人获得的利益难以确定的，参照该商标许可使用费的倍数合理确定。对恶意侵犯商标专用权，情节严重的，可以在按照上述方法确定数额的一倍以上三倍以下确定赔偿数额。赔偿数额应当包括权利人为制止侵权行为所支付的合理开支。”《最高人民法院关于审理侵害知识产权民事案件适用惩罚性赔偿的解释》第一条第一款规定:“原告主张被告故意侵害其依法享有的知识产权且情节严重，请求判令被告承担惩罚性赔偿责任的，人民法院应当依法审查处理。”阿尔塞拉公司提起本案诉讼时即主张按照前述法律规定对柯派公司适用惩罚性赔偿，根据上述法律及相关司法解释的规定，本案依法可以适用惩罚性赔偿，具体理由如下:

第一，柯派公司具有侵权故意。《最高人民法院关于审理侵害知识产权民事案件适用惩罚性赔偿的解释》第三条第（一）项规定，被告经原告或者利害关系人通知、警告后，仍继续实施侵权行为的，人民法院可以初步认定被告具有侵害知识产权的故意。2016年10月17日，柯派公司因销售侵犯涉案“ULTHERA”注册商标专用权的超声成像治疗仪被工商部门作出罚款等行政处罚；2017年8月8日，阿尔塞拉公司与柯派公司就柯派公司侵犯含涉案“ULTHERA”注册商标在内的侵权行为达成和解；856号刑事判决书查明，柯派公司在2017年8月8日后仍在销售侵害涉案注册商标专用权的商品。和解协议签订后，销毁库存侵权商品等行为需要一定的合理时间，但柯派公司可以立即履行停止销售的侵权行为。而柯派公司在与阿尔塞拉公司达成和解后并未全面、如实履行协议，在 2017 年 8 月 9 日至 11 月 6 日期间仍继续实施本案侵权行为。柯派公司不履行和解协议、无视他人知识产权的行为，是对诚实信用原则的违背，侵权恶意极其严重。

第二，《最高人民法院关于审理侵害知识产权民事案件适用惩罚性赔偿的解释》第四条规定："对于侵害知识产权情节严重的认定，人民法院应当综合考虑侵权手段、次数，侵权行为的持续时间、地域范围、规模、后果，侵权人在诉讼中的行为等因素。被告有下列情形的，人民法院可以认定为情节严重：（一）因侵权被行政处罚或者法院裁判承担责任后，再次实施相同或者类似侵权行为；（二）以侵害知识产权为业；（三）伪造、毁坏或者隐匿侵权证据；（四）拒不履行保全裁定；（五）侵权获利或者权利人受损巨大；（六）侵权行为可能危害国家安全、公共利益或者人身健康；（七）其他可以认定为情节严重的情形。"本案中，柯派公司在 2016 年 10 月即因侵权而被行政处罚，时隔一年后仍再次实施相同的侵权行为；856 号刑事判决书查明，柯派公司自 2016 年 11 月 28 日至 2017 年 11 月 6 日生产、销售侵权商品数额高达 2290410 元，现场缴获的侵权商品价值达 193100 元；涉案侵权商品为超声治疗仪，是用于医疗美容行业的产品且直接用于人体面部，即侵权行为可能危及人体健康。根据上述司法解释的规定，柯派公司侵权情节严重。

第三，关于赔偿数额。《最高人民法院关于审理侵害知识产权民事案件适用惩罚性赔偿的解释》第二条规定："原告请求惩罚性赔偿的，应当在起诉时明确赔偿数额、计算方式以及所依据的事实和理由。"本案中，阿尔塞拉公司明确主张以"侵权人因侵权所获得的利益"来计算赔偿数额，具体公式为"侵权获利 = 产品销售量 × 侵权产品单位利润"，柯派公司对此不予认可，但并未就赔偿数额的计算提出自己的依据及方法。《最高人民法院关于审理商标民事纠纷案件适用法律若干问题的解释》第十四条的规定："商标法第五十六条第一款规定的侵权所获得的利益，可以根据侵权商品销售量与该商品单位利润乘积计算；该商品单位利润无法查明的，按照注册商标商品的单位利润计算。"本院认可阿尔塞拉公司所主张的计算公式，并根据已查明之事实逐一确定上述公式中各项参数的具体数值，最终确定侵权获利数额。具体理由如下：1. 关于侵权产品销售量的确定。856 号刑事判决书查明柯派公司生产、销售的含"6S"的商品均为标有"ULTHERA"注册商标的商品，上述商品销售数量为2355台、销售总价为2480610元，据此计算商品单价为1053元（2480610元除以2355台），856号刑事判决书最终认定构成侵犯涉案注册商标专用权的商品总销售额为2290410元，据此计算，柯派公司实际销售侵权商品数量达2175台（2290410元除以1053元）。2.关于侵权商品的单位利润。856号刑事判决书查明时任柯派公司法定代表人卢某姣供述“每卖出一台假冒ULTHERA超声刀大约能有三四百元钱的利润”，可见，侵权商品单位利润为300元至400元。3.侵权获利=产品销售量 × 侵权产品单位利润，据此计算，柯派公司侵权获利大约在652500元（2175台 ×300元）至870000元（2175台 ×400元）之间。

第四，柯派公司辩称其柯派公司主要负责人卢某根、卢某姣已因涉案同一侵权行为被判处罚金，故不应再适用惩罚性赔偿。《最高人民法院关于审理侵害知识产权民事案件适用惩罚性赔偿的解释》第六条规定:“人民法院依法确定惩罚性赔偿的倍数时，应当综合考虑被告主观过错程度、侵权行为的情节严重程度等因素。因同一侵权行为已经被处以行政罚款或者刑事罚金且执行完毕，被告主张减免惩罚性赔偿责任的，人民法院不予支持，但在确定前款所称倍数时可以综合考虑。”即使柯派公司主要负责人卢某根、卢某姣已执行了刑事罚金，亦不能作为减免惩罚性赔偿的抗辩理由，仅能作为确定惩罚性赔偿倍数的考虑因素。

考虑到柯派公司主观恶意明显、侵权情节严重，应加大对柯派公司的惩罚力度，故在本案中确定两倍的惩罚性赔偿比例。根据856号刑事判决书查明的事实，柯派公司生产、销售的侵权商品中含“6S”的商品均为侵权商品，含“HF6”的商品中亦包含部分侵权商品，即本案侵权获利的计算基数已经排除上述含“HF6”的侵权商品。在此情况下，根据含“6S”的侵权商品确定的侵权获利金额的两倍已超过100万元，鉴于阿尔塞拉公司在本案中主张包含合理支出在内总计100万元的损害赔偿金额，故对其主张，本院予以全额支持。

综上所述，阿尔塞拉公司关于请求适用惩罚性赔偿及赔偿数额的上诉请求，有事实根据和法律依据，本院予以支持。判决如下：1.撤销广州市白云区人民法院（2019）粤0111民初23340号民事判决第二项；2.变更广州市白云区人民法院（2019）粤0111民初23340号民事判决第一项为“广州市柯派实业有限责任公司于本判决发生法律效力之日起十日内赔偿阿尔塞拉公司经济损失（包含合理费用）100万元"；3.驳回阿尔塞拉公司的其他诉讼请求。

【法官评述】

知识产权侵权案件判赔数额低的问题是困扰我国知识产权审判的一大顽疾，许多权利人面临"赢了官司，输了金钱"的困境，特别是在违法成本过低的现实情况下，部分恶意侵权人肆无忌惮，罔顾诚信经营理念，反复多次侵权，视知识产权保护制度于无物，而权利人对此亦往往束手无策。长此以往，很多人甚至有"知识产权法是没有牙齿的法律"的错误认知。为切实改善上述困境，强力打击恶意侵权，进一步构建知识产权惩罚性赔偿制度体系，《最高人民法院关于审理侵害知识产权民事案件适用惩罚性赔偿的解释》已于2021年3月3日起施行，这标志着我国知识产权惩罚性赔偿制度已进入全面施行阶段。

广州知识产权法院作为国家司法改革的新亮点，敢于先行先试，在落实惩罚性赔偿制度的道路上亦走在了全国前列。本案系最高人民法院惩罚性赔偿司法解释发布后，我院根据该解释规定适用惩罚性赔偿的首个案件。

广州知识产权法院生效判决认为，柯派公司在受到行政处罚并与阿尔塞拉公司达成和解后，并未履行协议，而是继续实施假冒涉案注册商标的侵权行为，销售数额巨大，且侵权产品直接用于人体面部，可能危及人体健康，侵权恶意明显，侵权情节严重，依法可适用惩罚性赔偿。根据刑事案件中查明的柯派公司销售侵权产品数量为2175台及柯派公司供述的单位利润为300元至400元，计算出柯派公司的侵权获利在652500元至870000元之间。柯派公司以刑事罚金的执行作为减免惩罚性赔偿的抗辩理由不能成立。综合考虑本案柯派公司的主观恶意程度、侵权行为情节等因素，按照上述赔偿基数的二倍确定赔偿数额，据此计算的数额已超过阿尔塞拉公司的诉请，遂判决柯派公司赔偿阿尔塞拉公司经济损失及合理开支100万元。在一审判决仅支持12万元的基础上，提高了近八倍的赔偿数额，明确传递了加强知识产权司法保护力度的强烈信号，极大地震慑了恶意侵权人。

本案为今后适用惩罚性赔偿提供了可参考借鉴的思路，进一步提高了知识产权侵权成本，有效解决了恶意侵权案件频发的痼疾，让知识产权法律重新有了“牙齿”和权威，是解决知识产权侵权案件赔偿低、优化知识产权法治环境的一次有益探索。

编写人：广州知识产权法院　彭盎

（编辑：齐柳）

18

九洲普惠公司与普慧公司等侵害商标权及不正当竞争纠纷案

阅读提示：在权利人已尽其所能就侵权损害赔偿数额积极举证，但仍无法确定权利人损失及侵权获利的情况下，如何酌定法定赔偿数额？

【裁判要旨】

本案中，在权利人要求按照侵权人全部45款产品型号及出厂编号推算产品年销售数量等证据尚不充分的情况下，法院根据权利人公证购买的四款产品型号的平均价格、被告公司多款产品销售价格、行业利润率等因素计算后推算被告侵权获利巨大，结合侵权情节等确定被告在法定赔偿上限承担赔偿责任。

【案号】

一审：广州知识产权法院（2019）粤73民初1288号

二审：广东省高级人民法院（2021）粤民终218号

【案情与裁判】

原告：佛山市南海九洲普惠风机有限公司（以下称“九洲普惠公司”）

被告：九洲普慧风机股份有限公司（以下称“普慧公司”）、浙江应达风机有限公司（以下称“应达公司”）、章某玮、赵某、章某滔、广州市唐昇机电设备有限公司（以下称“唐昇公司”）

起诉与答辩

九洲普惠公司向广州知识产权法院提出诉讼请求：1. 请求认定九洲普惠公司第 3212263 号“ ”（第 11 类）为驰名商标。2. 判令普慧公司等被告立即停止侵犯九洲普惠公司“ ”系列商标专用权的商标侵权行为。3. 责令普慧公司等被告立即停止造成混淆的不正当竞争行为，包括：（1）立即停止使用与九洲普惠公司企业字号“九洲普惠”相近似的“九洲普慧”字号，并判令普慧公司变更其字号，变更后的字号不得含有与“九洲普惠”相同或近似的“九洲普慧”等文字；（2）停止使用由九洲普惠公司企业字号“九洲普惠”首字母组成的“JZPH”标识、停止使用与模仿九洲普惠公司“飞跃九洲 普惠全球”宣传语相近似的“飞跃九洲 普慧全球”标识；（3）责令普慧公司立即停止使用造成混淆的域名 jzphfan. com，并在 30 日内注销该域名；（4）停止对九洲普惠公司产品说明书封面设计、产品图册、九洲普惠公司所获的荣誉证书等进行抄袭、模仿等侵权行为。4. 判令普慧公司等被告共同在《中国工商报》显著位置（中缝除外）连续 30 天就其商标侵权及不正当竞争行为澄清事实、消除影响。5. 判令普慧公司等被告共同赔偿九洲普惠公司经济损失 2000 万元。6. 判令普慧公司等被告赔偿九洲普惠公司为制止侵权所支付的合理开支，暂计 580744.29 元（包括公证费 37000 元，律师费 500000 元，购买侵权产品费用 5574.7 元，差旅费 38169.59 元）。

事实和理由：1. 九洲普惠公司依法享有在先知名企业字号权益及驰名商标专用权。九洲普惠公司依法享有在先知名企业字号权益，并享有涉案系列注册商标专用权。2. 九洲普惠公司的“九洲普惠”字号及系列注册商标自 2004 年起已经在相关行业具有极高的知名度。3. 普慧公司等被告实施了商标侵权行为。普慧公司等被告在风机等通风设备及风机专用电机等商品上、广告宣传中多处突出使用与系列商标中文部分近似的“九洲普慧”“九洲风机”，与英文部分相同的“POPULA”或“POPULA FAN”，与图形十分近似的，上述行为严重侵害了九洲普惠公司的注册商标专用权。普慧公司未经许可，擅自在户外悬挂的招牌突出标示“九洲普慧风机”，在办公室外墙、室内墙壁、玻璃门等均突出使用“九洲普慧风机”或“中国・九洲普慧”企业字号标识；在风机产品上、宣传中多处使用“九洲普慧”“POPULA”“POPULA FAN”等与涉案注册商标相同或近似的标识。普慧公司使用与涉案注册商标相近似的文字作为企业字号，且突出使用，其行为已构成商标侵权。4. 普慧公司等被告实施了不正当竞争行为。普慧公司擅自将与涉案驰名商标高度近似的汉字“九洲普慧”作为企业名称字号登记注册，并在相同商品即通风机械产品上使用；普慧公司注册了由“九洲普惠”首字母及风机的英文“FAN”组成的 jzphfan.com 域名网站，极易造成公众混淆；普慧公司生产、销售的“九洲普慧”牌风机在使用“中国 · 九洲普慧风机股份有限公司”企业名称以及与涉案驰名商标“”相同的“POPULA”、近似的基础上，还使用容易造成公众混淆的“JZPH”标识（由“九洲普惠”首字母组成）；该侵权商品的宣传册、包装胶带等上标有“飞跃九洲　普慧全球”，易使相关公众将其与九洲普惠公司的宣传语“飞跃九洲 普惠全球”产生混淆。5. 应达公司、章某玮、赵某、章某滔等被告帮助普慧公司实施侵权行为，构成共同侵权，应对本案侵权行为承担连带赔偿责任。

普慧公司、应达公司、章某玮、赵某、章某滔五被告共同辩称：1. 九洲普惠公司请求认定驰名商标的诉讼请求没有事实和法律依据，应予驳回；2. 九洲普惠公司有关商标侵权的请求不成立，应予驳回；3. 普慧公司等被告没有实施不正当竞争行为。

唐昇公司辩称：1. 被诉产品有合法来源，不应承担赔偿责任。唐昇公司不知道被诉产品为侵权产品，且唐昇公司是通过正规合法的途径从河南应霸机电设备有限公司（以下简称河南应霸公司）购进。2. 九洲普惠公司请求赔偿 300 万元缺乏事实和法律依据，不应予以支持。

一审审理查明

一、与九洲普惠公司主体及其权利基础相关的事实

九洲普惠公司自成立起分别在第 7、11、37、40 类商品上申请注册了、九洲普惠等系列商标，同时在美国、韩国、南非、捷克、中国台湾等国家和地区进行了系列商标的注册和使用。

二、与被诉侵权行为相关的事实

九洲普惠公司主张普慧公司等被告实施的商标侵权行为具体表现如下：

1.（2019）川成蜀内经字第 30115 号公证书保全的商标侵权行为，包括：普慧公司在户外设备的广告牌上显示突出使用“九洲普慧”、“POPULA”及三个标识；企业名称中含有的英文“POPULA FAN”侵害涉案第 14183951 号商标；普慧公司四川省办事处送货单上显示其使用“九洲风机”标识，突出使用标识。

2.（2019）粤广南粤第 7603 号公证书保全的商标侵权行为，包括：普慧公司经营场所户外的广告牌突出使用“九洲普慧风机”、标识；普慧公司办公室外墙上有突出使用“九洲普慧风机”标识；普慧公司经营厂所内门上有突出使用“九洲普慧”标识，墙上有突出使用“九洲普慧风机”及标识；普慧公司的风机产品上使用了标识。

3.（2019）渝证字第 18602 号公证书保全的商标侵权行为，包括：普慧公司在重庆举办的展会上突出使用“九洲普慧”文字，展会产品、宣传册突出使用的标识。

4. 普慧公司在《机电大全》杂志上突出使用“九洲普慧”、等标识。

5. 普慧公司制造、销售的被诉侵权产品上突出使用标识，包括产品铭牌、产品合格证、外包装箱以及包装条上均标有标识。

6. 普慧公司在第三方网站进行招聘突出使用标识，普慧公司在其官网上突出使用标识。

九洲普惠公司主张普慧公司等被告实施的不正当竞争行为具体表现如下：

1. 普慧公司擅自将与其企业字号“九洲普惠”及第 3212263 号驰名商标文字部分“九洲普惠”高度近似的“九洲普慧”作为企业字号注册使用并在相同商品上使用，构成《反不正当竞争法》第六条第二项规定的混淆行为。

2. 普慧公司将“JZPH”注册为域名使用，“JZPH”与九洲普惠公司企业字号首字母拼音相同，构成《反不正当竞争法》第六条第四项规定的混淆行为。

3. 普慧公司等六被告使用与九洲普惠公司企业字号“九洲普惠”首字母组成的“JZPH”标识，并使用与九洲普惠公司宣传语“飞跃九洲 普惠全球”相近似的“飞跃九洲 普慧全球”作为其宣传语，构成《反不正当竞争法》第八条规定的虚假宣传行为。

4. 普慧公司抄袭、模仿九洲普惠公司产品说明书封面设计、产品图册（宣传册）、荣誉证书构成《反不正当竞争法》第六条第四项规定的混淆行为。关于荣誉证书，九洲普惠公司称（2019）川成蜀证内经字第 92728 号公证书保全的宣传册内页上有荣誉证书，上述荣誉证书有“中国十大风机质量品牌”“高新技术企业”的证书，而普慧公司并未获得该证书。

三、与九洲普惠公司主张赔偿数额相关的情况

国家统计局官网显示，通用设备制造业大中型工业企业 2015 年、2016 年、2017 年主营业务收入分别为 23215.56 亿元、23344.73 亿元、22184.08 亿元，营业利润分别为 1629.88 亿元、1636.20 亿元、1669.15 亿元。

根据上述数据，九洲普惠公司就普慧公司 2017 年至 2018 年侵权获利推算如下：1. 通用设备制造业大中型工业企业行业利润率 2015 年为 7.02%、2016 年为 7%、2017 年为 7.52%，据此计算行业平均利润率为 7.18%。2. 普慧公司 2017 年至 2018 年销售利润：根据（2019）川成蜀证内经字第 30114 号、第 30115 号、第 92728 号公证书以及（2019）渝证字第 18602 号公证书保全的普慧公司产品宣传册可知，其生产的侵权产品类型共有 45 款；根据（2019）川成蜀证内经字第 30114 号、第 30115 号公证书保全的产品价格表记载，8 款风机的平均整机价格为 2270 元；依据行业惯例，通风机出厂编号即为该厂当年生产的第几台该款产品。普慧公司四川省办事处仓库照片显示一款多翼式离心通风机型号为 11-62 35A、出厂编号为 03016，（2019）粤广南粤第 7603 号公证书显示一款型号为 CF-11-2A 多翼式离心通风机的出厂编号为 03040，因此可推定普慧公司每年生产各款产品至少为 3000 台。据此计算，普慧公司在本案起诉前两年的销售利润至少达 44006220 元（计算公式为：45 款产品 ×2270 元 ×3000 台 ×2 年 ×7.18%）。

为证明维权支出，九洲普惠公司提交了民事委托代理合同、律师费发票、公证费发票、送货单、差旅费等证据。

一审审理和结果

本案系侵害商标权及不正当竞争纠纷。根据双方当事人的诉辩，本案争议焦点如下：1. 第 3212263 号注册商标是否有认定驰名商标的必要性，若有必要，该商标是否构成驰名商标；2. 普慧公司等被告是否实施了被诉行为；3. 普慧公司等被告是否构成商标侵权；4. 普慧公司等被告是否构成不正当竞争；5. 本案民事责任的承担问题。经审查，本院认定普慧公司等被告构成商标侵权及不正当竞争（论述部分略）。就第五个争议焦点分析如下：

本案中，九洲普惠公司未提交证据证明其因被诉商标侵权及不正当竞争行为所遭受的损失，故本案难以将九洲普惠公司因被侵权所遭受的经济损失作为确定赔偿数额的依据。关于普慧公司、应达公司等被告因侵权所获得利益，九洲普惠公司亦未提交任何证据证实，九洲普惠公司对普慧公司提交的财务报表、税务系统所载数据均不予认可；普慧公司在庭审中称愿意提供公司全部财务账册进行审计，九洲普惠公司则认为因普慧公司等被告混同情况严重，并且普慧公司存在用微信收款等情况，即对个人购买存在不开发票的行为，故对其财务账册不认可，因此，不同意以普慧公司的财务账册进行审计。本院认为，首先，普慧公司称愿意提供财务账册进行审计，应达公司称其没有经营场所、处于停业状态，因此应视为普慧公司等被告提供的财务账册仅为普慧公司财务账册。而应达公司企业信用信息显示其 2018 年度营业总收入为 109 万元、纳税总额为 7 万元，2017 年度营业总收入为 306 万元、纳税总额为 19 万元等，可见应达公司称其停业的陈述与事实不符。其次，普慧公司等被告在本案中存在虚假陈述，普慧公司在庭审中否认应达公司授权其使用第 11753375 号商标及第 28237303 号“JZPH”商标，但是该陈述与台州市场监管局回复的内容相矛盾，台州市场监管局回复记载普慧公司在该局调查时出具了应达公司的授权书。因此，普慧公司、应达公司、章某玮、赵某、章某滔等人共同实施本案侵权及不正当竞争行为，仅以普慧公司财务账册计算其侵权获益不充分，本院对九洲普惠公司不审计的主张予以支持。

九洲普惠公司明确提出以普慧公司等被告侵权获利计算本案赔偿数额，计算公式为：普慧公司 2017 年至 2018 年销售利润 = 通用设备制造业大中型工业企业行业利润率 7.18% × 2270 元（风机产品平均整机价格）× 45 款产品 × 3000 台（推定普慧公司 45 款产品每年产量为 3000 台）× 2 年。本院认为，九洲普惠公司关于普慧公司制造风机产品的年产量以 45 款产品乘 3000 台的推算方式依据不充分，理由如下：第一，30114 号公证书显示出厂日期为 2018 年 9 月的 11-62A-3.5A 多翼式离心通风机产品出厂编号为 03023，7603 号公证书显示出厂日期为 2019 年 11 月的 CF-11-2A 多翼式离心通风机的出厂编号为 03040，九洲普惠公司主张通风机出厂编号即为该厂当年生产的第几台该款产品，该主张符合产品编号的规则，且普慧公司亦未就产品出厂编号作出说明。因此，九洲普惠公司主张前述两款产品年销售量按照 3000 台计算合理。第二，92728 号公证书保全的普慧公司宣传册显示普慧公司生产、销售的风机及相关产品共45款，虽然九洲普惠公司主张按45款计算普慧公司风机产品年产量合理，但是由于2款产品占45款产品的比例仅为0.04%，九洲普惠公司以仅占0.04%比重产品年产量推算普慧公司45款产品年产量依据尚不充分。第三，涉案公证书显示九洲普惠公司购买的普慧公司风机产品型号如下：1217号公证书保全风机产品两台，型号为EG-5-4的轴流通风机、11-16-3.5A的离心通风机（两台产品上均无出厂编号）；30114号公证书保全风机产品三台，产品型号为4-72-3.6A离心通风机、11-62A-3.5A多翼式离心通风机、EG-4A-4轴流通风机（除多翼式离心通风机外，另两款均无出厂编号或编号不清晰）；131号公证书保全风机产品一台，型号为EG-4A-4轴流通风机；6135号公证书保全风机产品一台，型号为EG-4A-4轴流通风机。7603号公证书显示在普慧公司办公场所展示的风机型号为CF-11-2A多翼式离心通风机。涉案公证购买行为取证范围较广，即湖南长沙、四川成都、河南郑州、广东广州以及普慧公司办公场所浙江台州等地，而上述证据显示普慧公司制造、销售的风机等产品为其宣传册所载45款风机产品中的4款，即EG节能型风机、4-72离心通风机、11-62A多翼型（式）离心通风机、CF多翼型（式）离心通风机，4款产品占45款产品的比例仅为0.08%，现有证据尚不足以证实其余风机产品的制造、销售情况。故，对九洲普惠公司主张普慧公司制造的45款产品的年销量每款产品均按3000台计算，本院不予支持。

九洲普惠公司未举证证明其因本案侵权及不正当竞争行为所遭受的损失，故本案难以将九洲普惠公司因被侵权所遭受的经济损失作为确定赔偿数额的依据；普慧公司等被告因侵权所获得利益，如前所述，九洲普惠公司提出计算损害赔偿数额的具体方式及依据不充分，故本案亦难以按照侵权人因侵权所获得的利益作为确定赔偿数额的依据。至于涉案注册商标的许可使用费，九洲普惠公司未提交许可合同等证据，亦未提出依此作为确定赔偿数额的依据。因此，本院依法适用上述法律及司法解释的规定确定本案赔偿数额。

在具体确定本案赔偿数额时，考虑因素如下：1. 普慧公司、应达公司侵权主观因素。涉案九洲普惠商标及商号在风机等商品上具有较高的知名度，普慧公司、应达公司作为同一行业经营者，明知九洲普惠公司对涉案商标及商号享有在先权利，不仅向商标局申请注册与涉案多个注册商标相同的商标，还使用“九洲普慧”作为企业字号，无视他人商标权、商号权的存在和商标法等相关规定，侵权主观故意明显。2. 九洲普惠公司因被侵权遭受的经济损失。由于普慧公司等被告的侵权行为挤占了九洲普惠公司的市场空间，必然致使九洲普惠公司遭受经济损失。3. 被诉侵权方式。普慧公司等被告同时实施了商标侵权及不正当竞争行为，从被诉企业名称到被诉标识，全面攀附了九洲普惠公司的注册商标和企业字号。4. 本案的侵权规模。普慧公司等被告销售风机产品的范围广，涉案公证书显示普慧公司在湖南长沙、四川成都、河南郑州、广东广州以及普慧公司办公场所浙江台州等地；普慧公司宣传册显示其生产、销售的风机等产品共 45 款，产品型号众多；风机产品单价高，根据 30114 号公证书保全的产品价格表记载，七种不同型号的风机产品的整机平均价格为 2648 元。同时，普慧公司还通过杂志、展会等形式宣传推广风机产品。可见，普慧公司等被告的侵权规模较大。5. 现有证据显示普慧公司等被告获利较高。本案公证保全了 4 款产品，根据普慧公司提交的国家统计局关于通用设备制造业私营工业企业主营业务收入及营业利润等数据计算，该行业 2015 年至 2017 年平均利润率为 6.3%。根据 30114 号公证书保全的产品价格表记载，EG 节能型风机整机产品平均价格为 679 元、11–62A 多翼型离心通风机整机平均价格为 2348 元、CF 多翼型（式）离心通风机整机平均价格为 1301 元、4–72 离心通风机整机平均价格为 2699 元。以四款产品的单价按每年 3000 台、行业利润率 6.3% 计算，普慧公司等被告上述四款产品获利达 2656206 元。虽然不能以上述四款产品推算全部 45 款风机产品的获利，但上述四款产品尚不是普慧公司售价较高的产品，普慧公司价格表显示：9–19A 型高压离心通风机整机平均价格为 3904 元；11–62A 多翼型离心通风机整机平均价格为 2348 元；负压风机整机平均价格为 1434 元；T30 型（C 式）轴流通风机整机平均价格为 2626 元；XBF（A 式）轴流通风机整机平均价格为 3543 元。可见，普慧公司侵权获利较高。根据前述因素综合分析，本院酌定普慧公司等被告连带赔偿九洲普惠公司 500 万元。

综上所述，判决如下：1. 九洲普慧风机股份有限公司、浙江应达风机有限公司、章某玮、赵某、章某滔停止侵害佛山市南海九洲普惠风机有限公司第 5610340 号九洲普惠、第 6869998 号九洲普惠、第 3212263 号九洲普惠 POPULA、第 8806262 号九洲普惠 POPULA、第 8806338 号九洲普惠 POPULA、第 8806375 号 POPULA 注册商标专用权的行为。2. 九洲普慧风机股份有限公司在本判决生效之日起停止在其公司名称中使用“九洲普慧”字号。3. 九洲普慧风机股份有限公司、浙江应达风机有限公司、章某玮、赵某、章某滔于本判决发生法律效力之日起十日内连带赔偿佛山市南海九洲普惠风机有限公司经济损失 500 万元。4. 九洲普慧风机股份有限公司、浙江应达风机有限公司、章某玮、赵某、章某滔于本判决发生法律效力之日起十日内连带赔偿佛山市南海九洲普惠风机有限公司因维权而支出的合理开支 578654.2 元。5. 九洲普慧风机股份有限公司、浙江应达风机有限公司、章某玮、赵某、章某滔于本判决发生法律效力之日起十日内在《中国工商报》（中缝除外）上登载声明、消除影响（声明内容需经本院审核）。6. 驳回佛山市南海九洲普惠风机有限公司的其他诉讼请求。

一审判决后，普慧公司等被告不服，向广东省高级人民法院提起上诉，二审经审理后判决：驳回上诉，维持原判。

【法官评述】

目前我国知识产权案件的赔偿计算体系由四部分构成，即：权利人的实际损失；侵权人的获益；许可使用费；法定赔偿。但在审判实践中，前三种计算方式却因为现实问题难以得到广泛应用。立法的本意在于将法定赔偿作为一个辅助兜底的方式，当上述三种赔偿方式都无法确定赔偿金额时，法院可以在法律规定的范围内直接酌定赔偿金额，避免侵权案件出现因举证困难而“悬而未判”的境地。但在司法实践中，法定赔偿方式却“反客为主”，绝大多数的侵权案件均直接适用法定赔偿方式确定了赔偿金额。法定赔偿方式的适用，虽然在一定程度上加快了案件审理进程，把当事人从“举证难”的困境中解脱出来，但也直接导致案件赔偿额低的现状。由于没有准确的计算标准和依据，采用法定赔偿方式确定的赔偿额往往较低，无法真实反映涉案知识产权的市场价值，极大地打击了权利人的维权积极性和主动性。

九洲普惠公司系国内最大的轴流风机生产公司之一，其注册的被认定为驰名商标、广东省著名商标。九洲普惠公司经过二十多年的生产运营，在行业内取得较高知名度及占有率，而普慧公司等被告作为同一行业经营者，明知涉案注册商标及商号具有较高知名度，从被诉企业名称到被诉标识，全面攀附了原告的注册商标和企业字号，且销售规模大、范围广，获利较高。鉴于普慧公司的侵权故意明显，本院一审时根据公证保全的被诉侵权产品价格、行业平均利润率，按照修订后的《商标法》顶格判处赔偿 500 万元，二审法院亦予以维持。此举极大地震慑了恶意侵权人，有力地保护了地方知名企业的合法权益，营造了更好、更优质的营商环境。

在侵害商标权及不正当竞争案件中，权利人已尽其所能就侵权损害赔偿数额积极举证，其损害赔偿计算依据仍不充分的情况下，本案审理明确了推算侵权产品的侵权获利的规则，进而为法定赔偿数额最高额判赔提供了充分的依据。

编写人：广州知识产权法院　彭盎

（编辑：齐柳）

19

李某与芙蓉山泉公司等侵害商标权纠纷案

阅读提示：如何对商标法上"在先使用"构成要件中的"早于商标注册人使用"进行认定？

【裁判要旨】

"早于商标注册人使用"是商标在先使用抗辩适用条件中的重要一环。人民法院对"早于商标注册人使用"的认定，应基于商标在先使用抗辩制度的立法本意，不应仅从《中华人民共和国商标法》第五十九条第三款的字面含义机械理解为时间上的绝对前后关系，亦即成立在先使用抗辩并不要求在先使用抗辩人实际使用商标的时间必须先于商标注册人实际使用时间。

【案号】

一审：广东省广州市花都区人民法院（2020）粤 0114 民初 88 号

二审：广州知识产权法院（2020）粤 73 民终 5218 号

【案情与裁判】

上诉人（一审原告）：李某

被上诉人（一审被告）：广州市芙蓉山泉饮品有限公司、广州市花都区狮岭铁哥桶装水店（以下分别称"芙蓉山泉公司""铁哥桶装水店"）

起诉与答辩

李某起诉称：1. 李某拥有第 4035712 号商标权；2. 芙蓉山泉公司、铁哥桶装水店侵害了李某的前述商标权；3. 依据涉案公证书记载，芙蓉山泉公司等一直使用和前述商标近似的标识作为包装桶的商标标识。基于以上事实和理由，李某请求法院判令：1. 芙蓉山泉公司停止生产、销售侵害李某第 4035712 号注册商标专用权的产品并销毁生产侵权产品的工具及库存商品，铁哥桶装水店立即停止销售侵害李某第 4035712 号注册商标专用权的产品并销毁库存商品；2. 芙蓉山泉公司、铁哥桶装水店共同赔偿李某经济损失及制止侵权的合理费用共计 10 万元；3. 本案诉讼费由芙蓉山泉公司、铁哥桶装水店承担。

芙蓉山泉公司辩称：请求法院依法驳回李某的诉讼请求，本案诉讼费用由李某承担。第一，芙蓉山泉公司对“芙蓉山泉”商标的使用构成在先使用，不构成侵权。芙蓉山泉公司使用“芙蓉山泉”作为商标及字号的时间先于涉案商标的申请日、使用日。芙蓉山泉公司的“芙蓉山泉”商标具有一定影响。第二，芙蓉山泉公司对“芙蓉山泉”商标的使用，不会导致消费者混淆，不构成对涉案注册商标的侵权。第三，李某与芙蓉山泉公司曾存在长期业务合作关系，其与芙蓉山泉公司终止合作关系后，恶意受让“芙蓉山泉”商标，并对芙蓉山泉公司正当使用“芙蓉山泉”商标的行为提起侵权之诉，企图打击竞争对手并通过诉讼要求高额赔偿达到盈利的目的，违反诚实信用原则，构成权利滥用，其诉讼请求应不予支持。第四，李某的赔偿请求依法不应得到支持。

铁哥桶装水店辩称：1. 铁哥桶装水店是经芙蓉山泉公司授权销售其“芙蓉山泉”品牌桶装水，不知道销售的被诉商品侵害涉案注册商标专用权，被诉商品合法来源于芙蓉山泉公司，即使侵权行为成立，依法不承担赔偿责任；2. 芙蓉山泉公司不构成商标侵权，在此基础上，铁哥桶装水店亦不构成侵权；3. 李某的赔偿请求依法不应当得到支持。故此，请求驳回李某的全部诉讼请求。

一审审理查明

李某于 2013 年 12 月 27 日受让第 4035712 号芙蓉山注册商标，该商标的申请日期为 2004 年 4 月 26 日，核定使用商品 / 服务项目为第 32 类：矿泉水，注册有效期自 2006 年 5 月 14 日至 2026 年 5 月 13 日。

芙蓉山泉公司于 2018 年、2019 年以无正当理由连续三年不使用为由向国家知识产权局申请撤销李某上述商标在“矿泉水”商品上的注册。

2019 年 9 月 29 日，李某的委托代理人及公证人员来到位于广州市花都区狮岭镇旧屋新区二街 19 号“芙蓉山泉总经销”店铺。李某的委托代理人在上述店铺购买了被诉商品"芙蓉山泉"桶装饮用水两桶。公证处对上述被诉商品进行公证封存。一审庭审中，李某提交了上述公证封存物。

芙蓉山泉水厂系成立于2000年7月29日的个体工商户，经营者系胡某心，经营范围：产销纯净水。2002年6月10日，芙蓉山泉水厂与花都信华商业有限公司合作兴建芙蓉山泉饮用水厂。2003年5月13日，芙蓉山泉公司成立，经营范围为生产、销售：天然净水、饮用纯净水。芙蓉山泉水厂与花都区花山镇紫西村经济联社所签的土地有偿租赁合同由芙蓉山泉公司承担相应权利义务。2003年12月3日，芙蓉山泉水厂被核准注销。2005年10月13日，芙蓉山泉公司将股东由广州市花都信华商业有限公司、胡某心变更为广州市花都信华商业有限公司、赖某忠、汤某潮、杨某银。2008年8月3日，芙蓉山泉公司向广州市工商局提交申请报告，内容包括："芙蓉山泉公司……由原广州市花都区芙蓉山泉饮用水厂变更成立，其经营范围及品牌等一直延续下来……生产销售的品牌有芙蓉山泉、芙蓉嶂、老井坊等。"广东省瓶装饮用水行业协会在该申请报告上注明"属实"并加盖公章。

芙蓉山泉公司为证明其在第4035712号芙蓉山注册商标申请、使用之前已在先使用"芙蓉山泉"商标并有一定影响，提交以下材料：广州市花都区芙蓉山泉饮用水厂于2003年1月8日与广州市花都区广播电视广告部签订的广告合同；2003年3月广东质量"315放心消费承诺"版刊登的芙蓉山泉公司广告；2003年9月29日《花都报》刊登的文章《大鹏展翅天比高——芙蓉山泉的质量品牌之路》；芙蓉山泉公司自2004年至2007年每年1月1日与佛山市禅城区科信塑胶制品厂签订的购销合同；广东省瓶装饮用水行业协会于2011年11月21日出具的粤瓶水协字（2011）050号证明。

芙蓉山泉公司为证明"芙蓉山泉"商标有较高的市场声誉及稳定的市场格局，不会导致消费者将之与第4035712号芙蓉山注册商标混淆，提交以下材料：1.《信息时报》《新快报》《广州日报》《南方都市报》《今日花都》《花都文学》对"芙蓉山泉"商标的宣传报道。2.芙蓉山泉公司与广州市花都区广播电视广告部签订的广告合同；芙蓉山泉公司与广州正略智行广告有限公司签订的《广告发布合同书》；芙蓉山泉公司与广东南方电视传媒广告有限公司签订的《广告发布业务合同》《〈南方气象〉城市窗口标版广告合作协议书》；芙蓉山泉公司与广州市传天候广告有限公司签订的《广告发布业务合同》《广告制作合同》

《广告业务合同》；芙蓉山泉公司与广州市格雷文化传播有限公司签订的《格雷文化传播有限公司服务合同》；芙蓉山泉公司与广东名粤广告有限公司签订的《户外临时发布合同》《候车亭广告发布合同书》；芙蓉山泉公司与广东警视传媒股份有限公司签订的《广告发布合同》；芙蓉山泉公司与广州市臣枫策划管理有限公司签订的《广州市芙蓉山泉饮品有限公司宣传合作协议》。3. 芙蓉山泉公司赞助花都新八景评选活动的照片、环球夫人大赛广州组委会“战略合作伙伴”牌匾、“2019 第二届国际汽车智能共享出行大会支持单位”牌匾。4. 广东省瓶装饮用水行业协会作出的粤瓶水协字（2010）046 号证明（[证明芙蓉山泉公司在广州市花都区瓶（桶）装饮用水行业产销量排名第一]；广东省瓶装饮用水行业协会作出的粤瓶水协字（2010）052 号《关于“广东省放心水生产基地”批准续牌的通知》；广东省瓶装饮用水行业协会授予芙蓉山泉公司“广东省放心水生产基地”的荣誉证书；广东省瓶装饮用水行业协会第四届副会长单位牌匾；广州市工商行政管理局 2015 年 6 月 30 日公示芙蓉山泉公司连续 10 年为“广东省守合同重信用企业”公示证书；饮水机用水桶外观设计专利证书；芙蓉山泉通用网址注册证书；“芙蓉山泉 .tel”顶级国际域名证书；芙蓉山泉无线网址注册证书；互联网点商标注册证。

再查，2004 年 2 月 24 日，李某与芙蓉山泉公司签订《业务合作协议书》，约定李某作为芙蓉山泉公司业务合作伙伴，帮助芙蓉山泉公司在广州及东莞地区推广芙蓉山泉公司产品，芙蓉山泉公司支付李某业务提成。2005 年 3 月 13 日，李某与芙蓉山泉公司签订《运输承包合同》，约定芙蓉山泉公司将公司内部桶装水及支装水配送工作任务承包给李某。2009 年 10 月至 2010 年 2 月，芙蓉山泉公司持续向李某支付运输费。2010 年 1 月 10 日，李某与芙蓉山泉公司签订《芙蓉山泉产品配送承包合同》，约定芙蓉山泉公司将商品运输配送工作承包给李某。2010 年 9 月 8 日，李某签署《终止芙蓉山泉产品配送承包合同协议书》及《车辆转让价格表》，约定终止双方于 2010 年 1 月 10 日签订的《芙蓉山泉产品配送承包合同》。此外，李某在（2017）京 73 行初 7105 号一案庭审过程中确认其曾负责芙蓉山泉公司桶装水的配送工作，并主张芙蓉山泉公司虽然实际使用了“芙蓉山泉”商标，却从未获准注册。

铁哥桶装水店为证明其销售的被诉商品系合法取得，提交第 13511831 号商标注册证、授权书、送货单、收款收据。

一审其余查明事实略。

一审判理和结果

一审法院审理认为，李某作为第 4035712 号芙蓉山注册商标的受让人，享有该注册商标专用权。

芙蓉山泉公司生产、销售的被诉商品为桶装矿泉水，系与李某第 4035712 号芙蓉山注册商标核定使用商品类别相同的商品。将被诉商品上使用的商业标识与第 4035712 号芙蓉山注册商标相比，两者构成近似。以相关公众的一般注意力为标准，容易对被诉商品与李某第 4035712 号芙蓉山注册商标的来源产生混淆和误认。但是，根据芙蓉山泉公司提供的涉案证据，芙蓉山泉公司的前身于 2000 年 7 月 29 日已将“芙蓉山泉”作为字号使用，并实际生产销售“芙蓉山泉”品牌矿泉水，于 2003 年 1 月 8 日已经开始对“芙蓉山泉”商标进行广告宣传，此后该商标在当地饮用水行业具有一定影响，而第 4035712 号芙蓉山商标申请注册的日期为 2004 年 4 月 26 日。根据《中华人民共和国商标法》第五十九条第三款的规定，商标注册人申请商标注册前，他人已经在同一种商品或者类似商品上先于商标注册人使用与注册商标相同或者近似并有一定影响的商标的，注册商标专用权人无权禁止该使用人在原使用范围内继续使用该商标，但可以要求其附加适当区别标识。故芙蓉山泉公司在原使用范围内可以继续使用该商标，不构成对李某第 4035712 号芙蓉山注册商标专用权的侵害。李某诉请芙蓉山泉公司停止生产、销售被诉商品并销毁生产工具及库存、赔偿损失，一审法院不予支持。

铁哥桶装水店销售的被诉商品系由芙蓉山泉公司生产及提供，来源合法，亦未侵犯李某的涉案注册商标专用权。故李某诉请铁哥桶装水店停止销售被诉商品并销毁库存、赔偿损失，一审法院不予支持。

一审法院依照《中华人民共和国商标法》第五十七条、第五十九条第三款，以及《中华人民共和国民事诉讼法》第六十四条之规定，判决驳回李某的全部诉讼请求。

上诉与答辩

一审判决后，李某不服，向广州知识产权法院提起上诉，请求：1. 撤销广东省广州市花都区人民法院作出的（2020）粤 0114 民初 88 号民事判决；2. 支持李某的一审诉讼请求；3. 由芙蓉山泉公司、铁哥桶装水店承担一审、二审的诉讼费。主要事实和理由：第一，一审法院认定“芙蓉山泉公司的前身于2000年7月29日已将‘芙蓉山泉’作为字号使用，并实际生产销售‘芙蓉山泉’品牌饮用水，于2003年1月8日已经开始对‘芙蓉山泉’商标进行广告宣传，此后该商标在当地饮用水行业具有一定影响”错误。第二，一审判决适用法律不当：1.“芙蓉山”商标原商标权人在1992年及1998年就获得了相关荣誉，在全国具有一定的知名度，芙蓉山泉水厂以“芙蓉山泉”作为企业字号使用具有一定的不正当性，且其与芙蓉山泉公司并非同一主体；2.虽然芙蓉山泉水厂以“芙蓉山泉”作为企业字号使用的时间早于涉案商标的申请注册日，但“芙蓉山”商标原商标权人在1992年及1998年就获得了相关荣誉，使用“芙蓉山”商标的时间远早于芙蓉山泉水厂以“芙蓉山泉”作为企业字号使用的时间，且芙蓉山泉水厂仅以“芙蓉山泉”作为企业字号使用，而非商标性使用，因此并不符合“在先使用人对特定标志的使用时间一般应早于涉案商标的申请注册日，同时早于商标注册人使用，且为商标性使用”的条件；3.芙蓉山泉水厂以“芙蓉山泉”作为企业字号使用，而并非作为商品品牌使用，且芙蓉山泉公司还不符合“在先使用人所使用的商标应当具有一定影响”的条件。综上，芙蓉山泉公司以在先使用作为抗辩理由并不成立。

芙蓉山泉公司、铁哥桶装水店共同辩称：一审判决认定事实清楚，适用法律正确，请求二审法院依法驳回李某的上诉，维持一审判决。理由如下：芙蓉山泉公司对“芙蓉山泉”商标的使用系在先使用，不构成侵权：1.从芙蓉山泉公司一审提交的证据可以看出，芙蓉山泉公司有权承继芙蓉山泉水厂使用“芙蓉山泉”商标所产生的相关权益，芙蓉山泉水厂对“芙蓉山泉”商标的使用，可以视为芙蓉山泉公司对“芙蓉山泉”商标的在先使用。芙蓉山泉公司在饮用水上使用“芙蓉山泉”商标是有合法性及正当性的；2.芙蓉山泉公司在《花都报》《广东质量》等报纸、期刊上的广告宣传中使用的“芙蓉山泉”标识，起到识别商品来源的作用。可见，芙蓉山泉公司将“芙蓉山泉”作为商标使用，并非李某所主张的仅作为字号使用；3.从芙蓉山泉公司一审提交的证据可以看出，经过将近4年的持续广告宣传及使用，芙蓉山泉公司于第4035712号“芙蓉山”商标申请注册前，在花都地区使用“芙蓉山泉”标识已具有了一定知名度和影响力；4.李某关于芙蓉山泉公司的“芙蓉山泉”商标不具有一定影响的主张不能成立。本案解决的是“芙蓉山泉”商标在原有使用范围内能否继续使用的问题，因此对“芙蓉山泉”商标是否有一定影响的判断，主要是考察“芙蓉山泉”在原有使用范围内即花都地区是否具有一定影响；5. 李某关于其“芙蓉山”在先使用的主张不能成立。综上，在涉案注册商标申请日前，芙蓉山泉公司已经在先使用“芙蓉山泉”商标并有一定影响。

二审审理查明

经二审法院审理查明，一审查明事实清楚，二审法院予以确认。

另查明，芙蓉山泉公司给广州市花都区花山镇紫西村经济联社的《公司变更告知书》载明：“因公司发展需要，原广州市花都区芙蓉山泉饮用水厂，于2003 年 5 月 13 日变更为广州市芙蓉山泉饮品有限公司，原法人代表胡某心相应变更，由汤某潮担任法人代表，广州市花都区芙蓉山泉饮用水厂和花都区花山镇紫西村经济联社所签的土地有偿租赁合同，由广州市芙蓉山泉饮品有限公司承担相应的权利和义务，具备同等的法律效力。”

二审其余查明事实略。

二审判理和结果

二审法院审理认为，本案二审的争议焦点为芙蓉山泉公司的在先使用抗辩是否成立的问题。针对双方的争议内容，二审法院认为：首先，芙蓉山泉水厂和芙蓉山泉公司具有承继关系，使用“芙蓉山泉”标识具有正当性，主观上为善意。芙蓉山泉水厂的经营者系芙蓉山泉公司的原股东，芙蓉山泉公司给广州市花都区花山镇紫西村经济联社的《公司变更告知书》也明确了芙蓉山泉公司是由芙蓉山泉水厂变更而来，其承继芙蓉山泉水厂的合同权利义务。2008 年 8 月 3 日，芙蓉山泉公司给广州市工商局提交的申请报告中也称芙蓉山泉公司是由芙蓉山泉水厂变更而来，广东省瓶装饮用水行业协会也证明属实。故一审法院认定芙蓉山泉公司和芙蓉山泉水厂具有承继关系正确，本院予以确认。第二，芙蓉山泉水厂和芙蓉山泉公司在涉案商标申请注册前已经就“芙蓉山泉”标识进行商标性使用。鉴于芙蓉山泉水厂和芙蓉山泉公司具有承继关系，故芙蓉山泉水厂对“芙蓉山泉”标识的使用行为应当认定为芙蓉山泉公司的使用行为。第三，涉案商标申请注册前，经过芙蓉山泉水厂和芙蓉山泉公司的使用，“芙蓉山泉”标识在花都地区已经具有一定影响。芙蓉山泉公司已经就涉案商标申请注册前的相关使用行为进行举证，不再予以赘述，该些证据已经能够证明，涉案商标申请注册前“芙蓉山泉”标识在花都地区已经具有一定影响。李某的该上诉意见不成立，本院不予支持。第四，芙蓉山泉公司对“芙蓉山泉”标识的使用具有正当性，主观上并无恶意。饮用水类产品，特别是桶装水产品，由于运输成本的问题，大多数品牌具有较强的地域性。2008年8月3日，芙蓉山泉公司给广州市工商局提交的申请报告中还显示，该公司经营的品牌还有芙蓉嶂。2003年3月广东质量“315放心消费承诺”版刊登的芙蓉山泉公司的广告，也宣传该公司位于花都芙蓉自然度假村内。即芙蓉山泉水厂设立时使用的“芙蓉”二字具有一定的依据。进而，芙蓉山泉公司承继芙蓉山泉水厂，使用“芙蓉山泉”具有正当性，主观上并无恶意。

至于李某上诉称芙蓉山泉公司不符合法条关于“早于商标注册人使用”的规定的问题，现有证据未能证明涉案商标申请注册前的使用，在全国、广州市或花都区具有一定的影响，故即便李某所述属实，涉案商标的原权利人也不能排除芙蓉山泉水厂、芙蓉山泉公司对“芙蓉山泉”标识的使用，且上文已经论述芙蓉山泉水厂、芙蓉山泉公司对“芙蓉山泉”标识的使用具有正当性，并无恶意。进一步具体到本案实际，李某早在涉案商标申请注册前就已经知晓芙蓉山泉公司对“芙蓉山泉”标识的使用，芙蓉山泉公司对该标识持续使用、宣传，李某还是在2013年12月27日通过受让获得涉案商标，其应对芙蓉山泉公司在原使用范围内继续使用“芙蓉山泉”标识具有一定的预见性。

综上所述，李某的上诉请求均不能成立，应予驳回；一审判决认定事实清楚，适用法律正确，应予维持。二审法院依照《中华人民共和国民事诉讼法》第一百七十条第一款第一项之规定，判决：驳回上诉，维持原判。

【法官评述】

世界上曾有四种商标专用权制度，分别为：1.使用获得商标专用权的制度；2.不注册使用与注册使用并行，两条途径均可获专用权的制度；3.先注册后使用的制度；4.不注册使用与注册使用并行，仅注册才能产生专用权的制度。1982年颁布的《商标法》，实行的是上述第四种保护制度。进而可知，我国实施的是商标注册主义制度，即对注册商标是强保护，对未注册商标是弱保护。《商标法》2013年确立了商标先用权制度，商标先用权是指“该商标虽由他人注册，但如果在先使用人在他人申请注册前实际使用该商标并产生一定影响力，那么在先使用人就可以在原有范围内继续使用该商标”。[①] 可以说，商标先用权抗辩制度的诞生，是基于我国所施行的商标注册制度，为平衡商标注册人与商标在先使用人之间的利益、弥补商标注册制度的缺陷所设，该制度赋予了商标先用权人对抗侵权指控的消极权利，该项权利是一种抗辩权。

本案纠纷产生的根源，系芙蓉山泉公司在企业建立之初未重视知识产权保护，未及时对其使用的商标进行注册，导致其被在后申请注册的商标权利人李某提起诉讼。本案二审中，李某上诉称芙蓉山泉公司不符合法条关于《商标法》第五十九条第三款“早于商标注册人使用”的规定，此为李某的上诉要点。故双方对“在先使用”适用条件部分的主要争议焦点在于对《商标法》第五十九条第三款中“早于商标注册人使用”的规定理解。

《商标法》第五十九条第三款规定，商标注册人申请商标注册前，他人已经在同一种商品或者类似商品上先于商标注册人使用与注册商标相同或者近似并有一定影响的商标的，注册商标专用权人无权禁止该使用人在原使用范围内继续使用该商标，但可以要求其附加适当区别标识。据此可知，《商标法》上的在先使用抗辩成立，需具备以下要件：1. 在先使用人需在涉案商标申请注册前已经就被诉标识进行商标性使用；2. 在先使用人早于商标注册人使用并使得被诉标识已经具有一定影响。基于上述规定，笔者认为，对《商标法》第五十九条第三款“在先使用”构成要件中的“早于商标注册人使用”的法律规定，应从商标权在先使用抗辩制度的立法本意出发，进行重新理解与界定。从商标先用权抗辩制度设立本旨出发，在适用这个要件时在先使用人的主观善意状态应是重要的考虑因素。据此，显然“早于商标注册人使用”的规定不应理解为时间上的绝对前后关系，如直接从该条款出发，其实亦无法得出在先使用人必须先于商标注册人实际使用相关商标的结论。对此，不应机械地将在先使用人和商标注册人实际使用商标的时间点进行比较，还应考虑在先使用人使用商标时的主观状态，亦即是否主观上明知或应知商标注册人已经实际使用相关商标并具有一定影响，在先使用人主观状态应为善意。

进而，笔者认为，涉案商标申请注册前的使用，只有达到一定影响，才能排除他人使用。本案现有证据未能证明涉案商标申请注册前的使用，在全国、

① 吴汉东：《知识产权法》，北京大学出版社 2007 年版，第 104 页。

广州市或花都区具有一定的影响，故即便李某所述属实，涉案商标的原权利人也不能排除芙蓉山泉水厂、芙蓉山泉公司对“芙蓉山泉”标识的使用，且芙蓉山泉水厂、芙蓉山泉公司对“芙蓉山泉”标识的使用具有正当性，并无恶意。进一步具体到本案实际，李某早在涉案商标申请注册前就已经知晓芙蓉山泉公司对“芙蓉山泉”标识的使用。因此，应认定芙蓉山泉公司的在先使用抗辩成立。

最后需要指出的是，虽然本案中在先使用人芙蓉山泉公司在面对知识产权纠纷时能积极应诉，运用法律手段，以“在先使用权”抗辩，最终赢得诉讼，但芙蓉山泉公司只能在原使用范围内继续使用“芙蓉山泉”商标。教训是深刻的，公司要做大做强，一定要知识产权先行，否则后果很严重。

编写人：广州知识产权法院　丁丽　刘小艳

（编辑：齐柳）

20

百威公司与东方科苑公司侵害商标权纠纷案

阅读提示：未经商标权人同意的正品进口输入是否侵害商标权？

【裁判要旨】

商标平行进口是指进口商未经商标权人或其被许可人的同意，通过海关将商标权人在境外生产或销售的合法贴附商标的商品进口到本国境内以及进行销售的跨境贸易方式。人民法院审理商标平行进口案件，应当围绕平行进口中的被诉侵权商品是否属于正品、被诉侵权标识是否容易导致消费者混淆以及被诉侵权标识是否属于正当使用问题行审理。人民法院认定商标平行进口是否构成侵权应当以商标法为依据，回归商标权的保护本质。

【案号】

一审：广东省广州市越秀区人民法院（2019）粤 0104 民初 11378 号

二审：广州知识产权法院（2020）粤 73 民终 1944 号

【案情与裁判】

被上诉人（一审原告）：百威投资（中国）有限公司（以下称“百威公司”）

上诉人（一审被告）：广州市东方科苑进出口有限公司（以下称“东方科苑公司”）

起诉与答辩

百威公司诉称：弗兰齐丝卡纳公司（SPATEN-FRANZISKANER-BRAU GMBH）是G807592号和G1241072号商标的商标权人，其将上述商标许可百威公司使用。百威英博集团是在全球设有多家关联企业的跨国公司集合体，弗兰齐丝卡纳公司、百威公司均为该集团的关联公司。2019年1月，广州市东方科苑进出口有限公司从新加坡出口商处平行进口的一批啤酒商品因涉嫌侵犯弗兰齐丝卡纳公司商标权被海珠海关扣留，被诉侵权商品生产商显示为弗兰齐丝卡纳公司。经将百威公司在淘宝和京东电商平台销售的授权商品与被诉侵权商品进行比对，两者不存在实质性差异。百威公司诉请：1. 东方科苑公司立即停止使用G1241072号商标和G807592号商标，并销毁全部进口侵权产品；2. 东方科苑公司赔偿百威公司经济损失50万元；3. 东方科苑公司赔偿百威公司因维权所产生的合理开支费用55300元；4. 本案诉讼费由东方科苑公司承担。

东方科苑公司辩称，不同意百威公司的全部诉讼请求，理由如下：第一，百威公司就东方科苑公司通过正常贸易途径购买及进口涉案“Franziskaner Weissbier”啤酒，而该啤酒是商标权人许可生产的合格产品，是商标权人许可的正品，不是假冒伪劣商品，没有损害商标的基本功能，也没有损害商标权人的商誉，更没有将涉案商标作为企业标识进行使用，故没有侵犯百威公司的商标权利；第二，涉案“Franziskaner Weissbier”啤酒是经德国到新加坡，贸易流转到东方科苑公司，再申报进口到中国，不属于侵害百威公司商标权利的范畴，商标权人已经在其出厂、销售中实现了商标价值，商标权人的权利已经用尽，生产商、商标权人或者其许可人在货物销售出去后，无权阻止他人再次销售甚至多次营销的权利；第三，涉案“Franziskaner Weissbier”啤酒是东方科苑公司申报进口的合法货物，是商标权人许可的正品，有合法的销售合同、运输和进口申报手续，来源正当，进入中国不损害消费者的合法权益，东方科苑公司没有对商品进行虚假宣传，且进货价远高于百威公司的进货价。百威公司与商标权人之间的约定，不能约束他人进行国际贸易或向中国合法进口涉案啤酒商品，百威公司的许可或者代理协议不能限制东方科苑公司进口销售涉案啤酒商品。

一审审理查明

一、关于百威公司的商标权利来源部分

中华人民共和国原国家工商行政管理总局商标局（以下简称“国家商

标局”）于2016年6月23日出具一份《商标注册证明》，证明G807592号Franziskaner商标的注册人系SPATEN-FRANZISKANER-BRAU GMBH，该商标核定使用商品为第32类的“啤酒、不含酒精的啤酒；与不含酒精的饮料混合的啤酒”；注册有效期自2013年7月15日至2023年7月15日。

2016年10月21日，国家商标局又出具一份《商标注册证明》，证实G1241072号商标的注册人系SPATEN-FRANZISKANER-BRAU GMBH，该商标核定使用商品为第32类的“啤酒、矿泉水和汽水以及其他不含酒精的饮料；水果饮料以及水果汁；糖浆以及其他制饮料制剂”；注册有效期自2015年2月6日至2025年2月6日。

2013年7月15日和2015年2月6日，SPATEN-FRANZISKANER-BRAU GMBH将上述注册商标分别向海关申请知识产权保护备案，海关备案号分别为：T2018—64978（备案有效期自2018年4月24日至2023年7月15日）及T2018-64979（备案有效期自2018年4月24日至2025年2月6日）。

2019年2月4日，SPATEN-FRANZISKANER-BRAU GMBH（中文译名：铁锹－弗兰齐丝卡纳－酿酒厂有限公司，即“弗兰齐丝卡纳公司”）向百威公司出具一份《商业标识许可及维权授权》，订明：“许可人为弗兰齐丝卡纳公司，现就其在中国享有的商标、标识、宣传语、包装装潢、企业字号等商业标识的权利、权益，独家授权百威公司、百威（中国）销售有限公司、百威（上海）啤酒销售有限公司（上述三家公司均为被许可人）在中国境内使用及维权，许可商业标识包括许可人在中国境内已注册的商标，被许可人自许可人开始享有许可商业标识的权利、权益时即有权在中国境内进口、销售、宣传带有许可商业标识的啤酒及相关产品，并有权以自己的名义授权他方使用许可商标标识，本许可为普通许可；本授权的有效期至许可商标标识有效期届满之日止，但许可人有权随时书面通知被许可人终止本协议；许可人授权被许可人针对本授权书生效之前已发生和本授权书生效后发生于中国境内的各种侵犯许可商业标识的行为，以被许可人自己的名义对许可商业标识进行司法、行政维权、鉴定，包括但不限于调查、证据保全、涉嫌假冒或侵权产品进行鉴定，向行政主管机关举报、投诉，并可协助有关机关扣押和销毁该等假冒和侵权产品，在需要实施上述权利的情况下，被许可人可以代表许可人在中国境内签署和出具相关文件及处理相关问题；为维护许可人在中国享有的对许可商标标识的各项合法权利和权益，制止本授权书生效之前已发生和本授权书生效后发生于中国的各种侵犯许可商业标识的行为，许可人授权被许可人有权在中国境内以被许可人的名义单独提起诉讼，如果任意一个被许可人单独提起诉讼，许可人和其他被许可人不再就同一侵权行为单独提起诉讼等，许可人弗兰齐丝卡纳公司，地址德国慕尼黑 D-80335 马斯路 46-48 号。”该《商业标识许可及维权授权》的附件中载有涉案 G1241072 号及 G807592 号Franziskaner商标和弗兰齐丝卡纳公司的商事登记信息。百威公司与弗兰齐丝卡纳公司就上述《商业标识许可及维权授权》在德国进行了公证，并于 2019 年 3 月 5 日由中国驻德国慕尼黑总领事馆办理了认证转递手续。

百威公司的关联企业百威（中国）销售有限公司（也是被许可人之一）与佛山市捷杰贸易有限公司等签订《经销协议》，指定佛山市捷杰贸易有限公司等为中国的独家经销商，销售地区覆盖天津、长春、贵阳、杭州、江西等地，且在京东及天猫的电子商务购物平台上也有涉案产品的展示与销售业务。

此外，“Franziskaner Weissbier”啤酒分别获得 2014 年“啤酒世界杯”银奖及 2016 年“啤酒世界杯”金奖。另，百威公司的关联企业百威（中国）销售有限公司与上海荣优投资管理有限公司签订《活动策划及执行服务协议》，证实百威（中国）销售有限公司为举办“Franziskaner Weissbier”啤酒节、啤酒嘉年华等宣传活动，委托上海荣优投资有限公司提供活动策划等服务，活动举办地覆盖北京、上海、天津、大连等地。经过广泛的宣传，使“Franziskaner Weissbier”啤酒在啤酒行业获得一定的知名度。

二、关于百威公司指控东方科苑公司侵犯其商标权利的事实

2019 年 2 月 22 日，中华人民共和国海珠海关向弗兰齐丝卡纳公司发出一份《进出境货物知识产权状况通知书（不能认定一权利人）》[穗关知字（2018）7205]，内容为:“弗兰齐丝卡纳公司，根据你（单位）的申请，我关已于 2019 年 1 月 9 日对广州市东方科苑进出口有限公司申报进口的涉嫌侵犯你（单位）的‘Franziskaner’教士小麦啤酒 8640 箱 103680 升予以扣留。经调查，我关不能认定上述货物是否侵犯你（单位）在总署备案的相关知识产权，根据《中华人民共和国知识产权海关保护条例》第二十条、第二十三条的规定，你（单位）可以就上述货物向人民法院申请采取责令停止侵权行为或者财产保全的措施，如我关自扣留上述货物之日起 50 个工作日内未收到人民法院协助执行通知，将根据《中华人民共和国知识产权海关保护条例》第二十四条第（二）项的规定放行上述货物。”弗兰齐丝卡纳公司接获上述通知书后，百威公司基于弗兰齐丝卡纳公司出具的《商业标识许可及维权授权》文件于 2019 年 3 月 7 日向一审法院提起诉讼。

在一审法院诉讼过程中，百威公司向一审法院申请财产保全，请求查封、冻结、扣押东方科苑公司名下价值 500000 元的财产，财产线索为海珠海关扣留的涉案“Franziskaner”啤酒 8640 箱（共 103680 升），并向一审法院提供了担保。2019 年 3 月 18 日，一审法院以（2019）粤 0104 民初 11378 号民事裁定书，裁定查封东方科苑公司名下价值 500000 元的财产。在实际执行过程中，一审法院依法向海珠海关发出《协助执行通知书》，查封、扣押《进出境货物知识产权状况通知书（不能认定—权利人）》［穗关知字（2018）7205］项下的“Franziskaner”教士小麦啤酒 8640 箱 103680 升。根据海珠海关提供的《中华人民共和国海关进口货物报关单》显示，该批货物的海关编号为：5109 2018 1098 0137 71。2019 年 8 月 8 日，一审法院依法通知双方到达海迅石牌仓库进行现场勘验以及随机抽取涉案被诉侵权啤酒商品中的第 79 托第一箱（24 罐，500 毫升）被控侵权啤酒作为比对样品。

在一审庭审比对中，经当庭查验，百威公司与东方科苑公司一致确认上述抽检样品的封存状态完好，没有被开封的痕迹。当庭拆封抽检样本，内容物为 24 罐啤酒，规格为 500mL/ 罐 ×24 罐 / 箱。百威公司在比对中认为被控侵权啤酒的罐身正面和背面使用了与 G1241072 号商标以及第 G807592 号 Franziskaner 商标相同的标识，属于在同种商品上使用相同商标的行为，故东方科苑公司侵害了百威公司的商标权利。

东方科苑公司在比对中认为涉案被诉侵权啤酒使用了弗兰齐丝卡纳公司注册的 G1241072 号商标以及 G807592 号 Franziskaner 商标，但被控侵权啤酒商品是弗兰齐丝卡纳公司生产的正品，东方科苑公司并没有使用或印制涉案商标，其购买的标的物是啤酒，不是商标权的买卖或许可，这是东方科苑公司的正常国际贸易行为，没有侵犯百威公司的商标权利。

一审法院经对涉案注册商标及被控侵权啤酒进行比对，被控侵权啤酒的正、背面使用了标识，与涉案注册商标构成近似。

三、关于东方科苑公司抗辩认为涉案被控侵权啤酒的来源问题

2018年12月4日，东方科苑公司与案外人广州拓浦商贸有限公司（以下简称“拓浦公司”）签订一份编号为D180M/G7383的《代理进口协议》，约定：“拓浦公司与德国供货方签订啤酒购买协议，委托东方科苑公司代理进口该批货物，进口货物为啤酒，进口数量为8640箱，进口货值为69984欧元，原产地为德国，装运口岸为欧洲主要港口，目的口岸为广州滘心港，装运期限为2018年12月31日前，委托方在装运前把进口货物正确的合同、商业发票、装箱清单、原产地证书、卫生证书等相关进口资料交由代理方，以便代理方办理清关等手续。”同日，东方科苑公司作为买方与STARBEV PTE LTD（卖方）签订一份合同，订明：“卖方STARBEV PTE LTD的地址位于新加坡裕廊港区路31号裕廊物流枢纽#02-10M，东方科苑公司以CIF滘心港购买Franziskaner的24×500mL罐/原产国德国 教士小麦啤酒8640箱，净值69984欧元等。”根据东方科苑公司出示的《中华人民共和国海关进口货物报关单》显示，海关编号为5109 2018 1098 0137 71，境内收货人是东方科苑公司，境外发货人是STARBEV PTE LTD，消费使用单位是拓浦公司，进口日期为2018年12月17日，申报日期为2018年12月18日，经停港为香港，附随单证为装箱单、发票、提/运单、合同、原产地证明文件等，商品名称为教士小麦啤酒8640箱（103680升），总价为69984欧元，原产国为德国，目的国为中国等。

东方科苑公司为进一步印证涉案被控侵权啤酒的来源，提交一份STARBEV PTE LTD（作买方）与OKUNI TRADING（作卖方，经营地址为新加坡）于2018年10月20日签订的编号为OKN-PO049-18的销售合同和百威英博中国有限公司（Anheuser-Busch InBev China Pte Ltd）出具的信件，其中销售合同约定：“双方交易的商品为8640箱范佳乐教士啤酒24×500毫升罐/德国原产地，根据制造商出口标准，装在集装箱内，估计到达时间为新加坡2018年11月，发货港安特卫普，卸货港新加坡等。”信件则载明：“百威英博中国有限公司（Anheuser-Busch InBev China Pte Ltd）的地址位于新加坡，证明OKUNI TRADING是范佳乐教士啤酒品牌的正式和授权进口商兼经销商，请给该公司提供所有必要的支持和帮助等。”另，东方科苑公司亦出具一份STARBEV PTE LTD申报的编号为42971的《新加坡共和国原产地加工证书》，内容为：“出口商STARBEV PTE LTD，收货人为拓浦公司，发货时间为2018年12月7日，

目的港为滘心，唛头（1）TEMU7685150/HAS765232 1728 箱范佳乐教士啤酒 24 罐 500 毫升；（2）HALU5693784/HAS765279 1728 箱范佳乐教士啤酒 24 罐 500 毫升；（3）DFSU7720243/HAS765229 1728 箱范佳乐教士啤酒 24 罐 500 毫升；（4）SEGU5417151/HAS765278 1728 箱范佳乐教士啤酒 24 罐 500 毫升；（5）TGBU5433101/HAS765272 1728 箱范佳乐教士啤酒 24 罐 500 毫升；主管部门证明，有足够的证据证明上述所说明的货物是在欧盟（德国）原产的 / 加工的，特颁发此证。”

2019 年 2 月 20 日，东方科苑公司就上述销售合同、信件及原产地加工证书在新加坡办理了公证，并于 2019 年 2 月 25 日经中国驻新加坡大使馆进行认证转递手续。

至于涉案啤酒的健康证书问题。东方科苑公司出示一份《比利时王国联邦食品链安全局出口食品和其他产品健康证书》，该健康证书载明：“生产商名称为 Spaten-Franziskaner Braeu Gmbh，生产商许可 / 授权注册编号 DE233840782，出口商是 INBEV BELGIUM-BROUWERIJPLEIN 1-B3000-LEUVEN，生产商许可 / 授权注册编号 2.143.815.905；目的国新加坡，收件人 OKUNI TRADING，签发地为比利时安特卫普，签发日期为 2018 年 10 月 23 日等。”上述健康证书所附原产地证明对应的原产地一栏记载为“空白”，备注栏为欧盟（德国），签发人是佛兰芒布拉班特商会，签发时间 2018 年 10 月 29 日。但东方科苑公司没有对上述健康证书及所附的原产地证明办理公证认证的转递手续。

百威公司在质证中认为，东方科苑公司与境外主体签订的合同，签约主体及签订地均在中国领域外，没有提供缔约主体的商事资料，从新加坡出口的货物装箱单和发票也没有对应的中文译本，故对东方科苑公司与 STARBEV PTE LTD 签订的合同的真实性、合法性、关联性不予确认；即使新加坡 STARBEV PTE LTD 与新加坡 OKUNI TRADING 签订的合同有办理公证认证的转递手续，但不能证实已获得商标权人弗兰齐丝卡纳公司的授权或许可，即使东方科苑公司办理了合法进口贸易手续，也不等同于享有合法的知识产权手续，进口贸易审查与知识产权保护是截然不同的概念，即便有合法的进口贸易手续，也不排除侵犯他人的知识产权，这才是知识产权海关保护制度出现的理由。另，新加坡百威英博中国有限公司（Anheuser-Busch InBev China Pte Ltd）不是涉案商标的注册人，无权证明新加坡 OKUNI TRADING 是涉案“Franziskaner”啤酒的进口商和经销商，且从东方科苑公司提供的证据来看，涉案被控侵权啤酒并非来源于百威英博（AB InBev）及百威英博中国有限公司（Anheuser-Busch InBev China Pte Ltd），而是从欧盟出口，故东方科苑公司所举信件不能证明涉案被控侵权啤酒在欧盟经过了商标权人的合法授权。至于东方科苑公司所举新加坡的原产地证明，只能认证这批货物原产于德国，无法证实是商标权人弗兰齐丝卡纳公司生产或授权生产的啤酒。特别是东方科苑公司所举的《比利时王国联邦食品链安全局出口食品和其他产品健康证书》及所附的原产地证明没有办理公证认证的转递手续，无法证实涉案被控侵权啤酒是来源于弗兰齐丝卡纳公司生产或授权生产的啤酒。

在诉讼过程中，一审法院为查清案件事实，依法向海珠海关发出《协助调查函》，调阅和复制涉案被控侵权啤酒的报关单、中文标签以及进口食品卫生检疫证明，海珠海关向一审法院复制和提供《中华人民共和国海关进口货物报关单》、中文标签以及《中华人民共和国出入境检验检疫入境货物检验检疫证明》，其中报关单载明涉案被控侵权啤酒标记的集装箱标箱及号码分别为DFSU7720243、HALU5693784、SEGU5417151、TEMU7685150、TGBU5433101，数量为8640箱（103680升），总价为69984欧元。中文标签载明："啤酒品牌为'教士小麦啤酒'，灌装日期为2018年9月27日，保质期至2019年9月27日，经销商为拓浦公司。"检验检疫证明载明："收货人为东方科苑公司，发货人为STARBEV PTE LTD，合同号为D180M/G7383，运单号为ZH328001547，证明该单货物经检验检疫合格，予以通关放行等。"

四、关于讼争双方的主体及经营范围

百威公司于2003年7月2日登记成立，企业类型为台港澳与外国投资者合资的有限公司，主要经营啤酒和在其他国家允许外商投资的相关行业依法进行投资，为所投资企业提供产品生产、销售和市场开发过程中的技术支持等业务。东方科苑公司是1982年2月18日登记成立的有限责任公司，主要经营商品零售贸易、货物进出口以及酒类批发等业务。

五、其他查明事实

百威公司请求在法定赔偿金额范围内酌定其经济损失，计算赔偿金额的基础是涉案货物向海关申报的货值以及涉案权利商标的知名度和东方科苑公司的侵权情节。至于维权合理开支费用55300元主要涵盖了涉案商标授权文件的翻译费 3200 元，涉案啤酒货物在海珠海关扣押期间产生的运输费 40100 元以及海珠海关扣押期间产生的物流辅助服务和保管服务费 12000 元，上述三项金额合计 55300 元。百威公司为此出示广州元达运输有限公司开具的发票号码为 43806835 的广东增值税普通发票，票面金额为 40100 元以及广州市海迅仓储运输有限公司开具的发票号码为 34496294 的广东增值税专用发票，票面金额为 12000 元。

在诉讼过程中，百威公司也支出了 2019 年 3 月 22 日至 2019 年 8 月 8 日期间的物流辅助服务和保管服务费 60480 元，百威公司为此出示了广州市海迅仓储运输有限公司开具的发票号码分别为 08084563、08084564 的广东增值税专用发票，票面金额合计 60480 元。

因涉案被控侵权啤酒需迁离海迅石牌仓库，交由百威公司租赁日通国际物流（中国）有限公司广州分公司提供的仓库继续存放，由此产生运输费 31800 元，百威公司为此出示广州元达运输有限公司开具的发票号码为 49356353 的广东增值税普通发票，票面金额为 31800 元。在日通国际物流（中国）有限公司广州分公司仓储期间的租金标准则为每月 3840 元，百威公司需按月支付租金给日通国际物流（中国）有限公司广州分公司。

一审判理和结果

一审法院审理认为，东方科苑公司的行为侵犯了百威公司的本案商标权，遂判决东方科苑公司停止进口并销毁被诉侵权商品，赔偿百威公司经济损失及合理维权费用共计 205180 元。

上诉与答辩

一审判决后，东方科苑公司不服，向广州知识产权法院提起上诉。东方科苑公司上诉请求判令：1. 撤销一审判决第一项、第二项、第三项，改判驳回百威公司的全部诉讼请求；2. 支持东方科苑公司的上诉请求，并依法改判。事实与理由：涉案啤酒系东方科苑公司合法进口的正品，具有合法来源并依法履行进口报关手续，由商标权人弗兰齐丝卡纳公司生产制造，获得了商标权人母公司百威英博集团（Anheuser-Bush InBev NV/SA）及其控股企业的合法授权，属于平行进口贸易中的合法进口产品。东方科苑公司作为涉案啤酒的进口商，并未更改、遮盖或损毁涉案产品本身附带的涉案品牌标识、并未附加其他标识，并未割裂涉案商标标识与商标权人指向关系的唯一性，该平行进口行为不构成商标侵权。

百威公司答辩称：一审判决事实认定清楚、法律适用正确。1. 一审法院已经认定涉案产品是德国产品，原产地证书认定没有错误，不影响一审法院认定涉案产品的来源，不属于事实认定错误。2. 一审法院没有认定平行进口正品是准确的，东方科苑公司证明合法来源的证据是原产地证书和健康证书，没有公证转递手续，不经过公证不能够作为定案依据，从内容上并没有相关单据加以印证，不能够说明涉案产品具有合法来源，且来源于商标权人。东方科苑公司二审中提交的 18 份证据不属于二审应当采纳的新证据，是一审中存在的证据，但东方科苑公司在一审中没有提交。3. 东方科苑公司提及百威公司具有鉴定的权利，但一审过程中没有对涉案产品申请鉴定。百威公司认为证明合法来源是东方科苑公司的义务，客观上该产品已经过期了，不具有鉴定的条件，相关的后果不应当由百威公司承担。4. 百威公司认为进口行为已经损害了商标的功能，不能因东方科苑公司主张平行进口就认定其不侵权。

二审审理查明

一审法院查明的事实有相应证据佐证，二审法院依法予以确认。二审法院另查明以下事实：

一、关于被诉侵权商品在欧盟境内生产、销售以及出口情况

比利时王国联邦食品链安全局是比利时王国政府食品出口安全管理的主管机构。根据东方科苑公司提供并履行了公证认证手续的《比利时王国联邦食品链安全局食品和其他产品出口卫生证书》（证书编号：BE/EX/ANT/2018/4114/1256-A-C#）显示："1. 出口商声明：1.1. 生产商的名称和地址：Spaten-Franziskaner Braeu GmbH Marsstrasse 46-48-Muenchen；1.2. 生产商的许可、授权、注册号码：DE233840782；1.3. 出口商的名称和地址：INBEV BELGIUM-Brouwerijplein 1，B 3000 Leuven EX：VALKENIERSNATIE STORAGE MAGAZIJN POLAND ANTWERPSEBAAN25-2040 ANTWERPEN；1.4. 出口商的许可、授权、注册号码：2.143.815.905；1.5. 目的地国家：新加坡；1.6. 收货方的名称和地址：OKUNI TRADING BUANGKOK CRESCENT，#10-83 新加坡 532980 000000 新加坡。 出口商声明上述附表中所提及的产品符合所申报的定性和定量成分且适合于人类饮用。2. 主管部门的声明：联邦食品链安全局负责官员声明，出口商在其所申报附表中提及的产品，可在比利时根据所述组合成分自由销售；只要进口国允许进口，就可以被出口；生产于欧盟成员国之一，符合欧盟现行的卫生标准；由生产商 / 出口商生产 / 加工 / 存储，并在经官方授权的主管当局批准 / 授权 / 注册的机构中核实是否符合食品法的规定。由生产商 / 出口商在主管当局批准 / 授权 / 注册，经核查符合食品法的遵守情况的企业中生产 / 加工 / 储存的。”该出口卫生证书落款有联邦食品链安全局印章以及认证官员签名，签发地为比利时安特卫普，落款时间为 2018 年 10 月 23 日。根据该出口卫生证书的出口商声明的附件：“目的地：OKUNI TRADING BUANGKOK CRESCENT，#10-83 新加坡 532980 000000 新加坡；产品描述：在 20℃时，具有 11.75 特定密度（原始重力）的顶级发酵啤酒，酒精百分比（酒精度）：5%；生产商：Spaten-Franziskaner Braeu GmbH Marsstrasse 46-48-Muenchen；数量：1728PC FRAN HWH CAN 24 0，5L TRA；1728PC FRAN HWH CAN 24 0，5L TRA；1728PC FRAN HWH CAN 24 0，5L TRA；1728PC FRAN HWH CAN 24 0，5L TRA；1728PC FRAN HWH CAN 24 0，5L TRA。”发票号码 1015858569-1015858570-1015858571-1015858572-1015858573。出口商 InBev BELGIUM BVBA/SPRL Brouwerijplein 1，B 3000 Leuven 签章并由授权代表签名。

根据东方科苑公司提供的履行了公证认证手续的由 VOKA 弗拉芒 - 布拉绑商会于 2018 年 10 月 29 日出具的《国际商会 ICC 原产地证书》（编号 81201832588）显示：“1. 发货方：Anheuser-Busch InBev NV/SA 股份有限公司，Brouwerijplein 1，3000 Leuven，比利时；2. 收货方：OKUNI TRADING BUANGKOK CRESCENT，#000000 新加坡 532980 新加坡；3. 原产国：欧盟（德国）；4. 有关运输的信息：海运；5. 备注：OKN-PO049-18；6. 货物的序号、品牌、数量和性质；货物的描写：FRAN HWH CAN 24 0，5L TRA；FRAN HWH CAN 24 0，5L TRA；FRAN HWH CAN 24 0，5L TRA；FRAN HWH CAN 24 0，5L TRA；FRAN HWH CAN 24 0, 5L TRA；7. 数量：1728 PC；1728 PC；1728 PC；1728 PC；1728 PC；8. 本签署的政府机构证明上述货物来源于方框 3 中所写明的国家。”该原产地证书落款有国际商会 ICC 印章及相关人员签名，印章具体内容为“国际商会 ICC 原产地证书 认可的商会 /BE1301201 世界商会联合会”；签发地点为弗拉芒 - 布拉绑，签发日期为 2018 年 10 月 29 日。该证书中载明可登录官方网站（www.digichambers.be/verify）核实上述文件真伪。上述证书经过上述官方网站查验，能够确认其真实性。

2020 年 7 月 27 日，东方科苑公司登录中国物品编码中心官方网站查询，根据海关扣押的被诉侵权商品的条形码 04072700001058 查询的结果，该商品的生产商企业名称为 Spaten-Franziskaner-Braeu GmbH，地址为 Marsstrasse46-48，城市为 Muenchen。

二、百威英博集团与百威公司以及各子公司股权控制情况

百威公司是于 2003 年 7 月 2 日在中国上海登记注册的有限责任公司（台港澳合资），股东为百威英博啤酒香港有限公司；2018 年 5 月 21 日，其名称变更登记为百威公司；2019 年 6 月 25 日，其股东变更为现股东百威啤酒香港有限公司和百威集团控股有限公司。

百威英博集团是在全球设有许多关联企业的跨国公司集合体，百威英博集团可追溯到源头的企业主要有两家，其中一家是位于比利时的 Anheuser-Busch InBev S.A.，百威公司两股东属于百威英博集团投资控股的子公司。根据由百威公司主办的百威英博集团官网（www.ab-inbev.cn）登载百威英博集团的公司新闻显示：2008 年，英博公司与安海斯 - 布希公司合并为安海斯 - 布希英博（Anheuser-Busch InBev）。Anheuser-Busch InBev NV/SA 缩写为 ABInBev，是一家总部位于比利时鲁汶的跨国啤酒生产集团。根据百威英博集团本身的品牌划分策略，该集团将其旗下拥有的产品品牌划分为全球性品牌与地方性品牌两个等级，其中全球品牌包括百威啤酒（Budweiser），地方品牌包括 Spaten 和 Franziskaner。百威公司在二审庭审中认可，铁锹 - 弗兰齐丝卡纳 - 酿酒厂有限公司与百威公司股东百威啤酒香港有限公司及百威集团控股有限公司均属于安海斯 - 布希英博的关联公司。

广州珠江啤酒股份有限公司于 2015 年 7 月 24 日公开发布的《关于与发行对象签署附生效条件的 A 股股份认购合同的公告》显示，广州珠江啤酒股份有限公司拟向特定对象非公开发行 A 股股票，包括英特布鲁国际。英特布鲁国际是一家注册在香港的投资公司，主营业务为投资，现唯一对外投资为持有珠江啤酒 25.62% 的股份。该公告对英特布鲁国际的股权结构披露信息如下：Anheuser-Busch InBev S.A./N.V100% 控股 InBev Belgium S.A.，100% 控股 Anheuser-Busch InBev China PTE LTD，100% 控股 Interbrew China Holding Limited，100% 控股英特布鲁国际（Interbrew Investment International Holding Limited）。

根据 Franziskaner-weissbier.de 的官网页面显示：该官网载有 Spaten-

Franziskaner-Braeu GmbH 的联系方式“ABInBev 0800 52205202 www. franziskaner-weissbier.de”，住所地址为“Marsstrasse46-48 80335 Munchen”。该官网的个人数据保护页面描述为“个人数据可能会在某些情况下发送到国外，包括发送给母公司为比利时 ANHEUSER-BUSCH INBEV SA/NV 的我们公司集团中的其他公司，以便在集团内提供住宿和支持服务”，“百威英博公司在集团内提供托管和支持服务…… ABInBev 不会将您的个人数据发送给 EU/EEA 以外的收件人”。根据 ab-inbev.de 的官网页面显示，ABInBev 在官网上介绍其产品信息包括在慕尼黑拥有 Spaten、Franziskaner Weissbier 和 Lowenbrau 三个慕尼黑啤酒品牌。1997 年，Spaten-Franziskaner-Brau 和 Lowenbrau 合并，自 2004 年以来，这两家啤酒厂都隶属于百威英博集团。一审法院认定的其他事实清楚，本院经审理查明后予以确认。

二审判理和结果

广州知识产权法院经审理认为，本案证据可相互印证，被诉侵权商品属于平行进口的正品。由于被诉侵权商品上所贴附的标志与本案商标权人的注册商标完全相同，对于在中国市场的相关公众来说，被诉侵权商标不会割裂商标权人与贴附相同商标标志的平行进口商品之间的唯一指向关系，不会导致消费者混淆误认的可能性，被诉侵权行为难以认定为侵害商标权的行为。广州知识产权法院遂判决撤销一审民事判决，驳回百威公司的全部诉讼请求。

【法官评述】

商标平行进口是指进口商未经商标权人或其被许可人的同意，通过海关将商标权人在境外生产或销售的合法贴附商标的商品进口到本国境内以及进行销售的跨境贸易方式。平行进口中的商标侵权主要争议点在于未经商标权人同意的正品进口输入是否侵犯商标权。关于商标权人或被许可人与进口商或销售者的诉辩焦点，具体分析如下：

一、法律适用条件：平行进口商品属于正品是司法裁判的前提

平行进口商品属于正品。商标平行进口的实质在于进口商在国外合法购买贴附商标的授权产品，未经商标权人同意将产品输入中国境内。虽然中外学界对于平行进口的概念尚未形成统一观点，但对于平行进口的主体为未经授权的进口商、对象都是真品等方面基本一致。[①] 一般来说，平行进口具有以下构成要件：1. 权利人对商品上贴附的商标在出口国与进口国均享有合法的权利；2. 平行进口商品为贴附商标的正品而非假冒品；3. 出口国与进口国的商标权人实质性归属于同一权利人；4. 未经商标权人同意；5. 平行进口商品履行正常合法的海关监管进入到国内。本案中，百威英博集团是对集团品牌进行集中管理的大型跨国公司，被诉侵权商品由百威英博集团子公司通过分工合作方式进行生产、销售给其在新加坡的授权销售公司，并由该公司将被诉侵权商品销售给东方科苑公司，通过进口方式输入到中国。被诉侵权商品是由商标权人在德国生产的合法商品，并通过跨国销售方式进入中国境内，本案证据能够相互印证被诉侵权商品属于平行进口的正品，此即平行进口商品属于正品的判断规则。

被诉侵权商品与授权商品是否受同一主体控制。百威英博集团属于大型跨国集团，其控股的数家子公司分布全球各地，公司的品牌则由集团公司根据商业需要配置相应的子公司进行使用。被诉侵权商品是由商标权人在德国慕尼黑工厂生产的正品，与本案授权商品均属于商标权人所有，而被诉侵权商品的品牌又属于百威英博集团统一管理，由其实际控制商标权在全球经营。因被诉侵权商品与商标权利人的授权商品均属于商标权人，并由百威英博集团对被诉侵权标识与商标权进行统一控制，当这种平行进口商品与授权商品均属于商标权人所有或者由百威英博集团统一控制时，平行进口商品不构成侵害商标权，这就是“同一控制或者所有”侵权例外规则。[②]

二、司法认定标准：混淆可能性是商标侵权的裁判规则

被诉侵权行为不会导致混淆可能性。认定“混淆的可能”是商标保护的核心问题，是划定合理的商标权利范围的基础。[③] 是否存在混淆可能性既是商标授权确权审查的重要尺度，又是侵权认定的主要依据。商标侵权的认定并非要求被诉侵权标识与商标权人的商标在物理上完全相同，商标法并非保护符号本身，而是对是否容易导致混淆、误认进行判断。他人未经权利人许可在相同商

① 谭启平：《论平行进口中的知识产权问题》，载《现代法学》2003 年第 4 期。

② 李明德：《美国知识产权法》（第二版），法律出版社 2014 年版，第 556 页。

③ 黄晖：《商标法》（第二版），法律出版社 2016 年版，第 114 页。

品上使用相同商业标识的，推定容易导致混淆、误认。未经商标权人许可使用被诉侵权标识，极容易导致混淆、误认，二者共同构成侵害商标权的构成要件。商标的市场价值在于对特定商业主体与特定商品进行联系，法律所要保护的利益是商标与商品的唯一、确定指向关系，消费者以商标作为媒介来寻找商品，减少搜索成本以提高交易效率，消费者能够按照自由意愿选择所需要的商品。禁止他人未经许可在相同或者类似的商品上使用相同或近似商标，法院据以判断混淆侵权成立与否的标准应当是混淆可能性。[①] 本案中，无论是商标权人同意在中国授权销售的啤酒，还是平行进口的啤酒，由于被诉侵权商品上所贴附的标志与本案商标权人的注册商标完全相同，对于在中国市场的相关公众来说，被诉侵权商标并不会割裂权利人与贴附相同商标的平行进口商品之间的唯一指向关系，不会导致混淆、误认的可能性，故被诉侵权行为难以认定侵害商标权。商标法保护商标权人的私益的同时，以维护公共利益为常态。正如学者所说，“消费者的利益是商标权的起点，也是其终点”[②]。平行进口这一跨境商业方式能够促进全球商品流通，扩大消费者获得商品的渠道，也不会损害商标权人的利益，故从权利人与消费者之间利益平衡的角度，鼓励商标平行进口有利于促进丰富市场供给，推动市场竞争，消费者可通过市场竞争获得利益，不仅不会损害消费者利益，还会进一步提升消费者福利。

被诉侵权商品不存在实质性差异。被诉侵权商品若与授权商品存在实质性差异，会损害权利人的商标商誉，从而构成商标侵权。本案中，被诉侵权商品属于正牌啤酒，其状况并未被改变或者损害，产品经过定性与定量分析，无论是在酒精度、成色、容积、工艺、做法、发酵方法、保质期方面，还是在可见度、物理属性方面，均与商标权人授权销售商品的质量不存在实质性差异，属于同一商品，权利人对两者均具有质量控制能力。商标权人在淘宝和京东电商平台上销售的授权产品与被诉侵权商品进行比对后进一步证明两者相同或者不存在实质性差异。被诉侵权商品与商标权人授权销售商品不存在实质性差异，不应当认定为侵害商标权。

---

① 姚鹤徽：《论混淆可能性在商标混淆侵权判定中的地位——兼评我国〈商标法〉第五十七条》，载《河南财经政法大学学报》2015 年第 6 期。

② 黄汇：《商标法中的公共利益及其保护》，载《法学》2015 年第 10 期。

三、侵权抗辩事由：平行进口中不侵权抗辩的审查标准

权利用尽不构成商标平行进口侵权抗辩的正当理由。商标权用尽，又称为一次销售、权利穷竭，是指当拥有商标权的商品被合法售出之后，拥有商标权的商品被受让人再次销售时商标权人无权禁止转卖人即原受让人继续使用原商标标志。商标权作为知识产权具有地域性与独立性，在一国取得商标权并不意味着在他国取得商标权，商标权的取得应当以商标注册国的法律保护为基础。商标权没有域外效力，除非所有国参加了国家公约或订立双（多）边互惠条约，否则在一国得到承认和保护的商标在另一国不能受到保护。[①] 即使商标权在国外受到该国法律的保护，但该商标并非当然受到中国法律的保护。在商标权人主张被诉侵权商标构成侵权的情况下，权利人是以在中国注册商标为权利基础主张侵害商标权。商标平行进口进入中国境内并非属于权利人使用注册商标，国外使用的商标属于国际权利用尽语境下的商标，这并非属于权利人在中国所主张的商标权，即使符号在物理特征上完全相同，但仍然属于两枚独立的商标。商标法的立法宗旨和核心任务是确保商标识别商品或服务的来源之功能，而非商标本身。[②] 在没有国际条约、双边或多边协定进行特别制度安排的情况下，被诉侵权人主张商标权国际用尽难以成立。因为商标权应当是受到一国法律保护的商标权而不是受到他国保护的商标权，国外商标权首次销售商品后的权利用尽所指向的商标权并非中国法所保护的商标权，权利人主张侵害商标权不是同一枚商标所蕴含的权利。在国外基于该国商标法的规定而出现商标权用尽，并不能作为被诉侵权人主张中国注册商标权用尽因而不侵害商标权的当然抗辩理由，故平行进口的商标权国际用尽不能成立。商标权国内用尽则属于授权商品首次销售后的权利用尽，由于商标平行进口输入的商品并非属于商标权人在国内首次销售的商品，权利人并非对其进行了国内首次销售，故商品平行进口的商标权国内用尽也不能成立。

商标平行进口中，商标正当使用中的指示性使用也是被诉侵权人所常用的不侵权抗辩理由。所谓商标指示性使用行为，一般是指被诉侵权人使用商标权人的商标是为了客观表明其所提供的商品或者服务用途、品质、对象是来源于

---

① 马强：《商标权权利穷竭研究》，载《现代法学》2000 年第 1 期。

② 马旭霞：《平行进口中商标"混淆可能性"的判定：欧盟的经验及对中国的启示》，载《政法论坛》2019 年第 2 期。

商标权人的商品或者服务的商标使用行为。构成指示性合理使用的商标使用行为须具有使用的必要性、使用方式须具有合理性、使用人主观上须为善意。[①]考量能否成立正当使用，人民法院应从进口商或销售者使用意图是否善意，使用目的是否正当，使用方式是否必要、合理等方面对进口商或销售者使用商标的场所、方式、目的、形式是否属于正当使用等进行综合判断。在司法实践中，进口商或销售者在其店铺招牌、墙面等单独使用权利人商标时，未标注其自己的商标，或以字体、颜色刻意强调权利人商标的显著性，超出必要、合理的使用范围，此种行为属于商标法意义上的标示来源使用且容易导致消费者产生混淆，构成商标侵权行为而非指示性使用。需说明的是，客观上可能导致消费者产生混淆的商标使用行为并非一概不构成商标正当使用，为指示说明自身提供商品的来源、特征等真实信息而使用他人商标的行为即使可能导致混淆，是否构成正当使用仍应从商标侵权判定标准予以判断。

四、结语

在立法机关未对商标平行进口是否构成侵权作明确表态的情况下，司法机关应当秉持谦抑立场，在个案中对商标使用行为是否侵害商标权作出公正裁判，避免对某一商业交易模式的机械化理解，以及进行标签化裁决。人民法院在司法裁决中应通过对商标权保护范围的限制来缓解对贸易、投资的扭曲与阻碍。中国必须充分利用好国内、国际两个市场、两种资源，形成以国内市场大循环为主体，国内、国际双循环相互促进，共同为经济发展增强动力的新发展格局。深化全球经济一体化与国际经济合作，实现商标权人、平行进口商、消费者与公共利益之间的平衡。平行进口中的商标侵权纠纷案，人民法院应当围绕平行进口中的被诉侵权商品是否属于正品、被诉侵权标识是否容易导致消费者混淆以及被诉侵权标识是否属于正当使用问题进行审理，并就典型情形总结出司法裁判规则，实现裁判规则的统一，体现裁判尺度的案例价值，确保司法裁判公正、高效、权威。

编写人：广州知识产权法院　蒋华胜　潘星予

（编辑：齐柳）

① 苏和秦、梁思思：《论商标的指示性合理使用》，载《知识产权》2020年第3期。

21

拉尔夫劳伦公司与老铭人公司等侵害商标权及不正当竞争纠纷案

阅读提示：如何认定“复制、模仿或者翻译”外文驰名商标的行为构成商标侵权？

【裁判要旨】

对外文驰名商标的中文译名的保护应当符合三个构成要件：1. 请求保护的外文商标有认驰必要且达到驰名程度；2. 被诉侵权中文标识系对该外文驰名商标标志的“复制、模仿或者翻译”；3. 该行为容易导致相关公众混淆或误认，致使驰名商标权利人的利益可能受到损害。通过禁用与中文译名相同或近似的标识实现对外文驰名商标的保护。

【案号】

一审：广州知识产权法院（2019）粤 73 民初 1835 号

【案情与裁判】

原告：拉尔夫劳伦贸易（上海）有限公司（以下称“拉尔夫劳伦公司”）

被告：惠州市老铭人服饰有限公司、广州劳夫罗伦国际服饰有限公司（以下分别称“老铭人公司”“劳夫罗伦公司”）

起诉与答辩

拉尔夫劳伦公司起诉称：1.“RALPH LAUREN”是全球知名的服装品牌。波罗 / 劳伦公司于 1986 年 6 月 17 日在我国申请注册第 278871 号“RALPH

LAUREN”商标。该商标于1987年2月20日获准注册，核准商品为“衣服”。拉尔夫劳伦公司作为商标被许可人对该商标的合法权益受法律保护。2. 拉尔夫劳伦公司投入大量资金，通过电视、互联网、报纸、杂志等媒体等对第278871号“RALPH LAUREN”商标进行持续的广告和市场宣传，该商标在中国已具有极高的美誉度和知名度，请求认定该商标在“衣服”商品上为驰名商标，并对该驰名商标予以相应的法律保护。3. 老铭人公司、劳夫罗伦公司未经许可，擅自生产、销售及推广侵权产品，侵犯拉尔夫劳伦公司对第278871号“RALPH LAUREN”驰名商标享有的合法权益。老铭人公司、劳夫罗伦公司分工协作，在服装、皮带等商品上使用与第278871号“RALPH LAUREN”商标近似的“勞夫羅倫 / 劳夫罗伦”标识。老铭人公司制造带有“勞夫羅倫 / 劳夫罗伦”标识的服装、皮带等商品，与劳夫罗伦公司共同运营“勞夫羅倫 / 劳夫罗伦”品牌，并将被诉侵权标识使用在店铺的店面招牌、店内装潢、产品包装、销售单、产品吊牌及微信公众号上，并通过直营店或加盟方式吸引经销商，将被诉侵权商品销售至全国各地。“勞夫羅倫 / 劳夫罗伦”为拉尔夫劳伦公司驰名商标“RALPH LAUREN”的音译，与拉尔夫劳伦公司“RALPH LAUREN”驰名商标构成近似商标，极易让消费者混淆误认，侵害拉尔夫劳伦公司驰名商标的合法权益。4. 老铭人公司、劳夫罗伦公司的行为构成不正当竞争。劳夫罗伦公司企业名称中的“劳夫罗伦”与拉尔夫劳伦公司涉案驰名商标“RALPH LAUREN”极为近似。老铭人公司、劳夫罗伦公司在经营活动中对外宣称“勞夫羅倫 / 劳夫罗伦”创立于1921年，起源于意大利佛罗伦萨，构成虚假宣传。5. 老铭人公司、劳夫罗伦公司侵害拉尔夫劳伦公司驰名商标权益，实施不正当竞争行为，给拉尔夫劳伦公司造成巨大经济损失，应当共同承担侵权责任。据此请求：1. 老铭人公司、劳夫罗伦公司立即停止侵害拉尔夫劳伦公司商标专用权的行为；2. 老铭人公司、劳夫罗伦公司立即停止对拉尔夫劳伦公司的不正当竞争行为；3. 老铭人公司、劳夫罗伦公司在判决生效后5个工作日内在《中国知识产权报》《法制日报》等报纸及新浪、网易、搜狐网站上或法院指定的其他在全国范围内发行的报刊和媒体非中缝的位置上刊登声明，消除其侵权行为给拉尔夫劳伦公司造成的不利影响；4. 老铭人公司、劳夫罗伦公司连带赔偿拉尔夫劳伦公司因侵权行为所遭受的损失及拉尔夫劳伦公司为制止侵权而支付的律师费、公证费、翻译费、调查取证费等共计500万元；5. 老铭人公司、劳夫罗伦公司承担本案诉讼费用。

老铭人公司、劳夫罗伦公司共同答辩称：1. 拉尔夫劳伦公司主体不适格，不能作为本案原告。拉尔夫劳伦公司提交的授权材料显示其并未获得授权，应驳回拉尔夫劳伦公司的全部诉讼请求。2. 劳夫罗伦公司在第 25 类商品上注册有“劳夫罗伦”商标 6 件，且最早申请及注册在 2015 年。劳夫罗伦公司合法使用注册商标，不侵害他人商标权。3.RALPH LAUREN 对应的中文翻译为“拉尔劳伦”或“拉尔夫劳伦”，与“劳夫罗伦”无法形成对应关系。4.“劳夫罗伦”一词未侵害到任何人权利，劳夫罗伦最早注册时间为 2007 年，与拉尔夫劳伦公司没有关系。5. 拉尔夫劳伦公司商标并非驰名商标，即使为驰名商标亦不能认定老铭人公司、劳夫罗伦公司使用已获注册的商标侵害拉尔夫劳伦公司权利，老铭人公司、劳夫罗伦公司的行为也不存在不正当竞争行为。6. 因为老铭人公司、劳夫罗伦公司不侵权，故拉尔夫劳伦公司主张赔偿合理费用没有依据，也不需要赔礼道歉。7. 根据有关司法解释的规定，本案不属于民事案件的管辖范围，劳夫罗伦公司有在先注册的商标，人民法院应当告知拉尔夫劳伦公司向有关行政机关进行解决。

一审审理查明

第 278871 号“RALPH LAUREN”商标于 1986 年 6 月 17 日申请注册，注册人为波罗 / 劳伦有限公司，1987 年 2 月 20 日获准注册，经续展有效期至 2027 年 2 月 19 日，核定使用商品类别为第 25 类：衣服。

2018 年 8 月 15 日波罗 / 劳伦有限公司签署《授权证明》，证明拉尔夫劳伦公司作为该公司在中国大陆地区的商标及其他知识产权权利的被许可人，被授权作为共同原告或以自己名义单独在中国针对侵权人提起商标侵权、不正当竞争纠纷等诉讼案件。

2012 年至 2014 年拉尔夫劳伦公司将“RALPH LAUREN”品牌的衣服、配饰等产品进口到中国销售，进口产品金额总计数亿元。2012 年至 2014 年拉尔夫劳伦公司通过开设专卖店等直营或联营方式销售“RALPH LAUREN”品牌商品，截至 2019 年 9 月在北京、上海、广州、深圳等地共有 93 家“RALPH LAUREN”品牌直营店铺。2012 年至 2014 年《时装》《时尚芭莎》等数十家杂志、期刊刊登有“RALPH LAUREN”的广告及报道。2012 年至 2018 年“RALPH LAUREN”在“世界品牌 500 强”排行榜中名列前 200 强。2012 年、2013 年

“RALPH LAUREN”品牌入选“50家全球最受赞赏公司—全明星榜”。2013年、2014年“RALPH LAUREN”品牌入选Interbrand评选全球最佳品牌排行榜。原国家工商行政管理总局商标评审委员会［2016］第0000020758号异议复审裁定书认定“劳夫罗伦”系“RALPH LAUREN”的音译，众多媒体报道也将“RALPH LAUREN”直接翻译成“劳夫罗伦”，“RALPH LAUREN”商标通过广泛宣传在相关公众中具有较高的知名度。原国家工商行政管理总局作出的多份文书认定“RALPH LAUREN”商标具有一定的知名度。北京知识产权法院等法院作出的多份民事、行政和刑事判决书认定使用在“服装”等商品上的“RALPH LAUREN”商标在相关公众中具有较高知名度。

北京市方圆公证处（2019）京方圆内经证字第27960号公证书载明：在百度搜索有消费者将“RALPH LAUREN”对应“劳夫罗伦”；在海囤全球网、淘宝网等网站将“RALPH LAUREN”与“劳夫罗伦”对应；有道翻译将“劳夫罗伦”翻译成“RALPH LAUREN”；网上有多篇介绍“RALPH LAUREN”的文章将“RALPH LAUREN”翻译成“劳夫罗伦”。

上海市黄浦公证处（2019）沪黄证经字第2884号公证书记载：2018年10月30日广州劳夫罗伦国际服饰有限公司认证“勞夫羅倫国际”微信公众号。该微信公证号显示有“勞夫羅倫”广州沃尔玛店、勞夫羅倫贵州遵义店、陕西汉中洋县店、勞夫羅倫揭阳棉湖店等开业的宣传；2019年1月22日老铭人集团举办2019年迎春晚会；2019年5月16日勞夫羅倫2019年秋冬新品鉴赏会在广州市天河区天河新天地圆满完成；以及众多标注“勞夫羅倫国际”的广告宣传、商品图片及店铺形象图片。2018年3月26日“勞夫羅倫国际”品牌介绍：L.R.Lomeren（劳夫罗伦）是一位出生在意大利佛罗伦萨市一个普通而又平凡工人家庭里的年轻人……年轻时期的L.R.Lomeren（劳夫罗伦）通过自己不懈的努力考取意大利的佛罗伦萨市意大利时装设计学院，攻读服装设计专业。1920年在佛罗伦萨一次高级设计师宴会上，L.R.Lomeren（劳夫罗伦）与其他二位来自意大利罗马和米兰不同地方的年轻人相识……三个来自不同地方却有着共同梦想的人走到一起，1921年L.R.Lomeren（劳夫罗伦）品牌正式诞生。

上海市黄浦公证处（2019）沪黄证经字第2885号公证书记载，www.lomren.com网址显示以下内容：劳夫罗伦的品牌介绍、品牌定位、产品介绍、企业介绍、品牌故事等。产品图片显示为意大利勞夫羅倫国际服饰有限公司。企业介绍载明惠州市老铭人服饰有限公司始创于1996年，公司面积5000多平方米，职工10000多人，现已成为一家规模大、设备齐全，集产品设计、开发、生产、加工、营销于一体的服装企业，现集团旗下有“劳夫罗伦lomren”“L.R.Lomeren”等品牌。该公司店铺分布显示在广东、福建、吉林、新疆、云南等省市共近100家店铺等。

上海市黄浦公证处（2019）沪黄证经字第3045号、（2019）沪黄证经字第3046号、（2019）沪黄证经字第3047号等多份公证书记载：“LOMREN POLO 勞夫羅倫工厂店”等商铺销售的皮带（品牌勞夫羅倫）、运动鞋（品牌勞夫羅倫）、短袖POLO衫（品牌勞夫羅倫）、梭织短袖衬衫（品牌勞夫羅倫）等商品吊牌、纸质购物袋均等处标注“广州劳夫罗伦国际服饰有限公司”的企业名称及工商注册地址、电话等信息。

劳夫罗伦公司于2016年11月21日在第25类“服装”商品上申请注册第21971080号“劳夫罗伦”等商标。后该商标被宣告无效。劳夫罗伦公司不服提起行政诉讼。北京知识产权法院认为，诉争商标“劳夫罗伦”与拉尔夫劳伦公司引证商标“RALPH LAUREN”中文音译“拉夫劳伦”的文字构成近似，在呼叫上具有较高的对应关系；且“RALPH LAUREN”经过长期广泛使用，在中国大陆地区服装行业已具有一定的知名度，裁定驳回劳夫罗伦公司的诉讼请求。

老铭人公司系于2004年12月17日成立的有限责任公司，注册资本1000万元，法定代表人邱某顺，股东邱某顺、邱某均等四人；经营范围为生产、销售服装、服饰、鞋、领带等。劳夫罗伦公司系于2014年3月4日成立的有限责任公司，注册资本1000万元，法定代表人邱某强，股东邱某顺、邱某强；经营范围为纺织品、针织品批发等；2017年7月31日企业名称由广州铭人盛世服饰有限公司变更为现企业名称。

一审判理和结果

涉案商标注册人为波罗/劳伦有限公司，该商标在有效期内，波罗/劳伦有限公司的合法权益依法应受法律保护。波罗/劳伦有限公司授权拉尔夫劳伦公司作为该公司在中国区域的商标及其他知识产权权利的被许可人，有权以自己名义单独在中国针对侵权人提起商标侵权诉讼。依照《最高人民法院关于审理商标民事纠纷案件适用法律若干问题的解释》第四条的规定，拉尔夫劳伦公司作为涉案商标的被许可人，有权以自己名义单独提起本案诉讼，拉尔夫劳伦公司主体适格。本案争议焦点为：1. 拉尔夫劳伦公司是否符合法定的主体资格；2. 老铭人公司、劳夫罗伦公司的行为是否侵犯拉尔夫劳伦公司涉案注册商标专用权；3. 老铭人公司、劳夫罗伦公司的行为是否构成不正当竞争；4. 如果被诉侵权行为成立，应当如何确定老铭人公司、劳夫罗伦公司的责任。

一、老铭人公司、劳夫罗伦公司使用被诉标识是否构成商标侵权

拉尔夫劳伦公司第 278871 号“RALPH LAUREN”商标核定使用的商品类别为第 25 类衣服。劳夫罗伦公司亦在第 25 类商品衣服上申请第 21971080 号“劳夫罗伦”商标等多个商标，因此，只有认定拉尔夫劳伦公司涉案商标“RALPH LAUREN”为驰名商标的情况下，才有可能认定老铭人公司、劳夫罗伦公司使用被诉商标的行为是否构成商标侵权，本案有认定拉尔夫劳伦公司涉案商标是否驰名的必要性。

根据拉尔夫劳伦公司的举证，拉尔夫劳伦公司使用第 278871 号“RALPH LAUREN”注册商标的持续时间、该商标商品的销售区域、该商标的广告宣传的方式、持续时间、资金投入和地域范围、该商标曾被作为驰名商标受保护的记录、该商标享有的市场声誉等，可以认定拉尔夫劳伦公司第 278871 号“RALPH LAUREN”的商标在 2019 年 8 月 12 日本案被诉侵权行为发生前在中国境内已为相关公众广为知晓，已达到驰名的程度，应当认定在第 25 类衣服商品上为驰名商标，并对该驰名商标予以相应的法律保护。

根据拉尔夫劳伦公司提交的公证书等证据证实，老铭人公司、劳夫罗伦公司在其制造、销售的服装、皮带、运动鞋等商品及商品包装、产品宣传手册、产品吊牌、经营场地、店面招牌等以及在微信公众号和网站使用“勞夫羅倫 / 劳夫罗伦”标识，该标识的使用行为属于商标使用。拉尔夫劳伦公司第 278871 号“RALPH LAUREN”商标核定使用的商品类别为第 25 类衣服。被诉侵权商品亦有衬衫、T 恤、休闲裤等衣服。被诉侵权商品皮带、运动鞋等与衣服在用途、销售渠道、消费对象等方面相同，因此，可以认定老铭人公司、劳夫罗伦公司在与拉尔夫劳伦公司涉案商标核定使用的商品相同或类似商品上使用被诉侵权标识。拉尔夫劳伦公司第 278871 号“RALPH LAUREN”商标在核定使用商品类别第 25 类衣服上已达到驰名的程度，被诉侵权标识“劳夫罗伦”“勞夫羅倫”与拉尔夫劳伦公司第 278871 号“RALPH LAUREN”商标的中文音译词近似，两者构成商标近似。老铭人公司、劳夫罗伦公司在相同和类似商品上摹仿或者翻译他人在中国注册的驰名商标，极易让相关公众误认标注被诉标识的涉案产品是由拉尔夫劳伦公司提供或与拉尔夫劳伦公司具有特性联系，从而发生混淆，因此，被诉标识侵犯拉尔夫劳伦公司第 278871 号“RALPH LAUREN”商标专用权。

二、老铭人公司、劳夫罗伦公司的行为是否构成不正当竞争

（一）劳夫罗伦公司的字号是否构成不正当竞争

如上所述，拉尔夫劳伦公司第 278871 号“RALPH LAUREN”商标在第 25 类衣服商品上达到驰名的程度，劳夫罗伦公司的企业字号“劳夫罗伦”与拉尔夫劳伦公司“RALPH LAUREN”商标的中文音译词近似，足以使相关公众误认为拉尔夫劳伦公司与之存在特定联系产生混淆，因此，劳夫罗伦公司于 2017 年 7 月 31 日变更企业名称后的企业字号构成不正当竞争。

（二）老铭人公司、劳夫罗伦公司是否具有虚假宣传的不正当竞争行为

老铭人公司、劳夫罗伦公司通过其网站、微信公众号等从事经营活动时对外宣称“勞夫羅倫 / 劳夫罗伦”创立于 1921 年，起源于意大利的佛罗伦萨。而老铭人公司成立于 2004 年，劳夫罗伦公司成立于 2014 年，老铭人公司、劳夫罗伦公司与意大利或意大利佛罗伦萨不存在任何关系。因此，老铭人公司、劳夫罗伦公司对其商品品牌历史、渊源等作虚假或者引人误解的商业宣传，欺骗、误导消费者，其行为构成虚假宣传的不正当竞争。

三、老铭人公司、劳夫罗伦公司是否构成共同商标侵权及不正当竞争行为

被诉侵权商品、商品吊牌或产品宣传册等上标注制造商老铭人公司及劳夫罗伦公司的企业名称、地址等信息；老铭人公司、劳夫罗伦公司的微信公众号与网站均具有相同的对外宣传“勞夫羅倫 / 劳夫罗伦”标识商品及宣传推广活动的内容；劳夫罗伦公司的经营场所标注该公司是老铭人公司名下的公司；老铭人公司的网址同时标注有老铭人公司、劳夫罗伦公司的联系地址等信息，网站对外宣称劳夫罗伦公司“LAUREN”品牌是老铭人公司的主打品牌；老铭人公司、劳夫罗伦公司具有关联关系，“邱某顺”同时是老铭人公司、劳夫罗伦公司的股东。因此，可以认定老铭人公司、劳夫罗伦公司共同实施了涉案商标侵权及不正当竞争行为。

四、老铭人公司、劳夫罗伦公司应承担的侵权责任

老铭人公司、劳夫罗伦公司的被诉行为侵犯了拉尔夫劳伦公司涉案商标专用权，同时亦构成不正当竞争，依法应当承担停止侵权、赔偿损失的民事责任。拉尔夫劳伦公司要求老铭人公司、劳夫罗伦公司在《中国知识产权报》等媒体上刊登声明、消除影响的诉讼请求不予支持。

关于损害赔偿。依法酌情确定老铭人公司、劳夫罗伦公司应当赔偿拉尔夫劳伦公司的经济损失，考虑以下因素：1. 拉尔夫劳伦公司第 278871 号 "RALPH LAUREN" 商标的知名度。2. 老铭人公司、劳夫罗伦公司共同实施了商标侵权及虚假宣传等不正当竞争行为。3. 老铭人公司、劳夫罗伦公司的侵权恶意非常明显。4. 老铭人公司、劳夫罗伦公司的侵权获利。老铭人公司 2016 年净利润可以作为酌情确定赔偿数额的参考因素。依照老铭人公司 2016 年财务月报表显示的数据，该公司全年的利润很高，且本案是老铭人公司与劳夫罗伦公司共同实施涉案侵权行为，因此，可以认定老铭人公司、劳夫罗伦公司的涉案侵权获利很高。5. 侵权规模大。根据老铭人公司、劳夫罗伦公司在微信公众号和网站的对外宣传，老铭人公司、劳夫罗伦公司在全国销售门店超过 100 家，侵权地域范围广。6. 侵权行为持续时间较长。老铭人公司、劳夫罗伦公司于 2016 年起即开设销售被诉标识的专门店并进行相应的推广宣传，2017 年 7 月劳夫罗伦公司变更现企业名称，拉尔夫劳伦公司于 2019 年多次公证购买被诉侵权商品。7. 拉尔夫劳伦公司为制止侵权行为支付了合理开支。综上所述，拉尔夫劳伦公司请求老铭人公司、劳夫罗伦公司共同赔偿其经济损失及为制止侵权行为所支付的合理开支共计 500 万元，有事实和法律依法，本院予以支持。

一审法院依照《中华人民共和国商标法》第十三条、第十四条、第四十八条、第五十七条、第六十三条，《中华人民共和国反不正当竞争法》第六条、第八条、第十七条等规定，作出判决：1. 老铭人公司、劳夫罗伦公司立即停止侵犯拉尔夫劳伦公司第 278871 号 "RALPH LAUREN" 商标注册商标专用权的行为；2. 老铭人公司、劳夫罗伦公司立即停止虚假宣传的不正当竞争行为；3. 劳夫罗伦公司自本判决生效之日起三十日内变更企业名称，变更后的企业名称中不得含有 "劳夫罗伦" 及与拉尔夫劳伦公司第 278871 号 "RALPH LAUREN" 注册商标近似的文字；4. 老铭人公司、劳夫罗伦公司共同赔偿拉尔夫劳伦公司经济损失及为制止侵权行为支出的合理开支共计 500 万元；5. 驳回拉尔夫劳伦公司的其他诉讼请求。

【法官述评】

本案涉及外文驰名商标中文译名的保护问题。根据《商标法》第十三条第二款、第三款与《最高人民法院关于审理商标民事纠纷案件适用法律若干问题的解释》第一条等规定，对外文驰名商标中文译名的保护，应当符合三个构成要件：1. 请求保护的外文商标有认驰必要且要达到驰名程度；2. 被诉侵权标识是对外文驰名商标标志的“复制、摹仿或者翻译”；3. 被诉行为容易导致相关公众混淆或误认，致使驰名商标权利人的利益可能受到损害。通过禁用与中文译名相同或近似的标识实现对外文驰名商标的保护。

第一，认定拉尔夫劳伦公司外文商标“RALPH LAUREN”是否为驰名商标。

依照《商标法》第十三条第一款、第十四条等规定，在涉及驰名商标侵权的民事案件中，人民法院根据“个案认定、因需认定”的原则，依法认定驰名商标。只有在认定涉案商标为驰名商标的前提下，才能判断被诉标识是否造成相关公众混淆或者误导，从而构成商标侵权。

首先，应审查请求保护的商标是否有必要认定驰名商标。涉案“RALPH LAUREN”商标核定使用的商品类别为第 25 类“衣服”。劳夫罗伦公司亦在第 25 类商品“衣服”上申请第 21971080 号“劳夫罗伦”等商标，尽管该商标已被国家商标局宣告无效，但该无效裁定仍未经生效行政裁判予以确认。因此，本案只有认定拉尔夫劳伦公司涉案商标“RALPH LAUREN”为驰名商标的情况下，才有可能认定老铭人公司、劳夫罗伦公司使用被诉商标标识的行为是否构成商标侵权，故本案有认定拉尔夫劳伦公司涉案商标是否驰名的必要性。

其次，审查涉案“RALPH LAUREN”商标是否达到驰名的程度。依照《商标法》第十四条、《最高人民法院关于审理涉及驰名商标保护的民事纠纷案件应用法律若干问题的解释》第五条的规定，拉尔夫劳伦公司在我国市场使用“RALPH LAUREN”商标的持续时间很长，该商标享有较高的市场声誉，使用该商标的商品销售区域遍布我国各大中城市，拉尔夫劳伦公司采用多种方式对该商标进行长期广告宣传，该商标曾被国家商标局和人民法院认定为驰名商标、因此，涉案“RALPH LAUREN”商标在中国境内已为相关公众广为知晓，应当认定在第25类衣服商品上为驰名商标，并对该驰名商标予以相应的法律保护。

第二，“劳夫罗伦”是否对“RALPH LAUREN”商标的“复制、摹仿或者翻译”。

根据《商标法》第十三条、《最高人民法院关于审理商标民事纠纷案件适用法律若干问题的解释》第一条的规定，本案应当审查被诉侵权标识“劳夫罗伦”“勞夫羅倫”是否对“RALPH LAUREN”外文驰名商标的“复制、摹仿或者翻译”，实际上是认定被诉标识与拉尔夫劳伦公司商标是否构成近似的问题。在商业活动中，为使我国相关公众容易识别、记忆商品或服务，国外经营者通常会将在中国注册的外文商标翻译成中文译名使用在商品或服务上，当相关公众看到该中文译名时会想到其生产者、销售者或服务提供者，因此，该中文译名能够发挥识别商品或服务来源的功能，依法应对该标识凝结的商誉进行保护。

首先，涉案“RALPH LAUREN”商标与中文译词“拉夫劳伦”已形成相对固定的对应关系。“RALPH LAUREN”并不是一个常见的外文单词，相应也没有固定对应的中文译词，如不像“Apple”对应中文译词“苹果”，因此，经营者或消费者往往根据其外文读音来译成相应的汉语拼音中文名。国家工商行政管理总局和北京知识产权法院作出的多份法律文书曾认定“劳夫罗伦”系“RALPH LAUREN”的中文音译词；在百度搜索有消费者将“RALPH LAUREN”对应“劳夫罗伦”；淘宝网等网站将“RALPH LAUREN”与“劳夫罗伦”对应；相关媒体亦将“RALPH LAUREN”翻译成“劳夫罗伦”。

其次，“劳夫罗伦”“勞夫羅倫”与“拉夫劳伦”构成近似。根据《最高人民法院关于审理商标民事纠纷案件适用法律若干问题的解释》第九条、第十条确定的判断商标近似的比对原则，“劳夫罗伦”“勞夫羅倫”与涉案“RALPH LAUREN”商标中文音译“拉夫劳伦”的文字构成近似，在呼叫上具有较高的对应关系。

第三，被诉侵权标识的使用构成商标侵权。

拉尔夫劳伦公司“RALPH LAUREN”商标经过长期广泛使用，在中国大陆地区服装行业已具有较强的显著性和较高的知名度，已达到驰名商标的程度。而老铭人公司、劳夫罗伦公司作为多年经营服饰的企业，应当知晓拉尔夫劳伦公司及涉案外文商标的知名度和商誉，但仍在相同和类似商品上翻译他人在中国注册的外文驰名商标，并试图申请和使用与拉尔夫劳伦公司商标中文译名近似的商标，攀附拉尔夫劳伦公司涉案商标知名度和商誉的意图明显，老铭人公司、劳夫罗伦公司的行为极易让相关公众误认标注被诉标识的涉案产品是由拉尔夫劳伦公司提供或与拉尔夫劳伦公司具有特性联系，从而发生混淆，致使拉尔夫劳伦公司利益可能受到损害，因此，被诉标识侵犯拉尔夫劳伦公司第278871号“RALPH LAUREN”商标专用权。

编写人：广州知识产权法院　刘小鹏

（编辑：齐柳）

22

安士制药公司等与迪巧公司侵害商标权及不正当竞争纠纷案

阅读提示：通过突出使用企业字号来假冒知名商标行为的侵权责任认定。

【裁判要旨】

在侵害注册商标权纠纷中，对于突出使用字号来假冒知名商标行为的停止侵权方式，通常包括规范使用、停止使用企业字号两类，但在具体案件中对于规范使用、停止使用企业字号的适用条件，易引发争议。在该类纠纷中，停止侵权方式的判定，应结合考虑被诉企业字号的选定原因及具体使用方式、被诉商品与商标核定使用是否属相同或相似类别、被诉商品销售导致的危害后果及变更被诉企业名称的必要性、被诉企业字号与注册商标两者共存于类似商品市场所导致的混淆可能性等因素。如被诉企业名称用于经营涉及社会食品安全或婴幼儿健康等领域的，应充分考量消费者混淆的可能性及社会公众利益受损的可能性，避免导致影响社会公众利益的严重后果。

【案号】

一审：广州知识产权法院（2019）粤73民初229号

【案情与裁判】

原告：美国安士制药有限公司、北京百洋诚创医药投资有限公司、青岛百洋医药股份有限公司（以下分别称“安士制药公司”“北京百洋公司”“青岛百洋公司”)

被告：迪巧药业（广州）有限公司（以下称“迪巧公司”）

起诉与答辩

安士制药公司、北京百洋公司、青岛百洋公司起诉称：安士制药公司是第1708530号D-Cal迪巧商标、第1728454号迪巧商标、第1728455号D-Cal商标的专用权人。迪巧公司的企业字号为“迪巧”，与上述“迪巧”商标相同，且“迪巧”是涉案“D-CAL”商标的对应翻译。涉案权利商标核定使用的商品为第5类的“人用药”等药品，迪巧公司名称包括“药业”。迪巧公司在实际使用名称时，刻意突出“迪巧药业”字样，或者将企业名称标注在产品包装的显著位置。迪巧公司销售的乳钙、牡蛎钙等商品属于食品，却宣传为具有补钙、具有药品或保健品功能，且针对儿童的产品。该宣传的功能与涉案权利商标所实际使用在钙剂药品及核定使用的“婴儿食品、维生素制剂、医用营养品”等商品具有相同功能，消费群体相同，容易让相关公众认为迪巧公司的商品与涉案权利商标具有密切联系。迪巧公司明知权利商标的存在，仍将生产、销售的食品包装、宣传为药品，突出使用“迪巧药业”，显然是借助上述驰名商标的声誉，达到销售其商品的目的。迪巧公司的行为侵害涉案商标的权益，应当停止侵权。因涉案权利商标构成驰名，无论迪巧公司是否突出使用“迪巧药业”，都会导致相关公众将其与涉案商标相联系，导致涉案商标的利益受损。因此，迪巧公司应停止使用包含或近似“迪巧”字样的企业字号。请求法院判令：1.迪巧公司停止侵害安士制药公司、北京百洋公司、青岛百洋公司第1708530号D-Cal迪巧注册商标专用权、第1728454号迪巧注册商标权、第1728455号D-Cal注册商标专用权的行为，停止在产品上使用“迪巧药业”，停止在宣传中使用“迪巧”和“迪巧药业”字样；2.迪巧公司变更企业名称，变更后的企业字号不得含有“迪巧”或与“迪巧”近似；3.迪巧公司停止不正当竞争行为，即停止使用“迪巧美国补钙专家”宣传广告语；4.迪巧公司赔偿安士制药公司、北京百洋公司、青岛百洋公司5000000元及为制止侵权行为支出的合理费用628130元；5.迪巧公司承担本案全部诉讼费用。

迪巧公司答辩称：迪巧公司未使用涉案商标，使用的“迪巧药业”是其公司简称。在商品包装盒使用“迪巧药业”是正常的宣传，没有恶意竞争。被诉商品在母婴店或奶粉店销售，没有进入药店或医药用品店销售，被诉商品与涉案商标核定使用商品类别和销售渠道不同。迪巧公司的名称经工商注册，被诉商品包装使用的是“迪巧药业（广州）有限公司”，被诉行为没有构成侵权，不需要承担赔偿责任。安士制药公司、北京百洋公司、青岛百洋公司主张的赔偿金额及律师费过高。

一审审理查明

第 1708530 号D-Cal迪巧商标、第 1728454 号迪巧、第 1728455 号D-Cal商标的注册人是安士制药公司、北京百洋公司、青岛百洋公司。

国家药品监督管理局于 2002 年 2 月 19 日出具注册证号为 H20020069《进口药品注册证》，其上载明，公司名称为“A & Z Pharmaceutical，Inc”，药品名称为“维 D 钙咀嚼片”，商品名“迪巧”。安士制药公司、北京百洋公司、青岛百洋公司在案件中提交多份《进口药品注册证》用以证实其上述注册商标的使用情况。

2006 年 7 月 25 日至 2018 年 9 月 6 日期间的《进口药品通关单》共 27 份，其上的药品名称为“维 D 钙咀嚼片”或“儿童维 D 钙咀嚼片”，商品名（中/英）均为“迪巧 D-Cal”，收货单位均为安士制药（中山）有限公司，该单据上均加盖有珠海市药品监督管理局药品进口备案专用章，并有部分单据同时加盖有广东省药品检验所出口药品抽样专用章。安士制药公司、北京百洋公司、青岛百洋公司据此主张其“迪巧 D-CAL”品牌维 D 钙咀嚼片自 2005 年至今一直合法进口到中国。青岛百洋公司 2008 年至 2017 年的审计报告显示，其于 2007 年至 2017 年销售额合计为 16518612461.92 元。关于涉案注册商标的知名度问题，案件证据显示，“迪巧维 D 钙咀嚼片”产品获评“2008 中国药品品牌榜上榜品牌”。“百洋医药集团有限公司：迪巧”分别获中国药店杂志社颁发“2007—2008 年度店员推荐率最高品牌”“2008—2009 年度店员推荐率最高品牌”“2011—2012 年度店员推荐率最高品牌”“2012—2013 年度店员推荐率最高品牌（补钙类）”“2016—2017 年度中国药店店员推荐率最高品牌（补锌钙类）”。“迪巧”获得中国药品品牌评选委员会、中国药品零售发展研究中心、中国医药企业合作与发展组织共同颁发的“2010 中国药品品牌榜上榜品牌”。

迪巧公司的牡蛎钙及维生素 C 两产品的外包装正面使用横向的“迪巧药业（广州）有限公司”字样，“迪巧药业”字体较大且位于“（广州）有限公司”字样的上侧，“（广州）有限公司”字样下方使用有小象头像图案，产品外包装上载明的委托方为“迪巧药业（广州）有限公司”，被委托方为“新郑市泽之润生物科技有限公司”。DHA 藻油凝胶糖果、复合益生菌产品的外包装正面使用竖向的“迪巧药业（广州）有限公司”字样，“迪巧药业”字体较大且位于“(广州）有限公司”字样的右侧，外包装正面左下方使用有小象图案，产品外包装侧面载明的委托方为“迪巧药业（广州）有限公司”，被委托方为“新郑市泽之润生物科技有限公司”；产品外包装侧面的“食用方法及推荐食用量”载有“儿童可将软糖尾部剪开……”，“温馨提示”载有“1. 儿童需在成人监护下食用；2. 本品为普通营养食品，不能代替药品”。安士制药公司、北京百洋公司、青岛百洋公司认为，迪巧公司未使用企业名称的全称，其使用“迪巧药业”的位置不在产品的背面，该使用方式属于突出使用，已经构成商标性使用。即使迪巧公司规范使用其名称，也会构成对其三个涉案商标的不正当竞争，据此，要求迪巧公司变更企业字号。

一审判理和结果

一审法院认为，被诉产品的类别与涉案注册商标核定使用类别中的“婴儿食品”属于相似类别。迪巧公司将“迪巧药业”标识突出用于其产品，且“迪巧药业”中的“迪巧”二字与第 1708530 号D-Cal迪巧注册商标中的中文文字“迪巧”及 1728454 号迪 巧注册商标的文字相同，亦即，被诉侵权标识“迪巧药业”与第 1708530 号D-Cal迪巧注册商标及 1728454 号迪 巧注册商标近似度高。第 1708530 号D-Cal迪巧注册商标及 1728454 号迪 巧注册商标的注册时间早。安士制药公司、青岛百洋公司所提交的《销售额专项审计报告》《购销协议》《分销售协议书》《专项审计报告》《广告合同》等，可证实其使用涉案商标的时间长，相应产品的销售范围广，其为涉案注册商标的使用、宣传与维护付出长期、持续的努力，涉案注册商标知名度较高。在被诉侵权产品的类别与上述涉案商标核定使用类别相近似的情况下，被诉侵权标识的使用行为极易引起相关消费者的混淆，因此，应认定被诉标识的使用构成对涉案第 1708530 号D-Cal迪巧注册商标及 1728454 号迪 巧注册商标权的侵害。

关于停止使用涉案企业名称的问题。本案中，安士制药公司、北京百洋公司、青岛百洋公司请求判令迪巧公司办理变更字号，变更后的字号不得含有“迪巧”字样。因在维 D 钙咀嚼片、儿童维 D 钙咀嚼片及小儿碳酸钙 D3 颗粒等婴儿保健食品上使用的涉案第 1708530 号D-Cal迪巧注册商标及 1728454 号迪 巧注册商标已具有一定的知名度，极易导致相关消费者的误认，结合考量迪巧公司成立的时间、企业名称变更情况以及经营过程中的字号及企业名称的使用情况，应认为迪巧公司在被诉产品上使用“迪巧药业”“迪巧药业有限公司”等字号及名称的系列行为会使得消费者持续产生混淆和误认。从被诉产品上的企业名称使用方式来看，迪巧公司将其变更后的企业名称放大使用在产品外包装的正面，该使用企业名称方式与企业名称通常使用于产品外包装背面、产品信息说明之后的方式明显不同。该企业名称使用方式亦存在攀附他人商誉的故意。企业名称和商标都有商业标识的功能，如果共存，必然产生市场冲突，且在涉案第 1708530 号 D-Cal 迪巧 注册商标及 1728454 号 迪 巧 注册商标具有较高知名度，而迪巧公司的企业名称知名度较低的情况下，两者共存不利于消费者的选择。基于迪巧公司的侵权主观故意、侵权方式及规模，不应仅判令其规范使用企业名称，而应判令其不得在企业名称中使用“迪巧”文字作为企业字号为宜。

一审法院依照《中华人民共和国民法典》第一百七十九条、第一千一百六十五条第一款，《中华人民共和国商标法》第十三条、第四十八条、第五十七条、第六十三条，《中华人民共和国反不正当竞争法》第六条第四款、第十七条第三款，《最高人民法院关于涉及驰名商标保护的民事纠纷案件应用法律若干问题的解释》第二条、第三条，《最高人民法院关于审理商标民事纠纷案件适用法律若干问题的解释》第十六条，《最高人民法院关于审理注册商标、企业名称与在先权利冲突的民事纠纷案件若干问题的规定》第四条之规定，判决如下：1. 迪巧公司自本判决发生法律效力之日起立即停止在商品上及宣传中使用侵害安士制药公司、青岛百洋公司第 1708530 号 D-Cal 迪巧 注册商标、第 1728454 号 迪 巧 注册商标专用权的商标标识；2. 迪巧公司自本判决生效之日起立即停止使用“迪巧”作为企业字号，并于本判决生效之日起十日内向工商管理部门办理企业名称变更；3. 迪巧公司自本判决发生法律效力之日起十日内赔偿安士制药公司、北京百洋公司、青岛百洋公司经济损失及维权合理支出共计 2000000 元；4. 驳回安士制药公司、北京百洋公司、青岛百洋公司的其他诉讼请求。案件现已生效。

【法官评述】

本案属于突出使用企业字号来假冒知名商标的典型案例。在侵害注册商标权纠纷中，对于突出使用字号来假冒知名商标行为的停止侵权方式的判定，应结合考虑被诉企业字号的选定原因及具体使用方式、被诉商品与商标核定使用是否属相同或相似类别、变更被诉企业名称的必要性、被诉企业字号与注册商标两者共存于类似商品市场所导致的混淆可能性、被诉商品使用被诉企业名称进行销售导致的危害后果等因素，应充分考量消费者混淆的可能性及社会公众利益受损的可能性，避免导致影响社会公众利益的严重后果。

一、关于被诉企业字号的选定原因及具体使用方式的认定

依据《最高人民法院关于审理注册商标、企业名称与在先权利冲突的民事纠纷案件若干问题的规定》第四条规定，被诉企业名称侵犯注册商标专用权或者构成不正当竞争的，人民法院可以根据原告的诉讼请求和案件具体情况，确定被告承担停止使用、规范使用等民事责任。本案中，迪巧公司于 2011 年 12 月 20 日成立时，其名称为广州市诺巢贸易有限公司，于 2018 年 1 月 16 日才将名称变更为“迪巧药业（广州）有限公司”，涉案第 1708530 号D-Cal 迪巧注册商标及 1728454 号迪 巧注册商标于迪巧公司变更企业名称时，已经过长期的使用及宣传，已具备较高知名度，故可认定迪巧公司变更企业名称的行为存在恶意。

而且，被诉商品的外包装正面使用有横向的“迪巧药业（广州）有限公司”字样，“迪巧药业”字体较大且位于“(广州）有限公司”字样的上侧，该使用方式与企业名称在商品上通常的标注方式不符，迪巧公司使用其企业名称的方式容易导致相关消费者的混淆。迪巧公司将其变更后的企业名称放大使用在产品外包装的正面，该使用企业名称方式与企业名称通常使用于产品外包装背面的产品信息说明之后的方式明显不同。该企业名称使用方式亦存在攀附他人商誉的故意。

二、关于被诉企业字号与注册商标两者共存于类似商品市场所导致的混淆可能性

判定被诉企业名称应规范使用，还是停止使用，需考虑两者共存是否容易导致相关消费者的混淆，如两者共存不利于消费者对商品的选择，则应认定被诉企业名称具备变更的必要性。本案中，企业名称和商标都有商业标识的功能，如果共存，容易导致市场冲突，且迪巧公司除自行使用其企业名称外，也将该企业名称授权给江西乐米兹食品有限公司使用，亦即，迪巧公司的企业名称有多主体同时使用，即使迪巧公司规范使用其企业名称，也不能有效避免其他获授权使用其企业名称的经营主体在实际使用该企业名称时采取突出使用的方式。在涉案第1708530号D-Cal迪巧注册商标及1728454号迪巧注册商标具有较高知名度，而迪巧公司的企业名称知名度较低的情况下，两者共存将容易导致相关消费者的混淆，不利于消费者对商品的选择，因此，关于迪巧公司停止使用其企业名称的诉请存在合理性。

三、被诉商品继续使用被诉企业名称进行销售是否容易导致损害社会公众利益的后果

由于被诉商品包括DHA藻油凝胶糖果、牡蛎钙、复合益生菌、维生素C等数十款商品，品类众多，且商品属于儿童保健食品，对于该类商品的生产、销售，如失于管控，容易导致儿童的食品健康问题，存在危害食品安全的风险，因此更需审慎，迪巧公司名称在该类商品上的使用方式极易导致相关消费者的混淆，尤其是考虑到其对涉案商标进行“搭便车”的侵权故意，即使其企业名称规范使用，仍不足以排除其危害社会公众安全的可能性。根据诚实信用和公平原则，基于迪巧公司的侵权主观故意、侵权方式及规模，不应仅判令其规范使用企业名称，而应判令其不得在企业名称中使用“迪巧”文字作为企业字号为宜，故案件判令迪巧公司停止使用其企业名称，并赔偿经济损失及维权合理开支共计200万元。案件的处理体现了加强对营商环境的保护，促进保健食品安全保障，属于体现同等保护的重大涉外案件。

编写人：广州知识产权法院　黄彩丽

（编辑：齐柳）

23

蓝月亮中国公司等与深圳蓝月亮公司等侵害商标权及不正当竞争纠纷案

阅读提示： 历史共存的两项注册商标之间因其紧张状态引发的超越使用范围构成侵权。

【裁判要旨】

对于因历史原因共存的注册商标权，伴随着商标知名度的提升程度不同，双方的商标保护范围差距逐步扩大，这将引发历史共存注册商标使用之间的紧张状态。在这种权利冲突的紧张状态中，是否存在商标侵权应当结合主客观各方面的因素予以审查。一方面，无论其中一方的商标知名度达到何种知名或驰名程度，其扩大的商标禁用权范围都不应当踏足于另一方已注册的商标专用权范围内。另一方面，在双方因历史原因共存注册商标权的情况下，均应谨守商标专用权的使用边界，不得以变造或超越商品范围等方式使用商标；特别是如果商标知名度处于劣势的一方，主观上存在攀附的恶意，并且超出自己的商标专用权范围使用商标，就有可能侵犯另一方因知名度提升而扩张的商标禁用权，从而构成商标侵权。本案一审判决构成商标侵权并且结合主客观因素全额支持了原告 1000 万元的诉讼请求；二审判决驳回上诉，维持原判。本案被最高人民法院评为 2021 年中国法院 50 件知识产权典型案例。

【案号】

一审：广州知识产权法院（2018）粤 73 民初 3161 号

二审：广东省高级人民法院（2020）粤民终 2977 号

【案情与裁判】

原告：广州蓝月亮实业有限公司、蓝月亮（中国）有限公司（以下分别称“蓝月亮实业公司”“蓝月亮中国公司”）

被告：深圳金八马生活用纸有限公司、深圳市蓝月亮纸业有限公司、重庆理文卫生用纸制造有限公司、广州康诚商业有限公司（以下分别称“金八马公司”“深圳蓝月亮公司”“理文公司”“康诚公司”）

起诉与答辩

二原告向一审法院提出诉讼请求：1. 认定第 7613055 号 及第 3208026 号 商标为驰名商标；2. 判令四被告立即停止侵犯原告第 7613055 号 及第 3208026 号 驰名商标的行为，立即删除带有“蓝月亮”标识的任何形式的宣传、销售链接，并且销毁尚未售出的侵权产品；3. 判令被告深圳蓝月亮公司停止在企业名称中使用“蓝月亮”字样的行为；4. 判令被告深圳蓝月亮公司、金八马公司、理文公司连带赔偿原告经济损失及合理开支共计 1000 万元；5. 判令被告金八马公司、深圳蓝月亮公司就其侵权行为在人民网、公司官方网站（http：//www.lyl.com.cn）、天猫商城、京东商城、苏宁易购、1 号店商城中的官方网店、微博、微信公众号等连续三十日刊登消除影响的声明，并在《中国消费者报》《南方都市报》显著版面上刊登消除影响声明，声明所占版面不小于该网站或报纸整个版面的八分之一（内容由法院和原告审核）；6. 判令四被告连带承担本案诉讼费用。

被告金八马公司、深圳蓝月亮公司共同答辩称：1. 金八马公司与深圳蓝月亮公司系关联公司，金八马公司现为深圳蓝月亮公司的全资子公司。原告请求认定第 7613055 号 及第 3208026 号 商标为驰名商标没有事实和法律依据。商标驰名与否是事实认定问题，原告将其单独作为一项诉讼请求没有法律依据。驰名商标遵循个案认定原则，原告在本案中提交的证据不足以证明该二商标为驰名商标。2. 第 1146423 号 商标由合肥市观音庙造纸厂于 1996 年 12 月 9 日申请注册并于 1998 年 1 月 28 日核准注册公告，合肥市观音庙造纸厂是村集体企业，负责人为徐某业。2004 年 12 月 21 日，国家商标局核准合肥市观音庙造纸厂将第 1146423 号 商标转让给徐某业，2016 年 1 月 20 日，国家商标局核准徐某业将该商标转让给其妻子李某珍，徐某业去世后，李某珍无意继续经营造纸业，故将该商标转让给金八马公司并于 2016 年 2 月 20 日被核准。2016 年 7 月 7 日，深圳蓝月亮公司登记成立，金八马公司持有深圳蓝月亮公司 90% 的股权。2017 年 4 月 6 日，金八马公司经核准将第 1146423 号商标转让给深圳蓝月亮公司。第 1146423 号商标先后两次经国家商标局认定有实际使用并驳回案外人的撤三申请，证明该商标有持续实际使用且具有一定知名度。二原告的成立日期均在第 1146423 号商标注册之后，且二原告主张权利的第 7613055 号及第 3208026 号商标的申请日、初审公告日、注册公告日均在第 1146423 号商标获准注册之后，故二原告主张金八马公司和深圳蓝月亮公司使用在先注册的第 1146423 号商标构成侵权没有理据。3. 深圳蓝月亮公司的第 1146423 号商标经过长期使用和宣传已具有一定的市场知名度，早在 2005 年就已被合肥市工商行政管理局认定为“合肥市著名商标”，深圳蓝月亮公司使用的商标是在自有在先基础商标第 1146423 号商标上进行美化设计后形成的，和商标的显著部分和读音均是蓝月亮，商标法并未禁止商标权人使用和自有在先注册商标相同或近似的商标，因此金八马公司和深圳蓝月亮公司在第 1146423 号商标的基础上延伸使用和商标有正当理由。而且，金八马公司和深圳蓝月亮公司在使用和商标的卫生纸外包装上同时使用了第 1146423 号商标并在该商标右上方标注 ®，不会导致相关公众混淆。原告没有权利在第 16 类卫生纸商品上使用与第 1146423 号注册商标相同或近似的商标，更没有权利禁止金八马公司和深圳蓝月亮公司使用与该商标近似的商标。4. 深圳蓝月亮公司不构成不正当竞争。深圳蓝月亮公司登记设立时，金八马公司持有被告深圳蓝月亮公司 90% 的股份，金八马公司使用自有商标作为其控股企业的字号具有正当理由，且 2017 年 4 月 6 日，深圳蓝月亮公司被核准受让第 1146423 号商标，故其使用其自有商标作为企业字号也具有正当理由。另外，深圳蓝月亮公司的企业名称除了“蓝月亮”字号外还以“纸业”表明所从事行业，通过企业名称相关公众可以清晰获知被告深圳蓝月亮公司是经营“蓝月亮”品牌纸业的企业，这也与该公司在卫生纸商品上享有注册商标专用权的客观情况相吻合。造纸和洗涤用品生产是两个不同行业，二原告和深圳蓝月亮公司不具有竞争关系，深圳蓝月亮公司的企业名称不会导致相关公众混淆，不构成不正当竞争。5. 涉案被控侵权产品是金八马公司和深圳蓝月亮公司委托理文公司生产制造、康诚公司销售的，产品包装上的商标是理文公司根据深圳蓝月亮公司、金八马公司的要求贴附在产品上的，理文公司仅负责生产加工，不负责销售产品。6. 二原告要求金八马公司和深圳蓝月亮公司连带赔偿 1000 万元并登报声明消除影响没有事实和法律依据。金八马公司、深圳蓝月亮公司使用相关商标、深圳蓝月亮公司使用现有字号均有合理理由且无侵权主观恶意，二原告未提交证据证明其损失或被告获利，即使法院认定金八马公司、深圳蓝月亮公司的行为构成侵权、深圳蓝月亮公司构成不正当竞争，二原告主张的巨额经济损失也没有理据。

一审审理查明

原告蓝月亮实业公司是第 7613055 号 及第 3208026 号 注册商标的商标权人，并将该二商标普通许可给原告蓝月亮中国公司使用，二原告依法享有该二注册商标的专用权和许可使用权。经过原告及其关联企业近 30 年的市场经营和广告宣传，上述商标具有较高的知名度和显著性；同时，原告的关联企业及股东广州蓝月亮有限公司自 1994 年起使用“蓝月亮”字号，原告蓝月亮实业公司自 2001 年起使用“蓝月亮”字号，“蓝月亮”字号已构成有一定影响的企业名称。被告深圳蓝月亮公司在第 16 类卫生纸上也拥有第 1146423 号 注册商标，但是金八马公司和深圳蓝月亮公司先后申请与原告涉案商标极其近似的 和 商标，并在深圳蓝月亮公司和金八马公司委托制造及销售、理文公司制造、康诚公司销售的“蓝月亮”纸巾商品及相关宣传中使用 和 商标，销售渠道涵盖天猫、京东、苏宁易购、1 号店等线上商城店铺及多个线下 KA 系统，深圳蓝月亮公司和金八马公司还在深圳蓝月亮公司官方网站、微信公众号及该二被告开设的网络店铺等处使用 和 商标。

关于被告的侵权获利，二原告主张以相关时间段内被诉侵权产品的销售金额除以时间段算出月均销售额，以月均销售额推算截至 2020 年 4 月的线上销售总额，假设线下销售额与线上相同，以线上线下销售总额乘以利润率，并结合商标的贡献率，计得被告的获利数额。

关于被诉侵权产品的销售数额，原告蓝月亮实业公司持一审法院出具的律师调查令分别向江苏苏宁易购电子商务有限公司、支付宝（中国）网络技术有限公司、北京京东叁佰陆拾度电子商务有限公司调取了“蓝月亮纸业官方旗舰店”“蓝月亮居家日用旗舰店”“蓝月亮纸巾旗舰店”“蓝月亮纸品旗舰店”“蓝月亮纸巾京东自营旗舰店”五个店铺中使用被诉侵权商标的产品的相关销售数据。经整理，二原告认为被告深圳蓝月亮公司2017年12月10日至2019年3月15日在苏宁易购商城“蓝月亮纸业官方旗舰店”销售金额为5323953.91元，被告金八马公司2017年6月13日至2019年2月5日在淘宝网天猫商城“蓝月亮居家日用旗舰店”销售金额为34246542.21元，京东商城“蓝月亮纸巾京东自营旗舰店”自2017年10月24日至2019年3月24日销售金额为498928.11元，被告金八马公司在京东商城“蓝月亮纸巾旗舰店”截至2019年3月14日销售金额为30672223.57元，被告深圳蓝月亮公司在京东商城“蓝月亮纸品旗舰店”截至2019年3月22日销售金额为464190.62元，以上五家店铺截至2019年2月和3月的销售金额合计71205838.42元。四被告对二原告主张的上述涉案五家店铺截至2019年2月和3月销售被诉侵权产品的金额共计71205838.42元均无异议。

关于被诉侵权产品的利润率，二原告认为，根据2018年5月24日中国产业信息网关于“2018年中国造纸行业盈利能力分析”的报道可见，2017年造纸行业整体毛利率为27.77%，2018年一季度行业整体毛利率为25.49%，根据（2019）粤广黄埔第9684号公证书显示，巨潮资讯网上刊登的“理文造纸有限公司2017年年报”显示，2017年度被告理文公司除税前盈利为6323175千港币，收入为25836884千港币，年度盈利5040292千港币，二原告据此主张被告理文公司在2017年度的毛利率为24.5%，纯利润率为19.5%。被告理文公司对被告理文公司2017年度的毛利率为24.5%、纯利润率为19.5%予以确认。被告深圳蓝月亮公司、金八马公司认为，纸业整体毛利润对本案无参考意义，对被告理文公司的毛利润和纯利润率数据同意被告理文公司的意见，但被告深圳蓝月亮公司和金八马公司除被诉侵权产品外还销售“钻典”产品，且被诉侵权产品的线上销售量高过线下。

二原告认为，涉案五家店铺并未销售除被诉侵权产品外的其他产品，故应以截至2019年3月销售被诉侵权产品的金额71205838.42元除以时间段算出月均销售额，再推算到2020年4月得出线上销售金额共计117736640.58元，假设线上线下销售额一致，则线上和线下销售额共计235473281.16元。如按2017年造纸行业整体毛利率27.77%和蓝月亮品牌贡献率50%计，被告金八马公司和深圳蓝月亮公司的获利应为235473281.16元乘以27.77%乘以50%即32695465.09元。如按被告理文公司2017年年报显示的毛利率24.5%

和蓝月亮品牌贡献率50%计，被告金八马公司和深圳蓝月亮公司的获利应为28845476.94元。按被告理文公司2017年年报显示的纯利润率19.5%和蓝月亮品牌贡献率50%计，被告理文公司的获利应为22958644.91元。综上所述，二原告认为被告获利远超二原告主张的损失赔偿数额1000万元。

一审法院根据二原告的申请，责令被告深圳蓝月亮公司、金八马公司、理文公司提交其制造、销售被诉侵权产品获利情况所涉相关数据及证据。被告深圳蓝月亮公司和金八马公司提交了2016年至2018年8月31日的审计报告，称该二被告处于亏损状态，不存在利润，故无法提供利润率的数据，还提交了被告深圳蓝月亮公司与案外人昆山润华商业有限公司广州黄埔分公司签订的合同书（合同中没有“钻典”字样，仅在合同封面手写了“钻典”字样）、“钻典”产品图片（显示生产时间为2019年5月13日），以及被告深圳蓝月亮公司与广州润德发仓储有限公司签订的协议书，主张该二被告除了生产、销售被诉侵权产品外，还代工大润发“钻典”产品，且销售被诉侵权产品时卖场收取的折扣及仓储费用合计超过销售额的25%，没有剔除相关销售费用的毛利润对于净利润的衡量没有意义，纸巾行业的整体毛利率对本案也不具有参考意义，二原告主张的蓝月亮品牌贡献率亦无依据，且二原告没有生产、销售纸巾产品，因此二被告的行为并不会使二原告的市场占有率或销量下降从而导致损失。二原告认为，审计报告是被告深圳蓝月亮公司自行委托的，不具有客观性，且该报告系针对被告深圳蓝月亮公司和金八马公司合并作出，证明该二被告财务混同；该二被告提交的财务报表显示2016年至2019年8月31日营业总收入为159107947.49元，证明被诉侵权产品的销量巨大。即使以2019年销售额计得月均销售额为7614119.42元，推算至2020年4月总计销售额应为220020902.85元，按照上述同样的计算方式亦可计出该二被告的总利润数额；被告深圳蓝月亮公司在2016—2017年先后投资设立多个子公司，结合其收入及发展规模均可证明该二被告销售被诉侵权产品获利巨大；另外，二被告出示的合同仅在封面手写“钻典”二字，无法证明合同真实履行，“钻典”产品图片显示的生产时间系本案发生后，且在京东商城、天猫、苏宁易购搜索“钻典纸巾”均无二被告所称产品，可见二被告称其除生产、销售被诉侵权产品外还代工大润发“钻典”产品的说法不能成立；二被告提交的协议书等证据也不能证明其关于毛利率对于净利润无衡量意义的说法。被告理文公司和康诚公司对被告深圳蓝月亮公司和金八马公司提交的证据均无异议。

被告理文公司提交的四份《销售合同（OEM）》显示采购方分别为被告深圳蓝月亮公司和被告金八马公司，出售方均为被告理文公司，理文公司与该二被告所签合同的总期限均自 2017 年 4 月 1 日起至 2019 年 3 月 31 日止，合同约定被告深圳蓝月亮公司、金八马公司分别向被告理文公司订购或定做卷纸、软抽、手帕纸等生活用纸产品，每份合同约定采购单品起订量为卷纸类 30 万卷 / 单品、软抽类 30 万包 / 单品、手帕纸 72 万包 / 单品。被告理文公司采购加工的产品的包装图案及 LOGO 由被告深圳蓝月亮公司和金八马公司提供，承诺附着于产品的所有知识产权包括但不限于商标、专利等已获取充分的授权和许可，并保证被告理文公司免受知识产权追责。被告理文公司称上述四份合同实际履行至 2018 年 8 月，被告深圳蓝月亮公司和金八马公司称 2016 年 8 月至 2018 年 8 月委托被告理文公司生产被诉侵权产品，在被告理文公司履约完毕后被告深圳蓝月亮公司和金八马公司委托案外人生产被诉侵权产品。被告理文公司还出示了第 1146423 号商标的注册证，主张其已核验被告深圳蓝月亮公司和金八马公司提供的商标证，尽到了合理审查义务。另外，被告理文公司向一审法院提交《关于重庆理文生产蓝月亮产品的说明》称，其贴牌生产涉案蓝月亮产品的时间段为 2016 年 8 月至 2018 年 8 月，其间共生产贴牌产品 384990 件，理论重量 3394.53 吨，合同价款为 3294.11 万元，所有产品均向被告深圳蓝月亮公司及金八马公司交付，并未从被告理文公司处向市场流通。庭审中，被告理文公司称其此后未再生产被诉侵权产品，且其仅是被诉侵权产品的生产厂家之一，其造纸包括工业用纸和生活用纸，毛利率和纯利率属实但不能作为计算获利的依据。被告深圳蓝月亮公司和金八马公司确认 2016 年 8 月至 2018 年 8 月委托被告理文公司生产被诉侵权产品，且 2018 年后未再委托被告理文公司生产被诉侵权产品。二原告认为上述三被告之间的合同实际持续至 2019 年 3 月止，被告理文公司所述数额应少于实际数额，且全部产品是否只向被告深圳蓝月亮公司和金八马公司交付无法确认，被告深圳蓝月亮公司和金八马公司向被告理文公司提供的商标注册图样与被告理文公司实际生产的产品图样明显不同，故被告理文公司明显未尽到合理注意义务，应对被告深圳蓝月亮公司和金八马公司的侵权行为承担连带赔偿责任。被告深圳蓝月亮公司、金八马公司、康诚公司对被告理文公司提交的上述证据和说明均予以确认。

被告康诚公司提交了昆山润华商业有限公司广州黄埔分公司与被告深圳蓝月亮公司签订的有效期为2018年4月1日至12月31日的合同书（合同涉及含被告康诚公司在内的87家“大润发”超市线下实体店铺）、被告康诚公司与昆山润华商业有限公司广州黄埔分公司2016年5月1日签订的代销协议书、发票、销售货物清单及第1146423号商标注册证，主张被告康诚公司销售的被诉侵权产品来源于被告深圳蓝月亮公司且被告康诚公司已尽到审慎审查义务，不具有侵权的主观故意。二原告认为被告康诚公司销售的被诉侵权产品上的商标并非其出示的第1146423号商标，因此被告康诚公司并未尽到注意义务。

二原告主张其为制止本案所涉商标侵权及不正当竞争行为支付的费用共计392691.56元，其中公证、打印及公证购买产品费30141.78元、交通费2981.68元、购买侵权产品费278.2元，律师费300000元，检索费759元、调研费50000元、财产保全担保费5000元、打印费3530.9元，并向一审法院提交了相关发票。

一审判理和结果

本案属于侵害商标权及不正当竞争纠纷，根据当事人的诉辩意见，本案主要审查以下问题：1. 被告金八马公司与被告深圳蓝月亮公司使用被诉商标、和的涉案行为是否侵害二原告的第3208026号、第7613055号商标权，在认定上述侵权行为时原告的涉案注册商标是否存在认定为驰名商标的必要；2. 被告深圳蓝月亮公司使用“蓝月亮”字号，是否侵害第3208026号、第7613055号商标权或者对二原告构成不正当竞争行为；3. 被告重庆理文公司与被告广州康诚公司是否构成侵害涉案商标权的行为；4. 四被告应承担的法律责任。

一、关于被告金八马公司与被告深圳蓝月亮公司使用被诉商标、和的涉案行为是否侵害二原告的第3208026号、第7613055号商标权，在认定上述被诉侵权行为时二原告的涉案注册商标是否存在认定为驰名商标的必要

《中华人民共和国商标法》第五十七条第（二）项规定，未经商标注册人的许可，在同一种商品上使用与其注册商标近似的商标，或者在类似商品上使用与其注册商标相同或者近似的商标，容易导致混淆的，属于侵犯商标权的行为。《最高人民法院关于审理商标授权确权行政案件若干问题的规定》第十二条对“容易导致混淆的”考量因素进行了规定:“(一)商标标志的近似程度;(二)商品的类似程度;(三)请求保护商标的显著性和知名程度;(四)相关公众的注意程度;(五)其他相关因素。商标申请人的主观意图以及实际混淆的证据可以作为判断混淆可能性的参考因素。”依据以上规定,本案具体分析如下:

第一,关于二原告的涉案商标权和字号权,根据本案现有证据,足以证明二原告在第3类洗手液、洗涤剂等商品上的第3208026号 、第7613055号 商标及其企业名称中的“蓝月亮”字号在2015年以前已具有相当高的知名度和显著性,同时权利人的商标与字号之“蓝月亮”在含义、发音等方面均相同的情况也会产生相互辐射影响,使商标和字号的知名度进一步提升,并且这种高知名度的情况一直延续至今。

第二,关于涉案商标核定使用商品与被诉侵权商品是否类似的问题,根据《最高人民法院关于审理商标民事纠纷案件适用法律若干问题的解释》第十一条、第十二条的规定,认定商品或者服务是否类似,应当以相关公众对商品或者服务的一般认识综合判断;类似商品是指在功能、用途、生产部门、销售渠道、消费对象等方面相同,或者相关公众一般认为其存在特定联系、容易造成混淆的商品。本案中,被诉侵权产品为纸巾,与二原告涉案注册商标的核定使用商品洗手液、洗涤剂等从用途上而言均属于洗手间内常见的日常用品,销售场所和消费对象等方面也具有交叉或者高度重合之处,二者关联度较大,应认定属于类似商品。对此问题,北京知识产权法院在本案被告深圳蓝月亮公司作为该案原告、本案原告广州蓝月亮公司作为该案第三人的(2019)京73行初5704号案中也作出了基本一致的认定。

第三,关于商标标志构成要素的近似程度问题,由于被诉商标 、 和 ”与第3208026号 、第7613055号 商标在中文文字、发音、含义等方面均基本一致,并考虑到被诉侵权行为发生时第3208026号 、第7613055号 商标的知名度,被诉商标 、 和 的使用能够令消费者在隔离比对的状态下产生与第3208026号 、第7613055号 商标相近似的视觉、听觉和理解效果,因此被诉商标 、 和 与第3208026号 、第7613055号 商标,仅从商标标志构成要素比对的角度而言构成近似。

第四,关于相关公众的注意程度以及实际混淆的情况,根据证据显示,在1

号店、京东、天猫、苏宁易购等电商平台的消费评论中，不少消费者误以为被诉侵权的纸巾商品与二原告的洗手液、洗涤剂等商品之间存在特定联系，足以证明在以相关公众一般注意力为标准的情况下，市场中已出现了实际混淆的结果。

第五，本案中存在的其他相关因素，具体如下：1. 被诉侵权的第 1146423 号蓝月亮商标于 1996 年 12 月 9 日由案外人申请注册，并于 1998 年 1 月 28 日核准，核定使用商品第 16 类；在第 1146423 号蓝月亮商标申请注册时，二原告尚未成立，第 3208026 号蓝月亮、第 7613055 号蓝月亮商标亦未进行申请注册，因此第 1146423 号蓝月亮的商标权在第 16 类卫生纸等商品上相对于二原告第 3208026 号蓝月亮、第 7613055 号蓝月亮的商标权而言属于在先权利。2. 第 1146423 号蓝月亮商标于 2005 年 12 月被合肥市工商行政管理局颁发了有效期为三年的著名商标证书，2013 年 8 月 12 日国家工商行政管理总局商标局在审查了第 1146423 号蓝月亮商标的权利人提交的 2008 年 6 月 15 日至 2011 年 6 月 14 日使用该商标的证据后认为商标使用证据有效，决定该商标继续有效；2016 年 6 月 29 日国家工商行政管理总局商标局在审查了第 1146423 号蓝月亮商标的权利人提交的 2012 年 11 月 17 日至 2015 年 11 月 16 日使用该商标的证据后认为商标使用证据有效，决定第 1146423 号蓝月亮商标不予撤销。虽然二原告对以上证据持有异议，但未能提交行政机关撤销上述证书及决定的相反证据，故本院不采纳二原告的意见，上述证据能证明第 1146423 号蓝月亮商标注册后在卫生纸等商品上存在使用的情况，即二原告不能证明被告金八马公司受让前该商标实际处于权利睡眠状态。3. 对于二原告陈述的“蓝月亮”商标和字号使用的历史因素，即二原告所称其关联公司广州市道明化学有限公司于 1992 年申请、1993 年核准了第 648091 号蓝月亮、第 648093 号蓝月亮商标并于 1993 年开始在报纸宣传等场合使用该商标，同时案外主体蓝月亮国际集团有限公司、广州蓝月亮有限公司于 1994 年成立开始使用蓝月亮字号等，经查，本案现有证据一方面不足以证明在蓝月亮商标 1996 年申请注册时，上述第 648091 号蓝月亮、第 648093 号蓝月亮商标和“蓝月亮”字号因使用已达到足够高的知名程度和显著性，另外，1996 年第 648091 号蓝月亮、第 648093 号蓝月亮商标和“蓝月亮”字号的相关权利均属于案外人，二原告在本案中主张的第 3208026 号蓝月亮、第 7613055 号蓝月亮商标权与之并无直接关联。结合以上三方面，虽然被告金八马公司于 2016 年才从案外人处受让第 1146423 号蓝月亮商标，并于 2017 年 4 月 6 日转让给被告深圳蓝月亮公司，但第1146423号商标的权利一直正常延续，因此上述二被告有权在卫生纸等商品上使用该商标，但应当规范使用而不能增加其他容易导致混淆的商标标志。

综上所述，被告金八马公司和被告深圳蓝月亮公司未经二原告许可，共同在其纸巾产品及网店名称、微信公众号、产品宣传等商业活动中使用和商标标识，容易导致相关公众混淆，已构成侵害二原告第3208026号、第7613055号商标权的行为；被告金八马公司和深圳蓝月亮公司在涉案上述商业活动中使用第1146423号商标的行为不构成侵权。

此外，由于被诉纸巾商品与第3208026号、第7613055号商标核定使用的第3类洗手液、洗涤剂等商品属于类似商品，且被告金八马公司和深圳蓝月亮公司并不享有和的注册商标权，因此不属于《最高人民法院关于审理涉及驰名商标保护的民事纠纷案件应用法律若干问题的解释》第二条和第十一条规定的具有认定驰名商标必要性的情形，故二原告在本案主张认定第3208026号、第7613055号商标为驰名商标，本院不予采纳。

二、被告深圳蓝月亮公司使用蓝月亮字号是否侵害第3208026号、第7613055号商标权或者对二原告构成不正当竞争行为

如前所述，二原告在第3类洗手液、洗涤剂等商品上的第3208026号、第7613055号商标及其企业名称中的“蓝月亮”字号在2015年以前已具有相当高的知名度和显著性，二原告的“蓝月亮”字号在2015年时应属于有一定影响的企业字号。但是，被告深圳蓝月亮公司于2016年成立时却仍然注册“蓝月亮”字号并在经营中使用，同时其经营的纸巾商品与二原告涉案商标核定使用商品属于类似商品，足以导致消费者产生混淆误认，因此根据《最高人民法院关于审理注册商标、企业名称与在先权利冲突的民事纠纷案件若干问题的规定》第四条关于“被诉企业名称侵犯注册商标专用权或者构成不正当竞争的，人民法院可以根据原告的诉讼请求和案件具体情况，确定被告承担停止使用、规范使用等民事责任”的规定，《中华人民共和国商标法》第五十八条关于“将他人注册商标、未注册的驰名商标作为企业名称中的字号使用，误导公众，构成不正当竞争行为的，依照反不正当竞争法处理”的规定以及《中华人民共和国反不正当竞争法》第六条第（二）项关于擅自使用他人有一定影响的企业名称（包括简称、字号等）和第（四）项构成不正当竞争行为的规定，被告深圳蓝月亮公司使用“蓝月亮”字号的行为构成不正当竞争，二原告请求判令被告深圳蓝月亮公司停止在企业名称中使用“蓝月亮”字号，合法有据，本院予以支持。

与前述商标侵权环节同理，由于被告深圳蓝月亮公司经营的被诉纸巾商品与第 3208026 号蓝月亮、第 7613055 号蓝月亮商标核定使用的第 3 类洗手液、洗涤剂等商品属于类似商品，因此根据《最高人民法院关于审理涉及驰名商标保护的民事纠纷案件应用法律若干问题的解释》第三条第（一）项的规定，认定被告深圳蓝月亮公司构成不正当竞争行为不需要以第 3208026 号蓝月亮、第 7613055 号蓝月亮商标驰名为事实根据，故对于二原告要求认定驰名商标的主张，本院不予采纳。

三、被告重庆理文公司与被告广州康诚公司是否构成侵害涉案商标权的行为

被告重庆理文公司根据被告金八马公司和深圳蓝月亮公司的委托生产被诉纸巾商品，虽然被告重庆理文公司曾核实过第 1146423 号蓝月亮商标注册证，但由于被诉侵权产品上还有蓝月亮和蓝月亮等其他被告金八马公司和深圳蓝月亮公司未经核准的商标，且考虑到二原告涉案商标的知名度，因此被告重庆理文公司主观上存在未尽合理注意义务的过错，构成帮助侵害涉案商标权的行为。对于被告广州康诚公司而言，根据《中华人民共和国商标法》第五十七条第（三）项，其销售侵害涉案商标权的被诉侵权产品，已构成侵害涉案商标权的行为。

四、四被告应承担的法律责任

关于四被告的民事责任，由于四被告构成侵害二原告第 3208026 号蓝月亮、第 7613055 号蓝月亮注册商标权的行为，故均应承担停止侵权的民事责任，包括停止在产品销售、宣传等商业活动中使用包含蓝月亮和蓝月亮商标的侵权行为；被告深圳蓝月亮公司应停止在企业名称中使用“蓝月亮”字号的行为；被告金八马公司和被告深圳蓝月亮公司应承担赔偿损失的民事责任，被告重庆理文公司应在上述两被告赔偿额度内就其帮助侵害商标权的情节连带承担部分赔偿责任；此外，被告金八马公司和深圳蓝月亮公司应承担消除影响的民事责任，即在销售和宣传过相关侵权标识或产品的淘宝网、1 号店、苏宁易购商城、京东商城、被告深圳蓝月亮公司的官方网站（http：//www.lyl.com.cn）、微信公众号“蓝月亮纸业”上刊登消除影响的声明，消除影响的声明应当包括本案侵权事实的陈述以及本案生效裁判的判项等内容。

关于被告深圳蓝月亮公司、金八马公司和理文公司应承担的赔偿数额，《中华人民共和国商标法》第六十三条规定，侵犯商标专用权的赔偿数额，按照权利人因被侵权所受到的实际损失确定；实际损失难以确定的，可以按照侵权人因侵权所获得的利益确定；权利人的损失或者侵权人获得的利益难以确定的，参照该商标许可使用费的倍数合理确定。对恶意侵犯商标专用权，情节严重的，可以在按照上述方法确定数额的一倍以上三倍以下确定赔偿数额。赔偿数额应当包括权利人为制止侵权行为所支付的合理开支。人民法院为确定赔偿数额，在权利人已经尽力举证，而与侵权行为相关的账簿、资料主要由侵权人掌握的情况下，可以责令侵权人提供与侵权行为相关的账簿、资料；侵权人不提供或者提供虚假的账簿、资料的，人民法院可以参考权利人的主张和提供的证据判定赔偿数额。权利人因被侵权所受到的实际损失、侵权人因侵权所获得的利益、注册商标许可使用费难以确定的，由人民法院根据侵权行为的情节判决给予三百万元以下的赔偿。《最高人民法院关于审理商标民事纠纷案件适用法律若干问题的解释》（2002 年施行）第十三条规定："人民法院依据商标法第五十六条第一款的规定确定侵权人的赔偿责任时，可以根据权利人选择的计算方法计算赔偿数额。"第十四条规定："商标法规定的侵权所获得的利益，可以根据侵权商品销售量与该商品单位利润乘积计算；该商品单位利润无法查明的，按照注册商标商品的单位利润计算。"第十六条第一、二款规定："侵权人因侵权所获得的利益或者被侵权人因被侵权所受到的损失均难以确定的，人民法院可以根据当事人的请求或者依职权适用商标法第五十六条第二款的规定确定赔偿数额。人民法院在确定赔偿数额时，应当考虑侵权行为的性质、期间、后果，商标的声誉，商标使用许可费的数额，商标使用许可的种类、时间、范围及制止侵权行为的合理开支等因素综合确定。"第十七条规定："商标法第五十六条第一款规定的制止侵权行为所支付的合理开支，包括权利人或者委托代理人对侵权行为进行调查、取证的合理费用。人民法院根据当事人的诉讼请求和案件具体情况，可以将符合国家有关部门规定的律师费用计算在赔偿范围内。"

本案中，在双方当事人均没有提交证据证明二原告的损失数额时，赔偿数额可以按照侵权人因侵权所获得的利益确定。二原告提交了相关公证书证明被告深圳蓝月亮公司、金八马公司在淘宝网、京东商城、苏宁易购、1 号店等平台开设的店铺中销售被诉侵权产品并向本院申请调取相关店铺的被诉侵权产品销售数据，还提交了巨潮资讯网关于被告理文公司2017年年报的报道、2018年中国造纸行业盈利能力分析等相关新闻报道等证据证明造纸行业及被告理文公司的利润率，即二原告已就被告的侵权获利进行了初步举证。由于证明被诉侵权产品获利的相关证据主要由被告深圳蓝月亮公司、金八马公司和理文公司掌握，故本院根据上述司法解释的规定责令被告深圳蓝月亮公司、金八马公司、理文公司提供关于生产、销售被诉侵权产品的单价、数量、利润率、产品贡献率等数据，但被告深圳蓝月亮公司和金八马公司仅提交了该二公司2016年至2019年8月31日的财务报表报告并称自公司设立起一直处于亏损状态，不存在利润率故无法提供利润率数据等。本院认为，被告深圳蓝月亮公司在2017年9月和2018年3月还新设立了两个生产、加工、销售纸制品的公司，扩大经营规模，这种情况与其所称一直处于亏损状态、并无利润率的陈述存在矛盾，故其提交的财务报表和陈述的意见不能证明其没有侵权获利。

鉴于被告深圳蓝月亮公司和金八马公司无正当理由不提供能够证明其制造、销售被诉侵权产品获利情况所涉的相关证据，导致本院无法查明其侵权获利，应由该二被告承担举证妨碍责任。在此前提下，本院将根据上述司法解释的规定，综合考虑以下因素对二原告索赔金额的合理性进行分析评判：

1. 关于被诉侵权产品的销售时间段，二原告主张本案确定侵权赔偿的时间段自2016年8月起至今。被告深圳蓝月亮公司、金八马公司、理文公司均确认被告深圳蓝月亮公司、金八马公司委托被告理文公司生产制造被诉侵权产品的时间段为2016年8月至2018年8月，根据二原告提交的证据可见2020年4月本案一审庭审时在网络和实体商超中销售的纸巾产品上还带有和商标，故此时被告深圳蓝月亮公司和金八马公司仍未停止相关侵权行为，因此二原告主张2016年8月至今为确定本案侵权赔偿的时间段，本院予以支持。

2. 关于被诉侵权产品的销售金额，二原告主张以本院依法调取的销售金额作为确定赔偿的依据，符合法律规定。四被告对本院依法调取后由二原告整理汇总的被告深圳蓝月亮公司和金八马公司在涉案五家店铺的销售金额数据无异议，故本院确认有证据证明截至2019年3月被告金八马公司和深圳蓝月亮公司在涉案网络店铺销售被诉侵权产品的金额合计71205838.42元。上述数据仅为被诉侵权产品截至2019年3月已查明的线上销售金额。根据二原告提交的证据可见全国多个城市的实体商超店铺均有销售带商标的纸巾产品，且含被告康诚公司在内的87家“大润发”门店均为被诉侵权产品的线下销售商，可见被告深圳蓝月亮公司和金八马公司在线下实体店铺亦有销售被诉侵权产品且销售规模很大，虽然该二被告线下销售被诉侵权产品的确切金额现无证据证明，但本院在确定赔偿额时将一并予以考虑。同时，由于有证据证明直到2020年4月本案一审庭审时二被告仍然实施涉案的商标侵权行为，因此在确定赔偿数额时，2019年4月至2020年4月这一年的销售金额也应一并纳入考量。

3. 关于被告深圳蓝月亮公司、金八马公司支付给被告理文公司制造被诉侵权产品的涉案金额。根据现有证据，被告深圳蓝月亮公司、金八马公司与被告理文公司的合同约定，被告深圳蓝月亮公司、金八马公司委托被告理文公司制造被诉侵权产品的时间截至2019年3月；被告理文公司称2016年8月至2018年8月其向被告深圳蓝月亮公司和金八马公司共计供货384990件，合同价款3294.11万元，所有产品均向该二被告交付，未从被告理文公司处向市场流通，且此后被告理文公司未再生产被诉侵权产品，被告深圳蓝月亮公司和金八马公司对该金额予以确认。

4. 关于被告深圳蓝月亮公司、金八马公司销售被诉侵权产品的利润率，二原告认为根据2018年5月24日中国产业信息网关于“2018年中国造纸行业盈利能力分析”的报道可见2017年造纸行业整体毛利率为27.77%，2018年一季度行业整体毛利率为25.49%；根据（2019）粤广黄埔第9684号公证书显示，巨潮资讯网上刊登的“理文造纸有限公司2017年年报”显示，2017年度被告理文公司的毛利率为24.5%，纯利润率为19.5%。被告深圳蓝月亮公司、金八马公司、理文公司对于被告理文公司的毛利率和纯利润率予以确认；同时，被告深圳蓝月亮公司和金八马公司没有提交能够证明涉案被诉侵权产品利润率的证据，故本院将综合上述情况来确定被诉侵权产品的利润率。

5. 关于知识产权对于侵权获利的贡献率问题，根据《最高人民法院关于审理侵犯专利权纠纷案件应用法律若干问题的解释》第十六条的规定：“人民法院根据专利法第六十五条第一款的规定确定侵权人因侵权所获得的利益，应当限于侵权人因侵犯专利权行为所获得的利益；因其他权利所产生的利益，应当合理扣除。”二原告主张“蓝月亮”商标的品牌贡献率为50%虽无证据证明且被告深圳蓝月亮公司和金八马公司亦否认，但双方均未提交证据证明具体比例，鉴于二原告的“蓝月亮”涉案商标具有较高知名度，本院将在充分考虑各方面因素的基础上，合理确定贡献率问题。

6. 关于二原告的维权合理支出，包括二原告支出的公证、打印及公证购买产品费、律师费、检索费、出具市场调研报告等相关费用。

结合以上因素，关于被告金八马公司和深圳蓝月亮公司销售被诉侵权产品的侵权获利，可以遵循以下三种思路加以审查。第一，被告金八马公司和深圳蓝月亮公司截至 2019 年 3 月在线上网络店铺销售被诉侵权产品的已查明金额高达 71205838.42 元，被告深圳蓝月亮公司和金八马公司作为被诉侵权产品的委托制造方和销售方，掌握有被诉侵权产品的利润率数据，但经本院责令却未提交能够证明利润率的关键证据，应承担举证妨碍责任；在这种情况下，根据二原告提交的造纸行业整体毛利率为 27.77% 进行计算，截至 2019 年 3 月被告深圳蓝月亮公司和金八马公司在线上销售被诉侵权产品的获利数额是 19773861.33 元（按 71205838.42 元乘以 27.77% 计算），而该获利数额尚未加上二被告的线下销售获利以及 2019 年 4 月至 2020 年 4 月二被告的销售获利这两部分。第二，被告理文公司也是造纸企业，被告深圳蓝月亮公司、金八马公司、理文公司对于 2017 年度被告理文公司的毛利率为 24.5%、纯利润率为 19.5% 予以确认，参考该纯利润率 19.5% 计算，截至 2019 年 3 月被告深圳蓝月亮公司和金八马公司在线上销售被诉侵权产品的获利数额是 13885138.49 元（按 71205838.42 元乘以 19.5% 计算），该获利数额同样尚未加上二被告的线下销售获利以及 2019 年 4 月至 2020 年 4 月二被告的销售获利这两部分。因此，无论是按照造纸行业整体毛利率还是同为造纸企业的被告理文公司的纯利润率计算，截至 2019 年 3 月被告深圳蓝月亮公司和金八马公司在线上销售被诉侵权产品的获利金额均已超过 1000 万元，分别达到近 2000 万元和 1400 万元，而二被告的获利金额还应另加上截至 2019 年 3 月二被告的线下销售以及 2019 年 4 月至 2020 年 4 月二被告的线上及线下销售的侵权获利。第三，根据现有证据，被告深圳蓝月亮公司、金八马公司委托被告理文公司制造被诉侵权产品的合同约定时间截至 2019 年 3 月，而上述三被告确认被告深圳蓝月亮公司和金八马公司向被告理文公司支付的委托生产被诉侵权产品的成本金额为 3294.11 万元，将被告金八马公司和深圳蓝月亮公司截至 2019 年 3 月在线上网络店铺销售被诉侵权产品的已查明的销售金额 71205838.42 元减去该部分支付给被告理文公司的制造成本 3294.11 万元剩余 3800 余万元，该金额再扣除被告金八马公司和深圳蓝月亮公司的人工、运输、水电、税费等其他成本支出后可作为侵权产品销售获利的参考，而最终计算上述二被告的侵权获利时还应加上截至 2019 年 3 月二被告的线下销售以及 2019 年 4 月至 2020 年 4 月二被告的线上及线下销售的侵权获利。结合以上三种审查侵权获利的路径，在确定赔偿额时，还应考虑根据二原告涉案商标的知名度以及二被告仅有权在纸商品及宣传中使用第 1146423 号商标，而使用和商标均属侵权等情况确定的知识产权在侵权获利中的贡献率，二原告为维权所支付的合理支出以及二被告存在举证妨碍、主观恶意等情况。基于此，本院认为二原告在本案中向被告深圳蓝月亮公司和金八马公司所主张的赔偿数额 1000 万元，合法有据，并未超出合理范围，应当予以全部支持。

被告理文公司虽为被诉侵权产品的生产商之一，但其在答辩中也称第 18631375 号商标和第 22002945 号商标均是在第 1146423 号商标基础上的延伸，即其在接受被告深圳蓝月亮公司和金八马公司委托生产被诉侵权产品时，明知该二被告并不享有第 18631375 号商标、第 22002945 号商标的商标权，未尽到合理谨慎的审查义务。考虑到被告深圳蓝月亮公司和金八马公司也承认在与被告理文公司履约完毕后仍有委托案外人生产被诉侵权产品的行为，被告理文公司在本案中仅因未尽合理注意义务构成帮助侵害商标权的行为，因此被告理文公司应对其参与的侵权行为对被告深圳蓝月亮公司和金八马公司承担相应的连带责任，本院酌定该部分责任的比例为 30%，即被告理文公司应对被告深圳蓝月亮公司和金八马公司赔偿金额中的 300 万元承担连带责任。

综上所述，一审法院判决如下：一、被告深圳市蓝月亮纸业有限公司、深圳金八马生活用纸有限公司于本判决发生法律效力之日起在涉案纸商品及宣传中停止侵害第 7613055 号及第 3208026 号注册商标权的涉案行为。二、被告深圳市蓝月亮纸业有限公司于本判决发生法律效力之日起停止使用包含“蓝月亮”字号的企业名称，并于本判决发生法律效力之日起十日内办理企业名称变更，变更后的企业名称不得含有“蓝月亮”文字。三、被告重庆理文卫生用纸制造有限公司于本判决发生法律效力之日起停止制造侵害第 7613055 号及第 3208026 号注册商标权的涉案纸商品。四、被告广州康诚商业有限公司于本判决发生法律效力之日起停止销售侵害第 7613055 号及第3208026号蓝月亮注册商标权的涉案纸商品。五、被告深圳市蓝月亮纸业有限公司、深圳金八马生活用纸有限公司于本判决发生法律效力之日起十日内向原告广州蓝月亮实业有限公司、蓝月亮（中国）有限公司共同赔偿经济损失及合理开支合计1000万元。六、被告重庆理文卫生用纸制造有限公司对被告深圳市蓝月亮纸业有限公司、深圳金八马生活用纸有限公司应承担的赔偿数额中的300万元承担连带赔偿责任。七、被告深圳市蓝月亮纸业有限公司、深圳金八马生活用纸有限公司于本判决发生法律效力之日起十日内在淘宝网、1号店、苏宁易购商城、京东商城、被告深圳市蓝月亮纸业有限公司的官方网站（http：//www.lyl.com.cn）、被告深圳市蓝月亮纸业有限公司的微信公众号“蓝月亮纸业”上刊登消除影响的声明，消除对原告广州蓝月亮实业有限公司、蓝月亮（中国）有限公司造成的不良影响。八、驳回原告广州蓝月亮实业有限公司、蓝月亮（中国）有限公司的其他诉讼请求。

深圳市蓝月亮纸业有限公司等不服一审判决，向广东省高级人民法院上诉，广东省高级人民法院二审判决驳回上诉，维持原判。

【法官评述】

本案涉及因历史原因共存的商标权由于使用导致双方知名度和显著性产生差距，进而引发商标权利动态冲突的紧张状态导致商标侵权的典型案例。在这种权利冲突的紧张状态中，是否存在商标侵权应当结合主客观各方面的因素予以审查。一方面，无论其中一方的商标知名度达到何种知名度或驰名程度，其扩大的商标禁用权范围都不应当踏足于另一方已注册的商标专用权范围内。另一方面，在双方因历史原因共存注册商标权的情况下，均应谨守商标专用权的使用边界，不得以变造或超越商品范围等方式使用商标；特别是如果商标知名度处于劣势的一方，主观上存在攀附的恶意，并且超出自己的商标专用权范围内使用商标，就有可能侵犯另一方因知名度提升而扩张的商标禁用权，从而构成商标侵权。

例如在本案中，第1146423号“蓝月亮”商标于1996年12月9日由案外人申请注册，并于1998年1月28日核准，核定使用商品第16类；在第1146423号“蓝月亮”商标申请注册时，二原告尚未成立，原告的第3208026号“蓝月亮”、第7613055号“蓝月亮”商标亦未进行申请注册，因此第1146423

号"蓝月亮"商标权在第16类卫生纸等商品上相对于二原告本案中主张权利的第3208026号"蓝月亮"、第7613055号"蓝月亮"商标权而言属于在先权利。同时，第1146423号"蓝月亮"商标于2005年12月被合肥市工商行政管理局颁发了有效期为三年的著名商标证书；2013年8月12日国家工商行政管理总局商标局决定第1146423号"蓝月亮"商标继续有效；2016年6月29日国家工商行政管理总局商标局决定第1146423号"蓝月亮"商标不予撤销。综上，虽然被告金八马公司于2016年才从案外人处受让第1146423号"蓝月亮"商标，并于2017年4月6日转让给被告深圳蓝月亮公司，但第1146423号"蓝月亮"商标的权利一直正常延续，因此上述二被告有权在卫生纸等商品上使用第1146423号"蓝月亮"商标。但是，被告金八马公司和被告深圳蓝月亮公司并未谨守商标专用权的使用边界，而是先后申请与原告涉案商标极其近似的"蓝月亮""蓝月亮"商标，并在被告深圳蓝月亮公司和被告金八马公司委托制造及销售、被告理文公司制造、被告康诚公司销售的"蓝月亮"纸巾商品及相关宣传中使用"蓝月亮""蓝月亮"商标，主观上存在攀附的恶意，并且超出自己的商标专用权范围内使用商标，已构成商标侵权行为。

另，本案全额支持了原告1000万元的高额赔偿，在广州知识产权法院2021年生效案件赔偿数额上排名前列。更为难得的是，1000万元的赔偿额是通过结合主客观因素运用三种证明侵权获利的思路精细计算后予以认定的，体现了重大案件赔偿确定的专业化和精细化趋势，对日后的高额赔偿乃至惩罚性赔偿的认定提供了范例。此外，本案在传导正能量方面也产生了显著的社会影响，广东省高级人民法院二审维持原判的判决在"知产库"公众号公开后，社会公众对该案给予了非常高的关注，特别是在2021年下半年以来"肉夹馍""青花椒"等商标案件受到公众热议背景下，本案对于商标权利范围、注册商标专用权和因知名度提升而随之扩张的商标禁用权的区分、享有注册商标权却构成不正当使用的规制以及知识产权侵权高额赔偿的计算等方面，均有很好的释法指引作用。本案被最高人民法院评为2021年中国法院50件知识产权典型案例。

编写人：广州知识产权法院　朱文彬

（编辑：齐柳）

24

友际无限公司与腾讯公司、神马公司等侵害商标权纠纷案

阅读提示：因关键词搜索引发的互联网商标侵权行为如何认定？

【裁判要旨】

本案系因关键词搜索引发的互联网商标侵权行为，随着网络技术的不断发展，搜索引擎除了为网络用户提供相应搜索信息之外，也渐渐被开发成商业推广平台。部分商家抓住网络用户为了更加快捷、有效、准确地找到想要的信息的搜索心理，将他人具有较高知名度的商标作为关键词，造成网络用户的混淆，从而达到提高自己产品的点击率，实现自身利益最大化的目的。本案中，腾讯公司不仅将他人商标用作关键词，同时将商标与特定的商品或服务建立联系，发挥商标标识的识别商品或服务来源的基本功能，属于商标使用，导致相关公众混淆，应运用《中华人民共和国商标法》予以规制。同时，搜索引擎神马公司在没有尽到合理审慎注意义务的情况下亦应承担连带侵权赔偿责任。本案经广东省高级人民法院二审驳回上诉，维持原判。

【案号】

一审：广州知识产权法院（2018）粤 73 民初 2190 号

二审：广东省高级人民法院（2020）粤民终 1098 号

【案情与裁判】

原告：友际无限（北京）科技有限公司（以下称“友际无限公司”）

被告：深圳市腾讯计算机系统有限公司、优视科技有限公司、广州市动景计算机科技有限公司、广州神马移动信息科技有限公司（以下分别称“腾讯公司”“优视公司”“动景公司”“神马公司”）

起诉与答辩

原告起诉称：原告享有第10085441号“糗事百科”商标（第41类）、第16089742号商标（第1–45类）、第14484259号“糗事百科”商标（第35类）、第10085423号“糗百”商标（第9类）、第10085467号“糗事百科”商标（第42类）、第14484316A号“糗事百科”商标（第45类），是“糗事百科”网站及App应用的所有者和运营者。原告自2005年开始运营“糗事百科”网站（www.qiushibaike.com）及App应用，“糗事百科”、等商标在相关公众中具有极高的知名度，应认定原告的第10085441号“糗事百科”文字商标构成驰名商标。四被告未经原告许可，将“糗事百科”商标、商标和“糗事百科”App应用图标用于推广“天天快报”App应用，而且是在搜索结果的首位出现，构成侵害原告注册商标权及擅自使用原告有一定影响的商品名称的不正当竞争行为，导致原告失去大量潜在客户，造成了巨大的经济损失，故原告提起本案诉讼。

原告向一审法院提出诉讼请求：1. 判令被告腾讯公司连续三个月在腾讯网首页（www.qq.com）、天天快报首页（kuaibao.qq.com）的显著位置，《法制日报》《中国青年报》《法制晚报》《北京晚报》及《中国知识产权报》的第一版显著位置就其商标权侵权及不正当竞争行为向原告公开赔礼道歉、刊登声明，以消除影响；2. 判令被告优视公司、动景公司在UC浏览器网站首页（www.uc.cn）的显著位置，《法制日报》《中国青年报》《法制晚报》《北京晚报》及《中国知识产权报》的第一版显著位置就其商标权侵权及不正当竞争行为向原告公开赔礼道歉、刊登声明，以消除影响；3. 判令被告神马公司在神马搜索网站首页（m.sm.cn）的显著位置，《法制日报》《中国青年报》《法制晚报》《北京晚报》及《中国知识产权报》的第一版显著位置就其商标权侵权及不正当竞争行为向原告公开赔礼道歉、刊登声明，以消除影响；4. 判令四被告向原告共同赔偿经济损失及合理开支共计人民币50万元；5. 本案诉讼费用由四被告承担。

被告腾讯公司辩称：1. 我方公司员工于2018年1月8日通过电子邮件授权案外人北京乐思创信科技有限公司在阿里系资源上投放“天天快报”产品，我方对被诉侵权行为和内容不知情，不构成侵权；2. 原告第10085441号“糗事百科”文字商标不符合认定驰名商标的条件，也不能获得在第9类“可下载的计算机应用软件”商品的跨类保护；且根据商评委的驳回复审决定书，“糗事百科”文字在第9类商品上不具有商标显著性，故即使我方使用“糗事百科”文字也不构成侵权；3. 涉案网页明确显示下载的手机软件为“天天快报”，该手机页面显示的相关文字内容包括“下载腾讯天天快报、看糗事百科”“kuaibao.qq.com 广告”，明确指明下载的软件为腾讯的“天天快报”App，而非原告的“糗事百科”App，被诉侵权的图形商标及“糗事百科”文字不构成商标性使用，不会造成消费者混淆误认；4. 涉案手机页面的搜索广告框的内容并非由我方提供，且图形仅是对“糗事百科”文字的说明和合理运用，不会造成消费混淆误认，故我方没有参与和实施被诉侵权行为，不构成对第16089742号商标权的侵犯，我方也没有侵害原告主张的其他商标权；5. 本案不存在不正当竞争行为，原告对于“糗事百科”的使用未构成有一定影响的商品名称，也不会对消费者产生误导，我方不构成不正当竞争行为；6. 就同一被诉侵权行为，原告不能既主张商标侵权，又主张不正当竞争，依法不应获得重复保护；7. 收到本案起诉状时，涉案被诉侵权内容已经删除，未对原告造成实质影响。综上，请求驳回原告的全部诉讼请求。

一审审理查明

2018年6月12日，原告的委托代理人李某平在北京市方正公证处公证员的监督下，使用安卓手机的浏览器输入 www.uc.cn 后完成“UC 浏览器”的下载和安装。打开“UC 浏览器”并在搜索栏输入“糗事百科”进行搜索，第一项搜索结果显示“下载腾讯天天快报，看糗事百科”的文字，下方出现使用了“糗事百科”及标识的软件下载链接，下载链接中配有文字说明“看糗事百科，实时网罗全网热点……”；点击右侧的下载按钮后出现了“下载提示”，“下载提示”的文件名中无法识别是“糗事百科”还是“天天快报”；下载完毕后即进入天天快报的安装界面，该界面内注明了“来源 UC 浏览器”，安装完成后显示为“天天快报”App，版本号为 V4.8.20。随后，点击“UC 浏览器”底端的“服务声明”，其中服务条款的前言显示“欢迎您使用神马搜索提供的搜索引擎技术服务（sm.cn）”内容。公证员见证上述网页浏览及下载过程，并据此出具了（2018）京方正内经字第 02333 号公证书。原告于 2018 年 6 月 15 日将上述涉嫌侵权情况通知被告神马公司后，被告神马公司称其于 2018 年 6 月 15 日立即下线了以上内容并将“糗事百科”列入其竞品词保护库；庭审中原告与被告腾讯公司均确认在本案 2018 年 7 月 18 日起诉时上述被诉侵权内容已被删除。

关于被诉行为，被告神马公司称是根据被告腾讯公司的委托实施的，被告腾讯公司已承诺提交的关键词不能侵犯他人权利，因此腾讯公司应当自行承担侵权责任，为此被告神马公司提交了“物料审核流程”网页截图、腾讯公司代理商开设账户截图、腾讯公司代理商上传资料审核界面、《App 推广授权承诺函》等证据。具体而言，被告神马公司认为，根据其公示的“物料审核流程”，已在文字物料审核分类中第 5 点列明“不能包含注册商标”，图片物料审核分类中第 4 点包括“图片内容误导性”；而被告腾讯公司代理商上传的关于“天天快报”软件资料包括被告腾讯公司营业执照、计算机软件著作权登记证书、计算机软件著作权登记事项变更或补充证明、计算机软件著作权授权书及《App 推广授权承诺函》，上述资料均盖有“深圳市腾讯计算机系统有限公司合同专用章”，审核时间显示是 2018 年 1 月 17 日。其中《App 推广授权承诺函》约定：被告腾讯公司授权北京乐思创信科技有限公司在 2017 年 11 月 20 日至 2020 年 12 月 31 日作为其代理，通过广州聚耀信息科技有限公司平台推广“天天快报”软件，如因北京乐思创信科技有限公司与广州聚耀信息科技有限公司就推广天天快报软件所产生的民事义务，被告腾讯公司承担连带责任。经一审法院询问，被告腾讯公司当庭确认其是“天天快报”软件的著作权人及运营主体，并确认被告神马公司的上述资料的公章是被告腾讯公司的公章，被告腾讯公司将上述资料提供给北京乐思创信科技有限公司；但被告腾讯公司辩称上述资料上传的行为发生在代理商北京乐思创信科技有限公司与被告神马公司之间，被告腾讯公司在本案起诉前对此并不知情。被告神马公司则在庭审中称其在审核上述资料时，对“糗事百科”在第 9 类商品上进行了检索，没有发现存在注册商标，但图形无法通过过滤检索技术进行识别。

关于（2018）京方正内经字第02333号公证书中“天天快报”软件的安装界面注明了“来源UC浏览器”的内容，被告神马公司认为通过具体浏览器下载软件时均有相关提示，这是一种通行的做法，将此作为工具来源提示；并提交了通过QQ浏览器下载安装“天天快报”软件的截图作为例证，截图中显示“天天快报”软件的安装界面注明了“来源QQ浏览器”。

关于被告动景公司与被诉行为的关联，被告动景公司确认其是UC浏览器的经营主体，原告提交了被告神马公司的官方网站网页，网站介绍中包括“神马搜索，基于大规模机器学习平台和大数据的移动搜索，中国第二大移动搜索，UC浏览器默认搜索引擎”的内容，原告据此认为神马搜索是UC浏览器的默认搜索引擎，并且被告神马公司的股东之一正是被告动景公司，即原告认为“神马搜索”是由“UC浏览器”的经营主体组建，负责“UC浏览器”的搜索业务。被告动景公司、优视公司、神马公司对于原告该部分证据的真实性予以确认，但对关联性不予确认；为进行反驳，被告动景公司提交了以下证据：2017年10月30日，被告神马公司的委托代理人在广州市海珠公证处公证员的监督下，利用该处的移动电话下载了UC浏览器。打开UC浏览器主界面，点击搜索栏，页面显示“请选择默认搜索引擎 搜索大全 百度 谷歌”，输入“旷世奇缘海外婚礼”进行搜索后，页面底端的服务声明的服务条款的前言有“欢迎您使用神马搜索提供的搜索引擎技术服务（sm.cn）”的介绍。返回UC浏览器主界面，点击搜索栏，页面仍然显示“请选择默认搜索引擎 搜索大全 百度 谷歌”，输入“旷世奇缘”进行搜索，页面底端的服务声明的服务条款前言仍有“欢迎您使用神马搜索提供的搜索引擎技术服务（sm.cn）”的介绍。公证员见证上述网页浏览及下载过程出具了（2017）粤广海珠第40491号公证书。被告动景公司据此认为早在2017年UC浏览器中已包含神马搜索、百度搜索、谷歌搜索三种搜索引擎，具体使用哪一种搜索引擎可由用户进行选择，与UC浏览器无关，被告动景公司认为其不构成帮助侵权。此外，被告动景公司在2019年5月7日通过公证云再次进行了证据保全公证，形成（2019）厦鹭证内字第28715号公证书，证明内容与前述公证书基本一致。

关于被告优视公司是否属于UC浏览器的经营者，原告提交了以下证据：1. UC浏览器的软件使用许可协议截图，该协议的合同主体以及落款方均为“UC公司”，原告认为“UC公司”即被告优视公司；2.（2013）海民初字第

24365 号民事判决书，北京市海淀区人民法院在该民事判决中认定被告动景公司、优视公司均为 UC 浏览器的经营者。被告动景公司、优视公司、神马公司均确认上述判决已生效。

一审判理和结果

本案属于侵害商标权及不正当竞争纠纷，鉴于庭审时原告与被告腾讯公司均确认在本案 2018 年 7 月 18 日起诉时涉案被诉侵权内容已被删除，因此本案应适用 2013 年修正的《中华人民共和国商标法》以及 2017 年修订的《中华人民共和国反不正当竞争法》。根据当事人的诉辩意见，本案主要审查以下几个问题：1. 四被告的被诉行为是否构成侵害商标权行为以及本案是否应认定涉案第 10085441 号“糗事百科”商标为驰名商标；2. 四被告的被诉行为是否构成不正当竞争行为；3. 四被告应承担的民事责任。

一、四被告的被诉行为是否构成侵害商标权行为以及本案是否应认定涉案第 10085441 号“糗事百科”商标为驰名商标

《中华人民共和国商标法》第五十六条规定，注册商标的专用权，以核准注册的商标和核定使用的商品为限。第五十七条规定，未经商标注册人的许可，在同一种商品上使用与其注册商标相同的商标，属于侵犯注册商标专用权的行为；在同一种商品上使用与其注册商标近似的商标，或者在类似商品上使用与其注册商标相同或者近似的商标，容易导致混淆的，亦构成侵权。

本案中，原告主张权利的六项商标为：1. 核定使用在第 41 类教育、组织教育或娱乐竞赛、图书出版、在线电子书籍和杂志的出版、提供在线电子出版物（非下载的）、原文稿撰写（广告稿除外）、娱乐信息（消遣）等服务项目上的第 10085441 号“糗事百科”商标，注册有效期限自 2012 年 12 月 14 日至 2022 年 12 月 13 日；2. 核定使用在第 1 至 45 类商品 / 服务项目上的第 16089742 号商标，注册有效期限自 2016 年 5 月 21 日至 2026 年 5 月 20 日；3. 核定使用在第 35 类“将信息编入计算机数据库”的商品 / 服务项目上的第 14484259 号“糗事百科”商标，注册有效期限自 2017 年 3 月 21 日至 2027 年 3 月 20 日；4. 核定使用在第 9 类电子出版物（可下载）、计算机程序（可下载软件）、计算机游戏软件、计算机软件（已录制）等商品 / 服务项目上的第 10085423 号“糗百”商标，注册有效期限自 2012 年 12 月 14 日至 2022 年 12 月 13 日；5. 核定使用在第 42 类计算机编程、计算机软件设计、计算机软件更新等商品 / 服务项目的第10085467号“糗事百科”商标，注册有效期限自2012年12月14日至2022年12月13日；6.核定使用在第45类交友服务、在线社交网络服务、计算机软件许可（法律服务）、域名注册（法律服务）等商品/服务项目上的第14484316A号“糗事百科”商标，注册有效期限自2015年6月28日至2025年6月27日。根据原告提交的证据，原告在App名称、网站名称以及宣传推广中使用“糗事百科”商标和商标并积累了一定的知名度，而被告腾讯公司在庭审时称核实过华为手机应用市场中的“糗事百科”App显示是5150万次安装，也在一定程度上印证了原告使用的“糗事百科”商标和商标的知名度；且上述几项“糗事百科”商标基本相同，商标也常与“糗事百科”商标共同使用，商标的知名度在以上不同核定使用商品的商标之间可以产生彼此辐射影响的效果，从而进一步加深相关公众对上述商标归属的识别与认知，故一审法院认为原告主张的涉案四项“糗事百科”商标和商标在2018年被诉行为发生时即使达不到驰名程度，也应属于具有较高知名度的商标。至于原告使用在第9类商品上的第10085423号“糗百”商标，虽然原告主张“糗百”在使用中易被理解为“糗事百科”的简称，但是原国家工商行政管理总局商标评审委员会于2018年12月24日也作出了商评字［2018］第0000245025号驳回复审决定书，认为“糗事百科”商标用在第9类商品上，直接表示商品的内容等特点，缺乏商标显著性，已构成《中华人民共和国商标法》第十一条第一款第（二）项规定之情形，驳回了原告第26868770号“糗事百科”商标注册申请；而且原告也没有充分证明其在包括第9类商品上存在广泛使用“糗百”商标的事实。综上，一审法院认为原告在第9类商品上的第10085423号“糗百”商标知名度不高，也无法与原告其他类别上的“糗事百科”商标互相对应产生提升知名度的影响。

被诉行为中“天天快报”软件下载链接处所出现的“糗事百科”及标识属于使用在商业活动中，能发挥识别商品来源功能的商标法意义上的商标使用。关于被诉行为中“天天快报”软件下载链接处所出现的“糗事百科”及标识与上述六项商标的比对，首先，被诉“糗事百科”标识与第10085441号、第14484259号、第10085467号、第15434283A号商标基本相同，属于相同商标；被诉标识与第16089742号商标除色彩稍有差异外也基本一致，至少应构成近似商标。此外，考虑到前述原告在第9类商品上的第10085423号“糗百”

商标知名度不高以及原国家工商行政管理总局商标评审委员会驳回原告在第 9 类商品上“糗事百科”商标注册的情况，一审法院认为被诉“糗事百科”标识与第 10085423 号“糗百”商标不属于近似商标。

从商品或服务的类别来看，被告腾讯公司可供下载的“天天快报”软件提供的是一款个性阅读、快乐吐槽的新闻阅读产品，通过智能计算用户的兴趣，为用户推荐喜欢的内容，包括快报、视频、专题等栏目，用户可对文章进行评论吐槽，转发微信 /QQ 等。根据《最高人民法院关于审理商标民事纠纷案件适用法律若干问题的解释》第十一条关于“类似商品，是指在功能、用途、生产部门、销售渠道、消费对象等方面相同，或者相关公众一般认为其存在特定联系、容易造成混淆的商品；类似服务，是指在服务的目的、内容、方式、对象等方面相同，或者相关公众一般认为存在特定联系、容易造成混淆的服务”之规定，被诉“天天快报”软件下载链接处使用“糗事百科”商标所涉的商品或服务类别与原告第 10085441 号商标的“在线电子书籍和杂志的出版、在线电子出版物、娱乐信息（消遣）”、第 14484316A 号商标的“交友服务、在线社交网络服务”属于类似商品；同时，由于原告的第 16089742 号商标核定使用在第 1 至 45 类商品 / 服务项目上，因此被诉“天天快报”软件下载链接处使用的商标所涉的商品 / 服务类别与原告的第 16089742 号商标相同。此外，由于被诉“糗事百科”商标所涉的商品 / 服务类别与原告第 10085441 号商标属于类似商品 / 服务，根据《最高人民法院关于审理涉及驰名商标保护的民事纠纷案件应用法律若干问题的解释》第三条的规定，原告在本案中请求认定第 10085441 号商标为驰名商标不具有必要性。

鉴于此，“天天快报”软件的著作权人及运营主体被告腾讯公司未经原告许可，通过神马搜索引擎推广其“天天快报”软件时，在以“糗事百科”为关键词搜索结果首位出现的软件下载链接中擅自使用了被诉“糗事百科”商标与商标；即使考虑到下载链接的上方另有“下载腾讯天天快报，看糗事百科”文字，但上述商标使用方式以及软件下载链接中搭配的文字说明“看糗事百科，实时网罗全网热点……”等内容仍然容易导致相关公众混淆，令公众误以为下载链接指向原告的“糗事百科”软件，已侵害了原告第 10085441 号、第 14484316A 号、第 16089742 号商标权。至于被告腾讯公司辩称上述行为与其无关而是其授权代理人北京乐思创信科技有限公司实施的答辩意见，《中华人民共和国民法总则》第一百六十二条规定，代理人在代理权限内，以被代理人名义实施的民事法律行为，对被代理人发生效力；并且《App 推广授权承诺函》也约定了被告腾讯公司授权北京乐思创信科技有限公司作为其代理推广“天天快报”软件，就推广天天快报软件所产生的民事义务，被告腾讯公司承担连带责任。因此，一审法院对于被告腾讯公司的该项答辩意见不予采纳。

关于被告神马公司的被诉行为是否构成侵害商标权行为的问题，被告神马公司作为神马搜索引擎的经营者，其提交的“物料审核流程”网页截图、资料审核界面截图及 2018 年 6 月 15 日工作记录截图证明，推广用户提交的关键词及相关信息中不能包含其他商户注册商标或者存在图片内容误导性等情况，而被告神马公司在庭审中则自称已事先在第 9 类商品中进行了“糗事百科”的商标检索审查。对此，一审法院审查认为：1. 根据原告和被告腾讯公司的相关证据，原告涉案的“糗事百科”及商标具有较高的知名度，而被告腾讯公司的“天天快报”App 的知名度也不低，同属于互联网行业的被告神马公司知道或应当知道“糗事百科”软件与“天天快报”软件的内容、权属等方面存在明显区别。2. 被告神马公司辩称其事先审查时已在第 9 类商品中进行了“糗事百科”的商标检索而未发现注册商标，但是被告神马公司难以合理解释在“物料审核流程”已存在推广用户提交的关键词及相关信息中不能包含他人注册商标的约定以及未经法院审理确定相同或类似商品类别的情况下，为何仅局限于第 9 类商品而不在其他商品类别进行“糗事百科”商标检索的事先审查；而且被告神马公司在商标查询网站中以“糗事百科”作为关键字进行商标检索时，只要施以一般人的合理注意便应当发现原告在多个商品类别中注册了包括第 10085441 号、第 14484316A 号等多项“糗事百科”商标，此时至少应当进一步与被告腾讯公司的代理人核实了解其是否获得原告商标授权的情况，才属于履行了应尽的审核义务。3. 被告神马公司自称在接到原告通知后立即下线了涉案被诉内容并将“糗事百科”列入其竞品词保护库，这一方面可以证明被诉行为已然停止，但另一方面也证明了被告神马公司有能力让被告腾讯公司停止在其推广的软件中使用原告的“糗事百科”和商标，并可以通过将“糗事百科”列入其竞品词保护库的方式防止侵权再次发生，被告神马公司并不存在防止侵权发生的技术障碍。综上，一审法院认为被告神马公司在上述涉案服务中未尽合理的审查义务，对涉案商标侵权行为的发生存在知道或应当知道的过错，构成帮助侵害商标权的行为，依法应与被告腾讯公司承担连带侵权责任。至于原告认为直到本案庭审时，通过 UC 浏览器的神马搜索引擎搜索“糗事百科”关键字出现的第一项搜索结果是其他软件“哔哩哔哩”的事实，与本案被诉侵权行为无关，一审法院在本案中不予处理。

关于被告优视公司和被告动景公司的被诉行为是否构成侵害商标权行为的问题。根据 UC 浏览器官网截图、工业和信息化部 ICP/IP 地址 / 域名信息备案管理系统显示，www.uc.cn 的主办单位为被告动景公司；但《UC 软件使用许可协议》的合同主体以及落款方均为“UC 公司”，且北京市海淀区人民法院在已生效的（2013）海民初字第 24365 号民事判决书中认定被告动景公司、优视公司均为 UC 浏览器的经营者，故在没有相反证据的情况下，一审法院认定被告优视公司与动景公司均为 UC 浏览器的经营者。根据本案的证据，首先，UC 浏览器内置有神马、百度及谷歌三个搜索引擎，用户可以自由选择使用何种搜索引擎；其次，被告优视公司、动景公司和神马公司属于独立的法人主体，即使被告神马公司的股东之一正是动景公司，但动景公司、优视公司仅作为手机浏览器软件的运营商，现无证据证明其实质控制神马搜索引擎的运营；再次，被告动景公司、优视公司对涉案推广链接没有编辑、推广行为和审查义务，原告也没有证据证明在本案起诉前其向被告动景公司、优视公司发出投诉通知；最后，（2018）京方正内经字第 02333 号公证书中“天天快报”软件安装界面中所注明的“来源 UC 浏览器”的内容，属于下载软件时均会显示的下载操作中所涉具体浏览器的信息，而非属于软件提供者的信息。综上，一审法院认定被告动景公司、优视公司不构成侵害涉案商标权的行为。

二、关于四被告是否实施了不正当竞争行为

关于四被告的行为是否构成擅自使用原告有一定影响的商品名称构成不正当竞争的问题，原告主张作为其 App 名称、网站名称以及宣传中使用的“糗事百科”属于有一定影响的商品名称。鉴于有一定影响的商品名称保护的是具有显著性且不属于注册商标的商品名称，而原告已享有“糗事百科”的注册商标权，且原告所主张的构成不正当竞争的相关事实与商标侵权主张的侵权事实也基本一致，并已在上述商标侵权中予以处理，因此一审法院对于原告主张的不正当竞争行为不再予以支持。

三、关于四被告应承担的民事责任

综上所述，被告腾讯公司构成侵害原告第10085441号、第14484316A号、第16089742号商标权的行为；被告神马公司未尽审查义务，对被告腾讯公司实施的侵权行为存在主观过错，构成帮助侵权行为，根据《中华人民共和国侵权责任法》第九条的规定，被告腾讯公司和神马公司应承担连带侵权责任。被告动景公司、优视公司未构成侵权，故原告对于被告动景公司、优视公司的全部诉讼请求，一审法院均不予支持。并且，鉴于被告神马公司接到原告投诉通知后立即删除了侵权内容，侵害商标权的涉案行为在本案2018年7月18日起诉时已然停止，因此原告关于被告腾讯公司、神马公司公开赔礼道歉、刊登声明以消除影响的诉讼请求，一审法院不再予以支持；但被告腾讯公司、神马公司仍应承担赔偿损失的民事责任。

关于被告腾讯公司、神马公司应承担的赔偿数额，《中华人民共和国商标法》第六十三条第一款、第三款规定，侵犯商标专用权的赔偿数额，按照权利人因被侵权所受到的实际损失确定；实际损失难以确定的，可以按照侵权人因侵权所获得的利益确定；权利人的损失或者侵权人获得的利益难以确定的，参照该商标许可使用费的倍数合理确定。权利人因被侵权所受到的实际损失、侵权人因侵权所获得的利益、注册商标许可使用费难以确定的，由人民法院根据侵权行为的情节判决给予三百万元以下的赔偿。本案中，各方当事人均没有提交证据证明原告的实际损失数额以及可供参考的商标许可费用，被告腾讯公司和神马公司因侵权所获利益数额亦无法确定，故一审法院综合考虑原告涉案注册商标的知名度、被告腾讯公司和神马公司侵害商标权行为的性质及其主观过错、侵害商标权行为的时间跨度约为半年、原告为制止侵权行为所支付的必要合理开支等因素，酌定被告腾讯公司和被告神马公司应向原告连带赔偿经济损失及合理开支共40万元。

综上所述，一审法院判决如下：一、被告深圳市腾讯计算机系统有限公司、被告广州神马移动信息科技有限公司于本判决发生法律效力之日起十日内连带向原告友际无限（北京）科技有限公司赔偿经济损失及合理开支合计40万元；二、驳回原告友际无限（北京）科技有限公司的其他诉讼请求。

腾讯公司和神马公司不服一审判决提起上诉，广东省高级人民法院于2021年作出（2020）粤民终1098号民事判决，驳回上诉，维持原判。

【法官评述】

本案系因关键词搜索引发的互联网商标侵权行为。随着网络技术的不断发展，搜索引擎除了为网络用户提供相应搜索信息之外，也渐渐被开发成商业推广平台。部分商家抓住网络用户为了更加快捷、有效、准确地找到想要的信息的搜索心理，将他人具有较高知名度的商标作为关键词，造成网络用户的混淆，从而达到提高自己产品的点击率，实现自身利益最大化的目的。

本案中，友际无限公司在APP名称、网站名称以及宣传推广中使用“糗事百科”商标和“”商标并积累了相当高的知名度，腾讯公司核实过华为手机应用市场中的“糗事百科”APP显示是5150万次安装；同时，几项“糗事百科”商标基本相同，“”商标也常与“糗事百科”商标共同使用，商标的知名度在以上不同核定使用商品的商标之间可以产生彼此幅射影响的效果，从而进一步加深相关公众对上述商标归属的识别与认知，故友际无限公司主张的涉案四项“糗事百科”商标和“”商标在2018年被诉行为发生时即使达不到驰名程度，也应属于具有较高知名度的商标。

“天天快报”软件的著作权人及运营主体腾讯公司未经友际无限公司许可，通过神马搜索引擎推广其“天天快报”软件时，在以“糗事百科”为关键词搜索结果首位出现的软件下载链接中擅自使用了被诉“糗事百科”商标与“”商标；即使考虑到下载链接的上方另有“下载腾讯天天快报，看糗事百科”文字，但上述商标使用方式以及软件下载链接中搭配的文字说明“看糗事百科，实时网罗全网热点……”等内容仍然容易导致相关公众混淆，令公众误以为下载链接指向友际无限公司的“糗事百科”软件。也就是说，腾讯公司不仅将他人有相当高知名度的商标用作关键词，同时将商标与特定的商品或服务建立联系，发挥商标标识的识别商品或服务来源的基本功能，属于商标使用，导致相关公众混淆，应运用商标法予以规制。同时，搜索引擎神马公司在没有尽到合理审慎注意义务的情况下亦应承担连带侵权赔偿责任。

关于友际无限公司主张的不正当竞争部分，鉴于有一定影响的商品名称保护的是具有显著性且不属于注册商标的商品名称，而友际无限公司已享有“糗事百科”的注册商标权，且友际无限公司所主张的构成不正当竞争的相关事实与商标侵权主张的侵权事实也基本一致，并已在上述商标侵权中予以处理，因此法院对于友际无限公司主张的不正当竞争行为不再予以支持。这也和《最高人民法院关于适用〈中华人民共和国反不正当竞争法〉若干问题的解释》第二十四条关于“对于同一侵权人针对同一主体在同一时间和地域范围实施的侵权行为，人民法院已经认定侵害著作权、专利权或者注册商标专用权等并判令承担民事责任，当事人又以该行为构成不正当竞争为由请求同一侵权人承担民事责任的，人民法院不予支持”的规定相契合。

近年来，关键词搜索产生的涉互联网商标侵权和不正当竞争虽然时有发生，但作为互联网头部企业的腾讯公司也实施了相关侵权行为，较为罕见，这也从一个侧面说明了互联网上的丛林法则现象依然比较突出，司法对此应当予以正视和规制约束。本案的双方当事人都具有相当高的知名度和影响力，案件处理结果对于规范互联网秩序有良好的促进作用。

编写人：广州知识产权法院　朱文彬

（编辑：齐柳）

著作权案件

25

罗盒公司与玩友公司等侵害计算机软件纠纷案

阅读提示：开源软件项目管理者是否有权单独起诉？开源授权许可协议的法律性质是什么？开源项目管理者是否可以删除开源协议？开源软件项目管理者是否有权加入限制商业使用条款？开源项目的“传染性”如何界定？违反开源授权许可协议是否构成侵权或违约？

【裁判要旨】

开源项目管理者作为最主要的核心代码贡献者有权单独提起诉讼。GPL V3协议具有合同性质，是授权方和用户订立的格式化著作权协议，属于我国合同法调整的范围。开源软件权利人不能在开源项目中添加商业使用限制保留条款来限制用户使用源代码的目的和用户范围，因上述限制保留条款与GPL V3协议保证用户自由使用的特性矛盾。GPL在开源软件许可协议中是最为严苛的，具有高传染性，对于在逻辑上与开源代码有关联性且整体发布的衍生作品，只要其中有一部分适用了GPL V3协议发布，那么整个衍生作品都必须适用GPL V3协议而开源。GPL V3协议属于附解除条件的非典型著作权许可使用合同，许可条款是著作权许可使用的条件，如果用户违背条款规定，那么许可的前提条件已不复存在，则用户因GPL V3协议获得的授权也将自动终止，故而构成侵权。

【案号】

一审：广州知识产权法院（2019）粤73知民初207号

【案情与裁判】

原告：济宁市罗盒网络科技有限公司（以下称“罗盒公司”）

被告：广州市玩友网络科技有限公司、深圳冠准航科技有限公司、深圳奥斯坦科技有限公司、祥运实业（深圳）有限公司（以下分别称“玩友公司”“冠准航公司”“奥斯坦公司”“祥运公司”）

起诉与答辩

罗盒公司起诉称：罗盒公司于2017年11月8日取得“罗盒（VirtualApp）插件化框架虚拟引擎系统［简称：VirtualApp］V1.0”的计算机软件著作权登记证书，依法享有“罗盒（VirtualApp）插件化框架虚拟引擎系统［简称：VirtualApp］V1.0”著作权的全部权利。为便于VirtualApp的推广和许可，罗盒公司在国际知名的软件托管平台GitHub上公开了VirtualApp的源代码，并声明任何人如需将VirtualApp用于商业用途，需向罗盒公司购买商业授权。玩友公司开发的“微信视频美颜版”“微信视频美颜相机版App”“微信视频美颜相机”“微信视频美颜相机版”软件（以下称被诉侵权软件）可以通过多个互联网平台获得下载、安装和运营服务。罗盒公司委托广东鑫证司法鉴定所将被诉侵权软件与经公证下载的VirtualApp软件（以下称涉案软件）进行鉴定，被诉侵权软件与涉案软件构成实质相似。冠准航公司、奥斯坦公司、祥运公司分别通过微信和支付宝向被诉侵权软件的用户收取会员费。冠准航公司、奥斯坦公司、祥运公司与玩友公司构成共同侵权，应当承担连带责任。罗盒公司请求法院判令玩友公司、冠准航公司、奥斯坦公司、祥运公司：1. 立即停止侵害罗盒公司的VirtualApp计算机软件著作权中的复制权、发行权、信息网络传播权，即立即停止通过互联网提供所有版本的“微信视频美颜版”“微信视频美颜相机版App”“微信视频美颜相机”“微信视频美颜相机版”软件的下载、安装和运营服务；2. 连带赔偿罗盒公司经济损失1500万元；3. 连带赔偿罗盒公司为制止侵权行为而支出的合理费用15万元；4. 承担本案诉讼费。

玩友公司辩称：请求驳回罗盒公司全部诉讼请求。主要理由：1. 罗盒公司并非涉案计算机软件的著作权人，无权提起本案诉讼。罗盒公司的开源项目参与编写源代码程序的人数多达32位，项目人aslody仅为著作权人之一。该开源程序项目为不可分割使用的合作作品，合作作品著作权的转让应当取得全部权利人的协商一致，同时应当提供书面的转让协议。aslody单方将该开源软件的全部著作权权利转让给罗盒公司，侵犯了其他著作权人的权利，该行为依法无效。2. VirtualApp项目为适用GNU宽松型通用公共授权许可协议第三版（GNU Lesser General Public License Version 3，以下称LGPL V3协议）的开源项目，后修改为GNU通用公共授权许可协议第3版（GNU General Public License Version 3，以下称GPL V3协议）。LGPL V3协议和GPL V3协议为计算机软件领域通用的开源授权许可协议，从形式、内容上看，属于有效的著作权授权许可合同。被诉侵权软件的沙盒分身基础框架代码是在VirtualXposed开源项目Xposed分支的开源版本基础上自主研发而成。VirtualXposed项目在VirutalApp项目适配GPL V3协议期间，按照GPL V3协议的授权，已取得VirtualApp项目全部源代码的著作权永久授权，并有权按照GPL V3协议的授权，自由使用和修改相关代码，创建和发布VirtualXposed新开源项目。玩友公司依据GPL V3协议，已合法取得VirtualXposed源代码的复制权、修改权和发行权（包括信息网络传播权）。3. VirtualApp项目人aslody罔顾社区其他开发者的贡献及相应著作权权利，将开源项目据为私有并大肆敛财，违背开源社区的基本准则。4. 玩友公司投入了大量的人力、财力，并在沙盒分身功能基础上自主研发创新，开发出“微信视频美颜相机版App”，该App的主要功能为微信视频美颜，而非沙盒分身功能本身。

冠准航公司、奥斯坦公司、祥运公司均辩称：其已经对被诉侵权软件的著作权登记证书进行形式审查，没有能力就其计算机软件著作权的实质内容进行全方位实质性判断。

一审审理查明

一、关于涉案软件的相关权利事实

国家版权局颁发的软著登字第2198812号《计算机软件著作权登记证书》记载，软件名称为“罗盒（VirtualApp）插件化框架虚拟引擎系统［简称：VirtualApp］V1.0”，开发完成时间为2015年2月28日，首次发表时间为2015年7月18日，权利取得方式为受让，权利范围为全部权利，著作权人为罗盒公司。

GitHub 官网上 VirtualApp 项目的管理者为 aslody，该项目简介中记载“VirtualApp 是罗盒科技开发运营，于 2015 年至 2018 年陆续申请有多项 VirtualApp 知识产权，当您需要将 VirtualApp 用于商业用途时，请购买商业授权”。项目的部分节点时间如下：1. 更新日期为 20171029，lody 删除了 VirtualApp 项目的 GPL 3.0；2. 更新日期为 20160910 的 Update LICENSE.txt 文件记载将 LGPL 3.0 许可协议更换为 GPL 3.0 许可协议；3. 更新日期为 20160708 的 LGPL license 文件更新记载添加 LGPL 3.0 许可协议；4. 更新日期为 20160707 的 update README 文件记载“About Author：Lody（imlody@foxmail.com）”，本次更新为首次提交，共提交 507 个文件，31097 行。

二、关于被诉侵权的相关事实

罗盒公司通过公证从应用宝、华为应用市场、统一手机站、PC6.com 分别下载了“微信视频美颜相机版”“微信视频美颜版”“微信视频美颜相机版 App”“微信视频美颜相机”四款被诉侵权软件。罗盒公司和玩友公司均确认前述四款被诉侵权软件的被诉部分源代码是一致的。

罗盒公司委托广东鑫证司法鉴定所对其送检的 VirtualApp 源代码（检材 1，即下载自 GitHub 官网的 VirtualApp 项目 2017 年 12 月 30 日版本源代码压缩文件）与“微信视频美颜版”软件安装包（检材 2，即下载自华为应用市场的“微信视频美颜版”V1.8.2 安装包）反编译所得到的源代码进行相似性鉴定。广东鑫证司法鉴定所出具《司法鉴定意见书》认为，送检的 VirtualApp 源代码与“微信视频美颜版”软件安装包反编译得到的源代码共有 424 个可比代码，其中有 165 个可比代码具有高度相似性，有 17 个可比代码具有一般相似性，有 239 个可比代码具有实质相似性，有 3 个可比代码不具有相似性。

罗盒公司通过公证显示，通过手机“应用市场”搜索“微信视频美颜版”并下载安装，浏览该软件“用户协议”及对应源代码信息地址，通过该地址未能获得该软件的源代码。2020 年 7 月 8 日，本院当庭再次打开前述源代码信息地址，显示无法打开。

三、玩友公司抗辩的事实

2016 年至 2017 年，VirtualApp 项目有 30 多位贡献者，其中 paulo-raca 提交 19 次（增加 721 行，删除 2622 行），prife 提交 16 次（增加 274 行，删除 59 行）。安装“微信视频美颜版”，查看“用户协议”第五条“用户注意事项”

规定，“你理解并同意支付相关费用（运营维护费用及技术支持费用）以维持本软件的持续运营”。

玩友公司通过公证显示，GitHub 官网上的 VirtualXposed 项目于 2016 年 9 月 10 日在 LICENSE.txt 文件中加入了 GPL 3.0，并下载了该项目的 exposed 分支下 2018 年 1 月 10 日版本源代码，主张被诉侵权软件中的被诉部分源代码是基于该版本代码开发的。

四、GPL V3 协议的相关情况

根据双方当事人提供的 GPL V3 协议文本，其相关内容如下：1.GPL V3 协议于 2007 年 6 月 29 日由自由软件基金会公司发布。该许可协议声明“每个人都可以复制和发布本许可文件的完整副本，但不允许对它进行任何修改”。2. 序言载明：① GPL V3 协议是一份针对软件及其他类型作品的自由的公共版权许可文件；②就大多数软件而言，许可协议被设计用于剥夺你分享和修改软件的自由，相反，GPL V3 协议力图保障你分享和修改某程序全部版本的自由——确保软件对其所有用户都是自由的；③所谓自由软件，我们强调的是自由，而非价格免费。

庭审中，罗盒公司确认其主张的涉案 VirtualApp 软件 2017 年 12 月 30 日版本与撤回 GPL V3 协议即 2019 年 10 月 29 日前的版本差别不大。罗盒公司主张玩友公司同时违反商业使用限制保留条款以及 GPL V3 协议（变相收取许可费及不提供开源代码），构成无权使用，其行为构成侵权，应承担侵权责任。

一审判理和结果

一审法院经审理认为，根据罗盒公司提交的软件著作权登记证书及 GitHub 官网上 VirtualApp 的项目简介记载，可以认定罗盒公司是 GitHub 官网上 VirtualApp 开源软件的著作权人。仅根据贡献者提交的代码行数无法判断其是否有独创性。因此，就在案证据无法认定涉案软件属合作作品。开源软件项目的贡献者往往人数众多，互不相识且散布于全球各地，只要项目保持开源则贡献者数量会持续动态地增加。即使涉案软件属合作作品，就在案证据难以查清所有权利人的基本情况下，若开源项目要求必须经过所有贡献者的授权才能提起诉讼，那么将导致开源软件维权无从提起。因此，罗盒公司作为提交了绝大部分代码量的项目管理者提起本案诉讼无须经过其他贡献者的授权，有权单独提起本案诉讼。

GPL V3 协议具有合同性质，是授权方和用户订立的格式化著作权协议，属于《中华人民共和国合同法》调整的范围。开源许可协议已经成为国际行业内公认的有效契约文本，遵守协议文本规定也是信守诚实信用原则的体现。本案中，罗盒公司确认其主张的涉案软件 2017 年 12 月 30 日版本与撤回 GPL V3 协议即 2019 年 10 月 29 日前的版本差别不大，因此罗盒公司主张权利的版本仍属于适用 GPL V3 协议的开源软件。根据 GPL V3 协议约定，罗盒公司无权在适用 GPL V3 协议的涉案项目中添加商业使用限制保留条款。玩友公司虽主张被诉侵权软件中的沙盒分身基础框架代码是在 VirtualXposed 开源项目 Xposed 分支开源版本基础上自主研发而成，但并未提交证据予以证实，即使上述主张属实，但 VirtualApp 项目的每次提交更新均同步到 VirtualXposed 的 exposed 分支中，且 VirtualXposed 保留了 GPL V3 协议，因此被诉侵权软件仍应适用 GPL V3 协议。玩友公司收取被诉侵权软件的会员费并不违反 GPL V3 协议的规定。根据 GPL V3 协议保持开源传染性的核心要求，玩友公司至少应当公开被诉侵权软件中使用了涉案软件沙盒分身功能部分的源代码。沙盒分身部分功能代码是作为被诉侵权软件的衍生部分而整体发布的，玩友公司并未举证证明沙盒分身功能部分源代码是独立的，或在各个独立的不同层级框架中适用不同的开源授权许可协议，因此被诉侵权软件应整体适用 GPL V3 协议，玩友公司应开源整个被诉侵权软件的源代码。玩友公司未向用户提供被诉侵权软件源代码下载已经违反 GPL V3 协议规定，则玩友公司对涉案软件源代码的复制、发布行为因失去权利来源而构成侵权。

一审法院综合全案的证据情况，判决玩友公司停止通过互联网提供含有侵权沙盒分身功能源代码的四款软件的下载、安装和运营服务并赔偿罗盒公司经济损失和维权合理开支 50 万元。另三被告实施收款行为前已对被诉侵权软件著作权登记证书作了初步审查，本身无过错，故无须承担连带责任。

一审判决后，双方均未提起上诉，案件已生效。

【法官评述】

中国与西方国家在基础软件行业上技术差距明显，特别是芯片设计、机械制造等领域的工业软件被严重“卡脖子”。借助开源软件制度，中国工业软件的发展有望“弯道超车”，国家“十四五”规划也提出要“完善开源知识产权和法律体系，鼓励企业开放软件源代码、硬件设计和应用服务”。当前国际社会上开源授权许可协议众多，而我国直至2021年才发布中国首个开源协议——木兰宽松许可协议（MulanPSL）。但是，目前国内没有涉及开源软件的法律与司法解释，涉开源软件的案件屈指可数，涉开源协议的裁判规则更是几乎处于空白。本判决借鉴了美国、德国等域外法院对开源协议性质的认定，通过分析开源协议的发展历程及分类，对涉开源协议的相关问题进行了开创性的探索。

一、开源项目管理者是否有权单独起诉

首先，罗盒公司的股东Lody作为项目管理人将VirtualApp初始版本源代码上传至GitHub官网开源发布，这是罗盒公司主张权利的基础，也是整个涉案软件的核心基础。贡献者提交的代码是在此基础上不断升级优化，贡献者提交的代码能否并入涉案软件主分支由项目管理人决定，项目管理人提交的代码量占整个涉案软件代码量的绝大部分，因此其他贡献者提交的代码并未对涉案软件著作权产生实质影响。其次，判断是否为合作作品应考虑以下因素：作者为两个或两个以上、主观上有共同进行作品创作的合意、客观上有共同创作作品的行为、合作作者贡献了独创性的表达。涉案软件源代码的提交者包括项目管理者和贡献者，而贡献者提交代码的流程是先由贡献者发起拉取申请，经项目管理者同意后才会并入主分支中，显然双方存在共同创作的合意。实际上，涉案软件的提交者亦包括管理者和众多贡献者。但是，玩友公司并未举证证明贡献者提交的代码是否属于有独创性表达的创作，仅根据贡献者提交的代码行数无法判断其是否有独创性。因此，就在案证据无法认定涉案软件属合作作品。再次，涉案VirtualApp适用了LGPL V3协议或GPL V3协议，那么其他贡献者在申请将其代码合并入主分支时默认同意适用LGPL V3协议或GPL V3协议，即同意将其代码开源贡献给项目管理者和其他用户在授权许可协议范围内自由使用。最后，开源软件项目的贡献者往往人数众多，互不相识且散布于全球各地，只要项目保持开源则贡献者数量会持续动态地增加。即使涉案软件属合作作品，就在案证据难以查清所有权利人的基本情况下，若开源项目要求必须经过所有贡献者的授权才能提起诉讼，那么将导致开源软件维权无从提起。因此，罗盒公司作为提交了绝大部分代码的项目管理者有权单独提起本案诉讼。

二、开源授权许可协议的法律性质

发展至今，开源授权许可协议数量众多，经过“开放源代码首创行动组织”批准的开源协议就多达近100种。有学者按照开源宽松程度从小到大将开源授权许可协议大致分为三类：使用开源代码的程序必须公开源代码如GPL协议；使用并且修改开源代码的程序必须公开源代码；使用或修改开源代码的程序不强制公开源代码。关于GPL V3协议的法律性质和效力有如下共识：第一，协议的内容具备合同特征，属于广义的合同范畴。GPL V3协议是针对某一特定的项目，并预先设定好格式化条款的协议，只要授权方选定了该协议，使用该项目的用户就必须遵守该协议，授权方和用户之间即形成以开源软件源代码为目的的一种民事法律行为。授权方通过GPL V3协议授予不特定的用户复制、修改、再发行等权利，是设立、变更、终止民事法律权利义务关系的协议。在用户复制、修改、发行该源代码时协议成立并生效。第二，协议是非典型合同。与我国著作权法有关“著作权许可使用和转让合同”的规定相比较，GPL V3协议是开源软件的作者向不特定的使用者让渡其著作权的部分人身权利和全部财产权利，权利授予的对象是不确定的，以换取使用者承诺遵守开源许可协议的许可条件和义务，如将修改后的源代码公开给社会公众共享等，开源软件许可协议并没有权利转让的对价或许可使用付酬等典型的著作权许可合同的主要条款。第三，协议是格式合同。GPL V3协议是为特定开源项目开发而预先拟定，由著作权持有人向软件程序使用者提出的合同条款。该格式化条款保持承继性，且不属于格式合同条款无效的情形，其授权内容符合我国著作权法的规定，合法有效。第四，对协议的承诺是通过行为作出。GPL V3协议第9条规定，一旦修改和传播一个受保护作品，就表明你接受本协议。该要约内容表明以实践行为作出承诺，无须再签订书面的合同。因此，GPL V3协议的上述有关承诺可以用行为完成的条款符合合同法关于要约和承诺的规定，应为有效。此外，协议是通过电子文本形式由授权方或用户加入开源项目中，电子文本是一种有形的表现形式，属于以书面形式订立的合同。综上，GPL V3协议具有合同性质，是授权方和用户订立的格式化著作权许可使用协议，属于我国合同法调整的范围。

三、开源项目管理者是否可以删除开源协议

根据GPL V3协议条款约定和性质，只要某个软件版本加入GPL V3协议，则无法随意删除GPL V3协议，该版本源代码将永久保持开源，即使授权方删除GPL V3协议也无回溯力，授权方只能在后续的版本中变更或删除GPL

V3协议，但并不影响此前版本继续适用GPL V3协议的效力。经查，项目管理者asLody于2016年7月7日首次提交涉案VirtualApp项目，于2016年7月8日加入LGPL V3协议，于2016年9月10日将授权许可协议更改为GPL V3协议，于2017年10月29日删除了GPL V3协议，于2017年12月31日停止更新该开源版本并转为开发不开源的商业版本。本案中，首先，罗盒公司于2017年10月29日删除了GPL V3协议，则涉案软件2017年10月29日前的版本将永久保持开源，该删除声明对2017年10月29日前的版本无回溯力，即罗盒公司无权将2017年10月29日前的版本删除GPL V3协议。其次，罗盒公司主张权利的软件为2017年12月30日版本，该版本已删除GPL V3协议，但因软件不断更新迭代的特点，该版本必然包含部分在前适用GPL V3协议版本的开源代码，即2017年12月30日版本必然包含2017年10月29日前版本的源代码，承前认定，该部分包含的开源代码将继续保持开源。最后，对于删除GPL V3协议后新增的部分源代码，若新增部分代码不属于原有源代码的衍生作品（详见下文第五点），则无须开源。但是，本案中罗盒公司确认其主张的涉案软件2017年12月30日版本与撤回GPL V3协议即2017年10月29日前的版本差别不大，因此应认定罗盒公司主张权利的版本仍属于适用GPL V3协议的开源软件。

四、开源项目管理者是否可以附加限制商业使用条款

开源软件与商业软件的最大区别就在于开源软件作者将全部著作财产权利让渡给了使用者，开源软件是以放弃著作权相关权利的形式所进行的一种软件开发模式。虽然开源软件作者将著作财产权利让渡给软件使用者，但并没有放弃用商业化的方式促进开源软件产业的发展。开源软件不等于不能有商业开发。具体到本案中，GPL V3协议是一种针对软件和其他作品的“著佐权”（Copyleft）许可协议，使得软件可以自由使用。罗盒公司的商业使用限制保留条款对于用户使用其源代码的目的进行了限制，从而也限制了用户范围，即只有非商业用途的用户才可以使用其源代码，这显然与GPL V3协议的“著佐权”特性矛盾。该限制保留条款也不属于第7条规定的可以添加的6种补充附加条款之一，应属于非许可性附加条款，属于第10条中的“进一步限制”，因此罗盒公司无权在适用GPL V3协议的涉案VirtualApp项目中添加商业使用限制保留条款。

五、开源软件的传染性界定

用户依据GPL V3协议授权可以获取软件源代码进行修改、再发布，那么他必须保证其他用户可以获取到修改后的源代码，这也是GPL V3协议保持开源传染性的核心要求。被诉侵权软件中的沙盒分身功能使用了涉案软件开源代码，因此，玩友公司至少应当公开被诉侵权软件中使用了涉案软件沙盒分身功能部分的源代码。

关于玩友公司是否应该公开整个被诉侵权软件源代码的问题，理论上，当开源代码和闭源代码结合产生交界点时，为避免冲突，在开源代码基础上进行再创新，并选择保持源代码闭源时，应当选择较为宽松的许可协议，避免因融合程度过高导致所有源代码都必须公开，不公开则可能构成侵权。若无法回避许可协议之间的冲突，应当采取简单的编程接口连接，降低软件源代码运行时的融合程度。不同类型的开源授权许可协议对开源宽松程度有不同的要求。相对而言，GPL在开源软件许可协议中是最为严苛的，要求任何使用该开源代码的程序在再发布时，必须将其源代码以相同的许可协议公开。如果能够确定作品的一部分并非程序的衍生产品，与程序并未混合在一起，也未意图在某种存储或分发媒介上组成一个更大的程序，而是独立的，属不同的作品，则这部分独立的程序发布时可以不受GPL的约束。不过，当将这部分作为程序的一部分发布时，因它是程序整体的一部分将受到GPL约束。对于在逻辑上与开源代码有关联性且整体发布的衍生作品，只要其中有一部分适用了GPL V3协议发布，那么整个衍生作品都必须适用GPL V3协议而公开。本案中，沙盒分身部分功能代码是作为被诉侵权软件的衍生部分而整体发布的，玩友公司并未举证证明沙盒分身功能部分源代码是独立的，或在各个独立的不同层级框架中适用不同的开源授权许可协议，因此被诉侵权软件应整体适用GPL V3协议，玩友公司应开源整个被诉侵权软件的源代码。

六、开源软件使用者违反开源协议的责任

虽然开源软件的知识创作和保护模式与传统的知识产权制度本身存在冲突或对峙，作为抗衡知识创造者垄断权的运动载体，它不断挑战知识产权的内在法律秩序，但其本身并不否认知识产权相关法律的功能，甚至还需要依赖知识产权制度框架的合理设计得以存在和兴盛。对违反开源软件许可协议的行为存在违约救济和侵权救济两种方式，这两种救济方式虽然都能在某种程度上弥补

权利人的损失，但违约之债和侵权之债的救济形式和力度均有差别。本案中，罗盒公司经法院释明后明确其主张的是玩友公司同时违反商业使用限制保留条款以及 GPL V3 开源协议，构成无权使用，其行为构成侵权，应承担侵权责任。GPL V3 协议属于附解除条件的非典型著作权许可使用合同，许可条款是著作权许可使用的条件，如果用户违背条款规定，那么许可的前提条件已不复存在，则 GPL V3 协议终止适用，用户获得的授权也将自动终止。玩友公司未向用户提供被诉侵权软件源代码下载已经违反 GPL V3 协议规定，则玩友公司对涉案软件源代码的复制、发布行为因失去权利来源而构成侵权。

本案判决响应"十四五"规划对开源新业态的发展要求，对规范企业使用开源软件有良好的指引作用，也向国际社会彰显我国对开源软件合法权利保护的决心和信心，对推动我国开源软件行业的发展具有积极作用。本案判决后得到业界极大关注和认可，获评 2021 年中国法院 10 大知识产权案件、2021 年广东全省法院涉互联网十大案例、2021 年广州知识产权保护十大典型案例、2021 年广州知识产权法院十大典型案例。

编写人：广州知识产权法院　谭海华　林奕濠

（编辑：戴芳芳）

26

蓝牛仔公司与网易公司侵害作品信息网络传播权纠纷案

阅读提示：已披露实际上传侵权信息网络用户真实身份网络平台的侵权责任如何认定？

【裁判要旨】

提交实际上传侵权信息的网络用户真实身份信息，仅是网络平台适用“避风港”原则免除侵权赔偿责任的条件之一。网络平台仍需证明其是单纯的网络服务提供者，否则不得免责。认定是否属于提供信息储存空间的网络服务提供者，应围绕网络平台对信息发布途径的控制力、平台与用户间对发布内容是否存在利益分配关系、平台是否存在扩大发布内容传播范围的行为等因素综合判定。

【案号】

一审：广州互联网法院（2019）粤0192民初490、492、493、503、513、533、563、572、573、587、588、593、597、598、600、613、618、634、636号

二审：广州知识产权法院（2020）粤73民终5150-5168号

【案情与裁判】

上诉人（一审被告）：广州网易计算机系统有限公司（以下称“网易公司”）

被上诉人（一审原告）：蓝牛仔影像（北京）有限公司（以下称“蓝牛仔公司”）

起诉与答辩

蓝牛仔公司起诉称：蓝牛仔公司是一家专注于中国题材图片库拍摄的公司。2019 年 4 月 16 日至今，网易公司未经蓝牛仔公司同意，擅自在其运营的网站上非法使用蓝牛仔公司享有著作权的涉案摄影作品及美术作品，为其公司品牌进行宣传、推广和产品销售，已达到宣传营利的目的和效果。故请求一审法院判令：1. 网易公司向蓝牛仔公司支付赔偿金每案 4000 元；2. 网易公司向蓝牛仔公司支付为制止侵权行为支出的合理费用每案 2000 元；3. 网易公司承担全部诉讼费用。

网易公司辩称：1. 蓝牛仔公司现有证据不足以证明其系涉案图片的著作权人，其并非本案适格原告。作品登记证书并非获得著作权的法定依据，不能仅凭该证书就对权利归属进行认定。多幅涉案图片的使用日期均在著作权登记日期之前，故存在图片著作权实为第三人所有的合理怀疑。蓝牛仔公司作为以图片经营为主营业务的法人，应承担更高的权属举证要求。2. 涉案图文由网易号用户发布，网易公司仅提供网络信息存储空间服务。3. 蓝牛仔公司诉请赔偿金额过高。

一审审理查明

蓝牛仔公司为证明其对涉案图片享有著作权，提交了以下证据：1. 涉案图片在蓝牛仔公司所经营的官网（www.lanniuzai.com）展示截图，该截图载明了图片标题、图片编号、版权信息、肖像权、摄影师等内容；2.《作品登记证书》及其附表封面和内容页；3. 涉案作品高清图片及图片属性截图信息，载明了涉案图片的类型、大小、拍摄时间等信息；4. 作者与蓝牛仔公司之间约定涉案图片的信息网络传播权由蓝牛仔公司享有的声明或协议。

经一审法院比对，网易公司在 www.163.com 网站上使用的 19 张图片与蓝牛仔公司主张权利的 19 张图片背景环境、拍摄角度等均基本相同，虽有视觉上的微小差异，但可确定是图片剪裁及像素大小差异造成，二者内容高度一致，构成实质性相似。

网易公司抗辩“网易号”属于信息存储空间，在提供了 19 案侵权用户真实身份信息的情况下，其已尽到“通知 – 删除”义务，并表示实际侵权用户将侵权内容上传至网易号后，网易公司仅仅只是将用户内容分发展示到网易公司网站中的其他频道，且有特别声明“内容为网易号用户上传并发布，本平台仅提供信息存储服务”，用户内容仍存储在原服务器。同时，网易号的文章展示在不同频道上是系统随机的，并没有固定的规则。因为分发展示是随机的，所以不能判断会有多少文章展示在其他频道，网易号文章分发展示不会通知用户。网易号用户发布文章后，用户可以在自己的用户页面查看到文章的阅读量、跟帖数、参与数，文章阅读量越高，用户获得的收益可能越高。网易号文章阅读量计算标准为客户端页面完整阅读，即用户在网易号客户端完整浏览整篇文章后，才会计算为该文章的阅读量，客户端以外的其他端口的阅读并不会计算为该文章的阅读量。因此，手机端浏览、其他频道链接页面的浏览均不会为文章产生阅读量。

一审判理和结果

一审法院审理认为：网易公司虽抗辩其仅提供信息存储空间，已尽到合理注意义务且提供了网络用户的真实信息，并无过错，不应承担侵权责任，但其抗辩理由不能成立。首先，网易公司运营的“网易号”内容可能由网络用户提供，但是涉案侵权内容并非只在“网易号”展示，网易公司还将之分发到其他频道，网易公司认为这种分发仅仅是随机性的，但无论分发整理是否有规律，该行为足以说明网易公司并非一个纯消极性的信息存储空间。其次，即使网易公司在侵权内容中均已标明用户账号，亦备注相关内容由网易号用户提供，但是涉案内容经网易公司分发，已与网易公司作为内容提供者提供的其他频道内容相混合，且网易公司也承认并非所有的网易号内容都会分发到各频道。因此，网易公司存在筛选分发的可能性较大，应当对分发内容是否侵权承担更高的注意义务。最后，网易号用户发布文章后，用户可以在自己的用户页面查看文章的阅读量、跟帖数、参与数，并据此获得收益。然而，网易公司将网易号内容分发到其他频道后并不会为文章产生阅读量，因此涉案内容在其他频道展示时所获相关收益全部由网易公司享有，用户没有收益。故侵权内容在分发频道发表，与在网易号上发表相比，网易公司对同一内容享有更高的收益，若仅需要承担“通知－删除”义务，显然是不公平的，根据权利义务相适应的基本法理，网易公司在享有利益的同时亦应当对此承担责任。综上，网易公司未尽相应注意义务，应对分发内容承担作为网络内容提供者的责任。本案中，网易公司未经蓝牛仔公司许可通过信息网络传播涉案作品，使公众可以在其个人选定的时间和地点获得，侵犯了蓝牛仔公司对涉案作品所享有的信息网络传播权。

一审法院依照《中华人民共和国著作权法》第十条第一款第十二项和第二款、第十一条第四款、第四十七条、第四十八条第一项、第四十九条，《中华人民共和国民事诉讼法》第六十四条第一款，《最高人民法院关于审理著作权民事纠纷案件适用法律若干问题的解释》第七条、第二十五条、第二十六条，《最高人民法院关于审理侵害信息网络传播权民事纠纷案件适用法律若干问题的规定》第三条、第九条第三项的规定，对 19 案判决如下：1. 网易公司应于本判决生效之日起十日内赔偿蓝牛仔公司每案 300 元；2. 驳回蓝牛仔公司的其他诉讼请求。

上诉与答辩

一审判决后，网易公司不服，向广州知识产权法院提起上诉称：一审法院认为网易公司作为内容提供商承担侵权责任，事实认定不清，适用法律错误。19 案涉案图文均由网易号用户提供，网易公司已在一审中提供网易号用户真实信息，网易公司作为信息存储空间的网络服务提供商未作任何修改，也未进行推荐筛选等，并已公示投诉渠道，在得悉涉案图文涉嫌侵权后及时下线，已尽到合理注意义务，依法应当适用“避风港”原则。一审法院认为网易公司存在分发行为，应对分发内容承担作为网络内容提供者的责任，实质是对网易号的误解：1. 网易订阅号的文章在各频道上显示是正常现象。网易各个频道中，既存在原创文章、转载文章，也存在网易号文章，网易号文章可能会显示在网易的各个频道，网易并没有限定网易号的文章只局限于订阅号一个频道显示，法律也并未对此模式加以禁止。2. 两个方面可判断涉案图片所在文章为网易号用户发布。（1）从涉案页面可以明显看出该文章为网易号文章。涉案图片所在文章页面已明确标明了网易号的作者，在文章底部有“特别声明：以上内容（如有图片或视频亦包括在内）为自媒体平台网易号用户上传并发布，本平台仅提供信息存储服务”。页面内容已明确标示为网易号的内容，不存在网易转载使用涉案文章的可能。（2）通过对涉案链接中文章 ID 的分析可以看出该文章为网易号文章。每一篇网易号用户上传的文章都有一个文章编号，显示在网页链接的最末端。文章内容存在于服务器中，通过不同端口打开，显示的链接形式不同，但内容均是一致的，且均储存在网易号同一服务器的同一地方，不同前缀链接获取文章内容并不会产生复制，也不会占用另外的储存空间。故请求二审法院判令：1. 撤销一审民事判决；2. 改判驳回蓝牛仔公司全部诉讼请求；

3. 蓝牛仔公司承担一、二审诉讼费用。

蓝牛仔公司答辩称：一审判决认定事实清楚，适用法律正确，网易公司未经许可使用涉案作品，依法应当承担侵权责任，请二审法院依法驳回网易公司全部上诉请求，维持一审判决。

二审判理与结果

二审法院另查明，《网易号媒体开放平台注册协议》约定如下内容："第二条网易号服务内容。网易号是对自然人、法人或其他组织包括但不限于媒体及内容合作伙伴所开放的网络信息存储服务平台提供方，用户注册网易号后可以通过网易号上传发布内容，进行信息的传播等。网易号以包括但不限于网易新闻、网易公开课等网易产品为内容分发渠道。网易号有权依照其与相关网易产品的共同安排，不时选定、变更或取消某一网易产品作为网易号内容的分发渠道。不同用户通过网易号所发布的内容将会在作为网易号内容分发渠道的不同网易产品上得到自动展示。上述'网易产品'是指：网易集团（即甲方及其关联公司）下属各网站（包括但不限于www.163.com；www.youdao.com；www.lofter.com）及移动应用产品。对于上述网易产品，应包括任何网站的子域名网页或平台，以及网易集团不时更换或增加的网站及移动应用产品。第四条用户权利义务……用户在此免费地、永久性地、不可撤销地在全世界范围内授权网易号在推广等活动中（包括但不限于对外宣传、产品介绍等）免费使用其姓名（包括但不限于真实姓名、笔名、网名及任何代表用户身份的文字符号）、肖像（包括但不限于真人肖像及卡通肖像）、商标及标识。3. 网易号尊重知识产权并注重保护用户享有的各项权利，用户同意授予网易号及网易产品在全世界范围内免费地、永久性地、不可撤销地使用和转授权用户通过网易号发布或用户使用网易号服务过程中形成的信息及内容（包括但不限于文字、图片、音频、视频等），网易号及网易产品可以通过包括但不限于使用、复制、发行、改编、汇编、传播、修改、转授权、摄制、翻译、创建衍生作品、出版、表演、放映等方式使用相关内容。"根据网易公司一审提交的关于网易号用户收益的说明，网易号平台为激励用户创作，会对用户进行补贴。网易号用户创作发布的文章产生阅读量后，用户可以按照平台的补贴计算方式产生补贴收益。

二审法院审理认为：对于网易公司辩称其是网络信息存储空间服务提供者不构成侵权的主张，关键在于审查是否能够认定网易公司在本19案中作为网络服务提供者仅提供了网络服务，而未实施其他侵权行为。虽然网易公司提交的《网易号媒体开放平台注册协议》第二条第一款约定，网易号是对自然人、法人或其他组织包括但不限于媒体及内容合作伙伴所开放的网络信息存储服务平台提供方，但结合本 19 案中蓝牛仔公司公证保全的证据来看，涉案被诉侵权图片系发布在网易公司经营的“www.163.com”网站上，故并不能仅依据该注册协议的内容来认定网易公司仅提供了网络信息存储空间服务。网易公司在其经营的“www.163.com”网站上设置有多个频道，为一般社会公众提供包括信息资讯在内的多种服务，结合网易公司在其上诉状中所称“网易各个频道中，既存在原创文章、转载文章，也存在网易号文章，网易号文章可能会显示在网易的各个频道”，可见网易公司经营的“www.163.com”网站作为一个综合性门户网站，亦提供网络内容服务。网易公司虽提交证据证明 19 案涉案文章系由网易号注册用户上传发布，但亦不能据此认定其免责。理由如下：首先，根据《网易号媒体开放平台注册协议》第二条第二款以及第四条约定，对于网易号用户发布的内容，网易公司依照该条款约定有权根据其需要安排内容的发布渠道，亦有权根据其需要选定变更取消渠道，上述渠道范围涵盖网易集团下属各网站。对于网易号内容，网易公司有权使用并转授权，使用形式包括复制、发行、改编、汇编、传播、修改等方式。基于上述约定，网易号用户上传内容的传播途径完全由网易公司控制调整，对上传内容网易公司亦有权使用、修改、传播。其次，网易公司为激励网易号用户创作，会根据网易号用户创作发布的文章产生阅读量，对用户进行补贴，网易公司与网易号用户之间就发布内容亦存在利益分配关系。再次，网易公司将网易号用户上传至网易号的内容分发至其“www.163.com”网站上各频道内，其行为已经超出提供信息存储空间服务的范围，属于网络内容提供者。综上，网易公司在本系列案中并非仅提供自动接入、自动传输、信息存储空间、搜索、链接、文件分享技术等网络服务，对涉案内容亦存在主动分发、组织、提供行为，其商业模式的实质是网易公司通过经济利益鼓励自媒体作者向其旗下各网站（包括但不限于 www.163.com；www.youdao.com；www.lofter.com）及移动应用产品提供内容，并将自媒体作者上传至网易号的内容发布至上述各内容分发渠道，作为网易新闻、网易公开课、有道等网站或移动应用产品的内容在互联网上传播。随着互联网技术的发展，该商业模式逐渐被包括网易公司在内的各大互联网平台广泛采用，有利于各门户网站在自媒体时代拓宽内容来源和作品类型，扩大自媒体内容的传播途径和影响力，但并不意味着各互联网平台可以将其旗下各网站及移动应用产品整体包装成网络服务提供者，进而滥用“避风港原则”规避其应当承担的责任，仍然应当坚持统筹兼顾权利保护与促进互联网产业发展的原则对上述商业模式进行规制，在权利人、网络服务提供者和公众利益之间实现平衡。本 19
案中，网易公司作为“www.163.com”网站的经营者，将涉案网易号用户上传的文章分发至该网站相应频道内进行展示，虽然涉案图片所在文章页面已明确标明了网易号的作者，但该行为仅表明网易公司在分发相应文章时尊重了作者的署名权，并不能证明网易公司仅提供了信息存储空间服务。网易公司作为网络内容提供者，在未经权利人许可的情况下，通过互联网向社会公众提供涉案侵权图片，侵害了蓝牛仔公司对涉案图片享有的作品信息网络传播权，网易公司对此应当承担侵权责任。综上，二审法院判决：驳回上诉，维持原判。

【法官评述】

当前涉及互联网的图片类作品信息网络传播权侵权纠纷呈现多发、易发特点。实践中，由于信息网络传播权侵权行为具有一定隐蔽性，海量网络信息使得权利人较难发现侵权行为的存在。同时，权利人亦较难发现侵权人真实身份。为维护合法权益，权利人常以发布侵权信息的网络平台为被告提起诉讼。通常，网络平台会主张其是网络服务提供者，应当适用“避风港”原则，并提交实际上传侵权信息的网络用户真实身份信息，以免除其侵权责任。本案即是此种情况。本案的典型意义在于，明确了此种情况下网络平台是否应当承担责任的审查认定规则。

一种观点认为，在网络平台提供了上传侵权信息的网络用户真实身份信息的情况下，网络平台已经证明其并非侵权信息的直接上传者，即指明了实际的网络内容提供者，可以认定其是网络服务提供者。在无证据证明网络平台实施帮助或教唆侵权行为的情况下，对符合《信息网络传播权保护条例》第二十条至第二十二条规定的网络服务提供者应当免除赔偿责任。网易公司主张其为信息存储空间服务提供者，并证明侵权信息系第三方网络用户上传，网易公司在本案中不存在教唆或帮助侵权行为，故在符合《信息网络传播权保护条例》第二十二条规定的情形下，应当免除其赔偿责任。

另一种观点认为，不能因为网络平台提供了上传侵权信息的网络用户真实身份信息，即认为网络平台不是网络内容提供者，而是网络服务提供者。实践中，存在网络平台既是内容提供者又是服务提供者的情形。根据《最高人民法院关于审理侵害信息网络传播权民事纠纷案件适用法律若干问题的规定》第四条和第六条的规定，只有仅提供自动接入、自动传输、信息存储空间、搜索、链接、文件分享技术等网络服务，且无过错的，网络服务提供者才不构成侵权。本案合议庭正是采纳了这种观点。网易公司虽然证明了涉案图片系第三方网络用户上传，但还必须进一步证明其仅提供了网络信息存储空间服务，否则不得免责。认定是否属于网络信息存储空间服务提供者应围绕网络平台对信息发布途径的控制力、平台与用户间对发布内容是否存在利益分配关系，平台是否存扩大发布内容传播范围的行为等因素综合考量判定。本案中，二审法院综合考虑以下因素，认为网易公司并非单纯的网络信息存储空间服务提供者。首先，根据《网易号媒体开放平台注册协议》的约定，网易号用户上传内容的传播途径完全由网易公司控制调整，对上传内容网易公司亦有权使用、修改、传播，对于内容的传播、使用，网易公司具有较大的控制权和话语权。其次，网易公司为激励网易号用户创作，会根据网易号用户创作发布的文章产生阅读量，对用户进行补贴，网易公司与网易号用户之间就发布内容存在利益分配关系。再次，网易公司将网易号用户上传至网易号的内容分发至其“www.163.com”网站上各频道内，其行为已经超出提供信息存储空间服务的范围。网易公司在本系列案中并非仅提供自动接入、自动传输、信息存储空间、搜索、链接、文件分享技术等网络服务，对涉案内容亦存在主动分发、组织、提供行为。总体上看，网易公司通过经济利益鼓励自媒体作者向其旗下各网站及移动应用产品提供内容，并将自媒体作者上传至网易号的内容发布至上述各内容分发渠道，作为网易新闻、网易公开课、有道等网站或移动应用产品的内容在互联网上传播。此举有利于各门户网站在自媒体时代拓宽内容来源和作品类型，扩大自媒体内容的传播途径和影响力，但根据权利与义务应相适应的原则，网易公司在将网络用户上传的文章作为其旗下网站或者移动应用的内容进行传播时，应当履行更高的注意义务。

编写人：广州知识产权法院　裘晶文　郝文灿

（编辑：戴芳芳）

27

深圳腾讯与阳光文化公司、优视公司著作权侵权及不正当竞争纠纷案

阅读提示： 游戏运行过程中形成的连续画面是否符合以类似摄制电影的方法创作的作品构成要件？

【裁判要旨】

判断游戏运行过程中形成的连续画面是否符合以类似摄制电影的方法创作的作品构成要件，一般综合考虑以下因素：1. 是否具有独创性；2. 是否可借助技术设备复制；3. 是否由有伴音或无伴音的连续动态画面构成；4. 因人机互动而呈现在游戏画面中的视听表达是否属于游戏预设范围。

故事情节并不是电影及类电影作品的必要条件，应围绕是否具备“一系列有伴音或者无伴音的画面”这一核心特征进行判定。

【案号】

一审：广州互联网法院（2019）粤 0192 民初 1092–1102、1121–1125 号

二审：广州知识产权法院（2020）粤 73 民终 574–589 号

【案情与裁判】

上诉人（一审被告）：运城市阳光文化传媒有限公司（以下称“阳光文化公司”）

被上诉人（一审原告）：深圳市腾讯计算机系统有限公司（以下称“深圳腾讯”）

一审被告：广州优视网络科技有限公司（以下称“优视公司”）

起诉与答辩

深圳腾讯认为阳光文化公司通过“西瓜视频”App录播《王者荣耀》游戏，严重侵害了其对《王者荣耀》享有的著作权，优视公司提供西瓜视频的分发、下载服务，扩大了侵权行为的影响力，主观上具有攀附《王者荣耀》知名度及市场竞争优势吸引观众的故意，客观上获得巨大的商业利益，构成不正当竞争。向广州互联网法院起诉请求判令：1. 阳光文化公司停止在“西瓜视频”平台上传播包含《王者荣耀》游戏连续动态画面的视频，即删除本案行为保全裁定送达之日（2019年9月4日）前上传的《王者荣耀》游戏视频；优视公司在“西瓜视频”App停止以短视频的方式传播《王者荣耀》游戏内容之前，停止提供“西瓜视频”的分发、下载服务；2. 阳光文化公司、优视公司连续一个月在新浪、搜狐、网易及百度等官网首页以及阳光文化公司、优视公司官方网站等显著位置刊登声明，赔礼道歉，消除影响；3. 阳光文化公司、优视公司承担因整体侵权行为给深圳腾讯造成的经济损失480万元及合理开支16万元；4. 阳光文化公司、优视公司共同承担本案诉讼费用。

一审审理查明

腾讯科技（成都）有限公司（以下称腾讯成都公司）是《腾讯王者荣耀软件［简称：王者荣耀］V1.1.8.1》及《王者荣耀》游戏内元素的著作权人，并授权深圳腾讯在全球范围内代理运营以及著作权许可使用。

阳光文化公司为西瓜视频的开发者及西瓜视频网站（www.ixigua.com）的运营者，公众可以通过该网站下载西瓜视频。西瓜视频首页设有“游戏”专栏，专栏下细分为“王者荣耀”“英雄联盟”“穿越火线”等热门游戏专区。

PP助手及其官网www.25pp.com的运营主体为优视公司，PP助手提供西瓜视频的分发、下载服务。

2018年12月19日与2019年4月10日，深圳腾讯对西瓜视频上发布的2000余个视频进行了保全公证。上述视频均系用户在对运行《王者荣耀》游戏的画面进行录制、剪辑、配乐和解说后形成，视频时长不一，一般在十至二十分钟之间，由阳光文化公司通过其运营的西瓜视频平台在显著位置推荐给公众，并吸引了较大流量。

一审判理和结果

一审法院审理认为，第一，在符合一系列有伴音或者无伴音的画面组成的特征，并且可以由用户通过游戏引擎调动游戏资源库呈现出相关画面时，《王者荣耀》游戏的整体画面宜认定为类电作品。腾讯成都公司作为《王者荣耀》游戏的开发者，进行了计算机软件著作权登记和美术作品登记，对游戏计算机软件和游戏元素作品享有著作权，并对游戏引擎调动游戏资源库所形成的游戏整体画面享有著作权。而腾讯深圳取得授权，有权以自己名义提起本案诉讼。

第二，阳光文化公司未经深圳腾讯许可，将包含深圳腾讯《王者荣耀》游戏画面的短视频以公之于众的方式展示在开放性的、不特定任何人均可浏览的西瓜视频平台上，使公众可以在其个人选定的时间和地点获得涉案《王者荣耀》游戏画面，该行为构成对深圳腾讯信息网络传播权的侵害。

第三，阳光文化公司未经深圳腾讯许可，鼓励、引诱和帮助游戏用户在西瓜视频平台上传《王者荣耀》游戏进行传播并从中获利，有违诚实信用原则和商业道德，属于不正当竞争，但是由于该院已认定上述行为构成对深圳腾讯信息网络传播权的侵害，深圳腾讯的相关权益可根据著作权法进行保护和救济，故对深圳腾讯以阳光文化公司构成不正当竞争为由，要求其就同一侵权行为重复承担责任不予支持。

第四，优视公司作为应用商店，系信息网络空间服务提供者，为“西瓜视频”的分发平台，其分发行为仅是被动的提供分发服务，并非涉案侵权内容所在应用的开发者、运营者。无证据证明优视公司参与了《王者荣耀》游戏画面的传播，亦无证据证明优视公司因此直接获益，因此认定优视公司未侵害深圳腾讯对于《王者荣耀》游戏整体画面的信息网络传播权，亦不构成不正当竞争。

一审法院依据《中华人民共和国著作权法》第十条第一款第十二项、第二款、第二十二条第一款第二项、第四十八条第一项、第四十九条，《中华人民共和国民事诉讼法》第六十四条，《中华人民共和国著作权法实施条例》第二条，《信息网络传播权保护条例》第二十二条，《最高人民法院关于审理侵害信息网络传播权民事纠纷案件适用法律若干问题的规定》第十二条，《最高人民法院关于审理著作权民事纠纷案件适用法律若干问题的解释》第七条、第二十五条第一款、第二款之规定，判决：1. 运城市阳光文化传媒有限公司应立即停止在西瓜视频平台上传播包含有《王者荣耀》游戏画面的视频（截至2019年9月4日已上传至平台的视频为限）；2.运城市阳光文化传媒有限公司于判决生效之日起十日内，赔偿深圳市腾讯计算机系统有限公司480万元及合理费用16万元；3.驳回深圳市腾讯计算机系统有限公司的其他诉讼请求。

上诉与答辩

一审判决后，阳光文化公司不服，向广州知识产权法院提起上诉称：1.一审判决的第一项无任何事实和法律依据，应予撤销。2.本案为侵害作品信息网络传播权纠纷，一审法院错误地通过“以小见大”的方式，将被上诉人举证的16条视频扩大至整个西瓜视频平台上可能包含《王者荣耀》游戏画面的所有视频。该审理方式明显违反了民事诉讼的平等原则和举证规则，严重损害了阳光文化公司的民事诉讼权利，一审判决应予以撤销。3.无论阳光文化公司对涉案视频是否负有较高注意义务，阳光文化公司对用户上传发布的视频都不具有主动审查义务。4.一审判决认定涉案行为既侵害信息网络传播权，又构成不正当竞争，存在严重的适用法律错误。且本案在未对涉案内容进行全面审查的情况下，不应认定构成不正当竞争。5.一审判决存在其他严重的事实认定和法律适用错误。请求：1.撤销广州互联网法院作出的（2019）粤0192民初1092–1102、1121–1125号民事判决书第一、二项；2.依法改判或发回重审，判令驳回深圳腾讯的全部诉讼请求；3.判令本案一、二审诉讼费用由被上诉人承担。

二审审理查明

二审查明事实与一审查明事实一致。

二审判理和结果

二审法院经审理认为，1.判断游戏运行过程中形成的连续画面是否符合以类似摄制电影的方法创作的作品构成要件，一般综合考虑以下因素：（1）是否具有独创性；（2）是否可借助技术设备复制；（3）是否由有伴音或无伴音的连续动态画面构成；（4）因人机互动而呈现在游戏画面中的视听表达是否属于游戏预设范围。涉案游戏《王者荣耀》运行过程中，用户登录后按照游戏的规则进行操作，在终端设备上呈现出“一系列有伴音或者无伴音的画面”组成的连续画面。该连续画面中呈现的游戏背景、战斗主题、场景画面、角色形象、特效、道具、武器、音乐等均由游戏创作者预设，前述内容的取舍、选择、安排、设计均体现了创作者独特的思想个性，具有独创性，且能以某种有形形式复制。

涉案游戏《王者荣耀》运行过程中形成的连续画面符合前述判断标准，可以认定为类电影作品。2.基于游戏运行过程中形成的连续画面为基础制作的游戏视频有多种类型。若游戏视频只是对游戏主播直播游戏过程的录制，虽然主播在游戏画面基础上添加了解说、与观众互动的弹幕文字等，但通常添加的内容较为简单，并无独创性，这类游戏视频难以构成类电作品。若视频制作者在内容取舍、进程编排等环节中付出了创造性智力劳动，游戏视频也有可能构成类电作品。但即使对游戏运行过程中形成的连续画面进行二次创作形成的游戏视频构成新作品，其使用也不得侵犯原作品的著作权。3.阳光文化公司与游戏用户签订《游戏类视频节目合作协议》，游戏用户上传游戏视频，阳光文化公司进行商业推广后与游戏用户共享收益的行为属于以分工合作的方式共同提供涉案视频，构成直接侵权。阳光文化公司在西瓜视频平台中的“游戏”专栏下设“王者荣耀”专区，主动推荐大量《王者荣耀》游戏短视频；主动邀请知名用户成为“金V”认证用户，并通过招募“西瓜视频游戏达人团”成员的方式鼓励、引诱游戏用户大量上传《王者荣耀》游戏短视频的行为已经超出一般网络服务的范畴，属于相关司法解释规定的教唆、帮助行为，构成间接侵权。4.基于平衡作品创作者、传播者、使用者各方利益的原则，尤其从促进游戏及其衍生产业发展的角度考虑，应考虑游戏传播渠道对游戏的推广、发行具有积极、正向的促进作用，一审在确定赔偿数额时没有考虑该因素略有不足。但总体上看，一审赔偿考量因素符合法律规定，赔偿金额亦在法定赔偿范围之内。

综上，二审法院依照《中华人民共和国民事诉讼法》第一百七十条第一款第一项、《最高人民法院关于适用〈中华人民共和国民事诉讼法〉的解释》第三百三十四条的规定，判决：驳回上诉，维持原判。

【法官评述】

随着互联网信息技术的发展和人们生活娱乐方式的改变，网络游戏直播、录播短视频成为新兴行业，市场规模高达千亿元，由此带来的一系列知识产权问题也引起社会和相关公众的关注。本案是网络游戏录播短视频引发的侵权纠纷，双方当事人均是国内头部互联网公司。案件所涉问题在版权保护的法律理论与实务层面都具有前沿性，引起业界广泛关注。

一、在线竞技网络游戏（MOBA）短视频作品的性质

网络游戏由计算机程序、文字、美术、音乐及其他游戏元素共同组成，权利人既可以主张他人侵害网络游戏整体内容的相关权益，也可以主张他人侵害网络游戏特定部分或游戏元素的相关权益。本案中，深圳腾讯主张涉案游戏《王者荣耀》运行过程中形成的连续画面构成类电作品。涉案游戏是一款多人参与的大型在线网络游戏，虽然故事情节性较弱，但通过对电影历史及其发展的梳理，二审法院认为故事情节并不是电影及类电影作品的必要条件，对于电影及类电影作品的界定不应过于狭窄，应回到“活动影像”这一本源，围绕是否具备“一系列有伴音或者无伴音的画面”这一核心特征进行判定。涉案游戏《王者荣耀》运行过程中形成的连续画面符合前述判断标准，可以认定为类电影作品。

二、视频平台侵权责任的认定

随着技术的发展与商业理念、模式的变化，大型网络公司在经营中往往存在混合经营情况，既是内容提供者也是网络服务提供者。意味着网络平台公司可能既构成直接侵权，又构成间接侵权。本案中，深圳腾讯诉称阳光文化公司的侵权行为可以分为两类。第一，阳光文化公司与游戏用户签订《游戏类视频节目合作协议》，游戏用户上传游戏视频，阳光文化公司进行商业推广后与游戏用户共享收益。第二，阳光文化公司在西瓜视频平台中的“游戏”专栏下设“王者荣耀”专区，主动推荐大量《王者荣耀》游戏短视频；主动邀请知名用户成为“金V”认证用户，并通过招募“西瓜视频游戏达人团”成员的方式鼓励、引诱游戏用户大量上传《王者荣耀》游戏短视频。

第一种情况，虽然阳光文化公司不是视频上传者，但是阳光文化公司与游戏用户签订《游戏类视频节目合作协议》约定，一方负责制作视频，另一方负责商业运营，双方共享收益。显然，阳光文化公司与上传视频的游戏用户属于以分工合作的方式共同提供涉案视频。根据《最高人民法院关于审理侵害信息网络传播权民事纠纷案件适用法律若干问题的规定》第四条规定，有证据证明网络服务提供者与他人以分工合作等方式共同提供作品、表演、录音录像制品，构成共同侵权行为的，人民法院应当判令其承担连带责任。此时，阳光文化公司构成直接侵权。第二种情况，作为网络服务提供者的阳光文化公司，明知《王者荣耀》游戏是一款现象级的高热度游戏，仍然通过奖金、流量扶持等方式诱导、鼓励网络用户上传《王者荣耀》游戏视频，同时对用户上传的《王者荣耀》游戏视频进行选择、编辑和推荐。作为网络服务提供者，阳光文化公司虽然对平台上的内容没有主动审查义务，但此时其行为已经超出一般网络服务的范畴，属于上述司法解释规定的教唆、帮助行为，构成间接侵权。

综上，本案是国内首个认定多人在线竞技网络游戏短视频构成类电作品的判决，同时对短视频平台是否构成直接或间接侵权做了有益的探索，从而对规范游戏录播短视频行业合理有序发展提供司法指引，受到主流媒体的广泛关注，也为版权热点问题的理论研究提供了鲜活的素材。

编写人：广州知识产权法院　江闽松

（编辑：戴芳芳）

垄断或不正当竞争案件

28

长盈混凝土公司与广东省市场监督管理局行政处罚纠纷案

阅读提示：对于涉及固定价格的横向垄断协议，是否无须考虑相关市场以及其他合理因素，直接适用根本违法原则，认定横向垄断协议成立并予以处罚。

【裁判要旨】

对垄断协议的认定考虑因素主要包括：第一，具有竞争关系的经营者之间，在主观上是否进行过意思联络或者信息交流；第二，客观上经营者之间是否存在一致性市场行为；第三，经营者能否对一致性行为作出合理解释；第四，协议是否具有反竞争目的，实际产生了反竞争效果。

【案号】

一审：广州知识产权法院（2021）粤73行初20号

【案情与裁判】

原告：茂名市电白区长盈混凝土有限公司（以下称“化州大道公司”）

被告：广东省市场监督管理局（以下称“省市场监督局”）

起诉与答辩

化州大道公司诉讼请求：1. 撤销省市场监督局作出的40号决定；2. 本案诉讼费用由省市场监督局承担。

事实和理由：1. 省市场监督局认定事实错误，认定化州大道公司构成“固定或变更商品的价格”垄断协议的规定证据不足。省市场监督局仅以化州大道公司与其他企业经营主体存在聚会、微信群交流为证据，认定化州大道公司与其他存在竞争关系的经营者组织聚会和建立微信群组交流目的是商议达成共同抬高出售预拌混凝土价格，系省市场监督局主观臆断。化州大道公司与其他混凝土经营企业并没有达成意思表示一致的“固定或者变更商品价格”的垄断协议行为，没有统一的价格变动或固定的价格。2. 省市场监督局的处罚金额不当，决定违反了《中华人民共和国反垄断法》(以下简称《反垄断法》) 第四十六条中“并处上一年度销售额……”的规定。省市场监督局不能以未依法正式立案的时间来确定“上一年度销售额”的处罚标准。

省市场监督局答辩称：1. 我局具体行政行为合法。对该行政处罚的适用法律准确，处罚金额并无不当。对于“上一年度”的问题，我局以化州大道公司 2016 年度销售额为处罚基准合法合规。执法实践中，对于《反垄断法》第四十六条第一款中的“上一年度”通常是指执法机关启动调查的上一年度，如果垄断行为在反垄断执法机构启动调查时已经停止，上一年度为垄断行为停止时的上一个会计年度。2. 我局认定化州大道公司构成“固定或变更商品的价格”垄断协议证据确凿充分，并且化州大道公司达成并实施了该横向垄断协议，该横向垄断协议中没有《反垄断法》中规定的豁免理由。

一审审理查明

本案涉及的商品为预拌混凝土。预拌混凝土为建筑施工所用的人造石材，以水泥、砂、石子、化学外加剂等混合加工而成。

2017 年 2 月 21 日，原省反垄断局接到企业举报称，茂名市城区及高州市多家预拌混凝土企业联合涨价涉嫌垄断。2018 年 10 月因机构改革该案移交省市场监督局，并于 2018 年 10 月 25 日立案。省市场监督局在原省反垄断局已经调查掌握情况的基础上，进一步进行了核查，在 2018 年 11 月 2 日向国家市场监督管理总局进行立案报备。2019 年 9 月 18 日，省市场监督局向化州大道公司送达了《广东省市场监督管理局行政处罚告知书》，告知化州大道公司拟作出行政处罚的事实、理由、依据和处罚内容，并告知化州大道公司依法享有陈述、申辩和要求举行听证的权利。化州大道公司在法定期限内申请听证，省市场监督局于 2019 年 10 月 29 日组织行政处罚案件听证会并听取当事人陈述和申辩。2020 年 6 月 1 日，省市场监督管理局作出 44 号决定。

省市场监督局调查笔录及省市场监督局对茂名元丰商品混凝土有限公司、高州市金山混凝土有限公司、茂名市电白区达力投资有限公司、茂名市乐佳建筑材料有限公司、茂名市电白区长盈混凝土有限公司、广东冠力混凝土有限公司、茂名钰丰混凝土有限公司、茂名市电白区建科混凝土有限公司、茂名市恒基混凝土有限公司、华润混凝土（茂名）有限公司、广东双冠建材有限公司、茂名市华信混凝土有限公司、茂名市电白区庞建混凝土有限公司、高州市星展混凝土有限公司、茂名市汇港混凝土有限公司的调查笔录综合反映，在茂名市宏基建材有限公司负责人和广东大道建材有限公司、化州市大道建材有限公司法定代表人的牵头组织下，该19家中的部分混凝土企业于2016年9月24日上午，在茂名市迎宾三路海港食府333包房聚会商议统一上调混凝土销售价格，最后达成一致意见：从2016年9月25日开始，茂名市城区和高州市区域内C30混凝土销售价格统一上调60元/m^3，其他标号混凝土以C30混凝土价格为参照，每增减一个标号，销售价格相应增减10 ~ 20元/m^3。随后，化州大道公司和其他参会企业的代表从2016年9月24日下午开始，在茂名市宏基建材有限公司负责人和广东大道建材有限公司、化州市大道建材有限公司法定代表人的带动下，本案化州大道公司及其他18家企业的负责人或销售负责人陆续加入了名为“茂名混凝土交流会”微信群，微信群主要用于交流统一涨价信息和发布拖欠货款客户名单等事项，大部分涉案企业的代表通过微信群发布了统一涨价的信息。根据微信群的聊天记录，内容还包括：1.对于某些建筑工地没有结清货款前，要求各公司停止供货、协助回款等；2.交流对于拒绝接受调价的应对方法，对于部分客户不接受调价的，表明拒绝供货态度，并呼吁群内企业协助停止供货；3.披露调价方法及部分用户的报价和供货价格；4.呼吁共同坚持，共同努力，互相监督等；5.协调部分工地的供应及协调各公司报价差异问题。

包括化州大道公司在内的19家涉案企业提供的销售台账显示，在2016年9月25日之前两个月，以C30为例售价为270 ~ 295元/m^3。从2016年9月25日起，19家涉案企业分别对混凝土销售价格进行了上调，调价幅度不一，对各具体客户的实际售价也有所不同，但调价时间点基本集中在9月底至10月底，以C30为例售价为300 ~ 340元/m^3。

一审判理和结果

一审法院认为，本案系横向垄断协议案件，对于相关市场无须进行精准的分析，但对相关市场状况的分析，有助于判断经营者的行为是否违法。本案相关市场地域市场为茂名市区、高州城区及与茂名市区、高州城区之相邻的部分区域。

《反垄断法》第十三条第一款规定，“禁止具有竞争关系的经营者达成下列垄断协议:（一）固定或者变更商品价格；……”；第二款规定，本法所称垄断协议，是指排除、限制竞争的协议、决定或者其他协同行为。固定价格行为，是指具有竞争关系的经营者为避免价格竞争，通过协议、决议或者协同行为，共同决定商品或服务的价格。固定价格行为对市场竞争的危害极大，是严重的限制竞争行为，无论其具体表现形式如何，均是严重违法行为而应当予以禁止。法律对于垄断协议没有形式上的特别要求，其可以是协议、决定或者其他协同行为，形式并不是判断垄断协议达成的核心要素，垄断协议的核心要素包括两方面，一是该协议至少包括两方意思表示，二是该合意的意思内容具有排除、限制竞争的目的或效果。

证据显示，包括本案化州大道公司在内的 19 家混凝土企业自发组成“茂名混凝土交流会”多次组织会员进行研究、讨论统一涨价事宜，促使具有竞争关系的会员达成变更和固定以不同标号水泥价格的协议，使得本应存在的价格差别趋于一致。“茂名混凝土交流会”成员为变更和固定商品价格，并呼吁其成员共同遵守调价约定及协同拒绝向部分工地供货，意在防止本来具有竞争关系的协会会员之间产生内部竞争，联合抵制其他非交流会成员的其他市场经营者对交流会成员的竞争，影响价格的正常变动，同时提高或保持销售利润，客观上产生了排除、限制竞争的效果。因此，包括化州大道公司在内的各参与方明确知道存在调价的协议，且自愿接受了该协议，并在实际经营中调高了混凝土的供货价。化州大道公司在内的 19 家混凝土企业达成了固定和变更价格的垄断协议。化州大道公司称其与其他参与方没有达成价格垄断协议或协同行为，依据不足，本院不予采信。原告化州大道公司没有提出相关证据来证实达成的协议或协同行为没有反竞争目的或反竞争效果。根据本案现有证据，从相关市场状况分析也可认定案涉协议具有反竞争目的，也实际产生了反竞争效果。

化州大道公司称其与涉案的 18 家企业调高商品价格是由于茂名市交通运

输局治理超载导致运输成本增加。本院认为，治理超载是预防事故、维护道路安全的必要工作，茂名市交通运输局对运输企业的超载行为进行治理，属于履职相关工作职责。若化州大道公司认为茂名市交通运输局在履职过程中存在不当行为，可依照相关程序向其或其上级有关部门反映解决，即使行政性因素确实存在，亦不应参与价格共谋，与其他涉案企业协同调高商品价格，谋取垄断利益。化州大道公司等企业的行为，明显扰乱市场竞争秩序，影响经济运行效率，加重了消费者负担，对消费者的合法权益造成损害，化州大道公司的答辩不属于合理的解释。

《反垄断法》第四十六条第一款规定的销售额是受违法行为影响的相关产品市场和相关地域市场中的营业额。因此，该罚款计算基础的"年度"，应是与违法主体参与该项违反垄断法行为相关的会计年度。若违法行为已经停止，可以按照违法行为发生的最后一年作为相关销售额的参考依据。从本案现有证据看，化州大道公司等参与企业违法行为发生在2016年且在2016年年底前已经停止该行为。2016年是化州大道公司参与该项违反垄断法行为相关的会计年度。省市场监督局在作出处理决定时，以2016年销售额作为计算基准并处以2016年度销售额1%的罚款，符合《反垄断法》的规定。

【法官评述】

根本违法原则首先在美国的司法实践中产生。在美国反垄断法实施过程中，对于涉及多个企业行为的案件中一直适用本身违法原则，亦即企业行为只要违反法律即为违法，不管其是否存在故意或者存在损害公众利益的情形。如卡特尔协议，在卡特尔协议中，竞争对手通过协议来固定价格或者限制产出或者分配地域、客户，从而限制竞争。卡特尔协议是限制竞争的协议，并不是对公司业务的高效整合，因此卡特尔协议是本身违法的，是不合理的，也是非法的。

适用本身违法原则时，如果企业固定价格、划分市场或者集体抵制（拒绝交易），其行为就是违法的而且没有任何可以供其抗辩的理由。随着经济发展和社会进步，社会公众对消费者福利和效率的关注度不断增强，对品牌之间的竞争关注度不断增强，而不再仅仅关注品牌内部的竞争。与此同时，在进行分析时，区分横向和纵向协议限制的不同竞争效果也显得越来越重要。基于上述原因，美国在处理类似反垄断案件时已经不再简单地适用本身违法原则，在适用本身违法原则的同时，也会考虑合理原则，通过两个原则的交叉验证，来确定行为是否具有反竞争性。

我国在立法及司法实践中也借鉴了美国司法实践中的有益成分。《反垄断法》第十五条规定，"经营者能够证明所达成的协议属于下列情形之一的，不适用本法第十三条、第十四条的规定：（一）为改进技术、研究开发新产品的；（二）为提高产品质量、降低成本、增进效率，统一产品规格、标准或者实行专业化分工的；（三）为提高中小经营者经营效率，增强中小经营者竞争力的；（四）为实现节约能源、保护环境、救灾救助等社会公共利益的；（五）因经济不景气，为缓解销售量严重下降或者生产明显过剩的；（六）为保障对外贸易和对外经济合作中的正当利益的；（七）法律和国务院规定的其他情形。属于前款第一项至第五项情形，不适用本法第十三条、第十四条规定的，经营者还应当证明所达成的协议不会严重限制相关市场的竞争，并且能够使消费者分享由此产生的利益。"因此，对于经营者若要否定其行为不属于横向或纵向垄断协议，应当就其行为符合法律规定的上述情形进行举证。

本案在处理案涉协议是否构成横向垄断协议的时候，在对相关市场进行基本分析的基础上，参考了国外的司法实践，进行综合分析，确定案涉协议为横向垄断协议。

编写人：广州知识产权法院　刘宏

（编辑：戴芳芳）

29

OPPO 公司等与西斯威尔公司等滥用市场支配地位纠纷案

阅读提示：标准必要专利相关的滥用市场支配地位垄断行为相关问题。

【裁判要旨】

本案纠纷涉及与标准必要专利相关的滥用市场支配地位垄断行为的管辖问题，由于双方当事人在全球不同司法管辖区域展开平行诉讼，关于本案垄断纠纷的管辖既要考虑其他司法管辖区域相关诉讼的影响，也要考虑垄断纠纷中的相关法律事实发生地等涉及管辖连接点的内容，对涉标准必要专利的垄断纠纷的管辖问题进行了积极的探索。并且，由于双方在不同的司法管辖区域内存在多起诉讼纠纷，广州知识产权法院充分发挥人民法院调解职能，在证据交换后多次组织双方当事人进一步进行调解，双方也积极向法院报告双方关于包括本案争议在内的全球所有相关诉讼努力进行和解的进展，并在法院促进下最终达成和解并撤诉，体现了我国法院充分发挥司法职能维护公平竞争的市场环境的作用。同时，促进双方纠纷切实解决，有效保护了我国企业在国际标准必要专利许可中的合法权益。

【案号】

一审：广州知识产权法院（2020）粤 73 民初 451 号

【案情与裁判】

原告：OPPO广东移动通信有限公司、OPPO广东移动通信有限公司深圳分公司（以下分别称“OPPO公司”“OPPO深圳分公司”）

被告：Sisvel International S.A.（西斯威尔国际有限公司，以下称“西斯威尔公司”）、S.I.SV.EL.（HONGKONG）LIMITED（西斯威尔香港有限公司，以下称“西斯威尔香港公司”）

起诉与答辩

原告OPPO公司、OPPO深圳分公司向一审法院提出诉讼请求：1.判令两被告立即停止滥用市场支配地位垄断民事侵权行为；2.判令两被告连带赔偿原告因垄断侵权行为遭受的经济损失，暂计至起诉之日为2000万元；3.判令两被告承担原告为维权而支付的合理开支，暂计至起诉之日为150万元；4.两被告承担本案的全部诉讼费用。事实和理由：OPPO公司是成立于2004年的全球性智能终端制造商和移动互联网服务提供商，OPPO深圳分公司是OPPO公司的分公司。被告西斯威尔公司是专门从事知识产权管理与保护的公司，以专利许可费为其主要营业收入，属于典型的非运营实体。被告西斯威尔香港公司是被告西斯威尔公司在香港设立的全资子公司，两被告同属于西斯威尔集团且一并列于该集团的官方网站上。根据《欧洲电信标准化协会知识产权政策》的规定，标准必要专利权人应当以书面方式承诺其愿意以公平、合理和无歧视（简称FRAND）的条件就其标准必要专利向实施相关标准的组织或个人做出不可撤回的许可。根据被告西斯威尔公司出具的诸多知识产权信息声明及许可声明，该公司拥有3G UMTS、4G LTE、Wireless技术相关专利，并声称Wireless项目和MCP项目中的专利均为标准必要专利。两原告在生产经营过程中销售的产品和服务，遵循“2G GSM/EDGE”“3G UMTS”“4G LTE”等通信及信息系统行业的相关行业标准，因此需要实施相应的标准必要专利，必须获得两被告的授权许可，具体涉及3G UMTS、4G LTE、Wireless相关的标准必要专利。在本案所涉的标准必要专利许可协商中，被告西斯威尔香港公司是与两原告进行许可协商的主要对接人；两被告作为具有紧密关系的管理公司，在与两原告开展标准必要专利有关许可运营协商过程中，主观上有意思联络，客观上有行为分工，应当共同对此承担相应法律责任。但在许可协商的过程中，两被告违反了 FRAND 原则，导致双方一直未能就许可专利及其条件达成一致，两原告认为两被告已构成滥用市场支配地位的垄断行为，理由如下：首先，鉴于上述标准必要专利的唯一性、不可替代性、关键设施属性，故本案中两被告要求许可的每一项 3G UMTS、4G LTE、Wireless 标准必要专利许可市场均应单独构成独立的相关商品市场；且根据专利的地域性，本案所涉相关地域市场为中国市场。被告西斯威尔公司在相关市场内具有百分之百的市场份额，具有阻碍或影响其他经营者进入相关市场的能力，即被告西斯威尔公司在其要求许可两原告的每一项标准必要专利许可市场上具有市场支配地位。其次，在双方的许可协商过程中，两被告实施了多项滥用市场支配地位的行为，包括不公平高价、搭售、歧视待遇、拒绝许可等，且怠于或规避针对其中国标准必要专利在中国行使专利权，却在外国法院起诉并寻求临时禁令和禁令，并就相同专利在不同国家进行重复诉讼，使两原告生产、销售有关产品的经营行为受到严重负面影响，给两原告造成经济损害。综上所述，两原告为维护自身合法权益，特提起本案诉讼。

一审审理查明

除本案外，OPPO 公司、OPPO 深圳分公司以西斯威尔公司、西斯威尔香港公司为被告，向一审法院提起标准必要专利许可费纠纷一案，一审法院于 2019 年 9 月 16 日立案，案号为（2019）粤 73 知民初 1415 号。OPPO 公司、OPPO 深圳分公司起诉请求判令：1. 西斯威尔公司、西斯威尔香港公司的行为违反公平、合理、无歧视（FRAND）义务；2. 确定西斯威尔公司就其所有的以及有权做出许可的、声称并符合 2G、3G、4G 标准的中国必要专利对 OPPO 公司、OPPO 深圳分公司和 / 或其关联方的移动终端产品的许可条件，前提是 OPPO 公司、OPPO 深圳分公司和 / 或其关联方确已实际实施前述专利；3. 西斯威尔公司、西斯威尔香港公司承担该案的所有诉讼费用及相关费用。此外，（2020）最高法知民辖终 392 号民事裁定还查明：2019 年，西斯威尔公司在英国、荷兰、意大利 3 个司法管辖区对 OPPO 公司等被告提起专利侵权诉讼。其中 2019 年 6 月 4 日，西斯威尔公司与三菱电气公司在英格兰及威尔士商事与财产法院起诉包括 OPPO 公司在内的 12 个被告。西斯威尔公司所列诉讼请求包括：1. 宣告 MCP 专利池许可条款和条件符合公平、合理、无歧视（FRAND）原则；2. 或者，确定向被告授予专利许可的公平、合理、无歧视（FRAND）许可条款，并作出关于此类条款为公平、合理、无歧视（FRAND）条款的宣告；3. 关于每项专利有效并遭到被告侵权的宣告；4. 除非被告和其每一方同意根据法院裁定的公平、合理、无歧视（FRAND）条款获得专利许可等。

一审法院于2021年7月7日组织双方当事人进行证据交换并开展调解工作，鉴于双方当事人明确表示同意进行调解，一审法院在证据交换后多次组织双方当事人进一步进行调解，双方当事人庭后也多次协商，并积极向一审法院报告双方关于包括本案争议在内的全球所有相关诉讼努力进行和解的进展。2021年9月16日，原告OPPO公司、OPPO深圳分公司称双方当事人已达成和解，故原告OPPO公司、OPPO深圳分公司向一审法院提出撤诉申请。

一审判理和结果

根据两原告起诉的诉讼请求和事实理由，原告OPPO公司、OPPO深圳分公司本案提起的滥用市场支配地位之诉，目的在于解决其与被告西斯威尔公司、西斯威尔香港公司之间关于标准必要专利许可产生的纠纷，在标准必要专利的许可中符合公平、合理、无歧视（FRAND）原则。现双方当事人在一审法院促进下最终达成和解，双方之间的相关纠纷得以切实解决；原告OPPO公司、OPPO深圳分公司以已与被告西斯威尔公司、西斯威尔香港公司达成和解为由，申请撤回本案起诉，属于其对自己民事权利和诉讼权利的处分，符合法律规定并且不损害国家、集体和第三人的利益，一审法院予以准许。依照《中华人民共和国民事诉讼法》第一百四十五条第一款、第一百五十四条第一款第（五）项以及《诉讼费用交纳办法》第十五条、第三十四条第一款规定，裁定如下：准许原告OPPO广东移动通信有限公司、OPPO广东移动通信有限公司深圳分公司撤诉。

【法官评述】

本案纠纷涉及与标准必要专利相关的滥用市场支配地位垄断行为的管辖问题，由于双方当事人在全球不同司法管辖区域展开平行诉讼，关于本案垄断纠纷的管辖既要考虑其他司法管辖区域相关诉讼的影响，也要考虑垄断纠纷中的相关法律事实发生地等涉及管辖连接点的内容，对涉标准必要专利的垄断纠纷的管辖问题进行了积极的探索。本案管辖权异议的裁定被最高人民法院2021年评为反垄断及反不正当竞争十件典型案例之一。

并且，由于双方在不同的司法管辖区域内存在多起诉讼纠纷，广州知识产权法院合议庭充分发挥人民法院调解职能，在证据交换后多次组织双方当事人进一步进行调解，双方也积极向法院报告双方关于包括本案争议在内的全球所有相关诉讼努力进行和解的进展，并在法院促进下最终达成和解并撤诉，体现了我国法院充分发挥司法职能维护公平竞争的市场环境的作用。同时促进双方纠纷切实解决，有效保护了我国企业在国际标准必要专利许可中的合法权益。

编写人：广州知识产权法院　朱文彬

（编辑：戴芳芳）

30

惠州市机动车检测行业协会与广东省市场监督管理局反垄断行政处罚纠纷案

阅读提示：行业协会要求会员单位放弃价格竞争，是否构成垄断？

【裁判要旨】

行业协会利用在区域市场内的影响力禁止、抵制会员单位降价，排除、限制竞争；倡导、制定统一收费标准及实施时间，组织会员单位达成并实施垄断协议，为法律禁止的垄断行为。

【案号】

广州知识产权法院（2020）粤 73 行初 12 号

【案情与裁判】

原告：惠州市机动车检测行业协会

被告：广东省市场监督管理局

起诉与答辩

原告惠州市机动车检测行业协会诉称：（一）涉案《关于预防和打击机动车检测行业恶性竞争工作方案》（以下简称《工作方案》）及《惠州市机动车检测行业协会会员公约》（以下简称《公约》）的出台及实施并未排除、限制竞争，无违反《中华人民共和国反垄断法》。首先，2018 年 5 月 1 日实施市场调节价之前，本地机动车检测收费属于政府定价项目。《工作方案》及《公约》的出台及实施恰恰是为了执行相关法律文件，维护正常市场秩序及政府定价尊严。其次，获知收费价格转为市场调节价后，协会已告知各理事单位惠州市机动车检测行业协会不再统一申请行政审批调价及参与或组织会员间任何有关调整收费的活动，也请各会员之间不要有联盟调价的行为，各个检测站必须按自己的实际经营状况来定价。最后，惠州市机动车检测行业协会并未“严禁宣传和推广任何优惠措施”。《公约》相关内容亦符合关于机动车检验收费系政府定价项目。（二）部分会员单位的涨价行为并非属于与其他会员单位在意思联络基础上的协同涨价行为，惠州市机动车检测行业协会也并未组织会员单位实施价格垄断行为。原来执行的政府定价收费标准为 2010 年制定，八年来检测成本大幅上升，因此在收到惠州市机动车检测行业协会转发的放开收费通知后，才出现部分会员单位涨价的时间点及幅度接近的情况。这并不是在实行市场调节价后有预谋的串通及协商。综上，惠州市机动车检测行业协会的行为不应被认定为垄断行为，请求：1. 撤销粤市监反垄断行处〔2020〕1 号行政处罚决定（以下简称被诉决定）；2. 广东省市场监督管理局承担诉讼费。

被告广东省市场监督管理局辩称：惠州各机动车检测站若要在当地检测市场立足生存，加入惠州市机动车检测行业协会是前提条件。本案中，政府进行定价管理并不意味着市场内的经营者就可以合谋或协同对商品、服务的价格进行固定，而仅是为各市场主体的独立定价设定标准。惠州市机动车检测行业协会通过《工作方案》和《公约》，排除、限制了竞争。在机动车检验费实行市场调节价后，各会员单位之间并没有直接约定一个具体价格，而是都在惠州市机动车检测行业协会的组织推动下“心照不宣”地达成并实施了统一价格行为，完全基于惠州市机动车检测行业协会的组织和信任，与自己的竞争对手达成了互相信赖，共同实施了提价行为。惠州市机动车检测行业协会在达成并实施协同（垄断协议）的各环节、各要件中均起到了主导者、组织者作用。其组织会员单位最终达成并实施了固定价格、提高价格，已构成垄断“卡特尔行为”。惠州市机动车检测行业协会组织会员单位达成并实施了价格垄断协议，固定价格、共谋涨价的主观恶意明显，排除、限制竞争的目的突出。请求依法驳回惠州市机动车检测行业协会全部诉讼请求。

一审审理查明

惠州物价部门对当地机动车检测收费的管理分为两个阶段：2015 年 3 月 1

日至2018年5月1日采取行政指导模式，要求经营者各车型检测收费不得高于行政指导价（实即“限高价”，所谓“政府定价”）；2018年5月1日之后取消行政指导，由经营者自主定价收费（所谓“市场调节价”）。当地实际收费情况是：2018年6月4日之前统一按行政指导价收费；2018年6月4日之后集体涨价，新收费标准几乎完全相同。以12座以下小型客车为例，2018年6月之前208元/辆/次，之后290元/辆/次。

惠州市机动车检测行业协会成立于2017年9月18日，共有会员单位35家，核心领导3人（会长1名、副会长2名）均为业内资深从业人员。广东省市场监督管理局认定惠州市机动车检测行业协会以下两个阶段的行为违法:（一）2018年之前：2017年11月15日制订《工作方案》，罗列了几种变相减价的“恶性竞争”行为，要求会员单位继续遵守原物价部门规定的收费标准，不得随意降价或减免检测费，已推出的各类优惠活动立即全部下架等。同年12月20日通过《公约》，以行业自律之名要求全体会员严格执行《工作方案》。为保证落实到位，还要求会员单位签署《承诺书》及缴纳保证金。（二）2018年之后：获知2018年5月前后物价部门（实际发文时间2018年5月18日，实施时间2018年5月1日）将不再对检测收费进行指导（即不再设定收费上限），完全交由市场调节，惠州市机动车检测行业协会核心领导即多次倡导并讨论如何调整收费，最终组织会员单位实施其拟定的调价方案。具体表现为：1.倡导以惠州市机动车检测行业协会为首，集体有控制地同步涨价；2.议定了收费标准提高的新“价格表”作为共同执行的最低收费标准，会员单位可自订新收费标准，但不得低于惠州市机动车检测行业协会提供的新“价格表”；3.议定共同涨价的最迟实施时间6月4日，会员单位可自主启动涨价时间，但各自实施时间不得迟于惠州市机动车检测行业协会议定的集体启动涨价时间；4.议定监督措施并组织落实，如限期各会员单位提前公示新（涨价后）收费标准并拍照发上惠州市机动车检测行业协会群，交叉监督，举报有奖等。

2018年5月15日至21日期间，惠州市机动车检测行业协会绝大多数会员单位公示将于6月上调检测费，调价理由大同小异：根据政府文件精神，惠州市机动车安全技术检验收费已取消政府定价，放开由市场自主调节，为了给车主提供更好的服务，自2018年6月4日起（个别检测单位公示自6月1日、2日、3日起。事实上6月1日是周五，4日是周一，6月2、3日为周末休息日）

执行新的收费标准。自2018年6月4日起，惠州市机动车检测行业协会31家会员单位执行新的收费标准，调整后的收费标准几乎完全相同（绝大部分按新“价格表”收费，极少数单位的个别车型收费高于“限低价”）。因集体同步统一涨价且涨价幅度较大，此事引发当地热议和媒体关注。2018年6月，广东省市场监督管理局收到惠州市机动车检测行业协会协同、串通涨价的线索，开展反垄断调查后，认为惠州市机动车检测行业协会制定《工作方案》和《公约》，排除、限制竞争，制定机动车检验费统一收费标准及涨价实施时间，组织会员单位达成并实施垄断协议，违反了《中华人民共和国反垄断法》第十六条的规定，于2020年5月6日作出被诉决定，根据《中华人民共和国反垄断法》第四十六条第三款、第四十九条等决定对惠州市机动车检测行业协会处以罚款40万元。惠州市机动车检测行业协会不服，诉至法院。

一审判理和结果

一审法院生效裁判认为：机动车检测服务市场具有本土性特征，区域封闭性较强。案涉惠州市地区的经营者长期以来自愿或不自愿地执行同一收费标准，抱团经营市场氛围浓厚；惠州市机动车检测行业协会在本区域市场有引领地位。惠州市机动车检测行业协会的任何决定表面上只限制、约束会员，但从地位和影响力而言，无异于对整个区域市场行业的引领。惠州市机动车检测行业协会要求会员单位摒弃减价或变相降价并组织集体抵制，效果必然波及整个区域市场，相当于要求区域市场内的同业经营者共同放弃使用价格手段进行竞争。表面上看，惠州市机动车检测行业协会通过和组织实施《工作方案》和《公约》前、后，当地检测费和市场情况没有发生变化，消费者权益无损。但此前区域市场内的同业竞争者是无组织地统一执行行政指导价，心照不宣地都不采用价格竞争手段；之后，是集体意志通谋后主动或被动地不进行价格竞争，两者有本质区别。后者系经营者有组织地联合，为我国《反垄断法》所禁止。2018年5月之后，政策放开由市场自主调节收费，惠州市机动车检测行业协会制定机动车检验费的统一收费标准及涨价实施时间并组织会员单位实施，实质妨碍了经营者充分行使自主经营权，阻碍了消费者获得因经营者公平、有效竞争带来的实惠。惠州市机动车检测行业协会涉案行为有违《反垄断法》鼓励公平竞争、促进社会经济健康发展的核心理念，其诉称未实施垄断行为不能成立。经审查，广东省市场监督管理局具有对涉案行为查处的职权，被诉决定认定事实清楚，适用法律正确，处罚幅度合法合理，程序无不当，应驳回惠州市机动车检测行业协会诉讼请求。

一审法院依照《中华人民共和国行政诉讼法》第六十九条的规定，判决驳回原告惠州市机动车检测行业协会的诉讼请求。

【法官评述】

一、从行业特性界定和理解“市场”

《反垄断法》第二条规定，经济活动中对市场竞争产生排除、限制影响的行为，即为垄断行为。评判某种行为是否足以对市场竞争产生排除、限制影响，需要在与该经济行为关联的市场框架内进行。

本案机动车检测行业具有以下特性：1. 地域性强。机动车检测通常分为固定检测（如年检）和临时检测（如偶发故障）。固定检测频次与车辆使用年限挂钩，通常一年一次，出于行政强制；临时检测不定期发生，出于车主主动需求。机动车异地检测时间和金钱成本大，便捷性低，难以满足车主不定期发生的临时检测和个性化需求。同时，驾驶人的使用习惯或多或少地影响车况和故障发生时的检测方向。故有别于一般服务市场，在质量、价格等常规要素外，服务的便捷性和持续性亦为车主重点关切。上述因素使得在消费习惯上，绝大部分车主倾向于选择本地相熟的检测单位提供长期服务。2. 市场有限性。当城市机动车存量达到资源配置的临界点，多数城市使用新车牌摇号、分期限行等方式予以压制，决定了区域市场内的机动车保有量不可能无限增长。当市场发展到一定饱和程度，在相当长一段时期内，区域市场内机动车检测消费群体数量相对固定。同时，机动车检测频次也是相对稳定的。与其他消费市场不同，车主消费习惯较为理性，非必要不检测，不存在一般消费市场消费者单纯因为价格优惠额外刺激消费的情形。换言之，机动车检测的市场蛋糕不存在只要努力就能一直壮大拔高的可能性。3. 需要技术加持。机动车检测是门手艺活，在技术、服务、价格、地段等诸多影响消费者选择的因素中，精湛技艺始终最为消费者看重。而技艺的传承向来有“以老带新”的传统，新问题的突破、设备的临时支持等，也都离不开同行尤其是资深从业者所谓“老师傅”的心得分享和经验交流，业内抱团经营意识较浓。

综上可认为，涉案市场具有本土性，区域封闭性较强。

二、从市场发展态势分析竞争和排除竞争

垄断排除、限制的是竞争。涉案市场相对封闭且有限，理论上竞争应趋于激烈，但是，行业特性“天然地”决定了个体立足和发展难以脱离集体或自成一派，又为协同排除竞争提供了温床。

惠州市机动车检测行业协会2017年11、12月相继出台《工作方案》和《公约》禁止会员降价“恶性竞争”，可合理推知此前区域市场内的经营者长期按行政指导价“就高”收费，直至后期少数经营者通过降价获取竞争优势，触动了某些既得利益者利益，才招致惠州市机动车检测行业协会携会员集体予以抵制。但降价本身属于“恶意竞争”吗？正常情况下，优惠降价是法律允许、消费者关切、经营者提升竞争力的正当有效手段。就所涉机动车检测服务行业而言，技术口碑的积攒经年日久，服务口碑的树立非一日之功，好的地段往往意味着成本更高。在诸多竞争手段中，价格优惠最有机会转化为优势竞争力。只要是不低于成本的降价收费，都是市场竞争允许的，并非恶意竞争。会员可以拒绝吗？貌似可以，实则只能屈从。会员是惠州本地及周边有资质提供机动车检测服务的单位，是同一区域市场内具有竞争关系的经营者。惠州市机动车检测行业协会核心领导由业内资深从业者担任，其以惠州市机动车检测行业协会集体之名为会员制定诸多约束条款，组织交叉监督保障落实，足以说明惠州市机动车检测行业协会有集结、号令会员，引领本地绝大多数同行的底气和实力。

至于惠州市机动车检测行业协会《工作方案》和《公约》的影响，表面上看，惠州市机动车检测行业协会任何决定只限制、约束会员，但从其地位和影响力而言，无异于对整个区域市场行业的引领。惠州市机动车检测行业协会要求会员单位集体抵制减价，效果必然波及整个区域市场，相当于要求区域市场内的同业经营者继续遵从长期以来“一个价”收费模式，共同放弃使用价格手段进行竞争。长此以往，在其他市场资源事实上难以重新配置的情况下，很有可能出现新店难以打开局面争取客源，老店固守优势进取动力不足，市场失去活力的情况，对经济秩序的健康发展极为不利。《工作方案》和《公约》实施前、后，当地检测费和市场情况没有发生变化，看似于消费者权益无损。但此前区域市场内的同业竞争者是无组织地统一执行行政指导价，自主自愿不采用价格竞争手段；之后，是集体意志协同后主动或被动地不进行价格竞争，两者有本质区别。

三、如何认定行业协会制定并组织实施垄断协议

惠州市机动车检测行业协会实施的行为有：1.倡导以惠州市机动车检测行业协会为首，集体有控制地同步涨价；2.允许会员自订新收费标准，但不得低于惠州市机动车检测行业协会提供的新收费标准；3.允许会员自主启动涨价时间，但不得迟于惠州市机动车检测行业协会议定的集体涨价时间6月4日；4.议定监督措施并组织落实。上述行为的客观呈现：自2018年6月4日起，惠州市机动车检测行业协会35家会员单位中的31家会员（个别会员从6月1日起）统一执行惠州市机动车检测行业协会提供的涨价后的新“收费表”，调整后的收费标准几乎完全相同。

我们认为，在法律框架之下经营者有权根据自身情况和市场变化，自主决定是否调价、如何调价及何时调价。事实上在惠州市机动车检测行业协会2017年9月成立前后，当地有少数机动车检测单位正在采取减价优惠措施，可见2018年上调收费并非必然。退一步即使业内普遍有涨价需求，惠州市机动车检测行业协会也无法合理解释为何要“多此一举”明确由其统一协调。关于涨价幅度，惠州市机动车检测行业协会称新的收费标准是经营者成本核算后自主确定的合理收费。我们认为，涨价幅度是否合理不影响惠州市机动车检测行业协会实施了价格协同行为的法律定性。且营业地点、面积、从业人数及规模等皆有可能影响经营成本。涉事31家会员单位成本核算后不约而同自主决定执行几乎完全相同的收费标准，实难谓巧合。另证据显示，惠州市机动车检测行业协会三位核心领导成员2018年3月底在对比同类市场和重新预估市场接受程度后，直接将价格调整的初稿修改敲定为终稿，当中再无征求会员单位意见。可知其最终确定作为收费下限的新“价格表”涨幅绝对高于当地经营者普遍预期，会员单位绝无异议，惠州市机动车检测行业协会所谓的涨幅合理实难自圆其说。关于实施时间，惠州市机动车检测行业协会称会员单位涨价时间有先后，并未同步。事实上，2018年6月1日（周五）和4日（周一），相隔不过两个工作日（中间的两日为周末休息日）。故会员单位不论是自1日或4日起调价，实际仍属同步调价。且惠州市机动车检测行业协会也难以合理解释为何2018年5月18日政府文件通知采取市场调节价管理，至5月底当地检测单位无一涨价，而6月初其31家会员单位却集体同时涨价，时间、幅度等皆与其倡议吻合。综上可见，惠州市机动车检测行业协会的行为和客观结果之间存

在因果关系。广东省市场监督管理局认定惠州市机动车检测行业协会实施了制定机动车检验费的统一收费标准及涨价实施时间，组织会员单位达成并实施价格协议的行为，认定事实清楚，证据充分。

《反垄断法》第十三条第二款规定，垄断协议是指排除、限制竞争的协议、决定或者其他协同行为。如前所述，机动车检测的行业特性决定了区域市场相对封闭；案涉惠州市地区的经营者长期以来自愿或不自愿地执行“一个价”收费，抱团经营市场氛围浓厚；惠州市机动车检测行业协会在本区域市场有引领地位。惠州市机动车检测行业协会的上述调价方案虽名义上留有会员单位自选的余地，但提前涨价或更大涨幅无异于自损竞争力，会员单位可选空间实则非常狭窄。在惠州市机动车检测行业协会的组织推动下，基于对惠州市机动车检测行业协会的组织和信任，同时也在惠州市机动车检测行业协会的震慑之下，涉事31家会员单位与自己的竞争对手达成了互相信赖，共同实施了提价行为。惠州市机动车检测行业协会上述调价方案事实上得到了执行。政策放开由市场自主调节收费，惠州市机动车检测行业协会上述行为阻止经营者充分行使自主经营权，损害了消费者利益和社会公共利益，不利于经济高效运行和社会主义市场经济健康发展，有违我国《反垄断法》鼓励公平竞争、促进社会经济健康发展的核心理念。

本案于2022年11月被最高人民法院评为人民法院反垄断典型案例。

编写人：广州知识产权法院　郭小玲　邓文婷

（编辑：戴芳芳）

31

星辉公司与正凯公司、李某作品名称仿冒混淆纠纷案

阅读提示：关于有一定影响的视听作品名称保护路径的选择。

【裁判要旨】

保护视听作品名称是跨著作权与反不正当竞争领域的交叉问题。在通过仿冒混淆规定对粤港澳大湾区内仅在香港上映而未在内地上映的电影这种特殊视听作品名称予以保护的情况下，应结合作品线下传播及信息网络传播的特点，认定作品名称的显著性和知名度。本案创新性地指出，除考虑电影在香港影院上映期间票房收入、电影上映前及上映期间证明宣传力度的相关数据之外，还应当考虑电影授权视频网站播放过程中的播放量、相关媒体对于电影持续报道程度、相关公众在与电影相关的豆瓣、知乎、微博等平台上对于电影评价的参与程度；及电影名称搭配电影相关情节、台词、配乐等多年来以多种方式获得持续关注，充分证明涉案电影名称达到“有一定影响”的知名度。

【案号】

一审：广州市天河区人民法院（2018）粤 0106 民初 19119 号

二审：广州知识产权法院（2020）粤 73 民终 2289 号

【案情与裁判】

上诉人（一审被告）：广州正凯文化传播有限公司（以下称“正凯公司”）、李某

被上诉人（一审原告）：星辉海外有限公司（以下称“星辉公司”）

起诉与答辩

星辉公司向一审法院起诉请求判令：1. 正凯公司和李某分别在《法制日报》、《中国青年报》、盒饭 LIVE 和新浪微博网站的首页显著位置连续六十日就其不正当竞争行为刊登公开赔礼道歉的声明，并在上述媒体连续六十日刊登《喜剧之王》与《喜剧之王 2018》之间以及周星驰先生与《喜剧之王 2018》之间不存在任何关联性的声明，清除影响以正视听；2. 正凯公司和李某连带赔偿星辉公司经济损失人民币 1 元；3. 正凯公司和李某连带赔偿星辉公司支付的维权支出共计港币 26773 元及人民币 182941.72 元。

一审审理查明

1999 年周星驰导演及主演的电影《喜剧之王》在香港上映后获得了较高的票房收入，在香港具有较高的知名度；虽然该电影未在我国内地院线上映，但 1999 年至 2015 年我国内地媒体对该电影给予了持续的报道和推介，视频网站至今提供该电影的在线播放服务，在多个互联网平台上有大量用户对该电影进行热烈讨论并给予较高评价，电影名称搭配电影相关情节、台词、配乐等多年来以媒体宣传、相关公众口碑等多种方式获得持续关注。该电影另一导演李某和正凯公司于 2018 年发布被诉侵权电视剧《喜剧之王 2018》及演员海选试镜会的微博，准备筹拍该剧，同时宣传“连续剧版 # 喜剧之王 #”、“《喜剧之王 2018》电视连续剧改编自 1999 年周星驰、李某导演喜剧电影《喜剧之王》”等。电影《喜剧之王》的著作权人星辉公司提起本案诉讼，主张李某和正凯公司存在仿冒混淆有一定影响的电影作品名称以及构成虚假宣传的不正当竞争行为，请求赔礼道歉和赔偿损失。

一审判理和结果

广州市天河区人民法院作出（2018）粤 0106 民初 19119 号一审判决：1. 正凯公司、李某于判决发生法律效力之日起十五日内在各自新浪微博首页的显著位置连续四十八小时刊登声明，以消除不正当竞争行为所导致的不良影响；

2. 正凯公司、李某于判决发生法律效力之日起十日内连带赔偿星辉公司经济损失人民币 1 元；3. 正凯公司、李某于判决发生法律效力之日起十日内连带赔偿星辉公司为制止侵权行为所支付的合理开支人民币 120000 元；4. 驳回星辉公司的其他诉讼请求。

上诉与答辩

正凯公司上诉请求：1. 撤销一审判决，改判驳回星辉公司的全部诉讼请求；2. 本案一、二审诉讼费由星辉公司承担。事实和理由：1. 一审法院认定李某和正凯公司于 2018 年 4 月发布文章后，不正当竞争行为仍在持续属于事实认定错误。正凯公司收到星辉公司寄送的律师函后，即在新浪官方微博及官方公众号上发布澄清并消除影响，自此没有再发布任何与《喜剧之王 2018》相关的宣传信息，停止相关拍摄计划并把相关信息删除，即正凯公司已经停止了任何关于《喜剧之王 2018》的行为，一审法院认定涉案不正当竞争行为仍在继续缺乏依据，因此正凯公司没有必要再次就此事刊登声明。2. 星辉公司的电影上映距今已经超过 10 年，且星辉公司未证明其损失，而正凯公司的作品还未形成、没有任何获利，因此一审法院认定星辉公司存在经济损失缺乏依据。3. 正凯公司已经停止涉案侵权行为并就此时刊登声明澄清，可见正凯公司并无主观恶意，一审法院只凭律师委托合同而无香港律师见证费、律师费票据，认定星辉公司为制止侵权行为的合理开支为 12 万元缺乏合理性。

二审审理查明

星辉公司提交了 2021 年 1 月 20 日查看新浪微博并打印的网页两张，显示名为“李某導演”的新浪微博在 2018 年 4 月 10 日转发了“盒饭 LIVE”用户于同日发出的两条微博并评论“平均质素都很好，期望下次北京再见”“不见不散”，“盒饭 LIVE”发布的两条微博中有“连续剧版 # 喜剧之王 #—《喜剧之王 2018》演员总决选正在进行中，著名导演 @ 李某導演”担任最终评审！”“香港金牌導演 @ 李某導演最新力作！ # 喜剧之王 # 连续剧版—《喜剧之王 2018》演员招募总决选即将开始！”等内容。庭审中双方当事人均确认上述微博内容属实且本案二审庭询当日即 2021 年 1 月 25 日上述内容仍在李某的新浪微博中有显示。星辉公司主张，根据上述两份网页打印件可见李某在二审开庭当日仍未删除涉嫌侵权的微博，且该两篇微博均明确记载涉嫌侵权的《喜剧之王 2018》是电影《喜剧之王》的连续剧版，因此一审判决正凯公司和李某再次澄清、道歉确有必要。正凯公司、李某称李某是通过检索“喜剧之王”字样对相关微博进行删除的，其发布的微博数量较多、无法一一核对，故可能会有遗漏，正凯公司、李某愿意删除微博且没有主观恶意或侵权故意。星辉公司认为李某作为其微博账号的控制者，在一审判决作出后应当自查是否完全删除，星辉公司向一审法院起诉前已经向李某和正凯公司寄送律师函，李某在收函后至一审庭审前也没有删除相关微博侵权内容，可见其主观恶意较大。

二审中，各方均确认星辉公司在一审中出具的星辉公司与力制作有限公司、李某签订的《导演合约》有原件，电影《喜剧之王》只在香港上映而未在我国内地的院线上映过，但在网站、视频平台及我国内地电视台均有播出。另外，星辉公司称其负责周星驰电影的投资、制作和宣发，周星驰在星辉公司并无任何职务也不是股东。关于星辉公司为制止侵权行为所支付的合理开支，星辉公司称包括香港律师见证费 25500 港币、差旅费 1273 港币及 341.72 人民币、公证费 12600 元以及律师费 170000 元，其中律师费有合同但无发票，按照小时计薪。正凯公司和李某对星辉公司主张的公证费 12600 元予以确认，对见证费和律师费有异议。

二审判理与结果

一、关于仿冒混淆有一定影响的商品名称行为的认定

星辉公司主张保护的商品名称“喜剧之王”属于电影作品名称，根据《最高人民法院关于审理商标授权确权行政案件若干问题的规定》第二十二条第二款的规定，对于著作权保护期限内的作品，如果作品名称、作品中的角色名称等具有较高知名度，将其作为商标使用在相关商品上容易导致相关公众误认为其经过权利人的许可或者与权利人存在特定联系，当事人以此主张构成在先权益的，人民法院予以支持。据此，对于著作权保护期限内的电影作品，当电影作品名称因具有较高知名度而产生识别商品来源的商标功能时，电影作品的著作权人可以作为电影作品名称的权利人针对破坏识别功能的使用混淆行为主张救济。因此，星辉公司以仿冒混淆有一定影响的商品名称来主张保护电影作品名称“喜剧之王”，关键在于审查电影作品名称“喜剧之王”的知名度和显著性是否达到“有一定影响”的程度。

由于电影的上映、宣传、推介和评论等与普通商品的销售、宣传相比有其特殊性，因此电影作品名称的知名度认定也应在前述商品名称的使用持续时间，商品销售的区域和数额，该商品名称宣传的持续时间、程度和地理范围，相关公众对于商品名称的知晓程度以及商品名称的受保护记录等因素的基础上，彰显其独特性，至少应考虑以下因素：1. 电影上映的区域，在电影院上映期间的票房收入；2. 电影上映前及上映期间证明宣传力度的相关数据；3. 电影从电影院下架后，授权视频网站播放过程中的播放量以及通过实体光盘等方式销售产生的销售量；4. 相关媒体对于电影持续报道、推介的程度；5. 相关公众在与电影相关各种平台例如豆瓣、知乎、微博等平台上对于电影评价、讨论的热烈程度；6. 证明电影具有持续影响力的其他因素等。此外，由于电影《喜剧之王》具有只在香港上映而未在我国内地院线上映的特殊性，因此除了以上考量因素外，还涉及电影及其名称的知名度在粤港澳大湾区内跨内地和香港进行传播和影响的认定问题。本案中，电影《喜剧之王》于 1999 年在香港上映后获得了较高的票房收入，在香港具有较高的知名度；1999 年至 2015 年我国内地媒体对该电影给予了持续的报道和推介，视频网站至今提供该电影的在线播放服务，在多个互联网平台上有大量用户对该电影进行热烈讨论并给予较高评价，电影名称搭配电影相关情节、台词、配乐等多年来以媒体宣传、相关公众口碑等多种方式获得持续关注，因此已有充分证据证明电影《喜剧之王》及其名称的知名度已从香港传播到我国内地，并在我国内地相关公众中形成了很高的知名度。综上，虽然涉案电影未在我国内地院线上映，但电影及名称“喜剧之王”在我国内地具有相当高的知名度，已具有区别商品来源的作用，应认定为有一定影响的商品名称，且电影作品名称权利人应为电影作品的著作权人星辉公司。

关于正凯公司和李某是否构成仿冒混淆不正当竞争行为的问题，由于电影有别于普通商品，在审查被诉行为是否导致相关公众混淆时，应考虑被诉名称所使用的商品或服务与电影之间是否存在相同、类似或属于衍生商品等关系。本案中被诉的《喜剧之王 2018》电视剧，与电影之间属于类似商品，被诉行为易使相关公众误以为是电影《喜剧之王》的电视剧版或者续集；且李某在与星辉公司签订的《导演合约》中已约定涉案电影的著作权及相关衍生权利属于星辉公司，李某对于实施被诉行为具有明知的主观过错，因此一审法院认定正凯公司和李某的构成仿冒混淆有一定影响的商品名称，合法有据，二审法院予以维持。

二、关于虚假宣传行为的认定

《中华人民共和国反不正当竞争法》第八条规定，经营者不得对其商品的性能、功能、质量、销售状况、用户评价、曾获荣誉等作虚假或者引人误解的商业宣传，欺骗、误导消费者。正凯公司、李某对于《喜剧之王 2018》采取了“香港导演李某自 1999 年拍摄电影《喜剧之王》后，意犹未尽，一直想延伸《喜剧之王》的故事，因此埋头创作出 30 集连续剧完整剧本《喜剧之王 2018》”“连续剧版 # 喜剧之王 #”等宣传内容，误导消费者以为《喜剧之王 2018》与《喜剧之王》之间存在延续性及关联性，构成虚假宣传不正当竞争行为。一审法院对此认定正确，二审法院予以维持。

三、正凯公司与李某应承担的民事责任

由于正凯公司与李某构成上述两项不正当竞争行为，并且直到本案二审庭询时涉案不正当竞争行为仍未全部停止，因此正凯公司与李某应承担消除影响、赔偿损失的民事责任。关于正凯公司与李某应赔偿的经济损失与合理费用数额，根据星辉公司主张的经济损失 1 元以及证明合理费用的现有证据，综合考量为制止涉案不正当竞争所应支付的必要合理费用，一审法院酌情判决正凯公司与李某赔偿经济损失 1 元及合理支出 12 万元，合法合理，并无畸高情形，广州知识产权法院判决驳回上诉，维持原判。

【法官评述】

本案于 2022 年 4 月被最高人民法院评为 2021 年度中国法院 50 件知识产权典型案例，于 2022 年 11 月被最高人民法院评为人民法院反不正当竞争典型案例。同时被广东省高级人民法院评为粤港澳大湾区典型案例，案件裁判结果为深入推进粤港澳大湾区建设提供有力司法服务，案件宣判后被《中国知识产权报》、广东广播电视台《湾区睇法》节目、广东省高级人民法院官方公众号等宣传报道，获得良好的法律效果和社会效果。

在我国过去的司法裁判中，对视听作品名称保护主要有以下三种路径：第一种是以侵犯著作权中的修改权和保护作品完整权提起案诉讼，[①] 但本案被诉电视剧《喜剧之王 2018》与电影《喜剧之王》明显不属于同部作品，不属于擅自修改作品名称的侵犯著作权行为。第二种是将电影作品名称视为一种具有识别功能的“商品化权”。在“功夫熊猫”商标行政诉讼案中，北京高院认为，当电影名称因具有一定知名度而不再单纯局限于电影作品本身，与特定商品或服务的商业主体或商业行为相结合可构成“商品化权”，但应注意将电影作品名称视为“商品化权”目前仅在商标无效行政诉讼中作为在先权利认定，尚未出现有影响的民事诉讼对此认定。第三种是将电影作品名称通过《反垄断法》的仿冒混淆条款予以保护的案例。[②]

后两种保护的思路，其实质都是在保护电影作品名称因其知名度所在相关公众中产生的显著性和识别功能。本案中，星辉公司主张保护的商品名称“喜剧之王”属于电影作品名称，根据《最高人民法院关于审理商标授权确权行政案件若干问题的规定》第二十二条第二款的规定，对于著作权保护期限内的作品，如果作品名称、作品中的角色名称等具有较高知名度，将其作为商标使用在相关商品上容易导致相关公众误认为其经过权利人的许可或者与权利人存在特定联系，当事人以此主张构成在先权益的，应予支持。

据此，对于著作权保护期限内的电影作品，当电影作品名称因具有较高知名度而产生识别商品来源的商标功能时，电影作品的著作权人可以作为电影作品名称的权利人针对破坏识别功能的使用混淆行为主张救济。当采取这种保护路径时，保护作品名称属于跨著作权领域与竞争领域的交叉问题；同时，仿冒之诉在香港的法律渊源是普通法、在内地的依据是反不正当竞争法，故而兼具比较法研究的意义。在通过仿冒混淆规定对粤港澳大湾区内仅在香港上映而未在内地上映的电影这种特殊视听作品名称予以保护的情况下，应结合电影作品线下传播及信息网络传播的特点，审查电影作品名称“喜剧之王”的知名度和显著性是否达到“有一定影响”的程度。二审对此归纳出若干审查因素：1. 电影上映的区域，在电影院上映期间的票房收入；2. 电影上映前及上映期间证明宣传力度的相关数据；3. 电影从电影院下架后，授权视频网站播放过程中的播

① 2006 年山东高院二审的（2005）鲁民三终字第 76 号案。

② 2017 年最高法院二审判决的《人在囧途》诉《泰囧》案。

放量以及通过实体光盘等方式销售产生的销售量；4. 相关媒体对于电影持续报道、推介的程度；5. 相关公众在与电影相关各种平台例如豆瓣、知乎、微博等平台上对于电影评价、讨论的热烈程度；6. 证明电影具有持续影响力的其他因素等。此外，由于电影《喜剧之王》具有只在香港上映而未在我国内地院线上映的特殊性，因此除了以上考量因素外，还应涉及电影及其名称的知名度在粤港澳大湾区内跨内地和香港进行传播和影响的认定问题。

编写人：广州知识产权法院　朱文彬

（编辑：戴芳芳）

32

联诚公司与创翔公司、英鹏公司不正当竞争纠纷案

阅读提示：涉外不正当竞争纠纷中恶意行为的举证责任认定及其依据。

【裁判要旨】

企业的海外知识产权纠纷案件，往往易因举证难度大而导致权利人维权成本高、损失难以得到充分弥补。对于该类案件，应综合考虑权利人对于知识产权价值及损害结果的域外取证难度、知识产权的无形性、侵权人的主观恶意、重复侵权情节等因素，合理确定权利人及侵权人的举证责任分配，切实保护我国企业的海外权益。

【案号】

一审：广州市天河区人民法院（2018）粤0106民初29095号

二审：广州知识产权法院（2020）粤73民终106号

【案情与裁判】

上诉人（一审被告）：广州创翔会展服务有限公司（以下称“创翔公司”）

被上诉人（一审原告）：联诚国际集团（香港）有限公司（以下称“联诚公司”）

一审被告：常州市英鹏电光源有限公司（以下称“英鹏公司”）

起诉与答辩

联诚公司起诉称，创翔公司未经联诚公司许可，擅自以联诚公司名义在墨西哥申请展位，并转让给英鹏公司使用，易引人误认为涉案展位所涉产品或参展商英鹏公司与联诚公司之间存在特定的联系，构成不正当竞争。联诚公司遂诉至法院，请求判令创翔公司、英鹏公司：1. 立即停止以联诚公司的名义申请法兰克福一系列展会，包括墨西哥法兰克福展会、迪拜法兰克福展会、土耳其法兰克福展会、俄罗斯法兰克福展会；2. 对侵害联诚公司企业名称权的行为登报赔礼道歉；3. 赔偿因其侵权行为给联诚公司造成的损失及维权合理开支合计512000 元；4. 承担本案全部诉讼费用。

创翔公司答辩称，联诚公司一直委托创翔公司向各个国家申请法兰克福的展位，经过长期的合作，双方已经形成交易惯例，创翔公司为联诚公司申请了展位而联诚公司确认不去参展的，创翔公司有权自行转让该展位以减少损失。创翔公司是基于默认的交易习惯和足够的信任，经过联诚公司的同意和指示后，申请了涉案墨西哥展位，并在联诚公司表示不去参展，并同意创翔公司可以自行处理该展位后，创翔公司为减少自身损失，才将该展位转让给英鹏公司，创翔公司并未盈利，请求驳回创翔公司全部诉讼请求。

一审审理查明

墨西哥法兰克福汽配展的官方网站显示，参展的 2437 摊位的企业信息为"Lian Cheng International（HK）"，展会现场照片显示第 2437 号展位标注的企业信息为"Lian Cheng International Group（HK）Limited"，该展位内所示广告牌上显示的企业信息为"常州市英鹏电光源有限公司"创翔公司的工作人员在与联诚公司法定代表人的微信聊天记录中确认其使用了联诚公司的名义在法兰克福系列展会申请展位，申请的展会国家包括迪拜、土耳其、俄罗斯及墨西哥，会刊上刊登的也是联诚公司的信息。联诚公司和创翔公司确认上述展会均已结束。

一审判理和结果

一审法院认为，根据联诚公司提交的公证书以及联诚公司、创翔公司、英鹏公司的当庭陈述可知，创翔公司确实使用联诚公司的名义分别向墨西哥法兰克福展会、迪拜法兰克福展会、土耳其法兰克福展会、俄罗斯法兰克福展会申请了相应展位，并将其中墨西哥法兰克福展会的展位转让给英鹏公司实际使用。在创翔公司、英鹏公司未能举证证明其申请展位和使用展位的行为经过联诚公司同意的情况下，创翔公司擅自以联诚公司的名义申请展位并在展位上悬挂联诚公司企业名称的行为，容易引人误以为相关展位或展位所示商品与联诚公司存在特定的联系，对联诚公司构成不正当竞争，应承担相应的侵权责任。英鹏公司在未经联诚公司许可的情况下，使用墨西哥法兰克福展会第2437号展位进行经营活动，构成对联诚公司的不正当竞争，应与创翔公司就该展位的侵权行为承担共同侵权责任。

一审法院依照《中华人民共和国反不正当竞争法》第六条第（二）项、第十七条，《中华人民共和国涉外民事关系法律适用法》第四十一条，《中华人民共和国民事诉讼法》第六十四条第一款、第一百四十四条之规定，一审法院于2019年8月21日作出判决：1. 创翔公司于本判决发生法律效力之日起十日内赔偿联诚公司经济损失及合理开支共计16万元；2. 英鹏公司对创翔公司的上述债务在4万元的范围内承担共同赔偿责任；3. 驳回联诚公司的其他诉讼请求。

上诉与答辩

一审判决后，创翔公司不服，向广州知识产权法院提起上诉称：创翔公司与联诚公司基于长期合作形成的商业惯例，在创翔公司代联诚公司申请涉案展位而联诚公司明确表示不参展的，创翔公司有权转让以填平其代为申请展位的损失，故其并未构成不正当竞争，且一审法院判令创翔公司赔偿联诚公司经济损失及合理费用支出共16万元明显过高，请求依法改判。

联诚公司答辩称：联诚公司与创翔公司之间并不存在创翔公司所述的商业惯例，联诚公司并无指示创翔公司代为申请涉案展位。创翔公司侵权情节严重，一审法院判赔的金额并无过高，请依法维持。

二审审理查明

联诚公司于二审诉讼中提交的网络新闻报道显示，2010年7月22日的慧聪网新闻报道载有“联诚国际荣获2010消费者喜爱HID品牌”的内容；2010年5月19日的慧聪网新闻报道载有“联诚国际现身北京车展　氙气灯市场再掀尖峰”的内容。

二审判理和结果

二审法院经审理认为，本案的焦点在于：1. 创翔公司、英鹏公司的行为是否构成不正当竞争；2. 侵权责任的认定。

关于被诉行为是否构成不正当竞争的问题。第一，创翔公司主张联诚公司通过电话委托其代为申请涉案展会，但其对该主张未能举证证实。第二，创翔公司主张由其与联诚公司之间就法兰克福展位的申请已形成交易惯例，但其所提交的聊天记录中仅涉及转账金额，未提及交易流程及转款依据，创翔公司也未能提供其他证据佐证其所提交聊天记录与双方之间具体交易习惯及流程的关联性。第三，创翔公司与联诚公司的经营范围并不相同，但创翔公司确有实施擅自使用联诚公司的企业名称申请展位的行为，并通过转让该展位实现获利，令英鹏公司得以使用标注有联诚公司名称的展位，且创翔公司也确认涉案展位现场及展会会刊上均使用了联诚公司信息。而英鹏公司的经营范围包括灯泡制造、加工，其与联诚公司属于同业竞争者，创翔公司在诉讼中也确认使用联诚公司名称申请的展位位置较好，亦即，以联诚公司的名义申请展位具备一定的竞争优势，由此可见，创翔公司实施了擅自使用联诚公司名称获利的行为，该行为损害联诚公司的合法权益，应认定创翔公司作为经营者，确有实施被诉的不正当竞争行为。第四，联诚公司所提交的网络新闻报道载有“联诚国际荣获2010消费者喜爱HID品牌”“联诚国际现身北京车展 氙气灯市场再掀尖峰”的内容，且创翔公司确认其与联诚公司就申请法兰克福展位的业务已合作将近10年，可佐证联诚公司已有多年通过参展推广其相关产品的事实，结合创翔公司确认以联诚公司名称申请取得的涉案展位位置较好的事实，可佐证联诚公司的企业名称在申请涉案展位时存在一定影响。第五，联诚公司提交的证据显示，涉案展位现场2437摊位确有使用联诚公司的字号而现场宣传海报使用有英鹏公司的名称，且英鹏公司与联诚公司经营的产品类别相同，结合英鹏公司在涉案展位使用联诚公司字号的事实，可认定被诉行为足以令相关公众误认为两者之间存在关联。综上，创翔公司未经联诚公司许可，擅自以联诚公司名义申请涉案展位，导致英鹏公司使用的涉案展位标注有联诚公司企业名称。英鹏公司未经联诚公司的同意，使用标有联诚公司企业名称的墨西哥法兰克福展会第2437号展位来推广其产品，易引人误认为涉案展位所涉产品或参展商与联诚公司之间存在特定的联系。故创翔公司、英鹏公司的被诉行为构成对联诚公司的不正当竞争。

关于创翔公司的赔偿责任的问题。创翔公司未能举证证实其并无获利，联诚公司也不能证实其实际损失，考虑到联诚公司的企业名称具有相应的商业价值及在相关展会有一定影响、创翔公司存在侵权的主观故意、创翔公司存在重复侵权的情节、创翔公司因转让展位所得获利较高等因素，一审法院酌情确定创翔公司赔偿联诚公司经济损失及合理开支共16万元，并无不当。

综上所述，二审法院依照《中华人民共和国民事诉讼法》第一百七十条第一款第一项规定，判决：驳回上诉，维持原判。

【法官评述】

本案属于保护湾区企业海外知识产权利益的典型案例。案件原告联诚公司是香港地区注册成立的企业，涉案不正当竞争行为发生在墨西哥。在不正当竞争纠纷中，准确界定不正当竞争关系，在法定范围内合理认定恶意行为人的赔偿责任，维护公平有序的市场竞争秩序，是对知识产权进行严格司法保护的应有之义。

一、关于经营者之间竞争关系的认定

依据《中华人民共和国反不正当竞争法》的规定，不正当竞争行为，是指经营者在生产经营活动中，违反本法规定，扰乱市场竞争秩序，损害其他经营者或者消费者的合法权益的行为。因此，判断经营者之间是否存在竞争关系，被诉行为是否构成不正当竞争，应考虑该行为是否损害其他经营者的合法商业利益或者消费者的合法权益而导致市场竞争秩序的破坏，而非仅考虑经营者之间的业务范围是否相同。本案中，虽创翔公司与联诚公司的经营范围并不相同，但创翔公司确有实施擅自使用联诚公司的企业名称申请展位的行为，并通过转让该展位实现获利，令英鹏公司得以使用标注有联诚公司名称的展位，且创翔公司也确认涉案展位现场及展会会刊上均使用了联诚公司信息。而英鹏公司的经营范围包括灯泡制造、加工，其与联诚公司属于同业竞争者，创翔公司在诉讼中也确认使用联诚公司名称申请的展位位置较好，亦即，以联诚公司的名义申请展位具备一定的竞争优势。创翔公司和英鹏公司共同实施的被诉行为，使用联诚公司名称获得不当利益，导致联诚公司的合法权益受损害，故应认定创翔公司、英鹏公司与联诚公司之间存在竞争关系，创翔公司的被诉行为构成不正当竞争。

二、关于企业名称是否具有"有一定影响"的判定依据

根据《中华人民共和国反不正当竞争法》第六条第二款的规定，经营者不得实施擅自使用他人有一定影响的企业名称（包括简称、字号等）、社会组织名称（包括简称等）、姓名（包括笔名、艺名、译名等）的混淆行为，引人误认为是他人商品或者与他人存在特定联系。对于企业名称是否“有一定影响”的判定问题，在不同的个案中应当作具体的分析。对于企业名称在域外使用的情况下，如何认定企业名称的影响力问题，应结合考虑举证的难度及实现可能性，在创翔公司存在故意侵权情节的情况下，不宜对联诚公司就其企业名称的“一定影响”问题苛以过严的举证责任。本案中，在认定联诚公司的名称是否具有一定影响的问题上，采纳以下因素：1. 在创翔公司确认其与联诚公司就申请法兰克福展位的业务已合作将近 10 年，认定联诚公司已有多年通过参展推广其相关产品的事实；2. 创翔公司确认以联诚公司名称申请取得的涉案展位位置较好的事实，认定联诚公司的企业名称在申请涉案展位时存在一定影响；3. 在创翔公司确认双方就法兰克福展位存在多年委托代理关系的情况下，其选择假冒联诚公司的名称申请法兰克福展位而非使用其他经合法授权的企业名称申请展位，可认定联诚公司的企业名称在申请相关展位时存在一定竞争优势的事实。综上，本案认定联诚公司的企业名称具有一定影响。

三、不正当竞争纠纷中的恶意行为实施者负有更高的举证及赔偿责任

《中华人民共和国反不正当竞争法》（2017 年修订）第十七条第三款、第四款规定，因不正当竞争行为受到损害的经营者的赔偿数额，按照其因被侵权所受到的实际损失确定；实际损失难以计算的，按照侵权人因侵权所获得的利益确定。经营者违反本法第六条、第九条规定，权利人因被侵权所受到的实际损失、侵权人因侵权所获得的利益难以确定的，由人民法院根据侵权行为的情节判决给予权利人三百万元以下的赔偿。本案中，现有证据未能证实因联诚公司被侵权行为受到的实际损失，或创翔公司因侵权所获得的利益，故法院应根据案件的具体情况确定赔偿金额。

企业海外知识产权的保护，应综合考虑知识产权价值及损害结果的域外取证难度、知识产权本身的特性、侵权人的主观恶意等因素。本案中，首先，联诚公司的相关媒体报道本为孤证，但创翔公司确认其为联诚公司申请相关展会达 10 年之久的事实，可佐证其产品参展及宣传情况，从而认定联诚公司的企业名称具有相应的商业价值及在相关展会有一定影响。其次，创翔公司确认其长期为联诚公司申请展位的事实，而其利用曾为联诚公司申请法兰克福展位的便利，擅自以联诚公司的名称申请展位并转让获利，可见其存在侵权的主观故意。创翔公司主张其仅存在未以正式文件通知联诚公司的失误的主张不予采纳。再次，创翔公司在微信中确认其以联诚公司的名义向迪拜、土耳其、俄罗斯及墨西哥的法兰克福系列展会申请展位，可认定创翔公司重复实施侵权行为，属于侵权情节严重的情形，应当加大赔偿力度。最后，创翔公司在诉讼中称其因转让美国展位向联诚公司支付利润达 45000 元的情况来看，创翔公司因转让展位所得获利较高。因此，本案中应认定较高的赔偿金额。

案件的处理对于加强湾区企业海外知识产权的保护力度，探索提升保障湾区企业海外知识产权的司法水平和能力以及切实维护企业的海外利益，有较强的借鉴意义，并取得了良好的社会效果。

编写人：广州知识产权法院　黄彩丽　黄榆岚

（编辑：戴芳芳）

33

广州明师公司与北京明师公司不正当竞争及侵害商标权纠纷案

阅读提示：法定赔偿中主客观因素的考量。

【裁判要旨】

对于主观故意的法律评价，权利人既可以向主张法院适用惩罚性赔偿，又可以主张在法定赔偿中将故意作为一个确定赔偿金额的考量因素。在适用法定赔偿方式确定赔偿数额时，要尽可能将惩罚性因素细化融入裁判说理中，重点围绕权利人商标的知名度、侵权人的主观故意、侵权行为的客观表现及现实影响、侵权行为所发生的领域等因素，综合衡量侵权损害结果，尽可能使适用法定赔偿确定的赔偿金额能够弥补实际损失和制止故意侵权。

【案号】

一审：广州市白云区人民法院（2018）粤0111民初2646号

二审：广州知识产权法院（2019）粤73民终6630号

【案情与裁判】

上诉人（一审原告）：广州市明师教育服务股份有限公司（以下称“广州明师公司”）

上诉人（一审被告）：北京明师国际教育科技有限公司（以下称“北京明师公司”）

起诉与答辩

广州明师公司起诉称：广州明师公司是教育服务业的全国知名企业，具有较高的市场地位，“明师”作为其字号为公众所熟知，且已注册多个与“明师”相关的商标，“明师”字号及品牌在国内市场具有较高的知名度，应当受到法律保护。北京明师公司未经许可，擅自注册并使用广州明师公司的字号及商标，构成不正当竞争及商标侵权。基于上述事实与理由，广州明师公司请求法院判令：1. 北京明师公司立即停止擅自使用与广州明师公司字号相同及与广州明师公司注册商标相似的字号的不正当竞争行为，包括但不限于：（1）停止在经营和宣传中使用“明师”字样，并停止使用“明师”字样提供与教育、培训等相关的服务；（2）删除任何带有“明师”字样的网页内容；（3）向工商部门办理企业名称变更登记手续，且在变更后名称不得带有与“明师”相同或近似的字号；2. 北京明师公司立即停止擅自使用与广州明师公司注册商标相同或近似商标的侵权行为；3. 北京明师公司赔偿广州明师公司经济损失共计 300 万元，以及广州明师公司为制止北京明师公司侵权行为而支出的律师费、调查费、公证费、翻译费等合理费用，暂计至起诉之日为 5 万元，两项暂共计 305 万元；4. 北京明师公司承担本案的诉讼费用；5. 北京明师公司其官网、微博、公众号等社交媒体上澄清其与广州明师公司没有任何关联。诉讼中，广州明师公司明确本案中主张第 10452768 号“明师”的商标专用权。

北京明师公司答辩称：1. 广州明师公司的案涉注册商标“明师”在近三年内未进行实际使用，广州明师公司自成立至今，从未开展过任何公立学校教师培训会议方面的业务，北京明师公司已向商标局提交相关的商标撤销申请；2. 北京明师公司与广州明师公司的主营业务并不相同，二者提供的并非相同或类似服务，且二者分别使用的商标均存在明显的区分性，不容易使公众发生误认，广州明师公司也未能举证证明其所主张的全国知名度及商誉，故北京明师公司并未在同一种服务上使用与广州明师公司相同或近似的注册商标；3. 北京明师公司对“明师”字号及相关简称的合理使用不属于在相同或类似服务上突出使用且容易使相关公众产生误认的情形；4. 广州明师公司业务经营存在明显的地域局限，且主营的中小学学生线下辅导业务与北京明师公司主营的公立中小学英语教师培训业务明显不同，二者不存在竞争关系，且北京明师公司在本案诉讼前并不知悉广州明师公司的存在，无攀附其知名度和商誉的主观故意，

“明师”字号及广州明师公司的注册商标并未作为广州明师公司区别于其他企业的重要标志而为公众熟知，未使相关公众产生误认，北京明师公司使用“明师”二字作为字号的行为不构成不正当竞争行为；5. 北京明师公司未实施商标侵权行为或不正当竞争行为，广州明师公司要求其赔偿经济损失及其他合理费用，明显缺乏事实和法律依据。

一审审理查明

广州明师公司成立于2005年6月16日，原企业名称为广州市明师教育服务有限公司，于2015年12月17日更名为现名称。广州明师公司注册经营范围包括教育咨询服务、社会法律咨询、法律文书代理、职业技能培训（不包括需要取得许可审批方可经营的职业技能培训项目）、体育培训、企业管理咨询服务、文化艺术咨询服务、翻译服务、美术辅导服务、音乐辅导服务、戏剧艺术辅导服务、表演艺术辅导服务、为公民出国定居、探亲、访友、继承财产和其他非公务活动提供信息介绍、法律咨询、沟通联系、境外安排、签证申请及相关的服务、语言培训。

广州明师公司是第10452768号“明师”商标的专用权人，核定服务项目为第41类，包括学校（教育）、教育、幼儿园、教育信息、寄宿学校、安排和组织学术讨论会、安排和组织会议、安排和组织培训班、图书出版、在线电子书籍和杂志的出版，注册有效期限自2013年03月28日至2023年03月27日。

北京明师公司成立于2015年07月14日，注册经营范围包括技术推广、技术转让、技术咨询、技术服务、技术开发；计算机技术培训（不得面向全国招生）；软件咨询；产品设计；模型设计；包装装潢设计；教育咨询（中介服务除外）；经济贸易咨询；文化咨询；体育咨询；销售自行开发后的产品；公共关系服务；会议服务；工艺美术设计；电脑动画设计；企业策划；设计、制作、代理、发布广告；市场调查；企业管理咨询；组织文化艺术交流活动（不含营业性演出）；文艺创作；承办展览展示活动；出版物零售。

一审判理和结果

一审法院审理认为，北京明师公司、广州明师公司均属教育、培训行业，双方的服务对象和领域有所交叉，广州明师公司与北京明师公司的经营范围基本一致，二者构成同业竞争关系的市场经营者。北京明师公司在其从事的培训服务中直接突出使用“明师”二字，属于将与他人注册商标相同或者相近似的文字作为企业的字号在相同服务上突出使用的行为。考虑到广州明师公司的“明师”商标已在市场上有极高的知名度，北京明师公司突出使用行为极易造成市场混淆，侵犯了广州明师公司的商标权。广州明师公司的证据，可以证明“明师”字号在全国范围内享有极高的知名度及美誉度，为广大相关公众所知悉，应认定为“有一定影响的企业名称”。北京明师公司使用的字号为“明师”，与广州明师公司字号“明师”完全相同。北京明师公司成立的时间远远晚于广州明师公司，北京明师公司将“明师”使用于其字号内，客观上使社会公众对当事人双方的渊源产生联系，不能排除相关公众误认为双方存在关联；北京明师公司具有“搭便车”的主观恶意，违背了民事活动应当遵循的公平、诚实信用原则，构成不正当竞争。关于损害赔偿数额，因各方当事人均未提交足以采信的证据证实广州明师公司的实际损失或北京明师公司因侵权实际获利情况，综合考虑本案注册商标的知名度、侵权者的主观过错及纠错态度、侵权形式、侵权期间、后果以及权利人为制止侵权行为所支付的合理开支等情况，酌情确定北京明师公司赔偿经济损失及合理开支共计 15 万元。本案中，没有证据证实北京明师公司的行为让广州明师公司商誉受损，广州明师公司关于要求北京明师公司在其官网、微博、公众号等社交媒体上澄清其与广州明师公司没有任何关联的诉讼请求依据不足，不予支持。一审法院依据《中华人民共和国民法总则》第一百七十九条，《中华人民共和国商标法》第五十七条、第六十三条，《中华人民共和国反不正当竞争法》第六条、第十七条、第十八条，《最高人民法院关于审理商标民事纠纷案件适用法律若干问题的解释》第一条、第十六条、第二十一条，以及《中华人民共和国民事诉讼法》第六十四条规定，判决：1. 于判决生效之日起，北京明师公司停止侵犯广州明师公司第10452768 号“明师”注册商标专用权；2. 北京明师公司于判决生效之日起十五日内向工商行政管理机关申请变更企业名称，变更后的企业名称不得含有“明师”字样，在北京明师公司名称变更前，由原企业登记机关以统一社会信用代码代替其名称；3. 于判决生效后十五日内，北京明师公司赔偿广州明师公司经济损失及维权合理开支共计 15 万元；4. 驳回广州明师公司的其他诉讼请求。

上诉与答辩

一审判决后，广州明师公司、北京明师公司不服，均向广州知识产权法院提起上诉。

广州明师公司上诉称：1. 一审法院判决北京明师公司赔偿广州明师公司经济损失及合理开支共计 15 万元的赔偿额过低，应依法改判 305 万元。广州明师公司诉请经济损失包括不正当竞争和商标侵权两项行为，北京明师公司主观上具有明显的侵权故意，且侵权持续时间长。2. 由于北京明师公司的侵权行为，已对相关公众造成实际混淆，北京明师公司因其侵权行为造成相关公众混淆，从而获得交易机会，挤占广州明师公司市场份额。该等行为已造成广州明师公司交易机会的流失、市场份额的减小。故广州明师公司依法要求北京明师公司通过在其官网、微博、公众号等社交媒体上澄清其与广州明师公司没有任何关联，以承担相关消除影响的责任与事实相符，于法有据。请求：1. 撤销（2018）粤 0111 民初 2646 号民事判决第三项，改判北京明师公司赔偿广州明师公司经济损失及维权合理开支共计 305 万元；2. 判令北京明师公司在其官网、微博、公众号等社交媒体上澄清其与广州明师公司没有任何关联；3. 撤销（2018）粤 0111 民初 2646 号民事判决第四项；4. 判令北京明师公司承担本案一审及二审全部诉讼费用。北京明师公司对广州明师公司的上诉答辩称：北京明师公司并未实施侵犯广州明师公司商标专用权的行为，北京明师公司对其字号的合理使用也未构成不正当竞争。北京明师公司并未因为使用"明师"字号给广州明师公司造成实际损失，广州明师公司上诉请求二审改判赔偿其 300 万元并负担维权开支 5 万元没有事实和法律依据。

北京明师公司的上诉称：1. 北京明师公司与广州明师公司的目标客户完全不同，双方的服务对象、服务目的、服务内容、服务方式也不相同，不会使相关公众造成混淆，双方不存在竞争关系。2. 北京明师公司对"明师"二字的使用均结合北京明师公司注册商标或与该注册商标类似的图案进行使用，且在"明师国际""明师国际教育""明师学堂""明师说""明师俱乐部"等词语中"明师"二字与其他文字在字体、大小、颜色等方面并无差异，不会使人在视觉上产生深刻印象，同时北京明师公司与广州明师公司主营业务并不相同，北京明师公司并未在与广州明师公司相同或者类似服务上突出使用"明师"二字，一审判决认定北京明师公司"侵犯了广州明师公司的商标权"明显属于事实认定错误。3. 广州明师公司的"明师"字号及广州明师公司的注册商标并未作为广州明师公司区别于其他企业的重要标志而为公众熟知，广州明师公司并不享有全国知名度，北京明师公司在北京注册"明师"字号时并不知晓广州明师公司的存在，北京明师公司对“明师”二字的使用系对企业字号的合理使用，一审判决认定北京明师公司“构成不正当竞争”明显属于事实认定错误。4. 广州明师公司在一审中存在逾期举证以及伪造证据的行为，广州明师公司于 2018 年 12 月 4 日才向北京明师公司以及法庭提交证据 8 至证据 29，属于逾期提供证据，且证据 8 的部分合同文件明显系伪造，与客观事实不符，一审法院采纳广州明师公司提供的伪造证据进行事实认定，违反了法律规定。5. 北京明师公司未实施商标侵权行为或不正当竞争行为，一审判决确定北京明师公司赔偿广州明师公司经济损失及合理开支共计 15 万元明显缺乏事实和法律依据。请求：1. 撤销（2018）粤 0111 民初 2646 号民事判决，依法改判，驳回广州明师公司的全部诉讼请求；2. 本案一、二审诉讼费用由广州明师公司承担。

广州明师公司答辩称：1. 在判断商标侵权及不正当竞争案件时主要依据是主张权利方是否有在先权利、后注册方是否混淆或存在混淆可能性。在先权利方面，从北京明师公司成立时间可以看出，对比广州明师公司的成立时间或本案商标的注册时间，均为在后权利，广州明师公司一审过程中提交证据证明商标商号的知名度。在实际混淆方面，广州明师公司在一审中均证明双方存在实际混淆。在混淆可能性方面，北京明师公司只提到了地域性和服务范围的问题，在地域性方面，广州明师公司在省外设立有多家分支机构，并与各地培训机构合作，成立办学点。双方均会在对方所在地进行宣传和活动。双方均有线上课程，覆盖全国范围。广州明师公司在教师培训方面服务范围覆盖上海、武汉、长沙、南京等多个城市。在服务范围方面，教育领域并不细分，双方均在教师和学生教育上有所涉及，广州明师公司在二审中提交了相关证据，能够证明北京明师公司在其公众号上宣传中小学相关课程，该行为发生在一审庭审之后，足以证明北京明师公司侵权持续性及恶意。2. 关于赔偿数额问题，在北京明师公司没有提交相关账册或营业额相关证据的情况下，广州明师公司已经尽力取证，且考虑广州明师公司长期对“明师”商标及字号的大量投入，北京明师公司的侵权恶意、侵权时间等相关方面要求 300 万元赔偿数额是合法合理的。3. 关于消除影响方面，由于双方在现实经营中已产生实际混淆，故广州明师公司要求北京明师公司消除影响于法有据。

二审审理查明

对于一审法院查明的事实，一审法院依法予以确认。

二审期间，广州明师就其分支机构设置情况、广州明师公司及其字号的知名度情况、广州明师公司市场运营相关情况、广州明师公司使用明师注册商标的基本情况、北京明师公司实施不正当竞争以及商标侵权的相关事实、广州明师公司主张损害赔偿以及合理费用等事实提交了证据予以证明。

北京明师公司提交了其公司网站首页截图，拟以此证明北京明师公司的主营业务为全国中小学英语教师教育培训，广州明师公司主营业务为广佛地区中小学的线下课外辅导，二者提供的并非相同或者类似服务，在服务对象、业务开展上存在明显区别；同时还提交了商标证书，拟证明北京明师公司的注册商标与广州明师公司的注册商标存在不同，不会使相关公众产生混淆。广州明师公司在本案中称其在业务运营中，均将该注册商标与其企业名称以及其字号同时使用。

二审判理和结果

二审法院审理认为，北京明师公司与广州明师公司在相同或者近似服务中使用了相同的“明师”商标，北京明师公司所使用的被诉侵权标识与广州明师公司的“明师”注册商标均为文字商标，两者完全相同，广州明师公司“明师”商标与企业字号同时使用，通过商誉的相互辐射产生了较强的显著性与美誉度，北京明师公司未经许可在教育培训这一相同或者相似的服务类别中使用完全相同的被诉侵权标识，容易导致相关公众混淆或者认为两者之间存在特定关系，属于混淆性商标使用，构成商标侵权。

广州明师公司成立于2005年6月16日，并一直使用“明师”字号至今，“明师”字号在全国范围内享有极高的知名度及美誉度，为广大相关公众所知悉，应被认定为“有一定影响的企业名称”。北京明师公司成立的时间远远晚于广州明师公司，北京明师公司将“明师”使用于其字号内，客观上使社会公众对当事人双方的渊源产生联系，不能排除相关公众误认为双方存在关联；北京明师公司具有“搭便车”的主观恶意，违背了民事活动应当遵循的公平、诚实信用原则，构成不正当竞争。

北京明师公司持续实施不正当竞争行为以及商标侵权行为，客观上已经造成市场混淆，严重损害广州明师公司的商业信誉，且在一审法院作出判决后仍然继续使用被诉标识，侵害广州明师公司的权利，扰乱市场竞争秩序。为消除因北京明师公司不当行为所造成的消极影响，维护广州明师公司的商业美誉，划清两者之间的界限，广州明师公司主张北京明师公司在其官网、微博或者公众号上澄清其与广州明师公司之间没有任何关联以消除影响的诉讼请求于法有据。

由于广州明师公司所受到的损失及广州明师公司在侵权期间因侵权所获利益难以确定，也没有合理许可费可供参照，一审法院适用法定赔偿计算方式酌定计算侵权损害赔偿符合法律规定。对于广州明师公司所主张的损害赔偿数额，二审法院认为应当参照以下因素确定：一是广州明师公司知名度较高。广州明师公司的企业字号“明师”经其长期持续在经营活动中使用，获得较高的显著性，并且获得的较多奖项和荣誉，进一步提升了商业主体的影响力与市场品牌效应。广州明师公司的“明师”注册商标与企业字号“明师”的共同使用产生相互辐射的叠加效果，进一步扩大了知名度和影响力。二是北京明师公司主观上存在侵权故意。北京明师公司存在攀附广州明师公司的商誉的主观故意，明知广州明师公司的字号以及注册商标存在较高美誉度的情况仍然实施仿冒行为造成市场混淆，力图通过仿冒行为获取非法商业利益，在主观上属于故意侵权。三是北京明师公司客观上侵权情节较为严重。北京明师公司实施了商标侵权以及不正当竞争行为，且属于同业经营者之间的竞争行为，侵权行为实施时间长，实施地域广，影响范围大，对广州明师公司的商业损害较大。四是侵权涉及领域属于民生领域。北京明师公司与广州明师公司所实际经营的领域均属于教育培训领域，虽然服务对象不完全相同，但存在较大的重叠部分，容易造成市场混淆误认。对于相关公众来说，特别是对于选择教育辅导机构的家长来说，因混淆误认导致选择教育辅导机构错误，不仅会导致经济损失，还会因选择货不对板的教育辅助服务，导致中小学学生不能获得美誉度较高的教育服务，耽误教育机会，对社会造成的危害较大。综合上述酌定因素，二审法院在法定限额范围内酌定确定北京明师公司赔偿广州明师公司 100 万元及维权合理开支 5 万元。二审法院判决：1. 维持广东省广州市白云区人民法院（2018）粤 0111 民初 2646 号民事判决的第一项、第二项；2. 变更广东省广州市白云区人民法院（2018）粤 0111 民初 2646 号民事判决第三项为：北京明师国际教育科技有限公司于本判决发生法律效力之日起十日内赔偿广州市明师教育服务股份有限公司经济损失 100 万元，并支付其为制止侵权行为所支出的合理开支 5 万元，两项合计 105 万元；3. 撤销广东省广州市白云区人民法院（2018）粤 0111 民初 2646 号民事判决第四项；4. 北京明师国际教育科技有限公司自本判决生效之日起在其官网或者微博或者公众号上发表声明澄清北京明师国际教育科技有限公司与广州市明师教育服务股份有限公司之间没有任何关联以消除不良影响；5.驳回广州市明师教育服务股份有限公司其他诉讼请求。

【法官评述】

本案为一起典型的故意侵犯商标权及不正当竞争案件，对于是否构成商标侵权及不正当竞争，一、二审法院意见均一致。二审法院之所以改判，主要是综合全案证据，认为一审法院采用法定赔偿方式判决的金额明显过低，不能达到填平权利人损失和制止故意侵权的目的。二审法院结合全案证据，从主观和客观方面详细分析了本案法定赔偿的考量因素，为故意侵犯知识产权案件采用法定赔偿方式确定赔偿金额提供了参考。

一、知识产权侵权损害赔偿的目的与方法

知识产权客体是一种具有法律上财产属性的物，由于这一物具有“有构”“无质”性，所以是一种“无体物”，但具有用益性。① 知识产权属于经济竞争资源，本身具有市场价值，故往往被剽窃、篡改、仿制。由于知识产权权利以及客体的特殊性，损害赔偿一直是承担知识产权侵权责任的主要方式。

侵权损害赔偿的基本问题在于行为自由与权益保障之平衡，侵权损害赔偿范围的划定既需要考虑受害权益的保障，又需要顾及行为自由的维护，两者作为需要共同权衡的目标，不应该顾此失彼。② 从归属和本质上看，知识产权损害赔偿隶属于民事损害赔偿体系，遵循民事损害赔偿基本理论和原则。③

民事赔偿责任，即着重于损害之填补，则损害即使是因行为人过失造成，其严重性和故意为之均应予以填补。④ 填平损失是损害赔偿最基础的功能，知识产权损害赔偿制度亦是如此。权利人的损害有积极损害和消极损害之分，前者指既存财产之减少，后者指现存财产应增加而未增加。两者均指财产总额之减少。⑤ 知识产权侵权损失不仅包括过去因侵权行为导致的直接损失，还包括

---

① 何敏：《知识产权客体新论》，载《中国法学》2014年第6期。

② 王磊：《侵权损害赔偿范围的确定机制》，载《法学》2021年第4期。

③ 高莉：《知识产权法定赔偿的功能异化与矫正策略》，载《电子知识产权》2020年第3期。

④ 曾世雄：《损害赔偿法原理》，中国政法大学出版社2001年版，第16—19页。

⑤ 孙森焱：《民法债编总论》，法律出版社2006年版，第182页。

未来因侵权行为导致销售机会减少、商誉损失以及因存在侵权行为导致消费者选择等市场行情变化。[①] 直接损失和间接损失均在知识产权侵权损害赔偿范围之内。知识产权损害赔偿应以完全赔偿为原则。

损害填补是知识产权损害赔偿的首要功能。除损害填补之外，法律上对侵权行为的否定性评价对侵权者构成了外在的压力，也是对侵权者施加的惩罚。同时，这种惩罚也会对潜在侵权者形成一定的威慑，起到侵权预防的效果。知识产权损害赔偿实际具有多重功能。

为发挥损害赔偿的上述功能，在赔偿方法上我国设定了四种赔偿方法适用的先后顺序。我国知识产权部门法均以实际损失为首选。基于知识财产的无形性，实际损失权利人往往难以举证。在实际损失无法确定之后，以侵权人的侵权获利（违法所得）作为实际损失的替代。在侵权获利仍无法确定之后，又回到权利人的角度，以合理的许可使用费这一标准作为确定赔偿金额的参考。在三者均无法作为参考的情况下，才以法定赔偿的方式确定赔偿金额。法律规范上赔偿方法的梯次选择在实践中逐渐异化，法定赔偿成为知识产权损害赔偿最主要的方式。

二、法定赔偿的惩罚性功能

法定赔偿是由制定法规定的，当一方当事人的行为使另一方当事人的人身、财产或者权益受损时，前者向后者支付用以赔偿或者补偿的金钱，以期恢复到没有违约行为或侵权行为时的状态。[②] 其基本规则是“赔偿应尽可能使得遭受损害的当事人恢复到无不当行为时他本应当恢复的状态”。惩罚性赔偿是一种与补偿性赔偿或者与填平性赔偿相对应的侵权损害赔偿制度。惩罚性赔偿，旨在以一定数额或者倍数的赔偿额处罚行为人，吓阻行为人或其他之人从事侵害行为。[③]

如前所述，实际损失、侵权获利、合理的许可使用费以及法定赔偿是知识产权部门法均明确规定应当梯次适用的损害赔偿计算方式，能适用前一顺位的

---

① 蒋华胜：《知识产权惩罚性赔偿制度研究：立法检视与司法适用——兼论我国〈民法典〉第1185条法律规范的体系化构建》，载《中国应用法学》2021年第1期。

② 薛波：《元照英美法词典》，法律出版社2003年版，第364页。

③ 王泽鉴：《损害赔偿》，北京大学出版社2017年版，第39页。

计算方式，则不能适用后一顺位的计算方式，而法定赔偿是前三种方式均无法适用时的兜底选择。法定赔偿的适用应当对所考虑的因素进行清晰、具体和细致的分析，并就各个因素特别是主观恶意因素所占据的权重和比例进行较为充分的说理，从而让侵权人、潜在侵权人和社会公众清晰地知道法律惩戒和谴责的对象为何，最终起到预防和威慑的效果。但基于法定赔偿所具有的“巨大的自由裁量空间和稀薄的说理义务”，法定赔偿在四种赔偿方式中已经“反客为主”成为最主要的赔偿数额确定方式，甚至有完全取代其他三种计算方式之势。[①] 前三种赔偿计算方式均是填补损失，法定赔偿的设置初衷在于补偿损失，但实践中法定赔偿已经超越了对损失的填补。

从制度起源来讲，法定赔偿本不应当具备惩罚性，其主要目的是降低权利人的举证责任而适用，但我国无论是立法还是实践中，目前已经赋予了法定赔偿制度某种惩罚性的功能。[②] 权利人既可以根据惩罚性赔偿专门条款要求具有严重过错的侵权人承担惩罚性赔偿责任，又可以依据法定赔偿条款实现惩罚的目的，法定赔偿兼具补偿性和惩罚性。至于法定赔偿何时体现补偿性、何时体现惩罚性，可以简单地认为在侵权人不具备主观恶意或者主观过错不严重的情况下，适用法定赔偿方式确定赔偿金额时，法定赔偿具有补偿性规范的性质，在侵权人主观恶意明显或者主观过错严重的情况下，适用法定赔偿确定赔偿金额时，法定赔偿就具有惩罚性赔偿规范的性质。法定赔偿与惩罚性赔偿在惩罚性功能这一点上具有重叠的法律价值取向，实现相同的法律目的。[③]

在以权利为本位的社会中的任何法律，其目的都是出于对权利的保护，而补偿或者惩罚只是实现权利保护的手段。[④] 出于知识产权保护的需要，惩罚和补偿都可以作为民事赔偿责任制度的规范选择，但需要注意的是，无论是补偿

① 焦和平：《知识产权惩罚性赔偿与法定赔偿关系的立法选择》，载《华东政法大学学报》2020 年第 4 期。

② 丁文严、张蕾蕾：《知识产权侵权惩罚性赔偿数额的司法确定问题研究》，载《知识产权》2021 年第 2 期，第 80 页。

③ 孙那：《民法典视阈下知识产权惩罚性赔偿与法定赔偿的司法适用关系》，载《知识产权》2021 年第 4 期，第 70 页。

④ 吴汉东：《知识产权惩罚性赔偿的私法基础与司法适用》，载《法学评论》2021 年第 3 期，第 25 页。

性赔偿还是惩罚性赔偿，都是以法益受到损害为前提，没有损害就没有赔偿。惩罚性赔偿的判定，是以补偿性赔偿为基础。受害人只有在补偿性赔偿之后，才能进一步提出惩罚侵权人的请求权。①

三、法定赔偿中主客观因素的考量

既然法定赔偿除具备基本的补偿性功能之外，在我国知识产权法立法语境下也具有惩罚性功能，对于通过法定赔偿方式来实现惩罚性目的的功能就需要对这种法定赔偿中的惩罚性因素进行详细的阐明，避免侵权人不知道为何会被施以这样的而非那样的惩罚，同时让潜在侵权的对象知晓侵权所面临的潜在后果从而停止可能的侵权行为。

加害行为、损害后果、加害行为与损害后果之间的因果关系、主观过错是民法上侵权成立的构成要件。如果侵权法以威慑、制裁为其基本功能，则过错就是道德观念在法律上的反映。让有过错的人掏腰包来赔偿受害人，这不仅是对其侵权行为的制裁，也体现了法律对侵权人道德上的非难。② 但在知识产权领域，侵权构成不以主观过错为要件，但并不意味着过错在知识产权侵权中缺乏相应的地位。有责性与侵权损害赔偿范围的划定产生直接关联，责任成立领域因归责客观化而被忽视了的有责性在责任效果领域重新获得关注，责任基础与责任效果趋于融合，评价标准不再被强行割裂。③ 这也就意味着责任能否成立与责任成立后的后果不同，责任成立后的后果依然要考虑可责难性。因为如果不在责任效果法中对行为人的故意进行评价，势必导致故意的主观状态难以全面浸透到侵权责任的评价机制之中。④

对于主观故意的法律评价，权利人既可以向法院主张适用惩罚性赔偿，又可以主张在法定赔偿中将故意作为一个确定赔偿金额的考量因素。法律之所以规定法定赔偿与惩罚性赔偿不能并用，原因就在于两者在性质和功能上有重叠之处，即在侵权人具有主观恶意的情况下确定的赔偿数额，无论是基于补偿性

---

① 吴汉东：《知识产权惩罚性赔偿的私法基础与司法适用》，载《法学评论》2021 年第 3 期，第 25 页。

② 程啸：《侵权责任法》（第二版），法律出版社 2015 年版，第 263 页。

③ 王磊：《侵权损害赔偿范围的确定机制》，载《法学》2021 年第 4 期。

④ 王磊：《侵权损害赔偿范围的确定机制》，载《法学》2021 年第 4 期。

赔偿的数额再乘以惩罚性赔偿的倍数，还是直接使用法定赔偿确定的损失金额，都具有惩罚性功能。两者在功能上有相同之处，但是侧重点不同，惩罚性赔偿更加侧重惩罚性因素的考量，而法定赔偿更加侧重补偿性因素。① 由于“损害事实难以进行量化及合理化，损害事实无法通过诉讼手段客观再现”②，使得知识产权损害赔偿数额难以确定，这也给知识产权法官们的自由裁量留下了较大的空间。在适用法定赔偿方式确定赔偿数额时，要尽可能将惩罚性因素细化融入裁判规则中，让判赔金额能够填平权利人的损失，同时达到制止侵权的效果，就需要法官综合考虑全案证据，并进行充分的说理，将裁判的思路和传导的价值通过文书说理传递给各方。

本案中，一审法院运用法定赔偿方式确定赔偿金额的方法本身并无不当，但一审法院在确定赔偿金额时未具体阐明确定赔偿金额的各个考量因素，且赔偿金额明显过低，不能起到制止恶意侵权的效果。二审法院同样是运用法定赔偿方式确定赔偿金额，但充分考虑了北京明师公司在主观上存在明显的“搭便车”的侵权故意，客观上实施的攀附行为对权利人影响较大且持续时间长，同时教育培训行业这一特殊领域的侵权对消费者教育机会损失和社会效果的影响予以充分考量，显著提升了赔偿金额，有效打击了北京明师公司的恶意侵权行为。

编写人：广州知识产权法院　蒋华胜

（编辑：戴芳芳）

① 孙那：《民法典视阈下知识产权惩罚性赔偿与法定赔偿的司法适用关系》，载《知识产权》2021 年第 4 期，第 70 页。

② 唐力、谷佳杰：《论知识产权诉讼中损害赔偿数额的确定》，载《法学评论》2014 年第 2 期。

34

李某与海呐百村公司、陈某、大塘烧鹅公司不正当竞争纠纷案

阅读提示：如何认定受让及使用恶意抢注商标主体的主观恶意？

【裁判要旨】

作为受让并使用涉案恶意抢注商标的主体，其受让商标时可能存在主观不知悉涉案商标属于恶意抢注的情形；但当涉案商标被商评委作出撤销裁定后，即使该裁定因行政诉讼尚未发生法律效力，受让商标主体在知道上述裁定的情况下使用涉案商标也应当善意、克制，不应继续扩大原使用范围；若受让商标主体在知道的情况下继续将涉案商标授权给他人在经营活动中使用，该商标授权使用行为难谓善意、合理。

【案号】

一审：广东省广州市南沙区人民法院（2018）粤 0115 民初 6128 号

二审：广州知识产权法院（2020）粤 73 民终 2197 号

【案情与裁判】

上诉人（一审被告）：广州海呐百村饮食管理服务有限公司（以下称“海呐百村公司”）

被上诉人（一审原告）：李某

一审被告：陈某（原广州市番禺区沙湾源瀚饮食店经营者，以下称“源瀚

饮食店”)、广东大塘烧鹅饮食有限公司(以下称“大塘烧鹅公司”)

起诉与答辩

李某向一审法院起诉请求判令:1. 源翰饮食店、海呐百村公司、大塘烧鹅公司立即停止在中餐服务、小吃服务等经营活动之中使用“大塘烧鹅”的不正当竞争行为,且变更之后的服务名称中不得包含与“大塘烧鹅”相同或相近似的字样;2. 大塘烧鹅公司立即停止使用,并变更企业名称,且变更后的企业名称中不得包含与“大塘烧鹅”相同或近似的字样;3. 源翰饮食店、海呐百村公司、大塘烧鹅公司赔偿李某经济损失及合理费用开支共计人民币 20 万元;4. 源翰饮食店、海呐百村公司、大塘烧鹅公司承担本案全部的诉讼费。

一审审理查明

李某为证明其经营的字号为“大塘烧鹅”的企业具有较高的知名度和影响力,提供了以下证据证实:1. 1999—2000 年报纸对李某旗下“大塘烧鹅”企业的报道;2. 2012—2015 年报纸对于李某旗下“大塘烧鹅”企业的报道;3. 李某被北京市高级人民法院认定构成在先商号权的自营店和加盟店信息;4. 李某“大塘烧鹅”加盟店协议及相应的票据(2001—2005 年);5. 李某“大塘烧鹅”加盟店协议(2015—2018 年);6. 李某旗下的广州市番禺区大塘烧鹅菜馆销售发票;7. 李某企业所获得的 2012—2015 年度的荣誉证书。

根据广州市海珠公证处于 2018 年 7 月 20 日作出的(2018)粤广海珠第 23745 号公证书显示,李某于 2018 年 7 月 16 日与该处公证人员一同来到位于广州市番禺区西环路荔园新天地户外广场旁的荔园风情街一标示有“大塘烧鹅茶餐厅”字样的店铺。李某在该公证处公证人员的监督下,购买了“大塘烧鹅饭”“热橙茶”“芒果冰沙”各一份,并取得销售小票一张。李某随即将销售小票交公证人员保管。公证人员在现场对店铺的门面及周边情况进行了拍摄,并对上述取得的单据进行了复印,将上述销售小票用该处信封封存后交李某。根据该公证书附图显示,涉案店铺招牌显示为“大塘烧鹅茶餐厅”,店铺内广告宣传显示有“[redacted]”标识,菜牌价目单上显示有“大塘烧鹅茶餐厅”标识。经拆封销售小票,销售小票上显示有“大塘烧鹅茶餐厅”,该三份商品价格为 56 元。

根据广州市海珠公证处于 2018 年 7 月 27 日作出的(2018)粤广海珠第 24908 号公证书显示,李某于 2018 年 7 月 24 日在该处公证人员的监督下,使用该处计算机对相关网页页面进行了证据保全。该公证书证明李某的相关操作与公证书记载的操作过程的实际情况相符；与公证书相粘连的屏幕截图打印资料与李某操作时计算机屏幕显示内容相符。根据该公证书附图显示，在“美团外卖”中搜索“大塘烧鹅茶餐厅（荔园）”，后点击进入下方弹出的“广州市番禺区大塘烧鹅茶餐厅”，再点击“大塘烧鹅茶餐厅”（西环路 1625 号）下方的“立即订餐”，再输入“大塘烧鹅”，点击下方的“大塘烧鹅茶餐厅（荔园店）”，店铺标识显示为“”，店铺显示有菜单等，并显示经营者为源翰饮食店。

为证明其使用“大塘烧鹅”具有合法依据，源翰饮食店提供以下证据证实：1. 第 4820151 号商标注册证，核定服务项目为第 43 类“餐馆”等，注册有效期限自 2009 年 3 月 7 日至 2019 年 3 月 6 日，注册人为海呐百村公司，该商标注册证复印件上加盖有大塘烧鹅公司的公章，以及“李某”的签名；2. 第 11102829 号商标注册证，注册有效期限自 2013 年 11 月 7 日至 2023 年 11 月 6 日，注册人为海呐百村公司，该商标注册证复印件上加盖有大塘烧鹅公司的公章，以及“李升”的签名；3. 海呐百村公司出具的授权书，内容为“兹授权广东大塘烧鹅餐饮管理有限公司、肖某先生、李某先生组织、组建投资和运营管理团队，负责第 4820151 号《大塘烧鹅》商标的品牌推广及运营管理工作，区域不限”。授权日期为 2016 年 9 月 13 日，备注为此授权不得转让；4. 加盖有大塘烧鹅公司公章的“广东大塘烧鹅饮食有限公司商标使用授权书”，授权源翰饮食店使用第 11102829 号和第 4820151 号商标，授权使用期限为 2017 年 11 月 3 日至 2020 年 11 月 2 日止。

一审判理和结果

一、关于涉案店铺使用“大塘烧鹅”标识是否构成不正当竞争行为的问题

本案中，李某指控海呐百村公司、大塘烧鹅公司和源瀚饮食店构成不正当竞争的权利基础为其企业名称权“大塘烧鹅”。企业名称是用于识别市场主体的名称和企业重要的营业标识，消费者或者购买者可以通过不同的营业标识而识别不同的市场主体，最终用于识别商品的来源。根据《中华人民共和国反不正当竞争法》第六条第二项规定：“经营者不得实施下列混淆行为，引人误认为是他人商品或者与他人存在特定联系：擅自使用他人有一定影响的企业名称（包括简称、字号等）、社会组织名称（包括简称等）、姓名（包括笔名、艺名、译名等）。”《最高人民法院关于审理不正当竞争民事案件应用法律若干问题的解释》

第六条第一款规定:“具有一定市场知名度、为相关公众所知悉的企业名称中的字号，视为反不正当竞争法第五条第（三）项规定的企业名称。”

首先，李某主张的“大塘烧鹅”是否属于有一定影响的企业名称。根据（2016）京 73 行初 2175 号、（2018）京行终 2745 号行政判决书认定，李某及其近亲属、加盟店在经营中实际使用的“大塘烧鹅”商号在第 4820151 号“大塘烧鹅”商标申请日前已经具有了一定知名度，结合李某提供的报纸报道、自营店和加盟店工商登记信息、加盟店协议及相应票据、荣誉证书等，足以认定李某所经营的“大塘烧鹅”字号具有一定的市场知名度，为相关公众所知悉，符合上述应受保护之企业名称的规定。

其次，海呐百村公司、大塘烧鹅公司和源瀚饮食店是否属于“擅自使用”上述企业名称。根据《中华人民共和国商标法》第四十七条之规定:“依照本法第四十四条、第四十五条的规定宣告无效的注册商标，由商标局予以公告，该注册商标专用权视为自始即不存在。宣告注册商标无效的决定或者裁定，对宣告无效前人民法院做出并已执行的商标侵权案件的判决、裁定、调解书和工商行政管理部门做出并已执行的商标侵权案件的处理决定以及已经履行的商标转让或者使用许可合同不具有追溯力。但是，因商标注册人的恶意给他人造成的损失，应当给予赔偿。依照前款规定不返还商标侵权赔偿金、商标转让费、商标使用费，明显违反公平原则的，应当全部或者部分返还。”据此，由于商标侵权本质上属于民事侵权行为的一种，故商标注册人在商标被无效前的使用行为是否构成侵权、应否承担赔偿责任，应当考虑其注册和使用被诉商标的行为是否具有主观过错。

由于商标的无效程序往往要历经行政处理和司法裁判两个阶段，过程较为漫长。若仅片面、机械地认定商标在有效期间的使用行为均具有合法基础，而忽视商标权人在申请商标注册时、商标使用过程中具有的对在先知名度较高的注册商标进行主观攀附之故意，则有可能放纵恶意侵权行为，不利于保护在先商标权利人的权益。因此，商标被宣告无效的生效行政判决作出前，被宣告无效的商标应属效力待定状态。若商标权人在申请商标注册时、商标使用过程中具有主观恶意，应认定构成商标侵权。反之，若商标权人基于对商标行政审核权力的信赖，以及注册商标的公示性与稳定性，善意注册、使用商标，司法裁判则应维护正常的商标注册及管理秩序，以及市场经济稳定发展的制度环境。

对于商标权人不具有侵权故意的合法使用行为，不应认定其构成商标侵权。

本案中，涉案第 4820151 号“大塘烧鹅”商标虽然最终是在 2018 年 9 月 6 日被宣告无效，该时间发生在 2018 年 7 月李某取证之后。然而，根据已经生效的（2016）京 73 行初 2175 号行政判决书查明，第 4820151 号“大塘烧鹅”商标申请日期为 2005 年 8 月 5 日，专用权使用期为 2009 年 3 月 7 日至 2019 年 3 月 6 日；2010 年 11 月 2 日，王安将上述商标转让予广州海呐百村公司；李某首次提起商标无效宣告的时间为 2011 年 1 月 4 日。同时，海呐百村公司在商标评审阶段提交的答辩书中曾陈述诉争商标的申请人王安曾在舅舅的两家“大塘烧鹅”店铺工作，并在舅舅提醒下申请注册了诉争商标。在申请人王安申请注册第 4820151 号“大塘烧鹅”商标时，李某经营使用的“大塘烧鹅”企业名称已经具有一定的知名度，因此，王安在申请商标注册时具有主观恶意。

海呐百村公司在 2010 年受让第 4820151 号“大塘烧鹅”商标时，已经知悉王安上述情况，在李某于 2011 年 1 月 4 日提起商标无效宣告，并历经商标评审委员会评审、法院审理等多个阶段，即使海呐百村公司在受让第 4820151 号“大塘烧鹅”商标注册时，对商标、企业名称等混淆可能性未必具有清晰的认知，但经过商标评审委员会的两次裁决（第二次于 2016 年 3 月 7 日作出）并作出了对第 4820151 号“大塘烧鹅”商标予以无效宣告的裁定后，海呐百村公司对此已应具有一个较为明确的认识与预期。将海呐百村公司置于其所在行业一般理性人标准衡量，结合双方为同业竞争者，海呐百村公司完全有能力，亦应预见其使用“大塘烧鹅”商标与李某再次产生相关知识产权侵权纠纷的可能性较高。因此，海呐百村公司未遵守诚实信用原则，在 2016 年 9 月 13 日纠纷尚在审理期间，仍对外授权使用“大塘烧鹅”商标。无论大塘烧鹅公司是否具有代理权，其法定代表人李某均为授权书中明示的合法有权代理人。此外，虽然海呐百村公司在 2016 年 9 月 13 日出具的授权书中确未授权大塘烧鹅公司使用商标，但仅因其时大塘烧鹅公司实际上并未注册成立；海呐百村公司承认该份授权书的真实性，且海呐百村公司为大塘烧鹅公司的股东，二者具有高度关联关系，海呐百村公司未能合理解释大塘烧鹅公司为何持有该份授权书；即使海呐百村公司抗辩称大塘烧鹅公司无权对外授权使用“大塘烧鹅”商标，但海呐百村公司、大塘烧鹅公司内部的代理关系，并不能对抗对外共同应承担的侵权责任。

综上，李某与海呐百村公司、大塘烧鹅公司同属于反不正当竞争法规制的竞争者。由于李某经营的“大塘烧鹅”之企业名称在广州地区已经具有一定知名度，海呐百村公司、大塘烧鹅公司主观上有攀附李某“大塘烧鹅”在先企业名称的故意，客观上通过授权他人实际使用了“大塘烧鹅”，海呐百村公司、大塘烧鹅公司属于擅自使用有一定影响的企业名称，容易造成消费者混淆，且海呐百村公司据以抗辩的第4820151号“大塘烧鹅”注册商标已经被生效判决撤销，故海呐百村公司、大塘烧鹅公司的行为构成擅自使用他人有一定影响的企业名称之不正当竞争行为，依法应承担停止侵权、赔偿损失之法律责任。

至于源翰饮食店，由于其并非“大塘烧鹅”商标注册人，亦没有证据证实其了解李某与海呐百村公司之间关于“大塘烧鹅”商业标识的争议，其基于授权书和商标注册证等外部表现形式，基于对商标行政审核权力，以及商标使用授权书的信赖使用涉案商标，虽然其客观上使用了涉案“大塘烧鹅”商业标识，但并无主观恶意，故其并不属于擅自使用李某的企业名称。由于海呐百村公司、大塘烧鹅公司应停止使用涉案标识，源翰饮食店已经失去使用“大塘烧鹅”标识的合法依据，故无权继续使用上述标识。至于源翰饮食店抗辩其已经转让店铺以及清除涉案标识，但其对外公示的工商登记合法经营主体仍为源翰饮食店；其清除涉案标识的证据仅为单方制作且李某对此不予确认，故一审法院对其抗辩均不予采纳。

此外，大塘烧鹅公司在授权书中授权源翰饮食店使用第11102829号“图+大塘烧鹅”商标，但该商标在涉案店铺中并未规范使用，故该第11102829号“图+大塘烧鹅”商标与本案没有关联性，源翰饮食店据此认为其使用“大塘烧鹅”标识具有合法依据之抗辩依据不足，一审法院不予采纳。

二、关于李某主张要求大塘烧鹅公司停止使用并变更企业名称是否成立的问题

李某已经在一审法院同时审理的（2018）粤0115民初6127号案件中提出该诉讼，该诉请已经在上述案件中得以处理，故本案不再重复处理。

三、关于赔偿数额问题

根据《中华人民共和国反不正当竞争法》第十七条第三款、第四款规定：“因不正当竞争行为受到损害的经营者的赔偿数额，按照其因被侵权所受到的实际损失确定；实际损失难以计算的，按照侵权人因侵权所获得的利益确定。

赔偿数额还应当包括经营者为制止侵权行为所支付的合理开支。经营者违反本法第六条、第九条规定，权利人因被侵权所受到的实际损失、侵权人因侵权所获得的利益难以确定的，由人民法院根据侵权行为的情节判决给予权利人三百万元以下的赔偿。”

鉴于李某因被侵权遭受的实际损失和海呐百村公司、大塘烧鹅公司因侵权而获得的利益的具体数额均无足够的证据证明，一审法院综合考虑李某“大塘烧鹅”企业名称的权利状况、知名度，源翰饮食店的经营规模、海呐百村公司、大塘烧鹅公司的应诉与举证情况、侵权行为的性质、情节、持续时间、主观过错、企业经营规模，以及李某为制止侵权行为支出费用的必要性和合理性等因素，酌情确定海呐百村公司、大塘烧鹅公司的赔偿数额为 15 万元。对于超出数额部分，一审法院不予支持。

综上所述，一审法院依照《中华人民共和国商标法》第四十七条,《中华人民共和国反不正当竞争法》第六条第二项、第十七条第三款、第四款,《中华人民共和国民事诉讼法》第一百四十四条之规定，判决如下：1. 海呐百村公司、大塘烧鹅公司、源翰饮食店在判决发生法律效力之日起立即停止在源翰饮食店经营活动中使用“大塘烧鹅”的不正当竞争行为；2. 大塘烧鹅公司在判决发生法律效力之日起立即停止使用含有“大塘烧鹅”字样的企业名称，并于判决生效之日起六十日内办理企业名称变更登记手续，变更后的企业名称中不得含有“大塘烧鹅”字样；3. 海呐百村公司、大塘烧鹅公司在判决发生法律效力之日起五日内共同赔偿李某人民币 15 万元（包括经济损失和合理开支）；4. 驳回李某的其他诉讼请求。

上诉与答辩

海呐百村公司上诉请求：1. 撤销一审判决，改判驳回李某的全部诉讼请求；2. 本案一、二审诉讼费由李某承担。事实和理由：1. 海呐百村公司并非本案适格主体，一审被告源瀚饮食店称其使用涉案商标已取得合法授权，但其在一审提交的证据和陈述仅能证明大塘烧鹅公司及法定代表人李某向其提供了授权，并无任何证据证明海呐百村公司向其授权或对授权知情。海呐百村公司只曾授权案外人广东大塘烧鹅餐饮管理有限公司使用涉案商标，且海呐百村公司虽与大塘烧鹅公司为关联公司，但从未参与大塘烧鹅公司的实际经营，海呐百村公司对大塘烧鹅公司是否对外出具授权书并不知情，因此无论源瀚饮食店在本案中是否构成不正当竞争，海呐百村公司都不是本案适格被告。2. 海呐百村公司并无主观恶意。案外人王安在取得“大塘烧鹅”注册商标后将该商标转让给海呐百村公司，海呐百村公司基于行政机关的公信力，有理由相信涉案商标具有合法性，并未考虑王安主观上是否有恶意抢注涉案商标，因此海呐百村公司并无抢注涉案商标的恶意。3. 在涉案商标被宣告无效前，海呐百村作为该商标的专用权人，可以合法使用该商标，不应将无效宣告前的商标使用行为认定为侵权。4. 李某要求海呐百村公司赔偿经济损失没有事实依据。

二审审理查明

根据北京知识产权法院作出的（2016）京 73 行初 2175 号行政判决书记载，2005 年 8 月 5 日，王某申请了第 4820151 号“大塘烧鹅”商标并被核准授权，核定使用商品 / 服务第 43 类餐厅、饭店等。2010 年 11 月 2 日，王某将该商标转让给海呐百村公司。2011 年 1 月 4 日，李某向商标评审委员会申请撤销第 4820151 号“大塘烧鹅”商标，商标评审委员会于 2014 年 3 月 11 日作出商评字［2014］第 23693 号《关于第 4820151 号“大塘烧鹅”商标争议裁定书》，裁定该商标予以撤销。海呐百村公司不服，向北京市第一中级人民法院提起行政诉讼，北京市第一中级人民法院作出（2014）一中知行初字第 5245 号行政判决书，维持商评委的裁定，海呐百村公司遂向北京市高级人民法院提起上诉。北京市高级人民法院作出（2014）高行（知）终字第 3625 号行政判决书，撤销一审判决和前述第 23693 号裁定，要求商评委就李某针对第 4820151 号商标提出的争议请求重新作出争议裁定。2016 年 3 月 7 日，商评委作出商评字［2014］第 23693 号重审第 0000000271 号《关于第 4820151 号“大塘烧鹅”商标无效请求裁定》，认为第 4820151 号“大塘烧鹅”商标构成 2001 年《中华人民共和国商标法》第三十一条规定所指情形，故裁定将该商标予以无效宣告。海呐百村公司对该裁定不服，向北京知识产权法院提起行政诉讼，北京知识产权法院于 2018 年 3 月 26 日作出（2016）京 73 行初 2175 号行政判决书，认定第 4820151 号“大塘烧鹅”商标的申请注册损害李某享有的在先商号权益，构成以不正当手段抢先注册他人已经使用并有一定影响的商标，故驳回海呐百村公司的诉讼请求。随后，海呐百村公司向北京市高级人民法院提起上诉，北京市高级人民法院于 2018 年 8 月 13 日作出（2018）京行终 2745 号行政判决书，驳回海呐百村公司的上诉，维持原判。2018 年 9 月 6 日，国家工商总局商标局对第 4820151 号“大塘烧鹅”商标予以宣告无效。

另外，本案一审立案时，李某仅将源瀚饮食店作为被告起诉，2019 年 3 月 12 日，一审法院根据李某的申请追加海呐百村公司作为本案被告参加诉讼；其后一审法院又追加大塘烧鹅公司作为被告参与本案诉讼。一审被告源瀚饮食店系个体工商户，已于 2019 年 8 月 23 日注销，各方当事人均同意以源瀚饮食店原经营者作为本案当事人继续参加二审诉讼。

二审判理与结果

本案二审的争议焦点为：1. 海呐百村公司是否是本案适格被告；2. 海呐百村公司的行为是否构成不正当竞争；3. 一审认定的赔偿责任是否合法恰当。

关于海呐百村公司是否是本案适格被告的问题，本案中实际在经营活动中使用“大塘烧鹅”的源瀚饮食店从大塘烧鹅公司处取得的授权书即为海呐百村公司 2016 年 9 月 13 日向广东大塘烧鹅餐饮管理有限公司、李某等出具的涉案商标授权书，而海呐百村公司系大塘烧鹅公司的法人股东，大塘烧鹅公司的法定代表人为李某，海呐百村公司称其未授权源瀚饮食店使用涉案“大塘烧鹅”商标，故不是本案适格被告，但其无法对大塘烧鹅公司为何持有该授权书及涉案商标注册证等材料并对外授权作出合理解释，考虑到海呐百村公司与大塘烧鹅公司之间的关系，一审法院将海呐百村公司追加作为本案共同被告参加诉讼并认定海呐百村公司具有授权他人实际使用第 4820151 号“大塘烧鹅”商标的行为，并无不当。海呐百村公司认为其并非本案适格被告的上诉理由不能成立，二审法院不予采纳。

关于海呐百村公司的行为是否构成不正当竞争的问题，首先，海呐百村公司于 2010 年 11 月 2 日从第 4820151 号涉案“大塘烧鹅”商标申请人王某处受让该商标，虽无证据显示海呐百村公司在受让商标时已经知悉该商标可能构成不正当竞争，但 2011 年 1 月 4 日李某向商评委申请撤销该商标，海呐百村公司对此应属明知。其次，在海呐百村公司 2013 年 2 月 1 日向商评委提交的《商标争议答辩书》中，该公司陈述王某在其舅舅的两家餐饮店工作，并在舅舅提醒下以该两家餐饮店“大塘烧鹅”的名字申请了涉案第 4820151 号商标。李某在（2016）京 73 行初 2175 号案中提交了与黎某宾签订的“大塘烧鹅”加盟店的加盟协议，海呐百村公司亦未对加盟协议和王某与黎某宾的亲属关系提出异议，可见至少在该案审理过程中海呐百村公司已经知晓王安对“大塘烧鹅”商号系属明知、其商标注册行为可能存在恶意。第三，商评委于2016年3月7日认定第4820151号商标违反2001年《中华人民共和国商标法》第三十一条的规定，侵害李某对其商号、商标享有的在先权益，裁定第4820151号商标予以无效宣告。虽然海呐百村公司随后提起行政诉讼，商评委的裁定并未发生法律效力，但海呐百村公司使用该商标也应当善意、克制，不应继续扩大原使用范围。然而，在此情况下，海呐百村公司于2016年9月13日出具授权书授权广东大塘烧鹅餐饮管理有限公司、李某等负责涉案第4820151号商标的品牌推广及运营管理工作，并于2017年5月16日作为股东设立大塘烧鹅公司从事餐饮管理等服务，大塘烧鹅公司又于2017年11月3日持海呐百村公司出具的前述授权书将涉案商标授权给源瀚饮食店在经营活动中使用，上述企业名称注册和商标授权使用行为均难谓善意、合理。一审对此认定正确，二审法院予以维持。海呐百村公司主张其并无主观恶意且在涉案商标被宣告无效前均可合法使用涉案商标的上诉理由不能成立，二审法院不予采纳。

关于一审认定的赔偿责任是否合法恰当的问题，根据《中华人民共和国商标法》第四十七条的规定，宣告无效的注册商标专用权视为自始即不存在，因商标注册人的恶意给他人造成的损失，应当给予赔偿。海呐百村公司享有专用权的涉案第4820151号商标已被宣告无效，其仍应就授权他人擅自使用李某有一定影响的企业名称的不正当竞争行为向李某承担赔偿损失的法律责任。鉴于李某因被侵权所遭受的实际损失和海呐百村公司、大塘烧鹅公司因侵权获利数额均无足够证据证明，综合考虑李某“大塘烧鹅”企业名称的权利状况、知名度、源瀚饮食店的经营规模、海呐百村公司、大塘烧鹅公司的侵权行为的性质、情节、持续时间、主观过错、经营规模，以及李某为制止侵权行为支出的合理开支等费用，一审法院酌情认定海呐百村公司、大塘烧鹅公司应赔偿15万元给李某，合法合理且并无畸高情形，二审法院予以维持。海呐百村公司关于赔偿数额的上诉请求于法无据，二审法院不予采纳。

综上所述，海呐百村公司的上诉理由不能成立，其上诉请求应予驳回。一审判决认定事实清楚，适用法律正确，但个体工商户源瀚饮食店在一审时提交了转让店铺和清除涉案标识的相关证据且其已经注销，故一审判决源瀚饮食店停止涉案不正当竞争行为已无必要，二审法院依法予以改判。依照《中华人民共和国民事诉讼法》第一百七十条第一款第（二）项的规定，判决如下：1. 维持广州市南沙区人民法院（2018）粤 0115 民初 6128 号民事判决第二、三、四项；2. 变更广州市南沙区人民法院（2018）粤 0115 民初 6128 号民事判决第一项为：广州海呐百村饮食管理服务有限公司、广东大塘烧鹅饮食有限公司在本判决发生法律效力之日起立即停止在经营活动中使用“大塘烧鹅”的不正当竞争行为。

【法官评述】

“大塘烧鹅”作为广州有一定影响的企业名称，本案涉及本土知名品牌保护、商标恶意抢注问题以及使用者是否属于善意第三人等问题。本案中王某恶意抢注了第 4820151 号涉案“大塘烧鹅”商标，然后转让给海呐百村公司使用，现大塘烧鹅公司起诉认为海呐百村公司使用该商标构成仿冒混淆有一定影响企业名称的不正当竞争。海呐百村公司则辩称其属于善意第三人，在商标无效前使用不构成不正当竞争。

生效裁判认为，第一，虽然海呐百村公司从王某处受让该商标时可能不知悉该商标构成不正当竞争，但 2011 年 1 月 4 日李某向商评委申请撤销该商标，海呐百村公司的主观状态应属明知。第二，北京知识产权法院作出的行政判决书显示，海呐百村公司提交的答辩书中陈述王某曾在其舅舅的两家“大塘烧鹅”店铺工作，并在舅舅提醒下申请了诉争第 4820151 号商标等，因此至少在该案审理过程中海呐百村公司应当知道王某对“大塘烧鹅”商号系属明知、其商标注册行为可能存在恶意。第三，商评委于 2016 年 3 月 7 日裁定第 4820151 号商标予以无效宣告。虽然海呐百村公司随后提起行政诉讼，商评委的裁定并未发生法律效力，但海呐百村公司使用该商标也应当善意、克制，不应继续扩大原使用范围。然而，在此情况下，海呐百村公司于 2016 年 9 月 13 日出具授权书授权广东大塘烧鹅餐饮管理有限公司、李某等负责涉案第 4820151 号商标的品牌推广及运营管理工作，并于 2017 年 5 月 16 日作为股东设立大塘烧鹅公司从事餐饮管理等服务，大塘烧鹅公司又于 2017 年 11 月 3 日持海呐百村公司出具的前述授权书将涉案商标授权给源瀚饮食店在经营活动中使用，上述企业名称注册和商标授权使用行为均难谓善意、合理。因此生效裁判认为海呐百村公司主张其并无主观恶意且在涉案商标被宣告无效前均可合法使用涉案商标的上诉理由不能成立，不予采纳。

该案的审理考虑了“大塘烧鹅”企业名称的知名度，特别是关注受让恶意抢注商标的主体在面对商标无效程序过程中主观状态的变化过程，及其行为的恶意，最终作出裁判，有力保护了广州本土知名企业的在先权利，维护了公平的竞争秩序。

编写人：广州知识产权法院　朱文彬

（编辑：戴芳芳）

35

宝洁公司与馨馨商行等侵害商标权及不正当竞争纠纷案

阅读提示："有一定影响商品名称"构成要件的判定及其依据。

【裁判要旨】

商品名称是否属于反不正当竞争法保护的范围，取决于该商品名称是否具备"一定影响力"。判定商品名称影响力的问题，应当结合考虑保护商标名称的法旨及保护范围，包括四个因素：一是经营者主张权利的商品名称具有类别识别功能和来源识别功能；二是经营者主张权利的商品名称在被诉商品的经营地域具有一定的美誉度；三是被诉商品与经营者主张权利的商品属于同类或类似商品；四是被诉商品名称的使用导致相关公众的混淆，引人误认为该商品是权利人商品或与其有特定联系，导致权利人受到损害。

【案号】

一审：广州知识产权法院（2018）粤73民初3901号

二审：广东省人民法院（2022）粤民终1117号

【案情与裁判】

原告：宝洁公司（THE PROCTER & GAMBLE COMPANY，以下称"宝洁公司"）

被告：开平市长沙馨馨商行（以下称"馨馨商行"）、开平市曼馨贸易有限公司（以下称"曼馨公司"）、福建安琪儿卫生用品有限公司（以下称"安琪儿公司”）、董某、护理佳（香港）实业集团有限公司（以下称“护理佳公司”）、泉州市世丰卫生用品有限公司（以下称“世丰公司”）

起诉与答辩

宝洁公司起诉称，众被告将“SK-II”“SK-II”“SK-II”“SK2”及“SKII”等商标使用在婴儿纸尿裤商品上，与宝洁公司第677248号“SK–II”商标相同或高度近似，已构成对宝洁公司第677248号“SK–II”商标的抄袭和模仿，极易导致相关消费者的误认，构成商标侵权。被告擅自使用“SK–II”“SKII”“SK–2”等名称，与宝洁公司“SK–II”“SK–II护肤精华露”“SK–II面膜”商品名称相同或近似，误导消费者认为六被告的侵权商品与宝洁公司之间存在特定授权关系，属于《中华人民共和国反不正当竞争法》第六条第一款规制的“擅自使用他人有一定影响的商品名称相同或近似的标识”的不正当竞争行为，应当依法承担法律责任。故宝洁公司请求法院判令馨馨商行、曼馨公司、安琪儿公司、董某、护理佳公司、世丰公司：1.停止侵犯宝洁公司第677248号“SK—II”注册商标权，即停止在商品、宣传材料上使用第3049713号注册商标及“SK-II”“SK-II”“SK-II”“SK2”“SKII”商标标识，停止销售使用上述商标、标识的商品，销毁使用上述商标、标识的商品及宣传材料；2.停止使用与宝洁公司有一定影响的商品名称“SK–II”“SK–II护肤精华露”“SK–II面膜”相同或近似的商品名称，停止使用与宝洁公司有一定影响的“SK–II护肤精华露”“SK–II面膜”包装、装潢近似的商品包装、装潢，停止使用宝洁公司的海报及“亚洲肌肤护理专家”宣传语的虚假宣传；护理佳公司注销并停止使用“sk–iidiaper.com”域名及停止在“SK–II_PITERA护理佳（香港）实业集团有限公司”微博账号推广SKII纸尿裤拉拉裤等卫生用品，护理佳公司、世丰公司注销并停止使用“SKII纸尿裤拉拉裤等卫生用品”微信公众号；3.赔偿宝洁公司经济损失及维权合理费用共计300万元（合理费用包括公证费11040元、购买被诉侵权商品费用588元、翻译费540元、律师费239268元、差旅费8060元）；4.在《南方都市报》与《法制日报》上公开刊登声明，以消除因其侵权行为给宝洁公司带来的不良影响，费用由六被告承担；5.承担本案的诉讼费用。

馨馨商行答辩称，被诉商品的类别与涉案商标核定使用类别不同，馨馨商行销售被诉商品有合法来源，销量少，获利低，未造成不良影响，馨馨商行的行为不构成侵权。

曼馨公司答辩称，曼馨公司仅有代馨馨商行开具发票的行为，该发票上无被诉标识。

安琪儿公司、董某、护理佳公司、世丰公司共同答辩称，安琪儿公司、董某、护理佳公司、世丰公司将自有的“SK–II”商标使用于婴儿纸尿裤商品，属合法使用。宝洁公司主张安琪儿公司、董某、护理佳公司、世丰公司侵权性质严重、恶意极其明显、影响恶劣及获利巨大等意见均不能成立。

一审审理查明

第677248号“SK—II”商标的申请日期为1992年11月10日，注册公告日期为1994年2月14日，经续展有效期为2014年2月14日至2024年2月23日，商标注册人为宝洁公司。该商标核定使用商品为第3类，包括“各种化妆品；非药物护肤品和护肤剂；香水；古龙水”。

宝洁公司提交了商评字［2016］第86652号《关于第14917045号“SK–II”商标无效宣告请求裁定书》、（2014）一中行（知）初字第6820号行政判决书、商评字［2013］第139108号重审第92号《关于第5111458号“SK–II”商标异议复审裁定书》、（2018）商标异字第55815号《第20876719号5“SK–II”商标不予注册的决定》。宝洁公司“SK–II”官网部分商品介绍网页及专柜信息网页打印件、“百度百科”网页对宝洁公司“SK–II”品牌的介绍、“搜狐网”、“中国时尚品牌网”、“C2CC中国化妆品网”、新浪微博网页、“中国化妆品”、“服装时报”、“上海时装报”、“时尚COSMO”美容大奖宣传报道的网页、“SK–II”、“SK–II and 神仙水”为关键词在国家图书馆检索1980—2012年报刊所得报告、宝洁公司“SK–II”品牌于2004—2017年的相关工商处罚决定、商标局决定、法院判决书及新闻报道等证据，证实宝洁公司的“SK–II”系列注册商标的知名度和影响力达到驰名程度。

2018年11月，宝洁公司在馨馨商行经营的“冰冰馨馨生活馆”网店购买了“大环腰婴儿纸尿裤”商品，该网店还展示有“SK–II”商标注册证、核准续展注册证明、婴儿纸尿裤商品的《检验报告》等图片，该《检验报告》中载明护理佳公司为委托生产方。商品外包装多处标有“SK-II”“SK–II®”“PITERA”标识，外包装二维码中间有“SK-II”标识，未见“**SK2**”“**SKII**”标识。该商品侧面印有“制造商：福建安琪儿卫生用品有限公司”及其地址等内容。

董某是第3049713号“SK–II”商标专用权人，该商标核定使用于第5类商品，包括卫生短内裤、失禁用尿布等。该商标的申请日为2001年12月24日，初审公告日为2002年11月28日，注册公告日为2012年2月28日，商标有效期自2003年2月28日至2013年2月27日，其后，该商标经续展有效期自2013年2月28日至2023年2月27日。

一审判理和结果

宝洁公司主张六被告擅自使用“SKII”“SK–2”商品名称与其有一定影响商品名称相同或近似的问题，因其未能举证证实被告确有将“SKII”“SK–2”用作商品名称，该主张依据不足，法院对此不予采纳。宝洁公司未能举证证实其“SK–II护肤精华露”具有一定的影响，且被诉商品与宝洁公司主张权利的“SK–II护肤精华露”商品的包装、装潢区别大，也未能举证证实被诉侵权商品包装、装潢的使用易导致相关公众的误认，故宝洁公司主张被诉侵权商品包装、装潢的使用构成不正当竞争的意见依据不足，法院对此不予采纳。被诉商品包装、装潢与宝洁公司主张权利的面膜商品包装区别大，现宝洁公司也未能举证证实被诉侵权商品包装、装潢易导致相关公众的混淆，故宝洁公司主张被诉商品包装、装潢的使用构成不正当竞争的上述意见依据不足，法院对此不予采纳。

护理佳公司及世丰公司在其运营的微信公众号中使用涉案黑外套男明星单人宣传图片，因其中明星手持的圆瓶商品，与宝洁公司主张权利的“SK–II护肤精华露”的外观及“SK–II”标识一致。护理佳公司、世丰公司在其微信公众号中使用被诉宣传图片，且其上添加有“SKII纸尿裤拉拉裤等卫生用品”字样，亦即护理佳公司、世丰公司将宝洁公司使用“SK–II”商标的商品宣传图片用于宣传被诉侵权商品婴儿纸尿裤。前述明星宣传图片中有其护肤商品，结合护理佳公司在其微信公众号中使用标题为“亚洲肌肤护理专家——SK–II 360度大环腰婴儿纸尿裤”文章的事实，应认定上述被诉行为容易误导消费者，引人误认为被诉商品与宝洁公司之间有一定的联系，现护理佳公司、世丰公司对此未能作出合理解释，也未能举证证实该宣传图片的来源，故上述行为构成虚假宣传。

护理佳公司及世丰公司微博账号中对使用“SK–II”商标的被诉侵权

商品进行了宣传推广，该商品上的“SK–II”商标与宝洁公司第677248号“SK—II”注册商标基本一致，上述行为容易使相关公众产生误认，误以为该商品与宝洁公司商标存在联系，该混淆行为存在损害宝洁公司经营利益的可能。护理佳公司申请认证及实际使用微博账号并在其上宣传“SKII纸尿裤拉拉裤”商品的行为构成不正当竞争。

综上，法院考虑宝洁公司第677248号“SK—II”注册商标属臆造词，显著性较强、被诉行为的性质，被告的侵权情节，被诉侵权商品的销售时间较长，被诉侵权产品的单价较高、销量较大，宝洁公司的维权合理支出等因素，综合考虑上述因素及诉讼时效问题，为使宝洁公司因侵权所致损失得到补偿，让侵权人无利可图等，判决：1.董某、护理佳公司、世丰公司停止在其生产、销售的婴儿纸尿裤商品上使用侵害宝洁公司第677248号“SK—II”注册商标专用权的商标标识，安琪儿公司停止在其生产的婴儿纸尿裤商品上使用侵害宝洁公司第677248号“SK—II”注册商标专用权的商标标识；2.护理佳公司停止使用并于三十日内注销“sk–iidiaper.com”域名；3.护理佳公司、世丰公司停止使用并于三十日内注销“SKII纸尿裤拉拉裤等卫生用品”微信公众号；4.护理佳公司停止使用并于三十日内注销“SK–II_PITERA护理佳（香港）实业集团有限公司”微博账号；5.馨馨商行、曼馨公司停止销售侵害宝洁公司第677248号“SK—II”注册商标专用权的婴儿纸尿裤商品，并删除“冰冰馨馨生活馆”网店中包含“SK2”“SKII”标识的商品链接；6.董某、护理佳公司、世丰公司自本判决发生法律效力之日起十日内赔偿宝洁公司经济损失及维权合理支出共计100万元；7.安琪儿公司对上述第六项赔偿金额中的30万元承担连带清偿责任；8.驳回宝洁公司的其他诉讼请求。

一审判决后，被告安琪儿公司、董某、护理佳公司、世丰公司不服，向广东省高级人民法院提起上诉。本案二审正在审理中。

【法官评述】

《反不正当竞争法》第六条第一款规定，经营者不得实施擅自使用与他人有一定影响的商品名称、包装、装潢等相同或者近似的标识的混淆行为，引人误认为是他人商品或者与他人存在特定联系。由此可见，反不正当竞争法仅制止有损竞争秩序的特定竞争行为。在判断是否构成反不正当竞争法规制的仿冒行为时，既需要审查是否存在有损竞争的特定行为，也需要经营者证明其竞争利益因不正当竞争行为遭受损害。因此，认定被诉行为是否属于擅自使用与他人有一定影响的商品名称的行为，应考虑以下因素：一是经营者主张权利的商品名称具有类别识别功能和来源识别功能；二是经营者主张权利的商品名称在被诉商品的经营地域具有一定的美誉度；三是被诉商品与经营者主张权利的商品属于同类或类似商品；四是被诉商品名称的使用导致相关公众的混淆，引人误认为该商品是权利人商品或与其有特定联系，导致权利人受到损害。

一、经营者主张权利的商品名称应具有商品类别及商品来源的识别功能

作为受到反不正当竞争法保护的商品名称而言，该名称应有别于商品的通用名称，具有可识别性，能说明商品的类别，并指向特定的商品。商品名称的可识别性是指商品的名称能够作为消费者识别商品来源的标识，具有足以使一个商业标识与另一个商业标识区别开来的显著特征。本案中，宝洁公司主张“SK-II”“SK-II 护肤精华露”“SK-II 面膜”为有一定影响力的商品名称，对此，法院认为，“SK—II”是宝洁公司的注册商标，现宝洁公司主张“SK-II”为其商品名称，但其既未能举证证实“SK-II”可说明其所指向商品的类别，也未能举证证实其曾将“SK-II”用作商品名称，其在诉讼中亦确认不清楚“SK-II”品牌的商品共有几款，宝洁公司现有证据不足以证实“SK-II”是具有识别性的商品名称。

宝洁公司主张“SK-II 面膜”为其有一定影响的商品名称，因该名称的表述方式为在“SK-II”后添加文字“面膜”可初步说明其商品类别，但从宝洁公司主张商品名称权的证据看，其中所载的商品名称为“SK-II 前男友面膜 10p SK2 日本面膜女 护肤品 补水保湿”，该证据不足以证实“SK-II 面膜”是具有识别性的特定商品名称，宝洁公司也未能举证证实其确有将“SK-II 面膜”用作特定款商品的名称，难以认定该名称有识别性，故“SK-II 面膜”并非商品名称。

二、关于商品名称的“影响力”认定标准

判断经营者主张权利的商品是否有一定影响，通常从商品的销售时间、销售区域、销售额、宣传力度、受过保护、获奖荣誉等几个方面的证据综合判定。通常说，商品的销售时间越长、销售区域越广、销售额越大，证明其在相关领域所占的市场越大，受众面更大也更具有影响力。宣传力度包括持续时间、程度和地域范围。一般而言，商品的宣传时间越长、程度越深及地域范围越广，相关公众知悉该商品的可能性也越大，商品的知名度也就越高。例如广告投入数额、广告媒介种类、广告持续时间等可证实商品的宣传力度。受过保护通常依据商品是否曾被已生效法律文书或相关行政部门作为有影响力的商品给予保护。此外，商品有否获得各种奖项、荣誉等能够作为其被相关公众知悉的可能性大小的因素之一，亦可作为商品是否具有一定影响的参考因素。本案中，鉴于宝洁公司对其“SK-II”“SK-II 护肤精华露”“SK-II 面膜”等的销售时间、销售区域、销售额、持续宣传的时间、程度和地域范围、作为有一定影响的商品受保护等情况均未能充分举证，故宝洁公司主张“SK-II”“SK-II 护肤精华露”“SK-II 面膜”是具有一定影响的商品名称的主张依据不足，不予支持。

三、被诉商品与经营者主张权利的商品属于同类商品

即使商品名称具备一定的影响，但其并不能据此取得跨类保护的权利，也缺乏相应的法律依据。商品名称用于识别商品来源，属于标识性权利，该类权利的保护逻辑是基于被诉商品的名称使用可能导致商品来源的误认，损害权利人的竞争优势。在类别不同的商品之间，并不存在误认商品来源的基础条件。本案中，被诉商品为婴儿纸尿裤，而宝洁公司主张权利的商品为护肤精华露、面膜，两者显然属于类别区别明显的商品。宝洁公司主张上述两类商品的消费对象重叠、消费渠道相同的意见缺乏依据。

四、被诉商品上所标名称的使用导致相关公众的混淆

反不正当竞争法规制的是损害市场竞争的行为，避免经营者利用他人的竞争优势，当被诉行为未导致相关消费者的混淆，并未损害市场竞争，则不属于反不正当竞争法的规制范围。本案中，导致相关公众的混淆是擅自使用与他人有一定影响商品名称的行为构成不正当竞争的前提。由于涉案被诉商品上所标明的商品名称为“大环腰婴儿纸尿裤”，虽其包装上部使用有“SK-II”标识，但该标识右上角标有“®”，该标识方式是商标通常的使用方式，现有证据不足以证实上述“SK-II®”的标识行为属于商品名称使用的行为，宝洁公司主张被诉商品名称为“SK-II”依据不足。

宝洁公司主张商品名称权的“SK-II 护肤精华露”，该名称在“SK-II”后增加“护肤精华露”文字，可说明其商品类别，且宝洁公司所提交的证据中显示有上述商品的名称及图片，可见该名称确指向特定款的商品，故“SK-II 护肤精华露”为商品名称。问题在于，该被诉商品名称的使用是否导致相关消费的混淆，由于涉案被诉商品上所标明的商品名称为“大环腰婴儿纸尿裤”，现有证据不足以证实被诉商品的上述名称使用行为导致相关公众的混淆，误认为涉案被诉商品“大环腰婴儿纸尿裤”与“SK-II 护肤精华露”为商品名称存在关联性，或“大环腰婴儿纸尿裤”与“SK-II 护肤精华露”商品的权利人存在特定联系。因此，宝洁公司关于被诉行为构成“擅自使用与他人有一定影响的商品名称”的主张不能成立。

综上，关于反不正当竞争法中“擅自使用与他人有一定影响的商品名称”的认定，应结合考虑商品名称受反不正当竞争法保护的逻辑基础，通过涉案商品名称具有类别识别功能和来源识别功能、商品名称的美誉度、涉案商品的种类是否相同或相似、被诉商品名称的使用行为是否导致相关公众的混淆等因素进行综合判定。

编写人：广州知识产权法院　黄彩丽　黄榆岚

（编辑：戴芳芳）

36

沃尔玛公司与广东山姆公司、风信子公司不正当竞争纠纷案

阅读提示：擅自使用有一定影响的服务的特有名称构成误认和混淆的考量因素。

【裁判要旨】

同行业经营者在明知权利人的服务名称以及核心识别内容已具备较高的知名度和显著性，特别是有在先判决认定其构成不正当竞争的情况下，理应具有较高的注意义务，避免侵害他人在先合法权利。未经许可擅自使用权利人有一定影响的服务的特有名称，造成相关公众的混淆或误认的行为，违反了公平竞争和诚实信用原则，构成不正当竞争。

【案号】

一审：广东自由贸易区南沙片区人民法院（2019）粤0191民初2721号

二审：广州知识产权法院（2020）粤73民终4302号

再审：广东省高级人民法院（2022）粤民申786号

【案情与裁判】

上诉人（原审原告）：沃尔玛（中国）投资有限公司（以下称“沃尔玛公司”）

被上诉人（原审被告）：广东山姆冷链食品有限公司、广东风信子网络科技有限公司（以下分别称“广东山姆公司”“风信子公司”）

起诉与答辩

沃尔玛公司提出诉讼请求：1. 判令广东山姆公司、风信子公司立即停止所有不正当竞争的行为，立即停止在实体店铺中使用沃尔玛公司知名服务的特有名称“山姆”；2. 判令广东山姆公司、风信子公司在《南方都市报》《广州日报》《深圳晚报》以及广东山姆公司官网（http：//www.rnjfoodgd.com/）上刊登停止侵权声明，以消除侵权行为给沃尔玛公司所带来的恶劣影响；3. 判令广东山姆公司、风信子公司连带赔偿沃尔玛公司经济损失人民币300万元；4. 判令广东山姆公司、风信子公司连带赔偿沃尔玛公司为制止侵权行为所支出的律师费、公证费等合理费用12万元；5. 判令广东山姆公司、风信子公司承担本案的全部诉讼费用。事实和理由：1. 经过沃尔玛公司的长期广泛使用，“山姆”已经成为沃尔玛公司知名服务的特有名称。从沃尔玛公司提供零售服务的时间、地域、消费者数量以及大量媒体的报道、宣传等方面来看，沃尔玛公司提供的零售服务显然具有较高的市场知名度，属于《中华人民共和国反不正当竞争法》所规定的知名服务。“山姆”作为沃尔玛公司知名服务的名称，经过长期广泛使用，已与沃尔玛公司的零售服务密切相关，不可分割。无论是在沃尔玛公司零售服务的广告宣传中，还是社会各界对沃尔玛公司零售服务的认知，或者消费者对沃尔玛公司零售服务的评价，均以“山姆”来称呼沃尔玛公司的服务名称。而且，“山姆”名称也并非零售服务业的通用名称，其名取自沃尔玛创始人山姆·沃尔顿先生，并由沃尔玛公司首先使用在零售服务业中，与同行竞争者的服务名称相比，具有显著区别性特征。因此，“山姆”名称毫无疑问系沃尔玛公司知名服务所特有的名称。2. 广东山姆公司、风信子公司作为沃尔玛公司的同业竞争者，在沃尔玛公司已经在天河区人民法院起诉的情况下，仍然实施新的不正当竞争行为，在共同经营的店铺中大量恶意使用新的含有“山姆”字样的服务名称，企图使相关公众对沃尔玛公司与广东山姆公司、风信子公司所提供的零售服务来源产生误认、混淆，具有明显攀附沃尔玛公司商誉、知名度的恶意。广东山姆公司、风信子公司应依法承担相应的侵权责任。

广东山姆公司辩称，1. 没有任何证据证明“山姆会员商店”的实体或者其经营主体授权沃尔玛公司提起本案诉讼，沃尔玛公司不具有相关权利，不能就本案提起诉讼。2. 本案不应认定“山姆”为特有名称。第一，注册商标不应认定为知名商品的特有名称进行保护，理由如下：首先，知名商品的特有名称本质上是保护未注册的商标，注册商标不能认定为知名商品的特有名称。“山姆会员商店”为注册商标，无论本案“山姆会员商店”经营者是否获得商标权人的授权，本案“山姆”均不能认定为特有名称；其次，“山姆会员商店”与“山姆”不能等同。从“山姆会员商店”与“山姆”两个注册商标注册类别存在28个重复来看，“山姆会员商店”与“山姆”是两个分别具有显著性的标志，“山姆会员商店”在特定的场合以“山姆”为自称等情况，不能证明“山姆”为特有名称，即使“山姆会员商店”为知名服务名称，所具有的显著性、知名度，所积累的商誉，以及其所起到的识别商品来源的作用，均是“山姆会员商店”这一注册商标商标性使用的结果，并不产生新的商品特有名称。否则，将会与“山姆”注册商标相互冲突，侵害“山姆”注册商标权。第二，“山姆”并非“山姆会员商店”专用的特有名称，而是一个常用名称，且不是“山姆会员商店”首先使用，更不是沃尔玛公司首先使用。第三，“山姆”不为臆造词，本身并没有较高的显著性，“山姆”不为沃尔玛公司特有。第四，广东山姆公司对“山姆”的在先使用，对本案使用“山姆味来”是对注册商标的合法使用。3. 沃尔玛公司提供的证据明显不足以证明“山姆会员商店”的知名度。沃尔玛公司提供的三组证据不足以认定“山姆会员商店”具有知名度，其中大量证据形成于广东山姆公司成立之后，认定“山姆会员商店”的知名度应以2013年广东山姆公司成立之前的相关事实为依据，而不是以截至沃尔玛公司提交证据之时的相关事实为依据。即使按沃尔玛公司提供的全部证据，也明显不足以证明“山姆会员商店”具有知名商品的知名度。4. 广东山姆公司的店铺与沃尔玛公司商店之间不会造成消费者的混淆和误认。沃尔玛公司并没提供任何证据证明广东山姆公司使用“山姆味来”注册商标造成消费者误认，或者有消费者投诉造成服务间的混淆，或者消费者以为广东山姆公司提供的服务为“山姆会员商店”提供的服务。5. 广东山姆公司使用“山姆”一词是善意地使用企业字号及注册商标，在跨境电商冷链食品行业已具有较高知名度，没有损坏沃尔玛公司的合法利益。“山姆”为“山姆会员商店”独占使用，反而使“山姆会员商店”获得非正当利益。6. 沃尔玛公司主张赔偿损失300万元，没有事实和法律依据。沃尔玛公司至今没有提供证据证明其财产损失，也没有证据证明广东山姆公司获利。7. 沃尔玛公司主张的被控侵权行为不成立。广东山姆公司在涉案店铺使用的“山姆味来”为注册商标，且没有突出使用“山姆”二字。8.“山姆味来”商标已经由广东山姆公司在2017年2月7日取得商标专用权，属于商标性使用。

风信子公司辩称：1. 风信子公司只是给广东山姆公司提供服务，不应当因此而承担侵权责任；2. 风信子公司在提供平台服务的同时，已对广东山姆公司尽到审慎审查义务。其他答辩意见同广东山姆公司的答辩意见。

一审审理查明

沃尔玛公司不仅通过所开设的分公司或分支机构将其提供百货零售服务的商店命名为“山姆会员商店”，而且沃尔玛公司自身也通过统一宣传及展示商品的形式对“山姆会员商店”“山姆”等名称进行使用，“山姆会员商店”作为一种服务模式，沃尔玛公司享有其在发挥识别服务来源的过程中产生的权益，因此，沃尔玛公司享有本案诉权。

沃尔玛公司经营的山姆会员商店从事百货销售业，广东山姆公司、风信子公司的经营范围分别包括商品批发贸易、生鲜家禽零售、预包装食品批发、零售等，双方的经营范围均包括商品销售的内容，因此，沃尔玛公司与广东山姆公司、风信子公司之间存在竞争关系。

根据沃尔玛公司提供的证据，从销售时间、经营范围、经营规模、销售区域、宣传的持续时间、区域和程度看，相关公众可以通过涉案服务的宣传知悉并进行识别，故涉案“山姆会员商店”服务属于《中华人民共和国反不正当竞争法》第五条第二项规定的知名服务。

沃尔玛公司在开设“山姆会员商店”后，长期对外以“山姆”的名称进行宣传，部分媒体、消费者存在以“山姆”指代“山姆会员商店”的事实，故在实行会员制的零售百货服务行业中，“山姆”文字标识已经具备区别服务来源的显著性特征，起到区别服务来源的作用，因此，“山姆”属于“山姆会员商店”这一知名服务的特有名称，应当受到《中华人民共和国反不正当竞争法》的保护。

关于“山姆味来”标识与“山姆”是否近似的问题。首先，将“山姆味来”与“山姆”相比较，二者在字数、读音、含义方面并不近似，不足以导致消费者产生混淆。其次，涉案山姆冷链超市在使用“山姆味来”标识时，并无突出使用“山姆”二字，并不会造成相关消费者混淆。因此，涉案山姆冷链超市所使用的“山姆味来”标识与沃尔玛公司的知名服务的特有名称“山姆”不近似，沃尔玛公司所指控的涉案不正当竞争行为不成立。

一审判理和结果

一审法院依据《中华人民共和国反不正当竞争法》第二条第二款、第五条第二项,《最高人民法院关于审理不正当竞争民事案件应用法律若干问题的解释》第一条第一款、第二条第一、二款,《中华人民共和国民事诉讼法》第六十四条、第一百一十九条规定，作出判决如下：驳回沃尔玛公司的全部诉讼请求。

上诉与答辩

一审判决后，沃尔玛公司不服，向广州知识产权法院提起上诉请求：撤销一审判决，改判支持沃尔玛公司的全部诉讼请求，判令广东山姆公司、风信子公司承担本案一审、二审全部诉讼费用。事实和理由：一审法院认定“山姆”属于沃尔玛公司百货零售知名服务的特有名称正确，但在认定广东山姆公司、风信子公司所实施的被诉行为是否构成不正当竞争方面，存在基本事实认定和法律适用错误的情况，进而对广东山姆公司、风信子公司应承担的法律责任认定不当。1. 一审法院认定“山姆味来”与“山姆”不构成近似，属于认定事实和适用法律错误。本案中，“山姆味来”是“山姆”和“味来”的文字组合，其中“山姆”属于核心识别名称，具有明显的显著性和识别性。“味来”则用于宣传“山姆”服务所销售商品的质量，没有产生任何识别性作用。因此，“山姆味来”实质上属于在先知名服务的特有名称与标识服务质量名称的简单组合，极易造成消费者的混淆、误认，应当认定“山姆味来”与“山姆”构成近似，并进一步确认被诉行为构成不正当竞争。2. 一审法院没有充分、正确认识并考虑广东山姆公司、风信子公司的主观侵权恶意。广东山姆公司、风信子公司的主观侵权恶意非常明显，属故意侵权。一是因为被控不正当竞争行为是在沃尔玛公司已就相同、类似行为提起诉讼且一审判决认定构成不正当竞争的情况下再故意进行；二是被控不正当竞争行为是广东山姆公司与其众多关联公司在明知沃尔玛公司“山姆”知名服务特有名称的情况下，在全国范围内有计划、有预谋地针对沃尔玛公司实施一系列的不正当竞争行为。

广东山姆公司答辩称：1. 广东山姆公司使用的“山姆味来”与“山姆”相比较，其文字的字形、读音、含义均不相似，且广东山姆公司并未突出使用“山姆”二字，不足以使消费者导致混淆；2. 广东山姆公司使用“山姆味来”

时，“山姆味来”已被授予注册商标，即使之后的“山姆味来”被宣告无效，之前的使用行为也属于合法使用，不存在恶意。

风信子公司同意广东山姆公司的答辩意见，另答辩称：1. 风信子公司仅为平台服务方，对在广东山姆公司进入风信子平台时已尽到审慎审查义务；2. 风信子公司没有与广东山姆公司进行任何形式的联合经营，销售“山姆味来”商品所获得的收益归广东山姆公司所有，风信子公司没有以任何形式与沃尔玛公司形成不正当竞争关系。

二审审理查明

对于一审法院查明的事实，二审法院依法予以确认。

二审期间，沃尔玛公司针对“山姆”属于沃尔玛公司使用在商品零售服务上的知名服务特有名称提交了证据予以证明。

二审判理和结果

二审法院审理认为，本案中，“山姆会员商店”的经营时间长、经营规模大、经营区域广，并持续进行广告宣传，相关公众可以通过“山姆会员商店”服务的宣传知悉并进行识别，综上可以认定“山姆会员商店”属于《中华人民共和国反不正当竞争法》规定的有一定影响的服务。“山姆会员商店”长期对外以“山姆”的名称进行经营、宣传，“山姆”文字标识已经具备区别服务来源的显著性特征，起到区别服务来源的作用，因此，“山姆”属于“山姆会员商店”这一有一定影响的服务的特有名称。

本案中，尽管“山姆味来”与“山姆”字数不同，但两者的核心识别内容均为“山姆”二字，且由于“山姆”经过长期使用和宣传，产生了区别服务来源的功能，已成为在百货零售类别上山姆会员商店这一有一定影响的服务的特有名称，具有较高的显著性和知名度。广东山姆公司作为在后成立的企业，在山姆会员商店以及“山姆”已具备较高的知名度和显著性的情况下，负有审慎使用“山姆”名称的义务，避免侵害他人在先合法权利。特别是在在先一审判决认定广东山姆公司使用相关“山姆”标识的行为构成对沃尔玛公司知名服务特有名称的擅自使用并构成不正当竞争的情况下，广东山姆公司理应具有更高的注意义务。综上，广东山姆公司使用“山姆味来”标识，属于擅自使用与沃尔玛有一定影响的服务的特有名称，引人误认为涉案店铺与沃尔玛公司存在特定联系的混淆行为，构成不正当竞争。一审法院认定广东山姆公司使用“山姆味来”标识与“山姆”不近似，广东山姆公司的行为不构成不正当竞争定性不当，属适用法律不当，二审法院依法予以纠正。

宣告无效的注册商标，该注册商标专用权视为自始即不存在，故广东山姆公司关于其经核准注册“山姆味来”商标而对“山姆味来”的使用符合《中华人民共和国商标法》的规定的主张不能成立。

“风信子南沙跨境商品直购体验中心”商城内的“广东山姆冷链食品有限公司”超市服务台使用有“山姆味来”字样，虽广东山姆公司确认该超市由其经营，但在该超市购买商品时所取得的购物小票、银联签购单均由风信子公司出具。由此可见，鉴于广东山姆公司使用“山姆”文字的行为构成对沃尔玛公司的不正当竞争，故风信子公司的前述行为属于为广东山姆公司的不正当竞争行为提供帮助，也构成不正当竞争。

因广东山姆公司的被诉行为构成对沃尔玛公司的不正当竞争，易导致相关公众的误认，故其应当承担相应的赔偿责任。

二审法院依照《中华人民共和国反不正当竞争法》第六条第一项、第十七条，《最高人民法院关于审理不正当竞争民事案件应用法律若干问题的解释》第四条第三款、第十七条，《中华人民共和国商标法》第六十三条，《最高人民法院关于审理商标民事纠纷案件适用法律若干问题的解释》第九条第二款、第十条，《中华人民共和国民事诉讼法》第一百七十条第一款第二项规定，判决如下：1. 撤销广东自由贸易区南沙片区人民法院（2019）粤 0191 民初 2721 号民事判决；2. 广东山姆公司、风信子公司于判决发生法律效力之日起停止在其经营的店铺使用“山姆”字样的行为；3. 广东山姆公司于判决发生法律效力之日起十日内向沃尔玛公司赔偿经济损失及为制止侵权行为支出的合理开支共计 100 万元；4. 风信子公司对广东山姆公司的赔偿数额中的 15 万元承担连带赔偿责任；5. 驳回沃尔玛公司的其他诉讼请求。

二审判决后，广东山姆公司不服，向广东省高级人民法院申请再审。再审经审理后裁定：驳回广东山姆公司的再审申请。

【法官评述】

本案为一起典型的不正当竞争案件。在认定是否为擅自使用有一定影响的服务的特有名称的案件中，认定权利标识是否为有一定影响的服务的特有名称以及被诉标识与权利标识是否构成近似是该类案件的审理重点。本案中，对于“山姆”是否属于“山姆会员商店”这一有一定影响的服务的特有名称，一、二审法院意见均一致，但在广东山姆公司使用的“山姆味来”与“山姆”是否会产生混淆的问题上，一、二审法院观点不一致。二审法院之所以改判，主要是综合“山姆会员商店”及其核心识别内容“山姆”的显著性、知名度以及广东山姆公司作为在后成立企业的合理避让义务，综合认定广东山姆公司使用“山姆味来”标识，属于擅自使用与沃尔玛有一定影响的服务的特有名称，引人误认为涉案店铺与沃尔玛公司存在特定联系的混淆行为，构成不正当竞争，为该类案件中认定被诉侵权标识的使用行为是否构成不正当竞争提供了参考。

《中华人民共和国反不正当竞争法》第六条规定，经营者不得实施下列混淆行为，引人误认为是他人商品或者与他人存在特定联系：擅自使用与他人有一定影响的商品名称、包装、装潢等相同或者近似的标识。《最高人民法院关于审理不正当竞争民事案件应用法律若干问题的解释》第四条第三款规定，认定与知名商品特有名称、包装、装潢相同或者近似，可以参照商标相同或者近似的判断原则和方法。《最高人民法院关于审理商标民事纠纷案件适用法律若干问题的解释》第九条第二款规定，商标近似，是指被控侵权的商标与原告的注册商标相比较，其文字的字形、读音、含义相近似，易使相关公众对商品的来源产生误认或者认为其来源与原告注册商标的商品有特定的联系；该解释第十条规定，在认定商标相同或近似时，要以相关公众的一般注意力为标准，对商标的整体及主要部分进行比对，并结合涉案商标的显著性和知名度。最高人民法院在（2010）民提字第27号案中指出，在商标侵权纠纷案件中，判断被诉侵权标识与主张权利的注册商标是否近似，除应在结合所涉商标的文字的字形、读音和含义，图形的构图和颜色，各构成要素的组合结构等基础上，考虑商标或其构成要素的显著程度、市场知名度等具体情况外，还应根据案件的具体情况，考虑所涉商标使用的历史状况、相关公众的认知状态、是否已经形成稳定化的市场秩序等因素，对其整体或者主要部分是否具有市场混淆的可能性进行综合分析判断。

根据上述规定和审判观点可知，在诉讼中，判断商标标识或者服务的名称是否构成近似，不应仅结合所涉标识的文字字形、读音和含义，图形的构图和颜色，各构成要素的组合结构等予以判断，同时还要重点考虑商标或服务名称核心识别内容的含义、显著程度、市场知名度等具体情况，另外还要针对案件具体情况，充分考虑权利标识是否在消费者当中形成了稳定认知，被诉侵权人对他人在先的商业标识是否应该具有更高的避让义务等因素，进行综合判断，确保权利人能够有效通过诉讼维护自身的合法权益，又能保证权利人不滥用诉讼而损害他人合法权益、扰乱市场竞争秩序，做到权利保护与维护公平竞争之间的利益平衡。

编写人：广州知识产权法院　黎炽森　刘合安

（编辑：戴芳芳）

37

省玩协、力通公司与中玩协、保轩公司等不正当竞争纠纷案

阅读提示：如何对“地名 + 行业类”展览会名称是否属于知名服务特有名称进行认定？

【裁判要旨】

人民法院从反不正当竞争法角度，对“地名 + 行业”类展览会名称是否属于知名服务的特有名称的权利边界进行划定时，一方面可从“有一定影响”“特定、唯一指向性联系”“区别显著性”角度对涉案服务名称进行权利划定，另一方面又可从被诉方是否具有使用涉案服务名称的正当性角度进行分析。

【案号】

一审：广东省广州市海珠区人民法院（2019）粤 0105 民初 14426 号

二审：广州知识产权法院（2020）粤 73 民终 4556 号

【案情与裁判】

上诉人（一审原告）：广东省玩具协会、广州力通法兰克福展览有限公司（以下分别称“省玩协”“力通公司”）

被上诉人（一审被告）：广州市保轩展览有限公司（以下称“保轩公司”）

一审被告：中国玩具和婴童用品协会（以下称“中玩协”）

第三人：广州市保利国贸投资有限公司（以下称“保利国贸公司”）

起诉与答辩

省玩协、力通公司向一审法院起诉请求判令：1. 保轩公司在对外宣传用语上增加“第一届”“保轩”等足以区分展会来源的标识，以及立刻停止使用、撤下及销毁所有含有“保利凭借着多年承办玩具展的经验”“一贯性”“一如既往”“老时间、老地方、不见不散”“规划七大展馆、八万平方米、预计会吸引近千家厂商”等引人误解用词的有关宣传、推广材料，包括但不限于实物材料，网络平台宣传信息等；2. 保轩公司注销“广州国际玩具展”微信公众号；3. 保轩公司、中玩协在市级以上报纸（如《南方日报》）的显著位置刊登澄清声明（声明内容须交法院进行审核），声明存续时间不得少于一个月，以消除对省玩协、力通公司的不良影响；4. 保轩公司、中玩协向省玩协、力通公司赔偿经济损失及维权合理开支共计 10 万元；5. 本案诉讼费用全部由保轩公司、中玩协承担。一审诉讼过程中，省玩协、力通公司将第 1 项诉讼请求中“对外宣传用语上增加‘第一届’、‘保轩’足以区分展会来源的标识”变更为“对外宣传用语上增加足以区分展会来源的相应词语”。

保轩公司辩称：不同意省玩协、力通公司的全部诉讼请求，事实和理由如下：保轩公司是由保利国贸公司与广州迪培思联合网络科技有限公司（以下简称迪培思公司）共同投资成立。2019 年 6 月，保利国贸公司与保轩公司征得广州市商务局支持，结合广州市优越的地理位置，展馆自身场地优势，经充分的市场分析与调研，决定共同举办“保利广州国际玩具展及婴童用品展”。保利国贸公司旗下广州保利世贸博览馆（以下简称保利博览馆）自 2009 年开馆以来，每年 4 月固定为举办教育类、玩具类、家居类、礼品类展会的专属月份。2010 年开始，保利博览馆依照题材规划与省玩协正式确定租赁合作关系，合作建立后，双方一直保持稳固的发展关系。直到 2019 年 5 月，保利博览馆收到省玩协自行放弃广州移师深圳的通知，保利博览馆方才研究是否自行举办玩具展。省玩协选择放弃广州搬去深圳，本无可厚非，保利博览馆充分尊重任何主办方的任何选择，但是对于企业不再续约而空出来的档期，保利博览馆作为展馆经营方是有权决定是否自办或租给其他主办方举办，这是完全透明公开的市场化运作。基于以上，保利国贸公司（保利博览馆）与保轩公司正式决定于 2020 年 4 月 8—10 日自办“保利广州国际玩具展及婴童用品展”。

关于区分展会来源，为帮助客人快速识别保利自办玩具展，对外投放的所有广告已加注"保利"二字，故不存在混淆公众的问题。在不侵权的情况下，两原告并没有权利要求保轩公司使用特定的宣传用语，如"第一届""保轩"等；保轩公司对外宣传也是根据事实，如时间、地点、展馆的可使用面积，可容纳厂商数等，属于正常的展会规划及展会效果评估，并不存在虚假宣传。关于微信公众号，保轩公司有合法合规符合流程的申请。关于"广州国际玩具展"的名称使用，玩具展并不属于任何企业或个人所有，广州是一座城市，所以"广州玩具展"可简单理解为在一个特定的城市举办的一场行业展会。省玩协、力通公司在2019年6月5日开始多次在微信公众平台发起了以"冒充他人"为理由的"侵权投诉"，后经过保轩公司提供的有效证据反驳，在7月1日，微信公众平台根据事实，最终发出了"侵权投诉审核不通过"的通知，正式恢复了"广州国际玩具展"这个名称，所以并不存在侵权一说。关于迪培思公司，该公司为保轩公司的股东单位，本属两个不同的商业主体。关于场地使用，保利国贸公司已开具保利博览馆的场地使用确认书。

中玩协辩称：首先，同意保轩公司的答辩意见。其次，补充事实和理由如下：1. 省玩协、力通公司实质主张的是知名服务的特有名称权，知名服务的特有名称从《中华人民共和国知识产权法》来看等于一个未注册商标，应遵循《中华人民共和国商标法》，也可以用于知名服务。关于商标显著性的问题，省玩协、力通公司无权阻止他人正当使用，指示性与描述性使用。2. 保轩公司、中玩协的合作行为发生在省玩协、力通公司提起诉讼后，而省玩协、力通公司指控的行为内容没有发生变化，保轩公司的宣传行为也没有变化，可见保轩公司的行为与中玩协没有关系。保轩公司、中玩协签署的合作协议，中玩协是保轩公司的指导单位，中玩协基于合作协议而成为共同被告不能成立，应予裁定驳回起诉。省玩协、力通公司没有证据证明其经济损失与声誉的损害，也没有证据证明两被告扰乱了市场秩序，省玩协、力通公司的诉请不能成立，应予判决驳回。

第三人保利国贸公司述称：保利国贸公司同意保轩公司的说法。首先广州市是展览城市，作为城市的展览载体，保利国贸公司举办过很多含有广州字样的展览，这是比较通俗的做法。

一审审理查明

省玩协、力通公司为证明其所主办的"广州国际玩具展"（或称"广州玩具展”）被誉为“中国玩具市场风向标”，在业界内具有极高的知名度和广泛的影响力的事实，向一审法院提交了以下证据：1. 近八年主流媒体关于名称中包括“广州国际玩具展”的报道，可见:（1）中国在线关于“广州玩具展、婴童用品展开幕”的报道（发布时间：2011-04-08）。（2）人民网关于“2015 广州玩具展圆满归航 优质动画备受追捧”的报道（发布时间：2015-04-13）。（3）新浪广东关于“第28届广州国际玩具展下月开幕 增设国际展区”的报道（发布时间：2016-03-16）。（4）中国网科学中国关于“广州玩具展童车展突显 6 大玩具潮流”的报道（发布时间：2017-04-11）。（5）中国新闻网关于“海内外逾千家企业将参展今年广州国际玩具展”的报道（发布时间 2017-03-21）。（6）金羊网关于“2018 广州国际玩具展将于 4 月 8 日开幕”的报道（发布时间：2018-03-21）。（7）南方网关于“2019 广州国际玩具展前瞻：创新教育玩具为产业带来新曙光”（发布时间：2019-03-22）。（8）金羊网关于“广州国际玩具展大幕开启 AI 科教元素助力产业升级”的报道（发布时间：2019-04-10）。2. 连续举办十年以上展会纪念（广州国际玩具及模型展览会）证书（牌匾），该证书（牌匾）落款为“广州市会展业管理领导小组办公室　二〇一〇年五月”。保轩公司和第三人保利国贸公司对以上证据质证意见为，证据 1 的真实性、合法性予以确认，但关联性不予确认；证据 2 的三性均不予确认。

省玩协、力通公司为证明其自 2010 年起每年 4 月 8—10 日期间在保利博览馆举办广州国际玩具展，同期举办广州国际婴童用品展的事实，向一审法院提交了以下证据：1. 第 22 届中国广州国际玩具及模型展览会邀请函。2. 第 23 届广州国际玩具及模型展览会邀请函。3. 广东省对外贸易经济合作厅关于举办第 23 届广州国际玩具及模型展览会、第 2 届广州国际婴童用品展览会的批复。4. 广东省对外贸易经济合作厅关于举办第 24 届广州国际玩具及模型展览会、第 3 届广州国际婴童用品展览会的批复。5. 广州市公安局大型群众性活动安全许可决定书（穗公（治）大安许字［2015］第 30 号）。6. 第 28 届广州国际玩具及模型展览会、第 7 届广州国际童车及婴童用品展览会邀请函。7. 广州市公安局大型群众性活动安全许可申请受理凭证（穗公海（治）大安受字［2016］第 035 号）。8. 第 29 届广州国际玩具及模型展览会、第 8 届广州国际童车及婴童用品展览会邀请函。9. 广州市公安局大型群众性活动安全许可决定书（穗公（治）大安许字［2017］第44号）。10.第30届广州国际玩具及模型展览会、第9届广州国际童车及婴童用品展览会邀请函。11.广州市公安局大型群众性活动安全许可决定书（穗公行审准字［2018］第02号）。12.第31届广州国际玩具及教育产品展览会、第10届广州国际童车及婴童用品展览会邀请函。13.广州市公安局大型群众性活动安全许可决定书（穗公行审准字［2019］第35号）。14.第三人保利国贸公司（甲方）与力通公司（曾用名广州力通展览服务有限公司）（乙方）在2014—2018年期间签订的《保利世贸博览馆场馆租赁服务合同》共计4份。保轩公司、中玩协及保利国贸公司的质证意见为，对以上证据的真实性、合法性予以确认，关联性不予确认，除省玩协、力通公司外，主办单位还有玩具研究会等，且展会的举办与协办方与参展单位均有关系，他们也作出了贡献。

2019年5月20日，保轩公司与广州琶洲保利世贸博览馆联合发出《邀请函》，抬头为保利会展、保利国贸邀请函。同期，保轩公司对外发出招展短信2则。2019年5月28日，保轩公司注册了“广州国际玩具展”微信公众号。2019年6月5日起，省玩协、力通公司多次向微信公众平台投诉保轩公司运营的“广州国际玩具展”微信公众号侵权，该微信公众账号主体信息之“名称记录”载明：2019年6月13日侵权删除“广州国际玩具展”；2019年6月21日改名“广州国际玩具展”。

2019年6月25日，保轩公司注册的“广州国际玩具展”微信公众号分别发布了以下3篇文章：1.题为“广州玩具展推广部（临沂行）”的文章。2.题为“看广州玩具展，免费住五星级酒店”的文章。3.题为“广州国际玩具展—（宣传推广）全面启动”的文章。以上3篇文章末尾均有“主办单位：广州市保利国贸投资有限公司、广州市保轩展览有限公司（保利发展控股集团旗下公司）、广州琶洲•保利世贸博览馆”等信息。

2019年8月8日，微信公众平台发出通知：“侵权投诉审核不通过：经平台审核，根据本次投诉未能核实判断账号整体侵权，对本次投诉暂不予支持。”至诉讼期间，保轩公司仍在使用该微信公众号。

2019年12月，保轩公司注册的“广州国际玩具展”微信公众号推送以下消息：1.题为“来广州玩具展住免费酒店”的消息。2.题为“广州玩具展成功亮相CTE中国玩具展”的消息。另外，该微信公众号发布了题为“广州国际玩具展启动至今我们做了哪些工作”的文章。

省玩协、力通公司为证明保轩公司对举办展会的实力、服务质量做虚假或者引人误解的商业宣传的事实，向法院提交了保轩公司的商事登记信息及保轩公司对外使用的冠以“China”标识的图片。保轩公司、中玩协及保利国贸公司质证意见为，对上述证据的真实性、合法性予以确认，关联性不予确认，保轩公司虽于2018年1月才成立，但有中玩协的指导，保轩公司是完全有能力举办展会的。

2019年10月9日，保轩公司及中玩协于北京就共同培育广州国际玩具展事宜签署正式的战略合作协议。之后，保轩公司在（广州国际玩具展及婴童用品展2020年4月8—10日）宣传单上增加了中玩协为指导单位的信息。

省玩协、力通公司于一审庭审中明确其受到侵犯的权利及指控的行为如下：保轩公司实施了混淆行为以及引人误解的虚假宣传，侵犯了其知名服务的特有名称［即“广州国际玩具展”（或称“广州玩具展”）和“广州国际婴童用品展”（或称“广州婴童用品展”）］的权利，上述知名服务的特有名称更多来源于30年来其举办的展会的统称和简称。而中玩协帮助及助长保轩公司实施上述混淆行为，保轩公司、中玩协的行为使得大部分参展商和消费者误以为其展会与省玩协、力通公司有关系，是典型的搭便车行为，构成了不正当竞争。

2019年4月起，力通公司在其运营的微信公众号“深圳玩具展——原广州玩具展”上推送了“2020年移师深圳3月6—8日 深圳国际会展中心（新馆，紧邻机场）与您再相约”“2020年移师深圳（广州玩具及教育产品展）连续举办31届的广州国际玩具及教育产品展 举办10届的广州国际童车及婴童用品展”“2020年正式移师深圳 三展齐发 2020年3月6—8日深圳国际会展中心（新馆，紧邻机场）第32届国际玩具及教育产品（深圳）展览会 第11届国际童车及母婴童用品（深圳）展览会 2020国际授权及衍生品（深圳）展览会”等信息、宣传文章及图片。

一审判理和结果

一审法院审理认为，在保利博览馆举办、涉案名称中包括“广州国际玩具展”“广州国际婴童用品展”字样的展会（即广州国际玩具展及模型展览会与广州国际童车及婴童用品展览会）属于知名（有一定影响）服务；但“广州国际玩具展”和“广州国际婴童用品展”不属于知名服务的特有名称（有一定影响的服务名称的标识）。省玩协、力通公司指控保轩公司、中玩协使用其知名服务的特有名称的行为构成不正当竞争行为，该指控不成立；保轩公司、中玩协的涉案宣传行为亦不构成不正当竞争；保轩公司注册“广州国际玩具展”微信公众号并不足以引人误认为是与省玩协、力通公司存在特定联系的混淆行为。遂判决：驳回省玩协、力通公司的全部诉讼请求。

上诉与答辩

一审判决后，省玩协、力通公司均不服，向广州知识产权法院提起上诉。

省玩协、力通公司上诉请求：1. 撤销广东省广州市海珠区人民法院（2019）粤 0105 民初 14426 号民事判决书；2. 改判保轩公司在对外宣传用语上增加足以区分展会来源的相应词语，以及立即停止使用、撤下及销毁所有含有“老时间、老地方、不见不散”“保利凭借多年承办玩具展的经验”“一贯性”“一如既往”“规划七大展馆，八万平方米，预计会吸引近千家厂商”等引人误解用词的有关宣传、推广材料，包括有关实物材料及网络平台宣传信息；3. 判令保轩公司在市级以上报纸的显著位置刊登澄清声明，声明持续时间不得少于一个月，以消除对省玩协及力通公司的不良影响；4. 判令保轩公司向省玩协及力通公司赔偿经济损失及维权合理开支共计 10 万元；5. 本案诉讼费用全部由保轩公司承担。事实和理由：1. 一审法院关于混淆行为的界定错误。一审法院未能正确适用《反不正当竞争法》第六条的规定，从而导致对该搭便车行为的错误判断；2. 一审法院未能将保轩公司的各种虚假违法行为进行整体判断，导致对保轩公司的不正当性目的认识不清；3. 根据一审查明的事实，省玩协举办的广州国际玩具展在相关公众中具有极高的名誉，各大搜索引擎关于广州国际玩具展的检索结果也都与省玩协有关，保轩公司作为同业竞争者，在争议名称具有如此高的显著性和知名度的情况下，理应采取必要措施防止混淆，在此情况下，保轩公司不仅没有合理避让，反而在显著位置突出使用与之相同的广州国际玩具展和引人误解的宣传用语，超出了说明或客观描述所需要的限度，保轩公司的行为表明其不仅不需要对作为同业竞争者的省玩协进行避让，反而希望公众产生相应误解，其目的在于将其运营的保利广州国际玩具展、广州国际玩具展与省玩协或者其所运营管理的广州国际玩具展限定关联，通过攀附广州国际玩具展的品牌商誉和影响力，以获得消费者认同和行业竞争优势，其主观意图并非善意和正当。广州国际玩具展一直都是由省玩协及力通公司作为第一主办方，开发经营和管理，逐渐成长起来，经过媒体的广泛宣传和报道，荣获“中国玩具行业风向标”的称号。省玩协及力通公司通过对广州国际玩具展的长期使用和宣传，使得广州国际玩具展具备区别于全国行业内其他品牌玩具展的显著区别性特征，这种基于使用结果和产生的区别性特征，足以使相关的消费者将该知名服务与省玩协联系起来。

保轩公司辩称：关于混淆行为，保轩公司认为自己的行为不会造成混淆行为。保轩公司在表述上增加了保利、保利会展、保利国贸等显著性的内容，且在相关文章内容中已详细披露主办单位信息，相关公众对这些信息不会产生与省玩协有特定联系的想法。关于“老时间、老地点、不见不散”的表述，是站在保利展馆的角度进行的陈述，因为广州国际玩具展的举办时间、地点都是由保利展馆制定的，省玩协及力通公司没有权利决定时间和地点。请求维持一审判决。

中玩协辩称：同意一审判决。

保利国贸公司未出庭答辩，亦未提交书面材料。

二审审理查明

二审查明的事实与一审基本一致。二审期间，省玩协及力通公司还提交了四组证据材料。

二审判理与结果

二审法院审理认为，关于保轩公司使用展会名称“广州国际玩具展”“广州国际婴童用品展”是否具有正当性。虽然省玩协与力通公司在保利博览馆举办的“广州国际玩具及模型展览会”和“广州国际童车及婴童用品展览会”的服务名称属于《中华人民共和国反不正当竞争法》所指的“有一定影响”的服务名称；但涉案服务名称“广州国际玩具展”“广州国际婴童用品展”由地域“广州”、规模“国际”、行业“玩具”“婴童用品”构成，属于通用名称，不具有区别性。保轩公司是由保利国贸公司与广州迪培思联合网络科技有限公司共同投资成立，而保利博览馆是保利国贸公司旗下产业。在省玩协和力通公司将涉案展会转移至深圳的情况下，保利博览馆展期和展馆出现空档，其关联企业主办被诉展会具有合理性。省玩协和力通公司就涉案展会名称不享有专有权利以及保轩公司举办被诉展会的合理性。省玩协和力通公司也没有提交证据证明，在展会行业，在同时间、同地点不能举办同类型展会是展会行业公认的商业道德。现省玩协和力通公司不再在广州举办涉案展会，其不能禁止其他主体在相同时间、相同地点举办同类型的展会。综上，二审法院认为保轩公司使用展会名称“广州国际玩具展”“广州国际婴童用品展”具有正当性，其行为不构成《中华人民共和国反不正当竞争法》规定的混淆行为，进而对于省玩协和力通公司上诉请求保轩公司增加区分词语的主张不予支持。

关于保轩公司的相关宣传行为是否构成虚假宣传。保轩公司的宣传行为不属于虚假的商业宣传，对“引人误解”标准应当从严，否则任何主体，只要在广州开办玩具展均可能造成“引人误解”，阻碍市场有序竞争。

综上，省玩协和力通公司的上诉请求不能成立，应予驳回；一审判决认定事实清楚，处理结果正确，应予维持。判决：驳回上诉，维持原判。

【法官评述】

本案为广州知识产权法院审理的二审案件，案件当事人涉及全国或本地的知名行业协会、广州本地知名企业，当事人众多。本案纠纷起源于广州、深圳两地经济发展过程中企业流动造成的竞争秩序变化。案件的审理结果不仅引导了展会行业的公平健康发展，亦为营造广州良好的营商环境贡献了司法指导力量。回到本案中，同时举办的“广州国际玩具展”“广州国际婴童用品展”前者已开办至31届，后者已开办至10届。前述展会素有中国玩具行业风向标之称，其中在保利博览馆开办的就有10届。现省玩协、力通公司将其移师深圳，双方就保轩公司、中玩协是否有权使用该展会名称，保轩公司、中玩协的宣传行为是否构成不正当竞争产生纠纷。

本案的典型意义在于：从反不正当竞争法角度，对地名+行业类展览会名称是否属于知名服务的特有名称的权利边界进行划定。承办法官一方面从“有一定影响”“特定、唯一指向性联系”“区别显著性”角度对涉案服务名称进行权利划定，另一方面又从被诉方具有使用涉案服务名称的正当性对本案进行正、反两面的全方位分析，进而得出保轩公司使用展会名称“广州国际玩具展”“广州国际婴童用品展”具有正当性，保轩公司的相关宣传行为不构成虚假宣传的裁判结果。本案的审判主旨思想为，对于此类展览会名称，判断混淆及混淆可能性时，不宜从宽把握，否则不利于展览行业的竞争，长远有害于行业发展。具体而言：

一、涉案服务名称不属于知名服务的特有名称。1. 虽然涉案服务名称属于《反不正当竞争法》上“有一定影响”的服务名称，但涉案服务名称“广州国际玩具展”“广州国际婴童用品展”由地域“广州”、规模“国际”、行业“玩具”“婴童用品”构成，属于通用名称，不具有区别性。2. 展会作为一种特殊商业模式，虽然由某一主体主办，但展会的成功举办需要多方面的协助，包括承办方、协办方等，特别是展馆方的配合。3. 涉案服务名称的商誉承受者，除曾经的展览会主办方外，还包括但不限于展馆经营方及其他主办单位。故省玩协、力通公司对涉案服务名称不享有专有权利。

二、被诉方保轩公司使用涉案服务名称具有正当性。涉案服务名称属于通用名称，通用的商业标识不受法律保护。展览会的成功开展与举办并非主办方一方的工作，需要多方配合，由此形成的有一定影响的展会名称亦不应由一方所独占。保轩公司是保利国贸公司投资设立，而保利展览馆是保利国贸公司旗下产业。在省玩协、力通公司将涉案展会转移至深圳的情况下，保利博览馆展期和展馆出现空当，其关联企业主办被诉展会具有合理性。

三、省玩协、力通公司也没有提交证据证明，在展会行业，在同时间、同地点不能举办同类型展会是展会行业公认的商业道德。现省玩协、力通公司不再在广州举办涉案展会，不能禁止其他主体在相同时间、相同地点举办同类型的展会。

编写人：广州知识产权法院　丁丽　刘小艳

（编辑：杨岚）

38

腾讯公司等与爱瓦力公司不正当竞争纠纷案

阅读提示：《中华人民共和国反不正当竞争法》第十二条“互联网条款”的第二款第一至四项规定应当如何理解和适用？第十二条第二款第一项“流量劫持条款”的构成要件是什么？第二款第一至三项和第四项的关系应如何界定和选择适用？

【裁判要旨】

对于“一般性条款”与“互联网条款”的适用应遵循以下顺序：1. 如果被诉行为符合“互联网条款”第二款第一至三项的规定，应优先适用对应的条款；2. 如果被诉行为不符合“互联网条款”第二款第一至三项的规定，则可以考虑该行为是否符合“互联网条款”第二款第四项的兜底条款，即利用技术手段妨碍、破坏其他经营者合法提供的网络产品或服务的正常运行；3. 如果被诉行为不符合“互联网条款”列明所有分项的具体特征，则可以尝试使用“一般性条款”进行评价，但应遵循严格的论证过程，做到贴合立法本意。适用“流量劫持条款”时，应当综合插入连接的方式、是否有合理理由、是否尊重消费者知情权以及对用户利益和其他经营者利益的影响等因素进行判断。适用“互联网条款”的兜底条款时，既要根据“一般性条款”规定的构成要素和判断范式进行，也要遵循“互联网条款”的特别规定。

【案号】

一审：广州知识产权法院（2018）粤73民初2824号

【案情与裁判】

原告：腾讯科技（深圳）有限公司、深圳市腾讯计算机系统有限公司（以下合称“腾讯公司”）

被告：广东爱瓦力科技股份有限公司（以下称“爱瓦力公司”）

起诉与答辩

腾讯公司起诉称，其开发并享有权利的通信及社交产品微信软件，产品在全球各地已积累超过十亿用户，其“微信红包”服务功能更是深受广大用户的喜爱，为相关公众所知悉。瓦力抢红包软件由爱瓦力公司开发和运营，该软件通过故意避开或者破坏微信软件已采取的技术保护措施，恶意监控、劫持、修改微信软件及运行数据，通过设置“自动抢红包”功能、强制弹出广告及插入链接等行为，违反《中华人民共和国反不正当竞争法》（2017年修订，以下称《反不正当竞争法》）相关规定，应予认定为不正当竞争行为。腾讯公司请求判令爱瓦力公司：1.立即停止不正当竞争之相关行为：（1）停止运营瓦力抢红包软件，（2）停止通过瓦力抢红包软件对微信软件运行数据进行监控、劫持、修改，（3）停止恶意设置自动抢红包功能，（4）停止监控、调用微信用户聊天及红包、转账信息，（5）停止在微信软件运行界面插入链接及弹出广告页面；2.赔偿经济损失及为制止侵权行为所支出的合理费用共计5000万元；3.在其官网（http：//www.ivali.com）、新浪网（www.sina.com）以及《法制日报》《中国知识产权报》的显著位置，就其不正当竞争行为刊登声明，赔礼道歉，消除影响；4.承担本案诉讼费。

爱瓦力公司辩称，瓦力抢红包前后有71个版本，各个版本的功能和流程不尽相同，腾讯公司应当举证证明其所指控的若干版本的瓦力抢红包软件在《反不正当竞争法》实施后仍持续有腾讯公司主张的侵权行为。双方不是竞争关系，而是合作关系，两者在产品和业务类型、市场地位方面均不相同，不构成竞争关系，且腾讯公司利益也没有受损。瓦力抢红包软件没有破坏微信的运行秩序，用户不是一定能抢到红包，也不能决定抢到红包的大小。瓦力抢红包在弹出的广告右上角有关闭按钮，用户可以点击关闭广告，符合法律法规的规定，不构成侵权。即使应当承担赔偿责任，腾讯公司主张的5000万元的赔偿金也过高。

一审审理查明

腾讯公司是软件名称为“腾讯微信软件［简称：微信］3.5”的著作权人。爱瓦力公司运营瓦力抢红包软件，用户安装完该软件后可以实现自动抢微信红包，每抢到一个红包自动回复信息并在微信群聊天界面上弹出广告窗口，该窗口位于微信界面上层，呈半透明状，点击该窗口则打开瓦力抢红包软件，可以查看广告详细内容。广东安证计算机司法鉴定所出具司法鉴定意见书：1. 在非ROOT环境无障碍模式下，瓦力抢红包通过方法on Accessibility Event监听微信红包关键字“领取红包”“给你转账”和“查看红包”字样，模拟点击打开红包，从而实现自动化抢红包；2. 在ROOT环境Xposed框架下，瓦力抢红包使用I Xposed Hook Load Package重写接口中的handle Load Package方法，通过对该方法中的参数Load Package Param执行某些操作可对实际运行的微信、陌陌和QQ等App进行劫持，从而实现自动抢红包；3. 瓦力抢红包软件对微信软件的正常运行产生了干扰或破坏。

腾讯公司对于经济损失主张以爱瓦力公司的获利来计算赔偿数额，计算时间是自瓦力抢红包上线之日2015年2月14日至2019年4月29日，具体计算方式有两种。方式一：自瓦力抢红包上线之日2015年2月14日至2018年12月31日，爱瓦力科技的移动端收入达85889434.37元，瓦力抢红包软件为其移动端核心产品，系其移动端收入主要来源产品，故可以以该数据作为瓦力抢红包的收入。方式二：弹窗广告、开屏广告和内部积分墙广告等三种广告的收入合计为70262264.15元，加上VIP会员收入为11994000元，合计82256264.15元。两原告认为，上述两种计算方法计算出来的数据基本吻合，因此主张5000万元的经济损失及维权合理开支赔偿。

一审判理和结果

一审法院经审理认为，《反不正当竞争法》（2019年修订）第二条系对不正当竞争行为作出概括性的一般规定，第十二条则专门规定了针对互联网领域不正当竞争行为的一般要件，共同构成了互联网领域经营者从事生产经营活动应遵循的规范。对于腾讯公司主张的第（1）~（3）分项的行为，其中第（2）和（3）项行为实际上是同一行为，即通过对微信软件运行数据进行监控、劫持、修改而实现自动抢微信红包功能，腾讯公司主张该行为违反《反不正当竞争法》第二条第一款及第十二条第二款第四项规定。对此，应先分析该行为是否违反第十二条规定，若成立则不再适用第二条规定。至于该行为是否属于违反第十二条第二款第四项的不正当竞争行为，应从以下几个方面进行分析：1. 爱瓦力公司是否利用网络从事生产经营活动，与腾讯公司存在竞争关系；2. 爱瓦力公司是否利用技术手段，通过影响用户选择或其他方式，实施了妨碍、破坏腾讯公司合法提供的微信正常运行；3. 该行为是否扰乱互联网市场竞争秩序，损害腾讯公司或者消费者的合法权益；4. 该行为是否违反诚信原则和商业道德。经综合分析，爱瓦力公司运营具备自动抢微信红包功能的瓦力抢红包软件，系违反诚信原则和商业道德的行为，且其通过该行为抢夺了腾讯公司的商业机会，利用腾讯公司积累的用户为自身牟取广告营销利益，并损害了消费者的合法权益，系在非法损害他人正当经营的基础上，为自身谋取不当利益，扰乱互联网环境中的市场竞争秩序。因此，爱瓦力公司的该行为应属《反不正当竞争法》第十二条第二款第四项所规制的不正当竞争行为。关于腾讯公司主张的“停止监控、调用微信用户聊天及红包、转账信息”行为，因排行榜中有部分城市的总金额为 0，显然并非真实数据，且腾讯公司并未举证证明被诉软件界面显示的相关信息系源于微信的真实信息，故对该诉请不予支持。此外，爱瓦力公司未经腾讯公司同意在其运营的被诉软件微信界面上弹出广告页面的行为属于《反不正当竞争法》第十二条第二款第一项所规制的不正当竞争行为。

关于赔偿损失数额的问题。对于腾讯公司主张的第一种计算方式，腾讯公司并未提交证据证明瓦力抢红包在爱瓦力公司移动端业务以及全部业务的占比，故对该计算方式不予支持。本案参照腾讯公司主张的第二种计算方法，经计算爱瓦力公司的侵权收入为 555 万元。综合考虑涉案软件的类型、被诉侵权行为的性质及影响范围、爱瓦力公司的主观过错程度等因素，被诉侵权行为在 2018 年 3 月 29 日仍在持续，则 VIP 会员和内部积分墙广告收入在后续随着用户增长还应有一定获利，同时爱瓦力公司侵权获利还应剔除一定的经营成本，酌情确定爱瓦力公司应当向腾讯公司支付经济损失和维权合理开支 500 万元。

一审判决后，双方均未提起上诉，案件已生效。

【法官评述】

近年来，我国互联网技术发展迅猛，互联网产业规模逐年扩大，成为推动经济高质量增长的关键动力。互联网领域内的创新非常活跃，新技术和新商业模式层出不穷，行业内的竞争也异常激烈，利用技术手段扰乱市场竞争秩序的各种新型被诉侵权行为也层出不穷。2017 年修订的《反不正当竞争法》第十二条专门针对网络环境下的不正当竞争行为问题作出规定，俗称“互联网条款”。该条与第二条的“一般性条款”成为法院审理涉互联网不正当竞争案件的依据。

一、“互联网条款”的沿革与理解

互联网市场所采用的商业逻辑与传统市场大为不同，基于互联网的极度多元性和快速性，实现经营优势和交易机会基本依赖于消费者的关注度，发展用户兴趣进而保持用户黏性是互联网经营者的第一追求。因此，2017 年修订的《反不正当竞争法》第十二条首次新增了规制互联网领域不正当竞争行为的“互联网条款”。该条款第一款为宣示性条款，不具备实质意义；第二款第一至三项基于在先裁判归纳、列举了三种互联网领域不正当竞争的具体情形；第二款第四项为防止挂一漏万的兜底性条款。2019 年修订的《反不正当竞争法》未对“互联网条款”进行修改。

“互联网条款”宣示《反不正当竞争法》适用于互联网领域的不正当竞争行为，同时申明互联网领域的不正当竞争行为不限于本条规定，本条仅规定经营者在网络环境下利用技术手段实施的不正当竞争行为，突出了互联网领域实施不正当竞争行为的“技术手段”，传统不正当竞争行为在互联网领域的其他延伸部分，适用相应条款调整。

对于“一般性条款”与“互联网条款”的适用应遵循以下顺序：1. 如果被诉行为符合“互联网条款”第二款第一至三项的规定，应优先适用对应的条款；2. 如果被诉行为不符合“互联网条款”第二款第一至三项的规定，则可以考虑该行为是否符合“互联网条款”第二款第四项的兜底条款，即利用技术手段妨碍、破坏其他经营者合法提供的网络产品或服务的正常运行；3. 如果被诉行为不符合“互联网条款”列明所有分项的具体特征，则可以尝试使用“一般性条款”进行评价，但应遵循严格的论证过程，做到贴合立法本意。

二、“互联网条款”的流量劫持条款适用

“互联网条款”第二款第一项规制的是“插入链接、强制进行目标跳转”行为，主要指在他人的网站页面上强行实现自己的意志和操作指令，对他人网站的用户访问量进行直接分流等行为，俗称“流量劫持条款”。

在当下数据为王的时代，用户流量对互联网企业的价值起着决定性作用，这导致不少经营者为傍流量，试图在一些知名网页、软件或服务中插入自己的产品或服务信息以期提高访问量。通常情况下，经营者是经提供网络产品或服务的其他经营者同意后通过购买广告实现该目的，但也有一些经营者未经提供者同意，在其网络产品或服务中擅自插入或强制跳转到自己的链接。这种行为一方面让用户误以为这是被插入产品经营者所为，可能致使用户对其服务评价降低，进而贬抑其商业价值；另一方面也影响用户体验，侵犯了用户的合法权益，故构成不正当竞争。

关于“流量劫持条款”的构成要件，是否应该包括违背用户意愿存在一定争议。本案中就存在这个问题，用户是主动下载安装使用被诉软件，被告不存在违背用户意愿的行为。针对这种仅插入链接，目标跳转是由用户主动触发的情景，判断其是否构成不正当竞争，应当综合插入链接的方式、是否有合理理由、是否尊重消费者知情权以及对用户利益和其他经营者利益的影响等因素进行判断。本案中，被诉软件投放广告的方式为自动抢完红包后，在微信群聊界面弹出广告窗口，该窗口位于微信界面上层，点击该窗口则跳转到被诉软件打开广告。该行为虽并非强制进行目标跳转，需要用户主动触发才会跳转打开广告且用户亦可以选择关闭弹窗，然而该行为并未充分尊重用户的知情权，弹窗是直接在微信界面插入，虽然用户可以选择关闭弹窗，但是用户在点击之前并不知道弹窗广告由谁投放，甚至可能误认为是微信投放的。在自动抢红包行为已被认定为不正当竞争行为的基础上，被告在自动抢完红包后在微信界面上弹出广告窗口的行为显然没有任何合理理由。此外，被告该行为是通过对微信用户流量的劫持，将流量引导至被诉软件上，从而增加用户访问被诉软件广告流量，牟取广告营销利益，且未经两原告同意，损害了两原告的合法权益，系在非法损害他人正当经营的基础上，为自身谋取不当利益，扰乱互联网环境中市场竞争秩序的行为，应属于“流量劫持条款”所规制的不正当竞争行为。

三、“互联网条款”的兜底条款适用

《反不正当竞争法》第十二条第二款第四项规定的“其他妨碍、破坏其他经营者合法提供的网络产品或者服务正常运行的行为”属于兜底性的概括条款，从字面上看，该兜底条款并没有为本条有关竞争行为的正当性与不正当性划清界限或做出指引，也没有对其构成要件进行清晰界定。

基于商业机会的开放性和不确定性，权利人的合法权益遭受损害，并不意味着该被诉行为必然构成不正当竞争。网络环境下，新的商业模式和竞争业态不断涌现，某些被诉构成妨碍、破坏他人提供网络产品或服务的行为可能并不违反商业惯例，甚至可能是正当竞争的新常态，从长远看有利于消费者利益和社会公共福祉，故司法应当对新类型的网络竞争行为采取适度审慎规制的态度。但是，这并不意味着司法应当对网络环境下的不正当竞争行为采取有别于线下不正当竞争行为的裁判尺度。任何被诉侵权行为，无论其发生于网络环境中还是发生在线下，只要该行为不遵循诚实信用原则和公认的商业道德，通过不正当手段攫取他人合理预期的商业利益，均应当为《反不正当竞争法》所禁止。

基于上述考虑，适用“互联网条款”的兜底条款应符合《反不正当竞争法》的立法精神和一般性规定，首先回归到行为法的范式上来，即立足于竞争秩序的分析，包括实际上市场竞争秩序的具体内容，以及不正当竞争行为对市场竞争秩序的损害性，在此基础上平衡经营者和消费者多元利益，而不是简单地按一般侵权行为判断范式即确定一个特定合法利益及其受到损害和存在主观过错而认定构成不正当竞争行为。具体来说，在认定涉及互联网的不正当竞争行为时，既要根据“一般性条款”规定的构成要素和判断范式进行，也要遵循“互联网条款”的特别规定。综上，“互联网条款”的兜底条款的适用考量因素应包括：1. 双方是否存在竞争关系；2. 被告是否利用技术手段，通过影响用户选择或其他方式，实施了妨碍、破坏原告合法提供的网络产品或服务的正常运行；3. 被诉行为是否扰乱互联网市场竞争秩序，损害其他经营者或者消费者的合法权益；4. 被诉行为是否违反了自愿、平等、公平、诚信的原则和商业道德。

本案中，对于被告通过对微信软件运行数据进行监控、劫持、修改而实现自动抢微信红包功能的行为，判断其是否构成不正当竞争应从以下几个方面进行分析：首先，原告与被告均是利用互联网从事生产经营活动的经营者，存在市场竞争关系。被告从事经营的领域与两原告的经营领域均与计算机软件技术和互联网信息服务密切相关，属于《反不正当竞争法》规定的“经营者”范畴，两者之间具有市场竞争利益关系。其次，被告利用技术手段破坏了原告合法提供的微信正常运行。原告作为微信的开发者和经营者，在其合法提供产品和服务过程中，享有的商业机会和竞争利益属于应予保护的民事权益。微信红包是原告出于提升微信用户的社交体验与活跃度等经营目的，以此增强用户对微信的使用时间和用户黏性，是微信竞争优势中的组成部分。被诉软件利用技术手段，通过监听微信红包关键字等或重写接口对微信进行劫持来实现自动抢红包。被诉软件在功能上通过技术手段直接改变了微信红包功能的正常操作流程，以自动抢红包代替手动抢红包，架空了微信红包功能的娱乐性和社交性，损害了微信的竞争优势和用户体验，未使用被诉软件的微信普通用户可能对微信服务产生不满，进而减少用户使用微信的黏性和时间，实质上破坏了原告运营微信获益的正常商业模式，直接妨碍和破坏了微信的正常运行。再次，被诉软件不当利用了微信的运营资源和竞争优势，扰乱互联网环境中市场竞争秩序，并损害了软件用户的利益。被诉软件的商业模式是通过软件下载聚集用户获得流量，利用广告将流量导向有需求的商户，从而获取商户的流量分成，实现流量变现。此外，对于没有使用被诉软件的微信用户，由于手动操作滞后于系统自动操作，其无法获得公平获赠及领取微信红包的机会，被诉软件损害了用户的合法权益。最后，被告在实施被诉侵权行为的过程中具有明显恶意，违反了诚信原则和商业道德。被诉软件设置有防止封号功能，通过禁止微信读取已安装应用列表，防止微信对被诉软件的封杀，可见被告未按照商业道德寻求与微信运营者的授权或合作，而是明知原告对被诉软件持否定态度的前提下，未经许可运营被诉软件且设置防止封号功能应对原告的安全措施，违反了诚信原则和商业道德，主观恶意明显。综上所述，被告的该行为应属“互联网条款”的兜底条款所规制的不正当竞争行为。

编写人：广州知识产权法院　谭海华　林奕濠

（编辑：杨岚）

39

腾讯公司等与联络易公司等不正当竞争纠纷案

阅读提示：如何合理认定侵权获利数额，使赔偿数额与侵权主观恶性及损害后果相适应？

【裁判要旨】

涉互联网软件，尤其是即时通信类软件，必然涉及用户公众信息数据安全及个人隐私的保护问题。采取技术手段妨碍或破坏他人软件正常运行秩序并从中获利，损害了互联网运行安全及市场营商环境，属于严重侵权行为，应从重判赔。权利人为证明侵权人因侵权所获利益提交合理充分证据，且能相互印证的，应予采信。

【案号】

一审：广东省广州市天河区人民法院（2019）粤0106民初38290号

二审：广州知识产权法院（2021）粤73民终153号

【案情与裁判】

上诉人（一审原告）：腾讯科技（深圳）有限公司、深圳市腾讯计算机系统有限公司（以下分别称“腾讯公司”“腾讯计算机公司”）

上诉人（一审被告）：厦门联络易科技有限公司（以下称“联络易公司”）

被上诉人（一审被告）：广州登堂通信科技有限公司（以下称“登堂公司”）

起诉与答辩

腾讯公司、腾讯计算机公司起诉称，微信软件是腾讯公司开发，并与腾讯计算机公司共同运营的即时通信服务免费应用软件，主要功能有微信聊天、公众号平台、朋友圈等。腾讯公司、腾讯计算机公司在微信软件的研发及运营中投入巨额的人力、财力、物力，微信软件具有极高的知名度和影响力。除手机微信软件外，腾讯公司经营的微信网站还向网络用户提供微信软件网页版及PC版的运营及下载服务。登堂公司在其主办的OK微信管家网站（www.okweixin.net）上推销名为联络易微信管理系统的应用软件（以下简称被诉软件），该软件通过技术手段与微信软件服务器交换数据信息，非法获取微信软件的用户信息、聊天内容、微信好友等各类隐私数据，并自动生成统计图表，同时增设多项微信特殊功能。联络易公司开办联络易网站专门用以推销经营该被诉软件。

腾讯公司、腾讯计算机公司认为，联络易公司、登堂公司的行为构成不正当竞争：1. 未经许可在被诉软件及网站中擅自使用含有“微信”商标文字组合作为名称，并在网站域名中使用“weixin”商标字母组合，导致网络用户混淆；2. 被诉软件实施的技术与微信网页端、PC端相排斥，严重损害微信软件安全性及完整性，妨碍微信软件正常运行秩序；3. 被诉软件抄袭微信软件主要功能，同时利用技术手段使二者形成信息交互，窃取微信软件服务器中的用户信息，严重干扰腾讯公司的信息处理并加重运营负担；4. 研发多项特殊功能用于监测、抓取微信用户数据，破坏了微信软件的商业模式，降低了腾讯公司的商业信誉。其侵权行为获利巨大，且对互联网行业竞争秩序、微信软件运营安全及秩序、微信软件用户的通信秘密及隐私安全、腾讯公司、腾讯计算机公司的商业形象等均造成了严重的危害，扰乱了公平竞争的市场秩序。请求一审法院判令：1. 联络易公司、登堂公司立即停止以更名、授权、合作、出售后台系统等方式变相运营销售联络易微信管理系统，停止通过破解用户协议的方式实施妨碍微信、破坏微信软件正常运行的行为，立即停止联络易微信管理系统的运营、销售、宣传、推广、下载等行为；登堂公司立即停止使用“微信”及“weixin”商标作为OK微信网站名称及网站域名等不正当竞争行为；2. 联络易公司、登堂公司就其不正当行为在《中国知识产权报》、《羊城晚报》、《法制日报》、新浪网首页显著位置公开发表致歉声明以消除影响，保留时间不得少于30天；3. 联络易公司、登堂公司向腾讯公司、腾讯计算机公司连带赔偿经济损失 1000 万元及公证费、鉴定费、律师费等合理费用 450567 元。

登堂公司辩称：登堂公司经联络易公司授权于 2018 年 9 月开始代理销售及开发其运营的产品，现合作期限已满，未再销售。根据登堂公司与联络易公司的约定，联络易公司应当保证其提供产品具有合法的知识产权，登堂公司已经尽到合理的注意义务，主观上没有侵权故意，不构成不正当竞争。并且，代理人在代理权限内以被代理人的名义实施的民事法律行为对被代理人发生效力，登堂公司不应承担责任。

联络易公司辩称：1. 联络易公司针对特定用户需求基于微信个人号开发了被诉软件，用于企业用户管理的加强和效率的提升，客户基于原生态微信系统之外的附加价值支付费用，且已被告知被诉软件并非腾讯公司产品以及安全风险等事项，不会让网络用户误认。2019 年 8—10 月期间已经按照微信的要求就被诉软件停止广告宣传、关闭公司网站、停止发展业务并逐步终止对现有客户的服务；2. 联络易公司在微信软件及其服务的安全性及完整性的基础上开发了新功能，而微信通信协议内置可公开获取的签名公钥，被诉软件并不存在“破解”微信通信协议的行为或有损安全性、完整性之主观故意及危害行为；3. 特定用户通过被诉软件的多项功能使用，不但没有降低微信软件的用户体验，反而提升了企业的商业性目的，增强了特定用户使用微信软件的黏性，没有损害腾讯公司的经济损失，反而为其增加了经济收入；4. 特定用户在使用被诉软件与终端用户进行的信息交互数据储存在联络易公司的服务器上，不存在窃取用户数据行为，也不存在利用技术手段，通过影响用户或者其他方式事实妨碍、破坏其他经营者合法提供的网络产品或者服务正常运行的行为；5. 联络易公司运维被诉软件虽有收集、储存用户数据的机会，但在生产经营中从未发生数据安全与隐私防护事件，并进行了一定的数据化脱敏保密等技术处理工作，从未非法利用或向第三人出售用户数据，没有破坏微信软件商业模式的主观恶意；6. 联络易公司至今仍处于亏损状态，腾讯公司诉称获取巨额不正当利益是逻辑推理不符合事实。联络易公司同意赔礼道歉，但腾讯公司要求的经济损失及合理费用过高。

一审审理查明

一、微信软件详情及其知名度情况

腾讯微信软件系即时通信服务软件，可为网络用户提供一对一或多人参与的文字、语音短信、表情和视频通话服务，并在此基础上为用户提供开放平台、与其他软件或硬件信息互通等功能或内容的软件许可及服务。腾讯公司系腾讯微信软件V1.1及腾讯微信软件V5.3的著作权人，系第18165351号weixin商标及第9085979号 商标的注册人，腾讯计算机公司经授权专属使用各版本微信软件。

以上注册商标于2016年12月29日被国家工商行政管理总局商标局在第9类计算机软件商品上认定为驰名商标。2011年至2018年期间，微信项目及相关产品获得“3C传媒大奖”“年度十佳应用”等多种不同奖项，截至2019年年中，微信及WeChat的合并月活跃账户数达11.33亿。

二、联络易公司、登堂公司被控侵权事实

被诉OK微信管理网页面内容中多处显示“OK微信管家”字样，网站内容中有介绍名为“OK微信管家”的软件，通过该网站显示二维码添加的微信发送名为《联络易微信管理系统产品介绍》《联络易微信管理系统－功能列表》《联络易微信管理系统－报价说明》等文档。登录联络易微信管理系统网可查看并下载被诉软件操作视频及操作手册文档，登录联络易网可见被诉软件的宣传内容。

被诉软件共有个人版、企业版、增强版、专业版四个版本，不同版本功能依次递增。该软件功能包括“个性称呼群发”“朋友圈统一管理”“管理监控”“协同办公”“添加好友”“多微信号聚合管理”“手机扫码登录”，并提供客户资料录入、数据化管理、多方位风控措施、辅助品牌营销、智能AI客服等服务。该软件的运行界面有“会话”“历史消息”“群发助手”“朋友圈”“客户管理”“报表管理”“账号管理”“帮助中心”等8个模块，各模块下有对应上述软件功能的多个可操作内容。被诉软件提供多用户平台及私有化组网两种平台，根据用户需要报价不一，其中企业版（含10个授权）为4980元/年。

联络易公司分别就联络易微信管理系统iOS版本、Android版本、Windows版本以及联络易电销易软件申请著作权登记。涉案微信管理系统网、联络易网、联络易微信管理系统网主办人为联络易公司，OK微信管理网主办人为登堂公司。

2019年7月登录联络易微信管理系统网可试用被诉软件，亦可下载该软件客户端后登录试用。使用该软件可以添加多个微信账号，查看所有微信账号的联系人信息并在多个微信账号之间转发、共享各类信息，但相同微信账号不能同时登录被诉软件及微信 PC 端。该软件的页面内容及各模块功能与上述文档及视频所显示的内容一致。向登堂公司支付软件费 4980 元及服务器部署费 5000 元后，登堂公司技术人员在服务器上部署联络易微信管理系统程序及各项工具并介绍部署过程，完成后登录网址并录入账号密码即可使用被诉软件。

腾讯公司提交司法鉴定意见书，称使用腾讯云服务器后台管理的账号密码以及两台远程主机连接的用户名和密码提取固定服务器数据，经鉴定认为：1. 联络易 SCRM 系统存在专门针对微信开发的 Web 程序、建立专门存储微信用户数据的脚本文件、模拟 iPad 登录和数据收发的 jar 程序等；2. 联络易 SCRM 系统生成 iPad 二维码、微信用户扫码授权后，联络易 SCRM 系统即可获得微信服务器的授权，完成登录；3. 联络易 SCRM 系统会获取微信用户的 id、昵称及聊天记录并存储在系统所在的服务器上；4. 联络易 SCRM 系统模拟 iPad 端微信与微信服务器进行通信，系统开发者已掌握微信服务器与 iPad 端微信的通信协议；5. 联络易 SCRM 系统模拟 iPad 客户端与微信服务器进行通信，而微信服务器允许手机端微信与 iPad 微信同时在线，因此，系统实现了与手机登录账号聊天记录的同步。

2017 年 11 月 20 日，联络易公司、登堂公司签订《联络易业务合作协议》约定联络易公司授权登堂公司代理销售其开发并运营的产品，登堂公司发展的最终客户与联络易公司签约并付费后由联络易公司在收到款后按约定的佣金比例向登堂公司折返佣金。

一审判理和结果

一审法院审理认为，被诉侵权软件“联络易微信管理系统”涉嫌干扰微信正常运行，对微信产品的安全性及微信用户的利益造成危害，本案双方之间已经因此产生竞争关系，腾讯公司、腾讯计算机公司有权提起本案诉讼。

联络易公司确认“联络易微信管理系统”软件由其研发运营销售，登堂公司主办运营的网站及其员工通过微信对外宣传推广被诉软件，还指导用户购买或租赁服务器、为用户部署服务器、承诺维护服务器等行为，并与用户签订相关合同、收取相关款项，应当认定为该软件的运营者。

联络易公司和登堂公司运营联络易微信管理系统软件已经构成对腾讯公司、腾讯计算机公司的不正当竞争：其一，被诉软件及 OK 微信管家网站中擅自使用含有“微信”商标的文字组合作为名称及域名，系擅自使用与他人有一定影响的商品名称等相同或近似标识的不正当竞争行为。其二，被诉软件实施的技术与微信软件网页端及 PC 端相互排斥，严重损害微信软件及其服务的安全性及完整性，减少了用户对微信软件网页端及 PC 端软件的使用及下载量，妨碍了软件的正常运行秩序。其行为包括未经同意使用微信客户端内置公钥、通过技术手段妨碍微信经营者对微信产品的正常运行、破解用户协议、对微信服务商合法提供的微信网页版和 PC 客户端不兼容等行为。其三，联络易公司的行为增加了微信的运营压力，干扰了腾讯公司、腾讯计算机公司信息处理及运营负担。该软件伪造微信 iPad 客户端实现多个微信账号的登录及使用，导致了微信客户端业务与事实不符，微信软件对于使用中的客户端作出错误判断及处理，在运行过程中也会出现更多的不稳定和错误风险。其四，被诉软件嵌套在微信软件中，开发的群发信息、机器人快捷回复等功能将使用者的微信增强了商业化营销作用，异化了微信产品作为社交平台的基本功能，违背了腾讯公司、腾讯计算机公司开发运营微信产品的初衷和宗旨，破坏了微信平台的正常运行秩序。

关于本案民事责任的确定。联络易公司开发并与登堂公司共同运营及销售联络易微信管理系统软件，登堂公司主办运行 OK 微信管家网站的行为构成不正当竞争，其行为恶化了微信用户体验，造成一定负面影响，应当承担赔礼道歉、消除影响、停止侵权并赔偿损失的侵权损害赔偿责任。因腾讯公司、腾讯计算机公司未能举证证明联络易公司与登堂公司的侵权行为导致其经济损失以及联络易公司与登堂公司的违法所得的具体金额，联络易公司与登堂公司的销售人员或网站所称均属于广告宣传行为，不足以证明其实际获利。一审法院综合考虑本案情形酌定赔偿数额。据此判决联络易公司立即停止被诉软件的运营、销售、宣传、推广、下载等行为；登堂公司、联络易公司向腾讯公司、腾讯计算机公司赔礼道歉、消除影响；登堂公司赔偿经济损失及合理开支 10 万元；联络易公司赔偿经济损失及合理开支 350 万元，登堂公司就其中 200 万元承担连带赔偿责任；驳回腾讯公司、腾讯计算机公司的其他诉讼请求。

二审审理查明

一审法院查明的事实属实，二审法院予以确认。

二审另查明，联络易公司的网站对联络易公司的发展历程做了介绍，主要内容为：尚处在创业期的厦门联络易科技有限公司（联络易）其实已是企业服务领域的老兵，母体集时通讯股份已经有12年服务企业的深厚积累。2017年3月，联络易公司正式成立；2018年6月，联络易第一届全国合作伙伴交流会顺利召开；2018年7月，成交第一个行业标杆方太集团；2019年4月，注册企业用户数首次突破2万家。

《联络易－微信管理系统－报价说明》载明：联络易提供两种平台，多用户平台和私有化组网。多用户平台即SAAS服务，统一通过www.lianluoyi.cn官方网址登录使用，按需要登录的微信号个数，收取授权费用。个人版（含3个授权）980元/年，增加授权300元/年/个；企业版（含10个授权）4980元/年，增强授权450元/年/个；增强版（含10个授权）5980元/年，增加授权550元/年/个。另有私有化组网参考报价。联络易网、百度招聘等网页显示联络易公司招聘信息，该公司招聘数据分析师、数据科学家、算法工程师、Web前端、工程技术负责人、商务专员、销售客服等多个职位。

二审庭询中，腾讯公司、腾讯计算机公司主张联络易公司开发、销售侵权“联络易微信管理系统”的利润率达到90%；联络易公司主张软件行业的平均利润率为13%～15%。

二审判理与结果

二审法院经审理认为，本案二审争议焦点为：联络易公司、登堂公司对腾讯公司、腾讯计算机公司的赔偿数额应如何确定。

关于联络易公司的赔偿数额问题。腾讯公司、腾讯计算机公司一审起诉请求按照联络易公司、登堂公司因侵权所获得的利益确定本案的赔偿数额，由联络易公司、登堂公司向腾讯公司、腾讯计算机公司连带赔偿经济损失1000万元及公证费、鉴定费、律师费等合理费用450567元，二审上诉赔偿请求改为1000万元，较一审有所减少，属于当事人对自己民事权利的处分，应予以准许。

腾讯公司、腾讯计算机公司一、二审均请求按照联络易公司、登堂公司因侵权所获得的利益来确定本案的赔偿数额，所提交的证据充分且相互印证，可以作为计算联络易公司、登堂公司因侵权所获得的利益的依据，故对腾讯公司、腾讯计算机公司请求按照联络易公司、登堂公司因侵权所获得的利益确定本案的赔偿数额予以支持。具体赔偿数额计算如下：

关于销售侵权“联络易微信管理系统”的数据。联络易公司网站宣传显示，截至 2019 年 4 月，使用“联络易微信管理系统”注册企业用户数首次突破 20000 家，在联络易公司有能力提交但未提交真实销售数据的情况下，上述宣传数据应予采信。以每企业用户采购一套被诉软件计算，联络易公司仅销售企业版被诉软件至少 20000 套。关于“联络易微信管理系统”的销售单价。《联络易－微信管理系统－报价说明》载明被诉软件企业版（含 10 个授权）4980 元 / 年等，联络易公司未提供证据证实其实际售价，故企业版按照一年一套 4980 元计算。关于“联络易微信管理系统”的销售利润率。因本案属于互联网不正当竞争纠纷，权利人因侵权受到的损失及侵权人的获利边界较为模糊，即便按照联络易公司主张的最低利润率 13% 计算，联络易公司因不正当竞争侵权所获得的利益也可以计算为 20000 套 ×4980 元 ×13%=1294.8 万元。

腾讯公司、腾讯计算机公司开发、运营的微信软件在我国具有极高的知名度和广泛的市场影响力，月活跃账户数达 11.33 亿，“微信及图”被认定为驰名商标。联络易公司作为软件行业的同业经营者，在明知微信软件具有极高市场知名度的情况下，擅自使用含有“微信”商标的文字组合作为名称及域名；开发、运营、销售“联络易微信管理系统”，嵌套在腾讯公司、腾讯计算机公司的微信软件中，开发群发信息、机器人快捷回复、多人协作服务、数据统计等功能，增强商业化营销作用，异化微信产品作为社交平台的基本功能，违背了腾讯公司、腾讯计算机公司开发运营微信产品的初衷和宗旨，破坏了微信平台的正常运行秩序。此外，“联络易微信管理系统”实施的技术与微信软件网页端及 PC 端相互排斥，严重损害微信软件及其服务的安全性及完整性，减少了用户对微信软件网页端及 PC 端软件的使用及下载量，妨碍了软件的正常运行秩序，对公众的信息数据安全及隐私性具有较大侵害性。联络易公司侵权恶意明显，侵权获利大，损害互联网市场营商环境，属于严重侵权行为，应从重判赔，二审法院对腾讯公司、腾讯计算机公司要求赔偿损失及合理开支共计 1000 万元予以全额支持。

关于登堂公司的赔偿数额。登堂公司与联络易公司签订《联络易业务合作协议》，为联络易公司代理销售“联络易微信管理系统”。具体表现为主办运营 OK 微信管理网（www.okweixin.net）及其员工通过微信对外宣传推广销售“联络易微信管理系统”，指导用户购买或租赁服务器、为用户部署服务器、承诺维护服务器等行为，并以登堂公司的名义与用户签订相关合同、收取相关款项，应当认定为该软件的运营者，登堂公司与联络易公司存在共同运营“联络易微信管理系统”的事实，构成共同侵权。登堂公司的侵权获利包含在联络易公司的侵权获利之中，应当对联络易公司的赔偿责任承担部分连带责任。

综上，二审法院认为腾讯公司、腾讯计算机公司上诉请求部分成立，应当予以支持，联络易公司上诉理由不能成立，不予支持。一审判决认定事实清楚，认定侵权准确，但在赔偿数额方面处理不当，应予以纠正。依照《中华人民共和国反不正当竞争法》第二条、第六条、第十二条、第十七条，《中华人民共和国民事诉讼法》第一百七十条第一款第（二）项的规定，判决：维持一审判决第一、二项，撤销一审判决第三项，改判联络易公司赔偿经济损失及合理开支1000万元，登堂公司就其中300万元承担连带赔偿责任。

【法官评述】

涉互联网软件，尤其是即时通信类软件，必然涉及用户公众信息数据安全及个人隐私的保护问题。采取技术手段恶意对合法网络服务实施不兼容、妨碍或破坏他人软件正常运行秩序并从中获利，损害了互联网运行安全及市场营商环境，属于严重的不正当竞争行为，应从重判赔。权利人为证明侵权人因侵权所获利益提交合理充分证据，且能相互印证的，应予采信。

一、实施软件不兼容行为的认定

《中华人民共和国反不正当竞争法》第十二条第二款对经营者利用互联网从事生产经营活动实施不正当竞争行为作出了禁止性规定，该“互联网专条”对规制隐蔽性较强、表现形式非类型化、影响范围大、损害扩大迅速的互联网不正当竞争行为具有重要意义。需要注意的是，网络经营者在受该条特殊规范时，仍需同时遵守《反不正当竞争法》针对普通不正当竞争行为的其他规定，换言之，法院适用第二款规定认定是否构成互联网不正当竞争行为时，需考量被诉行为是否同时满足一般不正当竞争行为的构成要件以及该款规定的特殊要件。因此，根据第二款第三项关于“恶意对其他经营者合法提供的网络产品或者服务实施不兼容”的表述，可知实施软件不兼容不正当竞争行为的构成应同时满足以下要件：1. 原被告存在竞争关系；2. 针对其他经营者合法提供的网络产品、服务实施不兼容；3. 主观上具有不正当竞争的恶意；4. 客观上损害其他经营者的合法权益。追逐自身利益的最大化是经营主体参与市场竞争的根本需要，这种希望在竞争中占据有利位置的动机必然使得经营者对竞争对手提供的产品具有“排斥性”，因而要求经营者对他人提供的产品完全给予兼容显然不具有可能。由此可见，实施不兼容行为并不必然构成不正当竞争行为，除非经营者具有损害他人利益的不正当竞争恶意。在认定“恶意”时，要排除纯技术因素和正常市场竞争因素导致的不兼容，结合原告产品的类型、知名度、行为人采取技术手段的正当性、不兼容导致的后果等因素予以综合考虑。

本案中，微信通信协议或微信客户端程序并非公开明示的信息，其内置公钥亦非供所有网络用户取用的公共信息，联络易公司未经同意使用微信端内置公钥，通过技术手段将联络易微信管理系统软件的微信账号实现微信的信息数据收发的结果，导致微信服务商接收并处理了来自非微信客户端发送的信息和指令，并伪造 iPad 登录端口，导致使用者的微信账号无法同时登录正常的网页版或 PC 客户端。联络易公司在知悉公钥的情况下仍实施了破解用户协议的行为，妨碍了微信经营者对微信产品的正常运行，对微信服务商合法提供的微信网页版和 PC 客户端不兼容，侵害了腾讯公司、腾讯计算机公司的合法权益，应认定其构成实施软件不兼容的不正当竞争行为。

二、《中华人民共和国反不正当竞争法》十二条第二款第四项的适用条件

第十二条第二款前三项对常见的互联网不正当竞争行为进行了列举式规定，第四项则为兜底条款。互联网技术更新迅速，为了在司法实践中针对互联网不正当竞争行为的规制留有充足的弹性空间，故通过兜底条款尽可能增加该条文适用的周延性。第四项与前三项实质上为并列关系，因此在前三项无法涵盖被诉行为的性质而需通过第四项予以规制时，应要求被诉行为的危害性至少达到前三项所列举行为相同或接近的高度。

根据微信软件的性质及功能以及《腾讯微信软件许可服务协议》的约定可见，微信产品作为社交平台，主要功能是帮助个人用户以添加好友、加入微信群与朋友圈及支付等方式实现个人社交及生活便利，并明确禁止对微信产品进行干扰，不得实施影响用户体验、危及平台安全及损害他人合法权益的行为。同时腾讯公司、腾讯计算机公司坚持在个人微信产品功能的设计上尽可能简化，以避免对用户注意力的不必要干扰，尤其严格禁止采用技术手段自动向用户批量推送营销信息等行为。微信软件的设计及功能以个人用户的私人生活及社交为宗旨和服务目的，而非作为个人或商户进行电子商务或对公交流平台。

联络易微信管理系统软件嵌套在微信软件中，开发的群发信息、机器人快捷回复、多人协作服务、数据统计等功能将使用者的微信增强了商业化营销作用，异化了微信产品作为社交平台的基本功能，违背了腾讯公司、腾讯计算机公司开发运营微信产品的初衷和宗旨，破坏了微信平台的正常运行秩序。联络易公司虽未实施抄袭研发与微信功能基本相同的软件及从微信服务器窃取用户信息的行为，但根据联络易微信管理系统软件的使用事实可见，该软件伪造微信iPad客户端实现多个微信账号的登录及使用，导致了微信客户端业务与事实不符，微信软件对于使用中的客户端作出错误判断及处理，在运行过程中也会出现更多的不稳定和错误风险，这种行为显然减损了微信产品运行的稳定性和运行效率，干扰了微信软件的正常运营，增加了微信软件运营的压力和困难，应认定其行为违反了《中华人民共和国反不正当竞争法》第十二条第（四）项的规定，构成不正当竞争。

三、侵权获利数额认定的举证责任分配

创新是引领发展的第一动力，保护知识产权就是保护创新，《知识产权强国建设纲要（2021—2035年）》亦提出了建设中国特色、世界水平的知识产权强国的总体目标。因此，不断提高知识产权保护水平具有为我国建设知识产权强国提供坚实保障的重要意义。侵权赔偿数额的认定是知识产权侵权案件的审理重点，但实践中，权利人对侵权人的经营情况、侵权产品的销量、利润等往往不能进行充分举证，不利于对权利人所受损失进行全面弥补。因此，在对侵权获利数额进行认定时，应当结合案情合理分配举证义务，若权利人在其能力范围内已提交初步证据，并就侵权获利数额的计算依据、标准提出了合理方案，侵权人有能力提供详细销售数据但拒不提供，又无法提出相反证据的，可以根据权利人的主张计算侵权获利数额。本案中，腾讯公司提供的被诉软件销量、售价均来自联络易公司自行公开的宣传数据及报价说明，联络易公司虽不予确认但未能提交证据证实其实际数据，上述证据充分且相互印证，结合联络易公司主张的软件行业平均利润率足以作为计算联络易公司、登堂公司因侵权所获得的利益的依据。

本案对被告采取的技术手段类型、实施目的以及实现结果进行了详细甄别、分析论述，并紧扣加大知识产权保护力度、严厉打击恶意侵权行为的审理思路，对侵权恶意明显、损害结果严重，且采取技术手段通过互联网实施的对公众利益具有严重危害性的侵权行为予以从重判赔，既起到制裁恶意侵权行为之效果，亦表明了鼓励诚信经营、坚决打击侵权的态度，着力促进知识产权司法保护水平提升，为粤港澳大湾区发展进一步优化了营商环境。

编写人：广州知识产权法院　韦晓云　林新宇

（编辑：杨岚）

40

丰江公司与何某侵害技术秘密纠纷案

阅读提示：员工泄露技术秘密但未获利，是否应负赔偿责任？

【裁判要旨】

商业秘密案件具有证据认定标准高、专业性强的特点，其中赔偿数额的确定是审理的难点和重点之一。商业秘密一经披露，即可能造成权利人无法估量的经济损失，故即使侵权人未实际获利，法院仍应综合考虑技术秘密的类型、商业价值、研发成本、侵权人的主观恶意、情节、行为性质，以及权利人为制止本案侵权行为支付的合理费用等因素，酌情确定侵权人应负的赔偿责任。

【案号】

一审：广州知识产权法院（2021）粤73知民初393号

【案情与裁判】

原告：广州丰江电池新技术股份有限公司（以下称“丰江公司”）

被告：何某

起诉与答辩

丰江公司成立于2006年，是一家从事锂离子电池研发、生产和销售的股份制高新技术企业，其产品销往全球各地，在新兴的“电子烟行业用锂电池”等领域享有美国80%的市场占有率，公司2018年实现营业收入三个多亿。何某原系丰江公司员工，任涂布车间班长。2019 年上半年，丰江公司陆续接到员工举报，称何某在上班期间对涉及公司商业秘密的内容进行偷拍，并通过微信等工具将商业秘密对外披露。经核查，何某违反公司的保密规定，偷拍丰江公司配膏、涂布等核心工序的商业秘密，并通过手机微信发送给案外人卢某。丰江公司在本案中主张何某非法获取并披露的商业秘密包括“10# 厂 2exp 产线工装调试匀浆事宜内部联络单”等 11 份技术文件。

配膏是指将制造电池形成正极和负极的所有物料投入配膏容器进行混合的过程，配膏过程包含了对物料成分的选择、添加比例的要求以及配制工序和流程等内容。配膏是电池配方的核心，是丰江公司电池技术的最高机密。涂布，就是将配膏形成的糊状聚合物、熔融态聚合物或聚合物熔液涂布于金属箔料上。经过十多年的技术积累，丰江公司对涂布工艺已经形成了自有的技术参数指标，总结了各项技术参数指标的控制方法，这些技术参数和控制方法直接决定着电池质量和性能。何某非法获取并披露的商业秘密，是丰江公司生产电池产品的核心技术，是丰江公司经过十多年技术积累而形成的成果，丰江公司从未向外界公开过上述商业秘密。丰江公司与何某签订的《劳动合同》以及公司《员工手册》第 16.5 条中明确规定员工不得泄露公司商业秘密，丰江公司对其商业秘密采取了保密措施，何某明知其负有保密义务仍非法获取公司商业秘密并对外披露，严重侵害了丰江公司的技术秘密，造成重大经济损失。请求法院判令：1. 何某向丰江公司赔偿经济损失 500 万元；2. 何某承担本案的全部诉讼费用。

何某答辩称：1. 何某手机中的图片所涉内容不属于商业秘密。在本行业中，操作流程、作业方式大致相同，主要因使用的原料、配方以及特殊的技术手段而导致产品有所差异；2. 涉案信息不属于《员工手册》规定的公司秘密，更不能认定为商业秘密。此外，双方在劳动合同履行过程中，丰江公司也未告知何某涉案信息属于公司商业秘密，员工不得拍照或外传等；3. 丰江公司未对涉案信息采取保密措施，也未在该载体上标注保密标志、限定知悉群体或与何某签订保密协议。相反，为规范生产管理和提高工作效率，丰江公司已将本案所涉的《操作指引》《作业指导书》等相关信息张贴于何某所在车间设备周边的玻璃墙上，以便各岗位员工掌握或熟记；4. 何某并未实施侵权行为，何某因学习和工作需要形成并持有相关信息不应被认定为侵权行为。本案不存在损害结果，丰江公司诉请的500万元经济损失没有事实依据。综上，请求法院依法驳回丰江公司对何某的诉讼请求。

一审审理查明

一、丰江公司在本案中主张的技术秘密相关事实

丰江公司在本案中主张何某非法获取并披露的技术秘密经其委托广东鑫证司法鉴定所鉴定，该鉴定所出具《司法鉴定意见书》认为，“10# 厂 2exp 产线工装调试匀浆事宜内部联络单”等11份技术文件属于商业秘密。上述11份作业指导书等张贴在涂布车间内玻璃墙上，便于实际操作的工人掌握生产的具体工艺、流程及需要注意的生产细节。

深圳市中衡信资产评估有限公司出具《广州丰江电池新技术股份有限公司拟诉讼涉及的“11个非公知技术信息”价值的资产评估报告》，评估结论是，在评估基准日2019年5月31日上述11个技术信息的评估值为人民币1240万元，评估报告使用有效期为自评估基准日起一年内。该《评估报告》附有详细评估说明。

丰江公司为证明其对涉案技术秘密采取了保密措施，提交了“禁止拍照”标识牌、采购单、送货清单、采购发票、厂区及车间照片、《劳动合同》、《员工手册》等证据。丰江公司厂区、车间等生产区域外墙醒目位置均悬挂、张贴有“禁止拍照”“禁止拍照录像”“生产重地闲人免进”“您已进入24小时视频监控区域，无关人员禁止入内”等警示牌。丰江公司（甲方）与何某（乙方）于2015年5月16日签订《劳动合同》，何某担任生产部员工，任涂布车间班长。《劳动合同》第八条约定，乙方利用工作之便泄露甲方机密等行为，给甲方造成较大经济损害的，甲方可以即时单方解除合同；第十条特别约定，乙方对所接触的甲方的技术及信息相关机密内容必须严格保密，严禁外泄。丰江公司于2016年11月28日将第二次修订的《员工手册》向全体员工颁发并进行培训，何某于2016年12月19日参加了培训。《员工手册》第16.5条规定，全体员工都有保守公司秘密的义务，不得泄露公司秘密，更不准出卖公司秘密。员工通过各种渠道或者方式将公司信息或者资料传递给非工作职责必须接触的范围或人员，而可能会给公司带来经济损失，或是造成声誉、商誉、信誉不良影响结果的行为便是泄露公司秘密。公司秘密包括但不仅限于：公司经营、管理、发展决策中的秘密事项；专有生产技术及新生产技术；需要保密的配方、数据、工艺、设计及软件等。

二、丰江公司指控何某侵害其技术秘密相关事实

2019年上半年，丰江公司陆续接到员工举报，称何某在上班期间对涉及公司商业秘密的内容进行偷拍，并通过微信等工具将商业秘密对外披露。丰江公司对此进行调查，并将何某的手机没收。经核查，何某的手机里保存有丰江公司在本案中主张为技术秘密的11份资料的照片。何某在2019年3月27日陈述视频中认可其手机中保存的上述照片系其拍摄或委托其他工友拍摄发送给他，他再以手机微信的形式发送给案外人卢某。事发后，何某删除了他与卢某所有的微信聊天记录。

2019年5月17日，何某亲笔手写关于其犯错的回忆陈述，称2018年下半年卢某要求其拍混合机、涂布机照片，何某自行拍摄或指示他人拍摄涂布机视频、涂布作业指导书、配膏房等相关照片并发送给卢某。2019年8月1日，丰江公司向广州市公安局经济犯罪侦查支队报案，控告何某等人涉嫌侵犯商业秘密。何某在询问笔录中述称其手机中涉嫌侵权的照片由其拍摄，部分照片曾应要求发送给卢某。广州市公安局对何某的手机内容进行了勘验检查。此后，丰江公司以何某泄露公司机密、严重违反公司规定为由解除了与何某的劳动关系。丰江公司员工魏某出具陈述书称其于2019年3月应何某要求拍摄了贴在涂布车间玻璃上的文件并发送给何某。

广东鑫证司法鉴定所对何某上述手机中涉嫌侵权图像文件的修改时间和相关属性提取固定出具了《司法鉴定意见书》，该鉴定书载明，拍摄内容为《10#厂2exp产线工装调试匀浆事宜》等图像文件显示拍摄时间为2018年11月30日；拍摄内容为《X射线开环监控涂布调刀操作指引》等图像文件显示拍摄时间为2019年3月8日。

一审法院当庭组织双方对经广州市南沙区人民法院封存的手机实物进行拆封勘验。经核实，该手机的外观、型号及IMEI等均与广州市公安局调取证据通知书、勘验检查照片记录表、[2020]司鉴定第969号《司法鉴定意见书》等证据相符，可以认定该手机为何某所有。另，该手机中保存的照片与[2020]司鉴定第969号《司法鉴定意见书》所涉检材相同，包含有丰江公司所主张11份技术信息的全部内容。

一审庭审中，何某主张，穗司鉴19010180900849号《司法鉴定意见书》

所涉检材 8《卷绕类聚合物锂电池面密度在线检测及自动控制作业指导书》制订日期为 2019 年 4 月 1 日，在何某手机被丰江公司控制之后，丰江公司存在伪造检材的嫌疑。该检材第 2 页记载，2019 年 4 月 1 日就车间温度控制标准进行修改，修改后内容以红色字体标注，除此之外其余内容与何某手机中对应照片内容一致，丰江公司对此的解释是，该检材文本在何某拍摄被诉照片之后进行了更迭，主体内容并未发生改变。

三、本案的其他事实

丰江公司提交了鉴定费发票、评估费发票，拟证明其为本案维权支出了鉴定费、评估费合计 14.09 万元。

丰江公司为股份有限公司（非上市、自然人投资或控股），成立于 2006 年 9 月 25 日，注册资本 6033500 元，经营范围为电气机械和器材制造业。

一审判理和结果

一审法院认为，本案为侵害技术秘密纠纷案件，因被诉侵权行为发生在 2018 年之后，故本案应当适用 2018 年 1 月 1 日实施的《中华人民共和国反不正当竞争法》（2019 年 4 月 23 日修正，下同）。本案争议焦点为：1. 丰江公司主张的 11 份技术信息是否属于技术秘密；2. 何某是否侵害了丰江公司的技术秘密；3. 本案民事责任如何认定。

一、关于丰江公司主张的技术信息是否属于技术秘密的问题

根据《中华人民共和国反不正当竞争法》第九条第四款的规定，审查和认定原告主张的技术信息是否构成技术秘密是本案侵权行为认定的前提条件。首先，丰江公司就其主张的 11 份技术信息材料申请了鉴定，《鉴定报告》通过生成过程分析、新颖性分析、成本投入分析、信息的竞争优势与保密要求、非公知性分析、非易获得性分析、是否具有商业价值、是否采取保密措施等方面进行了详细论述，其认定上述 11 份技术信息是属于商业秘密的鉴定意见可采信程度较高。其次，丰江公司在其与何某签订的《劳动合同》和发放给何某的《员工手册》中均明确提出了保密要求，并对公司秘密的范围进行了初步说明，丰江公司已采取合理的保密措施。最后，涉案技术信息与丰江公司生产经营密切相关，丰江公司还提交了相关资产评估报告予以佐证，涉案技术信息具有商业价值。在没有相反证据的情况下，应认定涉案技术信息属于技术秘密，并予以保护。

二、关于何某是否侵害了涉案技术秘密

结合何某在陈述视频、手写犯错回忆陈述、公安询问笔录、庭审中的陈述内容，其在事发后删除相关微信记录的行为，以及丰江公司提交的《鉴定书》等证据，足以认定何某对涉案技术秘密以拍照等方式获取并发送给他人的事实存在。何某作为丰江公司员工，未遵守其与丰江公司所签订《劳动合同》以及《员工手册》的保密约定、规定，擅自拍摄涉案技术秘密照片并发送给他人，属于《中华人民共和国反不正当竞争法》第九条第一款第（三）项披露他人商业秘密的不正当竞争行为。

三、关于赔偿数额的确定

丰江公司在本案中主张其因侵权受到的实际损失及何某的侵权获利均无法确定，请求法院参考涉案技术秘密的开发成本、商业价值等因素进行酌定。鉴于双方均无证据证实丰江公司因侵权所受损失或何某因侵权所获利益的具体数额，一审法院综合考量以下因素：1. 涉案技术秘密的资产评估价值、历史研发成本；2. 本案证据未显示何某有因披露涉案技术秘密获利的事实，涉案技术秘密的评估价值及研发成本不能作为因何某侵权行为导致的实际损失；3. 何某实施不正当竞争行为的主观恶意、情节、性质；4. 丰江公司为制止本案侵权行为支付了鉴定费、评估费及律师费等合理开支。酌情确定何某应向丰江公司赔偿经济损失及维权合理开支合计 30 万元。

一审宣判后，双方当事人均服判息诉。

【法官评述】

商业秘密是企业最核心和最具竞争力的无形财富。随着新技术、新模式、新业态快速发展，商业秘密在知识产权法律制度中的重要性不断提升，在许多行业尤其是高科技领域，已成为企业、科研院所等创新主体的“安身立命之本”。“十三五”之前，侵犯商业秘密案件主要涉及客户信息、管理数据等经营信息。随着经济的不断发展以及产业变革和科技变革，企业的创新活动日益活跃，被侵犯的商业秘密类型更多是与技术有关的结构、原料、配方、材料、样品、样式、计算机程序、算法、数据等技术信息。实践中，企业员工和前员工泄露或侵犯商业秘密的情况频发，给企业造成了不可估量的损失，成为阻碍企业科技创新的“绊脚石”。

当前，加强商业秘密保护已成共识。党的十九届四中全会作出“加强企业商业秘密保护”的决策部署。2020 年 11 月 30 日，习近平总书记主持中共中央政治局第二十五次集体学习时强调“要提高知识产权保护工作法治化水平”“要加强地理标志、商业秘密等领域立法”。2021 年 9 月 22 日中共中央、国务院印发的《知识产权强国建设纲要（2021—2035 年）》明确指出“要制定修改强化商业秘密保护方面的法律法规”。《中华人民共和国反不正当竞争法》修订中亦就商业秘密引入了五倍惩罚性赔偿，我国商业秘密保护法治建设驶入快车道。

企业员工在任职期间或人才流动中违反保密协议或规定，利用职务之便泄露、披露企业商业秘密是引起本类纠纷的常见事由，对企业商业秘密的保护具有直接危害，应当引起重视并加强司法规制力度。即使侵权人暂未造成权利人实际损害，亦未从中获取经济利益，但其披露行为仍损害了权利人商业秘密的秘密性及稳定性，有违诚信、存有过错，应当承担相应赔偿责任。

需要注意的是，权利人虽对涉案技术秘密的资产价值、历史研发成本作评估，但赔偿责任仍应以“填平损失”为基本原则，不能将技术秘密的价值等同于因侵权所致之损失。

编写人：广州知识产权法院　韦晓云　林新宇

（编辑：王冠燕）

植物新品种权案件

41

棕科公司与浪升合作社侵害植物新品种权纠纷案

阅读提示：侵害植物新品种权纠纷案中检测方法的优劣及选定依据。

【裁判要旨】

检测被诉植物繁殖材料的特征、特性是否与授权植物新品种相同的问题，是侵害植物新品种权纠纷案件的难点，检测方法包括田间观察检测方法和基因指纹图谱检测方法，两者各有优劣，田间观察检测方法更接近授予新品种权时使用的判定方法，其检测结果的正确率更高。基因指纹图谱检测方法使用的是基因技术，其优点在于检测时间短、效率高。在侵权诉讼中，通过向双方当事人进行释明，促成其选定检测机构和检测方法，有利于提高检测效率，对争议的高效解决和及时恢复生产起到关键作用。本案属于全国首次在侵权诉讼中使用基因指纹图谱检测方法来确定茶花类木本植物品种特征的案件。

【案号】

一审：广州知识产权法院（2020）粤73知民初330号

【案情与裁判】

原告：广州棕科园艺开发有限公司（以下称“棕科公司”）

被告：高州市浪升种植专业合作社（以下称“浪升合作社”）

起诉与答辩

棕科公司起诉称，棕榈公司为新品种名称为“夏梦华林”、品种权号为20130109的权利人，该品种属种为山茶属，通过枝芽进行嫁接或扦插繁殖，属于无性繁殖，整株植物皆为繁殖材料，保护期限为20年。2016年9月28日，棕榈公司将涉案新品种权独家许可授权给棕科公司进行独家商业开发经营，并授权棕科公司可就植物新品种开发经营活动发生的侵权事件进行维权。2019年，棕科公司发现浪升合作社未经许可，种植、扦插、嫁接“夏梦华林”植物新品种，属于非法生产授权品种繁殖材料的侵权行为，损害棕科公司的植物新品种销售市场和品种权人的利益。棕科公司诉请判令：1. 浪升合作社停止生产、繁殖、销售侵害涉案植物新品种的繁殖材料整株植物，对侵权山茶作灭活性处理；2. 赔偿经济损失143万元及维权合理开支10400元；3. 承担案件诉讼费用。

浪升合作社答辩称，1. 被诉山茶是否构成侵权，应由有资质的机构作出专业鉴定；2. 涉案种植花场系与新大洲花木场合作设立，被诉山茶均来源于新大洲花木场，有合法授权；3. 棕科公司主张的赔偿数额过高，维权费用于法无据。

一审审理查明

棕榈公司为新品种名称为“夏梦华林”、品种权号为20130109的权利人，品种权申请日为2012年11月13日。“夏梦华林”品种的《植物新品种申请补正书》附有说明书、说明书摘要及照片的简要说明。说明书“品种特异性、一致性、稳定性的详细说明”一栏载明，灌木，植株直立型，生长旺盛。大到很大型红色花，牡丹型，花瓣内瓣扭曲，有明显深红脉纹。通过观测，其各代嫁接扩繁株性状与原植株形性状一致，具有稳定性。该品种的亲本包括“杜鹃红山茶”和“都鸟”。该品种的繁殖方式包括“可用嫁接、扦插等无性繁殖方式进行扩繁”。该品种的专家实质审查报告意见为该品种具备特异性、一致性、稳定性。

棕科公司于2016年9月28日与棕榈公司签订《山茶新品种商业经营独家许可协议》，棕榈公司授权棕科公司在许可范围内进行独家商业开发经营，并约定了国内许可数量及许可费。2020年8月14日，棕榈公司出具《关于全权委托广州棕科园艺开发有限公司开展山茶植物新品种维权的授权书》，授权棕科公司可对侵害涉案新品种权的行为以自己名义起诉维权。

2020年5月12日，棕榈公司经公证在浪升合作社经营的浪升茶花种植基地购买了包括25袋规格的“夏梦华林”山茶花，该山茶花单价为50元。

棕科公司向广州知识产权法院提出申请，申请对被诉植物繁殖材料与涉案授权植物新品种的特征、特性是否相同的问题进行检测。经棕科公司与浪升合作社协商达成一致意见，确定由中国林业科学研究院林业研究所的国家林草局植物新品种分子测定实验室采用基因指纹图谱检测法对上述问题进行检测。因此，法院依法委托中国林业科学研究院林业研究所的国家林草局植物新品种分子测定实验室对被诉植物繁殖材料与涉案授权植物新品种的特征、特性是否相同的问题进行检测。法院组织双方当事人到庭，对授权植物新品种的叶片样本以及被诉植物的叶片样本进行随机取样。其后，所取样本被移送至国家林草局植物新品种分子测定实验室进行检测。

经检测后，中国林业科学研究院林业研究所出具编号为CAFRIFDN AT 2021007的《植物品种分子标记检测报告》，其中载明，国家林草局植物新品种分子测定实验室的检测目的是对“山茶属授权品种‘夏梦华林’（X05）与疑似侵权品种（Y05）之间DNA指纹图谱差异”进行检测，检测依据（标准）为“NY2594–2016植物品种鉴定DNA分子标记法–总则”，技术手段为SSR分子标记法，每个品种随机选取三份样品进行检测，不满足三份样品则全部检测，并验证每个品种样品间的一致性。检测结果包括：1. 16个位点在品种X05和Y05中有效扩增；2. 除去样品X05–1，X05的其他5份样品DNA指纹图谱完全一致；3. 除去X05–1，X05与Y05在10个SSR位点上不存在差异，在6个位点上存在差异。检测结论为：1. 品种夏梦华林（编号X05）共6份样品，其中5份样品DNA指纹图谱完全一致，仅X05–1与其他5份样品不完全一致，该样品不能代表X05品种，不参与基因型比较。2. Y05只有1份样品，无法检测一致性。3. 疑似侵权品种（Y05）与夏梦华林（X05）DNA指纹图谱不相同。

一审判理和结果

一审法院审理认为，棕科公司经“夏梦华林”植物品种权人棕榈公司授权取得该品种独占实施权，依法享有本案诉讼主体资格。任何单位或者个人未经品种权人许可，不得生产、繁殖和销售该品种繁殖材料。

关于棕科公司在浪升合作社的种植场内购买取得被诉侵权植物的过程，有涉案公证书予以证实，且浪升合作社对该事实亦无异议，可认定浪升合作社实施有生产、繁殖、销售被诉侵权植物。至于浪升合作社主张其被诉侵权物来源于高州市新大州花木场的问题。销售者不知道也不应当知道是未经品种权人许可而售出的被诉侵权品种繁殖材料，且举证证明具有合法来源的，人民法院可以不判令销售者承担赔偿责任，但应当判令其停止销售并承担权利人为制止侵权行为所支付的合理开支。本案中，涉案公证书所载内容及其附件可见，浪升合作社实施有生产、繁殖被诉侵权植物的行为，而非仅是被诉侵权物的销售者，浪升合作社对该事实亦无异议，故其关于被诉侵权物的合法来源抗辩主张不能成立。

本案争议的焦点在于：浪升合作社的被诉植物繁殖材料与涉案授权品种的特征、特性是否相同。《中华人民共和国民事诉讼法》第七十六条规定："当事人可以就查明事实的专门性问题向人民法院申请鉴定。当事人申请鉴定的，由双方当事人协商确定具备资格的鉴定人；协商不成的，由人民法院指定。"《最高人民法院关于审理侵害植物新品种权纠纷案件具体应用法律问题的若干规定》第三条规定："侵害植物新品种权纠纷案件涉及的专门性问题需要鉴定的，由双方当事人协商确定的有鉴定资格的鉴定机构、鉴定人鉴定；协商不成的，由人民法院指定的有鉴定资格的鉴定机构、鉴定人鉴定。没有前款规定的鉴定机构、鉴定人的，由具有相应品种检测技术水平的专业机构、专业人员鉴定。"

本案中，被诉植物繁殖材料与涉案授权品种的特征、特性是否相同的问题，本院认为，涉案授权品种"夏梦华林"作为检测检材的X05样品采集自棕科公司提供的授权品种植物繁殖材料，被诉繁殖植株Y05的样品则采集自棕科公司经公证取证后向法院提交的被诉侵权植株繁殖材料，检测机构及检测方法均由双方当事人共同选定，法院已组织双方当事人到庭参与检测样品的随机取样过程，上述《检测报告》是由检测机构根据相关检测规范及标准作出，现棕科公司未能提交相反证据否定上述《检测报告》的检测结论，故法院对涉案检测报告的结论予以认定。棕科公司关于样品存在混淆可能的陈述缺乏依据。中国林业科学研究院林业研究所出具编号CAFRIFDN AT2021007《植物品种分子标记检测报告》载明，被诉侵权繁殖材料（Y05）与涉案授权品种夏梦华林（X05）在10个SSR位点上不存在差异，在6个位点上存在差异，检测结论为被诉侵权繁殖材料（Y05）与涉案授权品种夏梦华林（X05）的DNA指纹图谱不相同。因此，棕科公司的现有证据不足以证实被诉侵权物的特征、特性与涉案授权品种的特征、特性相同，棕科公司主张浪升合作社生产、繁殖、销售的被诉侵权物属于授权品种的繁殖材料的意见依据不足，其据此要求浪升合作社承担侵权责任的主张缺乏事实依据，法院不予支持。综上，法院判决驳回棕科公司全部诉讼请求。判决现已生效。

【法官评述】

目前，在侵害植物新品种权纠纷中解决被诉植物繁殖材料的特征、特性是否与授权植物新品种相同的问题，通常运用植物检测方法来实现。检测方法包括田间观察检测方法和基因指纹图谱检测方法，其中，基因指纹图谱检测方法涉及授权品种繁殖材料的特征、特性判定与被诉植物繁殖材料的特征、特性判定问题。在草本类植物品种中，由于授权机构保存着授权品种的种子，故授权品种的基因指纹图谱可通过调取授权机构存放的种子或者该品种权原有的指纹图谱库来判定。但木本类植物品种在申请品种权时无须向授权机构提供用于保存的繁殖材料，因此，无法通过向授权机构调取存放品种权的种子或使用该品种权原有的指纹图谱库的方法来确定其基因指纹图谱，而是通过当事人提供的品种权植物繁殖材料来构建，本案即属于全国首次在侵权诉讼中使用基因指纹图谱检测方法，来分别确定品种权植物繁殖材料基因指纹图谱及被诉植物繁殖材料的基因指纹图谱，从而确定茶花类木本植物品种特征的案件，并据此确定被诉繁殖材料是否构成侵权。

我国对植物新品种权的司法保护还处于探索阶段，案件涉及最新司法解释的适用。根据我国《植物新品种保护条例》第二条规定："植物新品种是指经过人工培育的或者对发现的野生植物加以开发，具备新颖性、特异性、一致性和稳定性并有适当命名的植物品种。"对于未经品种权人许可而为商业目的生产或者销售该授权品种的繁殖材料，或为商业目的将该授权品种的繁殖材料重复使用于生产另一品种的繁殖材料植物新品种权的行为，品种权人可以提起侵权之诉，但品种权人就被诉繁殖材料与授权品种之间存在同一性承担举证证明责任，在其不能证明存在同一性时要承担败诉风险。

2021年7月7日施行的《最高人民法院关于审理侵害植物新品种权纠纷案件具体应用法律问题的若干规定（二）》对于侵害品种权纠纷案件中的鉴定方法问题作出一定指引，但鉴定方法的选定标准并未具体明确，仍需在实践中进一步探索。根据相关司法解释的规定，对于侵犯植物新品种权纠纷案件涉及的专门性问题，可以采取田间观察检测、基因指纹图谱检测等方法鉴定，对于采取前述方法作出的鉴定结论，法院应当依法质证，认定其证明力。

检测方法包括田间观察检测方法和基因指纹图谱检测方法，两者各有优劣，田间观察检测方法更接近授予新品种权时使用的判定方法，其检测结果的正确率更高。基因指纹图谱检测方法使用的是基因技术，其优点在于检测时间短、效率高。在侵权诉讼中，通过向双方当事人进行释明，促成其选定检测机构和检测方法，有利于提高检测效率，对争议的高效解决和及时恢复生产起到关键作用。本案中，法院通过向案件的技术调查官和林业主管部门进行咨询，了解山茶花品种的相关国家标准及行业标准，初步确定鉴定思路后，本院通过向当事人释明基因指纹图谱检测方法和田间观察检测方法的区别和优劣，促成双方当事人共同选定基因指纹图谱检测方法并配合取样送检，从材料送检至鉴定报告的出具在三个月内完成。而植物新品种权纠纷采用田间观察检测方法通常需要一年，甚至长至两年的时间。鉴定方法的选定，对于侵害植物新品种权纠纷案件中技术问题的判断起到关键作用，为木本类植物品种特征、特性的判断作出有益尝试，为案件的定分止争提供良好的基础。科学鉴定方式的采用，更有利于加大对植物新品种的保护力度，保护种业创新，促进新农村的绿色发展和权益保护，推动我国的种子工程建设。

编写人：广州知识产权法院　黄彩丽　黄榆岚

（编辑：王冠燕）

42

荷兰安祖公司等与科艺公司侵害植物新品种纠纷权案

阅读提示：当事人自行委托的DNA和DUS测试结论的效力问题。

【裁判要旨】

关于当事人自行委托的DNA和DUS测试结论的效力问题。一是当事人单方委托的DNA和DUS测试报告应属于书证而非鉴定意见，但可以参照《中华人民共和国民事诉讼法》关于鉴定意见的审查因素对其证明力进行认定。二是在双方当事人对测试结论的理解存有争议时，应要求测试人出庭接受质询，并结合国家颁布的行业标准如相关品种特异性、一致性、稳定性测试指南来确定测试结论。

【案号】

一审：广州知识产权法院（2020）粤73知民初609、610号

【案情与裁判】

原告：荷兰安祖公司、昆明安祖花园艺有限公司（以下称“昆明安祖公司”）

被告：广州市番禺科艺农业科技开发有限公司（以下称“科艺公司”）

起诉与答辩

荷兰安祖公司、昆明安祖公司起诉称，荷兰安祖公司是世界排名第一的红掌育种家。2015年9月1日，荷兰安祖公司在中国获得名称为“安祖阿布顿”

（商品名称：马都拉）植物新品种的授权。2018 年 11 月 30 日，荷兰安祖公司独占许可昆明安祖公司在中国生产、繁殖和销售上述品种的繁殖材料。科艺公司生产、繁殖和销售的繁殖材料与我方授权品种 DNA 完全相同，且销售时间长，因此，科艺公司的行为构成侵权，且给我方造成巨大经济损失，故请求法院判令：1. 科艺公司立即停止生产、繁殖和销售两原告授权品种繁殖材料的侵权行为；2. 科艺公司赔偿两原告 125 万元；3. 科艺公司承担本案诉讼费用。

科艺公司答辩称，1. 科艺公司并未侵害两原告的品种权。科艺公司将被诉侵权物与在昆明安祖公司授权点购得的“马都拉”进行比对，发现两者特征、特性明显不同，不属于同一品种；2. 两原告提交的证据不能证明科艺公司侵权，昆明研究所的实验报告不能采纳。

一审审理查明

品种权号为 CNA20080315.8、名称为“安祖阿布顿”的植物新品种权人是荷兰安祖公司。该品种属于花烛属，申请日 2008 年 6 月 2 日，授权日 2015 年 9 月 1 日。昆明安祖公司是荷兰安祖公司的全资子公司。

2019 年 6 月 22 日，两原告与被告签订《采购合同》购买被诉侵权植株，并于 2019 年 7 月 31 日在公证人员的陪同下前往被告处提取、封存前述订购的红掌种苗。

2019 年 8 月 8 日，昆明安祖公司将上述公证处封存样品送往昆明研究所，委托该所对该样品与原告送检的其生产的红掌样品进行 DNA 测试。同年 9 月 20 日，昆明研究所出具实验报告，检测人员为张某荣。该报告载明，测试采用 DNA（基因指纹图谱）比对方法，实验结果显示，被诉侵权植株与涉案品种权在所检测的 29 个位点的指纹图谱完全一致。

后本院对昆明研究所报告检测人张某荣进行了电话询问，并在征得其同意情况下全程录音。张某荣称：昆明研究所具备云南省濒科委司法鉴定中心授予的植物分子生物学检测资质；委托人没有通过官方渠道，而是直接委托我方进行实验；我方没有对送检的委托人自己生产的红掌品种与其授权品种是否一致进行比对确认；严格的科学实验要进行重复验证，由于委托人没有要求，我方对送检的两个样品的实验结果未进行重复验证；红掌品种的 DNA 测试尚无国家或行业标准；2017 年我方根据委托人提供的 10 多种红掌品种（品种名称不明）进行差异测试，在随机的 200 对引物中筛选出 29 对，我方报告沿用这 29

对引物进行实验；29 对引物的选取与品种的主要性状没有对应关系；委托人官网就有 200 多个红掌品种，由于 2017 年委托人提供的红掌品种不全，故 29 对引物对于红掌品种的区分率未经权威验证，权威验证需要对市场上所有红掌品种进行系统性研究才能获得。

2019 年 8 月 9 日，两原告将上述公证封存样品等送往农业部植物新品种测试（上海）分中心（以下简称上海测试中心）进行特异性、一致性和稳定性测试（DUS 测试）。

2021 年 2 月 1 日，上海测试中心出具《植物品种特异性、一致性和稳定性测试报告》，报告测试人褚某霞、审核人陈某荣。该报告载明，使用的测试指南是《植物新品种特异性、一致性和稳定性测试指南 花烛属》NY/T2557-2014，关于特异性、一致性和稳定性，因只对送检的两个样品进行比对，故不对特异性进行判定，但具备一致性和稳定性。报告"其他说明"称待测品种与近似品种生长状态明显不一致，影响到性状表达。根据报告后附的《性状描述对比表》，测试的两个品种在 40 个基本性状中有 15 个有差异。

为查明案件事实，本院传唤上海测试中心报告审核人陈某荣到庭作证，并接受本院及双方当事人的询问。陈某荣证言称：测试状态下两个样品的性状存在明显差别，实际上可以下结论具备特异性，两者是不同品种，但由于是原告委托进行的测试，在与原告沟通后，也从谨慎的角度从发，我们没有对特异性明确表态并添加了"其他说明"的内容；送检时两个样品存在植株大小、是否开花、颜色等生长状态的不同，我们在相同环境下同步培养进入可测试状态后才进行测试，出具报告时生长状态已接近一致，但不能说完全消除；性状差异主要集中在数量性状和一些容易受环境影响的性状，性状差异既有环境因素也有遗传因素，两个因素的影响力大小难以区分；除了少数例外，红掌都是在我们中心进行 DUS 测试；花烛属的 DNA 测试没有国家或行业标准，DNA 测试可以辅助近似品种的筛选，但判断两个品种是否相同的权威方法是田间观测法。

另查明，国家农业部发布的行业标准《植物新品种特异性、一致性和稳定性测试指南 花烛属》NY/T2557-2014 于 2014 年 6 月 1 日实施。该标准主要起草人包括褚某霞和陈某荣，其规定了天南星科花族属新品种特异性、一致性和稳定性测试的技术要求和结果判定的一般原则，适用于花烛属新品种特异性、一致性和稳定性测试和结果判定。根据该标准，繁殖材料须以种苗形式提供；

提交的种苗数量至少 20 株，种苗至少有一朵花（或花蕾）等。

一审判理和结果

一审法院经审理认为，本案的争议焦点在于：被诉侵权物与原告授权品种的特征、特性是否相同。

关于昆明研究所和上海测试中心报告的证据类型和审查因素。根据《中华人民共和国民事诉讼法》第七十六条，当事人可以就查明事实的专门性问题向人民法院申请鉴定。当事人未申请鉴定，人民法院对专门性问题认为需要鉴定的，应当委托具备资格的鉴定人进行鉴定。根据《最高人民法院关于民事诉讼证据的若干规定》第四十一条，一方当事人可以就专门性问题自行委托有关机构或者人员出具意见。因此，民事诉讼中的鉴定须由法院依当事人申请或依职权启动。昆明研究所和上海测试中心的报告，并非由法院依当事人申请或依职权委托作出，而是原告自行委托有关机构出具，故在证据类型上不属于鉴定意见，应属于书证。虽然这两份报告不是鉴定意见，但由于也是有关机构对案件所涉专门性问题的意见，故可以参照对鉴定意见的审查因素进行审查，即鉴定人是否具备相应资质；鉴定人是否具备解决相关专门性问题应有的知识、经验及技能；鉴定方法和鉴定程序是否规范，技术手段是否可靠；送检材料是否经过当事人质证且符合鉴定条件；鉴定意见的依据是否充分；鉴定人有无应回避的法定事由；鉴定人在鉴定过程中有无徇私舞弊或者其他影响公正鉴定的情形。

关于对昆明研究所报告的审查。根据该报告，一是该测试材料由原告单方送检，且原告并未就其生产的品种就是授权品种提交证明，测试人亦承认未对原告生产的红掌品种与其授权品种是否一致进行比对确认。二是测试人对 29 对引物的选择仅仅基于原告所提供的 10 余种红掌品种，而原告自己官网展示的红掌就有 200 多种，故该测试方法代表性显然不足。三是涉案红掌品种的 DNA 测试尚无国家或行业标准，故其同一性判断应采用其他方法进行。故昆明研究所的报告无法证明被诉侵权物与原告授权品种的特征、特性相同。

关于对上海测试中心报告的审查。上海测试中心负责绝大多数红掌品种的授权测试，褚某霞和陈某荣是行业标准《植物新品种特异性、一致性和稳定性测试指南 花烛属》的主要起草人，故测试机构和测试人具备资质和解决本案技术问题的知识、经验和技能。双方当事人对此并无异议。根据该报告，测试指南是上述行业标准，故测试方法和程序的规范性、技术手段的可靠性应当得到确认。双方当事人对此亦无异议。虽然送检材料由原告单方提交，但双方当事人均确认送检材料分别是被诉侵权物与原告授权品种。另外，根据《最高人民法院关于审理侵害植物新品种权纠纷案件具体应用法律问题的若干规定》第四条，对于侵害植物新品种权纠纷案件涉及的专门性问题可以采取田间观察检测方法鉴定。而根据行业标准，DUS 测试采用的正是田间观测法。综上，上海测试中心的报告可以作为判断被诉侵权物和原告授权品种的特征、特性是否相同的依据。

关于上海测试中心报告所述的“待测品种与近似品种生长状态明显不一致，影响到性状表达”的理解。首先，根据《最高人民法院关于审理侵害植物新品种权纠纷案件具体应用法律问题的若干规定》第二条，被诉侵权物与授权品种的特征、特性不同是非遗传变异所致，人民法院仍应认定两者相同。据此，只有非遗传变异是两者性状差异的唯一原因，才不会影响两者同一性的判断。在本案中，根据陈某荣证言，测试状态下两者性状存在明显差别，实际上可以下结论具备特异性。报告之所以添加“待测品种与近似品种生长状态明显不一致，影响到性状表达”的说明，很大程度上是与原告沟通的结果。其次，该句话的文义显然不是说送检时两个样品在生长状态上的差异是导致后来两者性状差异的唯一原因。再者，原告主张的生长状态差异是导致两者性状差异的唯一原因不能成立。送检的材料等生产状态是满足测试指南所述的种苗且至少有一朵花或花蕾等条件，且是根据测试指南在相同环境下同步培养进入可测试状态后才进行观测，出具报告时的生长状态已接近一致。最后，两者性状差异高达 15 个，在测试指南规定的 40 个基本性状中差异性状占比约 40%，并没有证据证明 15 个性状差异全是环境影响所致。因此，被诉侵权物与原告授权品种的特征、特性存在差异，两原告不能证明该差异是非遗传变异所致，故被诉侵权物与原告授权品种是不同品种。两原告的侵权主张不能成立，其全部诉讼请求应予驳回。

据此，一审法院判决：驳回原告荷兰安祖公司、原告昆明安祖花园艺有限公司的全部诉讼请求。

一审判决后，两原告不服，向最高人民法院提起上诉。二审正在审理中。

【法官评述】

随着我国全链条、全方位保护植物新品种权政策的实施，法院受理的植物新品种类侵权纠纷逐渐增多。该类纠纷的焦点通常在于被诉侵权物与原告授权品种的特征、特性是否相同的判定，而是否相同的关键又往往取决于DNA和DUS的测试结论，故测试结论采信规则的重要性日益凸显。本案通过准确适用《中华人民共和国民事诉讼法》相关规定，对当事人自行委托的DNA和DUS测试结论的效力问题进行明确。

一、关于当事人单方委托测试报告的性质问题

在我国，虽然事实认定兼具法定证据规则和自由心证规则双重特性，但裁判者的自由心证是建立在证据材料已然纳入可采纳的证据范畴的前提下，而证据是否具有相应证据能力即能否被采纳以及何种证据应予排除等方面则由法定证据规则规制，不属于可自由心证或可自由裁量范畴。在本案中，当事人提交的单方委托测试报告并不属于鉴定意见，而民诉法对于不同法定证据种类的采纳规则的不尽相同使得认定当事人单方委托测试报告归属何种证据类型成为首要问题。

根据现行民事诉讼法规定，我国将证据共分成八类，且为封闭式立法，包括当事人陈述、书证、物证、视听资料、电子数据、证人证言、鉴定意见和勘验笔录。其中书证是指在纸面或类似的材质上通过文字、图形或符号的书写、记载来表达或传递有关某种既知事实信息的书面材料，即通过某种物质性载体来表达或传递一定信息内容，[①] 并根据作出主体是否具有公共信用的公共管理机关，以及是否在行使公权力的过程中基于权限所制作的不同，分为公文书证和私文书证。[②] 当事人单方委托鉴定机构所出具的测试报告，虽然存在着鉴定人选任可能不符合资质要求、鉴定的基础材料可能缺乏真实性、完整性等缺陷，致使测试报告意见的客观性、关联性受到质疑，但其确属于专业机构或专业人员所制作的，以其自身记载的内容来表达与案件相关事实信息，故其应为私文书证。是否如英美法国家一样，可将当事人单方委托鉴定所得的测试报告视为专家证人证言，即视为证人证言？笔者认为，由于在英美法国家，鉴定人或鉴定专家被作为广义的证人或一般证人来看，且鉴定意见并不作为独立的证

① 王亚新、陈杭平、刘君博：《中国民事诉讼法重点讲义》（第二版），高等教育出版社2021年版，第100页。

② 参见最高人民法院民事审判第一庭：《最高人民法院新民事诉讼证据规定理解与适用》（下），人民法院出版社2020年版，第794—795页。

据种类，[①] 不同于我国将证人限定为知道案件情况的单位和个人，故不能将上述测试报告视为证人证言。

因此，民事诉讼法意义上的鉴定意见具有特定含义，其仅指人民法院依职权或依当事人申请委托相应鉴定人进行的鉴定并最终由相应鉴定人基于接收法院委托进而出具的鉴定报告。非经法院委托而由当事人自行委托的鉴定机构出具的相关意见不能称其为鉴定意见，而应认定为私文书证。

二、关于当事人单方委托测试报告的可采信问题

如前所述，法律对于不同种类的法定证据的采信规则不尽一致，故如若认定某一证据材料属于某一证据种类，则应对该证据材料的采信与否适用该类法定证据的采信规则。根据民事诉讼法司法解释以及民事诉讼证据若干规定，公文书证通常被认为具有形式证明力，且推定具有实质证明力，即在符合形式证明力的情形下，认定公文书证所记载的内容的真实性。但私文书证则不同，由制作者签名、盖章或捺印的，仅推定具有形式真实性。对于其所载内容的真实性与否，即实质证明力则需根据具体情形而定。

在本案中，当事人单方提交的测试报告有检测人签名及检测机构盖章，故其形式真实性无异。而由于其所载内容欲达到之证明目的与司法委托鉴定无异，故理应参照法律、司法解释中关于该类司法鉴定所应符合的相关条件予以检视，以求得是否具有相同证明目的之效果。具体则为需从鉴定人的资质、知识、经验及技能；鉴定方法、鉴定程序、技术手段的可靠程度；鉴定人行为的合规性等情形对其证明力进行认定。而当双方当事人对测试结论具体表述理解存有争议时，亦应参照鉴定人出庭作证相关规定，通知测试人出庭接受质询，并结合国家颁布的行业标准如相关品种特异性、一致性、稳定性测试指南来确定测试结论。

本案为该类案件的突出问题及时提供司法应答，有助于进一步细化新品种权人的举证责任，让维权更有预期，让种业知识产权保护政策更显实效。

编写人：广州知识产权法院　龚麒天　齐柳

（编辑：王冠燕）

① 参见最高人民法院民事审判第一庭：《最高人民法院新民事诉讼证据规定理解与适用》（上），人民法院出版社 2020 年版，第 400—401 页。

其他类型案件

43

华佗国药公司与省市场监管局等改变原行政行为的行政复议案

阅读提示：利害关系人未申请作为第三人参加行政复议的，复议机关是否应通知利害关系人作为第三人参加行政复议？

【裁判要旨】

行政诉讼案件的审查范围应当是行政机关作出的行政行为是否合法。华佗国药公司虽然未向省市场监管局申请作为第三人参加行政复议，但是华佗国药公司作为被审查的具体行政行为的利害关系人，在省市场监管局作出可能对其造成不利影响的复议决定前，应当通知华佗国药公司作为第三人参加行政复议。省市场监管局未通知华佗国药公司参加行政复议，未听取其陈述意见，不符合程序正当原则，违反法定程序，省市场监管局作出的复议决定应当撤销，并重新作出复议行为。

【案号】

一审：广州知识产权法院（2019）粤73行初7号

二审：广东省高级人民法院（2021）粤行终563号

【案情与裁判】

原告：华佗国药股份有限公司（以下称“华佗国药公司”）

被告：广东省市场监督管理局（知识产权局）（以下称“省市场监管局”）

第三人：华佗国药（广东）大药房有限公司（以下称“华佗大药房公司”）

起诉与答辩

华佗国药公司起诉称，广州市场监管局根据华佗国药公司的投诉对华佗大药房公司的经营场所进行检查，并立案调查，广州市场监管局于2019年1月25日作出穗工商处字［2019］7号《行政处罚决定书》，华佗大药房公司不服该《行政处罚决定书》，向省市场监管局申请复议。2019年6月4日，省市场监管局作出被诉复议决定，撤销广州市场监管局作出的《行政处罚决定书》。华佗国药公司不服被诉复议决定，认为被诉复议决定对华佗国药公司的商标权保护范围产生实质影响，华佗国药公司与本案具有具体的利害关系，有权提起本案诉讼。省市场监管局在行政复议审查过程中未告知华佗国药公司复议信息，未向华佗国药公司释明作为第三人参加复议的权利，更未将被诉复议决定送达华佗国药公司，属于程序违法，违反程序正当原则。省市场监管局关于侵权商品的认定错误，且认定华佗国药公司和华佗大药房公司具有商标许可关系的认定与事实不符。华佗国药公司请求法院判令省市场监管局撤销被诉复议决定，并责令省市场监管局重新作出《行政复议决定书》。

省市场监管局答辩称，请求驳回华佗国药公司的诉讼请求，维持被诉复议决定：1. 华佗国药公司与被诉复议决定没有利害关系，无权提起本案行政诉讼；2. 被诉复议决定符合法定程序；3. 被诉复议决定认定事实清楚，适用法律证据。

华佗大药房公司述称，请求驳回华佗国药公司的诉讼请求。华佗大药房公司经华佗国药公司授权，并由华佗国药公司控股设立，2016年，华佗国药公司将其所占华佗大药房公司的股份转让给华佗国药（安徽）营销有限公司，2017年，华佗国药（安徽）营销有限公司将股份转让给华佗大药房公司的股东梁某彬和罗某。华佗大药房公司在华佗国药公司控股期间开始制造被诉产品。2016年8月7日，华佗国药公司、梁某彬、罗某、张某宏和华佗国药（安徽）营销有限公司共同签署了《股东会决议》，但罗某、李某良和王某旭均否认出席该次股东会议，因此，申请对该《股东会决议》进行鉴定。2018年华佗大药房公司举办年会，会上展出华佗大药房的相关产品，华佗国药公司的董事长及相关人员到场，会后，华佗国药公司在全国范围内“打假”，多次举报华佗大药房公司，并对华佗大药房公司提出恶意诉讼。

一审审理查明

华佗国药公司系第6844004号“华佗 HUATUO”注册商标和第8664316号“”注册商标的所有权人，两枚商标均在有效期。2018年3月16日，广州市场监管局根据华佗国药公司的投诉对华佗大药房公司的经营场所进行检查，现场发现华佗大药房公司未经许可，擅自将“HTGY 华佗国药”“華佗國藥”标识在商品上使用，涉嫌侵犯华佗国药公司的注册商标专用权，遂立案调查。经查明，从2016年8月至2018年7月，华佗大药房公司通过授权具有生产资格的厂家生产食品类饮品或医疗器械类产品，产品外包装使用“HTGY 华佗国药”“華佗國藥”等带有“华佗国药”字样的标识，并将产品销售给旗下直营店和加盟店。华佗大药房公司提供给广州市场监管局调查的带有“HTGY 华佗国药”“華佗國藥”标识的产品27件均属于在商品外包装显著位置上使用“HTGY 华佗国药”“華佗國藥”标识行为。华佗大药房公司使用的“HTGY 华佗国药”“華佗國藥”标识与第1108026号“”注册商标近似，且使用“HTGY 华佗国药”“華佗國藥”标识的医疗器械类商品与该注册商标核定使用商品“医疗特质家具”属同一组别，构成类似商品“HTGY 华佗国药”“華佗國藥”标识与第6844004号“华佗 HUATUO”注册商标近似，且使用“HTGY 华佗国药”“華佗國藥”标识的食品类饮品与该注册商标核定使用商品“茶”属于同一组别，构成类似商品。“HTGY 华佗国药”“華佗國藥”标识与第8664316号“”注册商标近似，且使用“HTGY 华佗国药”“華佗國藥”标识的食品类饮品与该注册商标核定使用商品“无酒精饮料”属同一组别，构成类似商品，均容易导致相关公众混淆。因此，广州市场监管局认定华佗大药房公司销售带有“HTGY 华佗国药”“華佗國藥”等标识的食品类饮品和医疗器械类产品侵犯了注册商标专用权；销售带有“HTGY 华佗国药”“華佗國藥”等标识的医疗器械类产品侵犯了注册商标专用权。华佗大药房公司商标侵权的违法经营额无法计算。综上，广州市场监管局于2019年1月25日作出穗工商处字［2019］7号《行政处罚决定书》，没收、销毁带有“HTGY 华佗国药”“華佗國藥”等突出“华佗国药”标识的产品27件，罚款90000元。

华佗大药房公司不服广州市场监管局作出的上述《行政处罚决定书》，于2019年2月25日和2019年3月10日分别向省市场监管局提出行政复议，并提交相关材料。该复议申请中，华佗大药房公司请求撤销广州市场监管局作出的《行政处罚决定书》。理由是：在之前的执法环节中，广州市场监管局的工作人员曾告知其生产的带有“HTGY 华佗国药”不带繁体字的产品合法，可以正常销售，但行政处罚决定又认定该类产品构成商标侵权。被诉侵权商品合法使用简化企业名称符合法律规定，不构成侵权。“华佗国药”字号与华佗国药公司的注册商标不近似，且华佗国药公司的产品与被诉侵权商品不相同，不存在商标侵权。被诉侵权商品上未标识 TM 或 R，亦未突出使用“华佗”二字，不存在混淆。被诉侵权商品系经华佗国药公司对华佗大药房公司控股期间同意生产的产品，不存在侵权；广州市场监管局在行政处理过程中违反相关规定。

省市场监管局受理华佗大药房公司的行政复议申请后，于 2019 年 3 月 14 日作出（粤）市监工行复字［2019］116 号《行政复议受理通知书》并送达华佗大药房公司。2019 年 3 月 15 日，省市场监管局向广州市场监管局送达（粤）市监工行复字［2019］116 号《提出行政复议答复通知书》。2019 年 3 月 25 日，广州市场监管局提交《行政复议答复书》及相关证据材料。行政复议审理过程中，华佗大药房公司提交补充证据材料，包括 2016 年 8 月 7 日签署的《股东会决议》等材料。该《股东会决议》记载，同意华佗大药房公司以公司字号“华佗国药”委托生产芷葛无糖茶、淡酸茶、系列蛋白质粉、足康散、贴膏等非药品（保健食品、食品、医疗器械、消毒用品、化妆品），药品除外。2019 年 5 月 8 日，省市场监管局作出（粤）市监工行复字［2019］116 号《行政复议延期审理通知书》，并送达华佗大药房公司。2019 年 6 月 4 日，省市场监管局作出被诉复议决定。

被诉复议决定列申请人为华佗大药房公司，被申请人为广州市场监管局。该决定认为华佗大药房公司在商品及包装上使用“华佗国药”“華佗國藥”的行为，起到识别商品来源的作用，属于《中华人民共和国商标法》意义上的商标使用行为。按照整体观察和要部对比原则，“华佗国药”“華佗國藥”的显著性部分为“华佗”，与涉案的第 1108026 号“”、第 6844004 号“华佗 HUATUO”、第 8664316 号“”注册商标的中文部分“华佗”构成近似。广州市场监管局根据华佗大药房公司的听证要求举行听证，且听证笔录亦表明广州市场监管局已听取华佗大药房公司的陈述和申辩，广州市场监管局的行为符合《工商行政管理机关行政处罚案件听证规则》的规定。华佗大药房公司销售的标有“HTGY 华佗国药”“華佗國藥”字样的各种蛋白质粉，与“”第 32 类的“无酒精饮料”等商品不属类似商品，且两种商品的功能特征、销售渠道、消费群体存在一定差异，不易导致商品来源混淆，不宜定性为商标侵权行为。根据华佗大药房公司在复议审理期间提交的《股东会决议》，华佗大药房公司可能与华佗国药公司之间构成商标使用许可合同关系，广州市场监管局在未经查证的情况下，不宜径行认定华佗大药房公司未经商标注册人的许可，侵犯注册商标专用权。综上，省市场监管局作出被诉复议决定，撤销广州市场监管局作出的《行政处罚决定书》。

被诉复议决定作出后于2019年6月6日和6月9日分别送达华佗大药房公司和广州市场监管局。之后，华佗国药公司向省市场监管局申请公开被诉复议决定，省市场监管局于2019年8月27日向华佗国药公司作出粤市监依字[2019]89号《政府信息公开申请答复书》，向华佗国药公司公开被诉复议决定。再后，华佗国药公司于2019年10月15日向本院提起本案诉讼。

诉讼中，华佗国药公司还提交了如下证据：

1.（2017）最高法行申24号行政裁定书等5篇参考案例。

2. 中国商标网截图、中国工商出版社出版的《类似商品和服务区分表基于尼斯分类第十一版》部分页面、百度百科网站关于“高蛋白质食物”截图、营养成分网站关于“含蛋白质最多的食物”截图、飞华健康网关于“究竟哪些食物含有高蛋白质”的截图、中医世家网站关于“食物疗法”的截图。

3. 百度百科网站关于“代用茶”的截图、百度文库关于“芷葛无糖茶”的截图、百度文库关于“淡酸平碱”的截图。

4. 罗某、李某良和王某旭出具的证人证言，三份证人证言均记载其未出席华佗大药房公司2016年8月1日召开的股东会议，亦未在《股东会决议》上签名，该《股东会决议》属于伪造。华佗国药公司和华佗国药（安徽）营销有限公司从未授权华佗大药房公司在药房以外以任何形式使用“华佗”和“华佗国药”的商标、字号。

5.《安徽名牌产品证书》《安徽省高新技术产品认定证书》《安徽省高新技术产品认定证书》等证书。

6. 买购网关于北京同仁堂和南京同仁堂情况介绍。

7. 中国商标网记载商标申请人为广东淡酸平碱保健品有限公司的商标截图、国家企业信用信息网关于广东淡酸平碱保健品有限公司的工商注册登记信息截图。

华佗大药房公司还提交如下证据：准予设立（开业）登记通知书、华佗大药房公司股东会决议、股东转让出资合同书、任（免）职证明书、华佗大药房公司章程、准许变更登记（备案）通知书等。

一审判理和结果

一审法院审理认为，行政诉讼应对被诉复议决定的事实根据、法律依据、行政程序、职责权限等方面进行全面审查，本案中，根据当事人的诉辩意见，本案的关键争议是：1. 华佗国药公司是否具有本案诉权；2. 省市场监管局的被诉复议决定程序是否合法。

关于华佗国药公司是否具有诉权。根据《中华人民共和国行政诉讼法》第二十五条规定，行政行为的相对人以及其他与行政行为有利害关系的公民、法人或者其他组织，有权提起诉讼。本案中，华佗国药公司为涉案商标的持有人，亦是省市场监管局在复议程序中审查的广州市场监管局作出行政处罚决定的投诉人，为与被诉复议决定有利害关系的法人，有权提起本案诉讼。省市场监管局于 2019 年 8 月 27 日向华佗国药公司公开被诉复议决定，华佗国药公司于 2019 年 10 月 15 日向本院提起诉讼，在法定期限内。省市场监管局以复议程序的申请人与被申请人均非华佗国药公司为由、华佗国药公司与被诉复议决定没有利害关系、不享有本案诉权的抗辩不成立。

关于被诉复议决定程序是否合法。根据《中华人民共和国行政复议法》第十条、《中华人民共和国行政复议法实施条例》第九条的规定，行政复议申请人以外的公民、法人或者其他组织与被审查的具体行政行为有利害关系的，可以作为第三人参加行政复议，是法律赋予其他利害关系人作为第三人参加行政复议的法定权利。作为行政复议机关有保障利害关系人实现作为第三人参加行政复议的义务。并且根据正当程序的要求，尤其当行政机关作出对当事人不利的决定时，应当听取当事人的意见。本案中，省市场监管局依法具有对广州市场监管局作为复议被申请人的行政复议申请进行审查的行政职权。省市场监管局的审查对象是广州市场监管局的行政处罚行为，被诉复议决定的结果与涉案商标的持有人华佗国药公司有着直接的利益关系。在本案的行政复议程序中，省市场监管局审查广州市场监管局作出的行政处罚决定时，未通知该决定相对的直接利害关系人华佗国药公司作为复议第三人参加行政复议，在作出不利于华佗国药公司的被诉复议决定时也未听取其陈述和申辩意见，且在被诉复议决定作出后也未向华佗国药公司送达，省市场监管局的该复议程序违反正当程序的要求，属程序违法。

综上，省市场监管局在复议程序中未通知与具体行政行为有利害关系的华佗国药公司作为第三人参加复议程序，违反正当程序；被诉复议决定应予撤销，并重新作出复议决定。

另外，除上述关键争议外，当事人还存其他争议，一审法院作如下评述：

关于是否在本案中进行鉴定。诉讼中，华佗国药公司和华佗大药房公司均要求对华佗大药房公司在行政复议程序中提交的《股东会决议》等证据材料进行鉴定。由于本案审查的是省市场监管局作出被诉复议决定的合法性问题，本案综合相关证据已作出上述认定，被诉复议决定应予撤销；《股东会决议》等证据材料的真实性不影响以上处理结果，故在本案中无须对《股东会决议》真伪进行鉴定。至于行政机关在重新作出复议决定过程中是否需要对《股东会决议》等证据进行鉴定，由其审查决定。

关于被诉复议决定是否遗漏审查被诉侵权行为。经审查，广州市场监管局的行政处罚决定将华佗大药房公司的被诉侵权商品中食品类饮品分别与华佗国药公司的第 6844004 号“华佗 HUATUO”商标和第 8664316 号“”商标的核定种类进行对比，并作出相应认定；华佗大药房公司的复议申请中亦认为被诉侵权商品不侵害涉案第 6844004 号“华佗 HUATUO”商标和第 8664316 号“”商标的商标权。而被诉复议决定仅对华佗大药房公司销售的蛋白质粉是否侵害第 8664316 号“”商标权作出认定，未审查认定该行为是否侵害第 6844004 号“华佗 HUATUO”商标权，亦未审查认定销售淡酸茶、芷葛无糖茶、冷敷贴和退热贴等被诉侵权商品是否构成商标侵权，属遗漏审查，应在重新作出复议决定中予以纠正。

关于被诉侵权蛋白质粉是否与第 8664316 号“”商标核定第 32 类商品为类似商品。华佗国药公司诉称，被诉复议决定关于蛋白质粉与第 8664316 号“”商标核定使用的第 32 类“无酒精饮料”等商品不属于类似商品的认定错误。经审查，对于类似商品的判断，应当从尽可能避免发生市场混淆误认的目标出发，充分考虑商标标识、核定使用商品之间关系的具体情况加以综合判断，不应完全拘泥于《商标注册用商品和服务国际分类表》《类似商品和服务区分表》的归类。因为在同一群组下，各部分商品未必类似，而不同群组间未必一定不类似。故应当对被诉侵权商品的功能、目的、消费对象等进一步审查以判断二者是否类似。本案中，被诉侵权商品为蛋白质粉，并非第 8664316

号“”注册商标第32类传统意义上的“非酒精饮料”，此为其一；其二，蛋白质粉的状态为粉状，而“非酒精饮料”根据一般消费者的观念应为液态；其三，蛋白质粉主要起补充蛋白质、提高免疫力的功能，其消费群体主要是中老年人或需要补充蛋白质的人群，与涉案“”商标第32类的消费群体不类似，不易导致商品来源混淆，不是类似商品。省市场监管局关于此节的认定正确。

综上所述，一审法院依照《中华人民共和国行政复议法》第十条第三款，《中华人民共和国行政诉讼法》第二十五条，《最高人民法院关于适用〈中华人民共和国行政诉讼法〉的解释》第十二条的规定，判决撤销被诉复议决定，并责令省市场监管局在法定期限内重新作出行政行为。

一审判决后，省市场监管局和华佗大药房公司均不服，向广东省高级人民法院提起上诉。二审经审理后判决：驳回上诉，维持原判。

【法官评述】

程序公正是保证合法正确地作出行政行为的先决条件，是行政机关行使行政职权、坚持依法行政的基本程序要求。行政复议制度不仅是行政机关内部的一种监督制度，更是行政相对人的一种权利救济制度，具有准司法性。行政复议作为一种救济制度，其审查原行政行为，可能作出维持原具体行政行为的复议决定，也可能在认定事实、适用法律、处理结果等方面改变原具体行政行为。如果行政复议决定维持原具体行政行为，可以视为对行政相对人的权利义务没有做出新的设定。但行政复议决定改变原具体行政行为，尤其是对行政相对人产生不利影响的，显然不足以保护相对人的合法权益，有悖于正当程序。国务院发布的国发［2004］10号《全面推进依法行政实施纲要》中提到，行政行为应当遵守程序正当原则，作出对当事人不利行政行为的，应当听取其意见。因此，行政机关在作出对行政相对人产生不利影响、可能减损其权益的行政决定之前，应当告知行政相对人并听取其意见。尽管《中华人民共和国行政复议法》第十条第三款规定利害关系人“可以”作为第三人参加行政复议，但是根据程序正当原则，如果该复议决定可能对利害关系人造成不利后果的，则复议机关应当将利害关系人列为第三人，给予其陈述和申辩的权利。

行政复议机关作为解决行政争议的行政机关，在行使行政职权的过程中，严格执行正当程序原则应当是最低要求。程序正当原则是保障行政执法行为公正性的基本制度安排，行政复议系行政争议解决机制，公平性问题更为突出，坚持程序正当原则更具必要性。

就本案而言，华佗国药公司是被审查的具体行政行为的利害关系人，被诉复议决定可能对华佗国药公司造成不利影响，而且复议机关以复议期间提交的新证据作为依据之一作出被诉复议决定，却未通知华佗国药公司参与行政复议，也未听取其对新证据的意见，剥夺了华佗国药公司陈述和申辩的机会，程序有违正当。一审据此判决撤销被诉复议决定，并责令复议机关在法定期限内重新作出行政行为。而二审判决进一步明确行政复议机关对是否通知第三人参加行政复议具有裁量权，但裁量权的行使不能偏离行政复议的基本原则。依照《中华人民共和国行政复议法》第四条的规定，公正原则是行政复议机关履行行政复议职责的基本原则，公正原则包含程序正当要求，包括不偏不倚听取利害关系人尤其是将受行政行为不利影响的利害关系人的陈述和申辩。因此，复议机关行使裁量权应符合公正的基本原则，否则构成程序违法。

当前，我国强调司法与行政协同保护，大力提倡行政裁决及与司法的有机衔接，不断健全知识产权行政保护与司法保护衔接机制。本案的审理，有利于规范行政裁决，尤其是规范其中的行政程序，防止滥用程序裁量权，避免产生“消极行政”现象，提高行政裁决的公正、合法性，充分发挥行政裁决的“准司法程序”作用，更好地实现司法与行政协同保护，推进我国行政法治建设进程。

编写人：广州知识产权法院　郑志柱　罗厚胤
（编辑：王冠燕）

44

天源公司与蓝箭公司等侵害集成电路布图设计专有权纠纷案

阅读提示：侵害集成电路布图设计专有权案件的审理思路是什么？适用先行判决的方式推进案件审理的考量因素有哪些？

【裁判要旨】

集成电路布图设计专有权制度不同于专利法对发明创造的保护，也不同于著作权法对作品的保护，其具有特殊性。合议庭确定该类案件的审理思路后，根据技术鉴定结果及相关技术意见，认定权利人主张的集成电路布图设计三个独创点中的独创点三具有独创性应受保护；将被诉芯片与集成电路布图设计具有独创性的部分进行对比，两者实质相同，认定两者存在复制关系；集成电路布图设计投产制造后流入市场进行商业利用，被诉侵权人存在接触使用集成电路布图设计产品的可能；国芯公司复制了集成电路布图设计独创性部分并将被诉芯片封装后对外销售，足以认定其实施了复制和商业利用行为，侵犯了专有权人的权利，应承担停止侵权、赔偿损失等民事责任；蓝箭公司作为封装企业无法获知被诉芯片是否侵权，鉴于权利人对此无进一步举证，故其封装被诉芯片的行为不视为侵权。诉讼过程中，权利人申请先行判令停止侵权行为，法院予以支持，先行判决国芯公司停止侵害权利人布图设计专有权的行为。

【案号】

一审：广州知识产权法院（2018）粤 73 民初 2321 号

【案情与裁判】

原告：深圳天源中芯半导体有限公司（以下称“天源公司”）

被告：佛山市蓝箭电子股份有限公司、上海国芯集成电路设计有限公司（以下分别称“蓝箭公司”“国芯公司”）

起诉与答辩

天源公司起诉称，天源公司于2016年8月17日向国家知识产权局申请涉案集成电路布图设计专有权，国家知识产权局于2016年9月14日颁证，涉案集成电路布图设计专有权产品投放市场后，受到广大客户的青睐。天源公司经调查发现，蓝箭公司和国芯公司未经许可，复制和销售型号为BRCL4054CME（RoHS）芯片（以下简称被诉芯片）的布图设计与涉案布图设计非常相似。本案中，天源公司的涉案布图设计具有三个独创点，天源公司经过剖片分析，发现被诉芯片的布图设计与涉案布图设计相似度达100%，完全复制了天源公司受保护的布图设计全部及三个独创点，被诉芯片落入涉案布图设计专有权保护范围。根据北京芯愿景软件技术股份有限公司（以下简称芯愿景公司）作出的《布图设计比对报告》（以下简称对比报告），被诉芯片与涉案布图设计仅存在三处不同，此三处区别在整个布图设计中的作用很小，不影响布图的功能。天源公司的涉案布图设计完成后，以TP19A的型号委托无锡华润上华科技有限公司进行加工，并对外出售，国芯公司在深圳设有办事处，有可能接触到涉案布图设计的芯片，并利用反向工程提取涉案布图设计进行复制。涉案布图设计为模拟集成电路布图设计，大多数是通过人工绘制完成，整体布图设计会根据设计者的经验、知识、思维方式的不同存在设计差异，但被诉芯片的布图设计与涉案布图设计在焊盘布局、芯片尺寸、顶层走线、连线细节等方面高度一致，足以证明国芯公司利用反向提图软件复制了涉案布图设计。国芯公司复制和制造被诉芯片后由蓝箭公司进行封装，蓝箭公司将封装后的被诉芯片对外销售，蓝箭公司和国芯公司共同实施的侵权行为给天源公司造成重大经济损失。天源公司请求法院判令蓝箭公司和国芯公司：停止复制和销售侵害天源公司涉案集成电路布图设计专有权的产品，连带赔偿天源公司经济损失及合理费用300万元，并共同承担诉讼费用。

诉讼中，由于蓝箭公司和国芯公司的被诉侵权行为并未停止，为避免损失扩大，天源公司请求法院判令蓝箭公司和国芯公司先行停止侵权行为。

蓝箭公司答辩称，请求驳回天源公司的诉讼请求：1. 蓝箭公司未复制和制造被诉芯片，被诉芯片具有合法来源，来源于国芯公司，有与国芯公司签订的《购销合同》《质量保证协议》等为证。蓝箭公司仅为封装企业，无法预知被诉芯片中有非法复制的布图设计，且蓝箭公司没有技术手段获取涉案布图设计，天源公司没有证据证明蓝箭公司在国家知识产权局查询或复制过涉案布图设计，也没有证据证明蓝箭公司将涉案布图设计的芯片进行反向工程，根据《集成电路布图设计保护条例》第三十三条的规定，蓝箭公司从国芯公司处获得被诉芯片时不知道也没有合理正当理由应当知道被诉芯片其中含有非法复制的布图设计而将被诉芯片投入商业利用，蓝箭公司不构成侵权；2. 天源公司的涉案布图设计不具有独创性，应予撤销。天源公司称涉案布图设计具有三个独创点不成立，天源公司所称的独创点一和独创点二都属于元器件位置的摆放结构，涉案布图设计所采用的元器件摆放结构属于通常做法或普通人员容易联想到的；天源公司所称的独创点三涉及电流方向，为设计思想，不属于保护范围；3. 根据芯愿景公司作出的对比报告，被诉芯片与涉案布图设计具有三处重大区别及若干小区别，即被诉芯片与涉案布图设计不相同，且被诉芯片与涉案布图设计相同的区域使用的是国际标准，为线路板的基本结构。

国芯公司答辩称，请求驳回天源公司的诉讼请求：1. 被诉芯片为市场通用产品，国内的多家企业均有制造和销售；2. 被诉芯片与涉案布图设计的核心参数不相同，属于不同的设计，在市场上不具有替代性，国芯公司与天源公司之间不形成竞争关系；3. 天源公司向国家知识产权局申请的涉案布图设计存在模糊不清的情况，天源公司不能以模糊不清的布图设计主张权利。天源公司主张涉案布图设计具有三个独创点不成立，所谓的三个独创点均为常规设计或现有设计，国芯公司自主研发的 GI204、GI224 和 GI281 芯片布图设计均与天源公司所称的三个独创点一致，且在天源公司涉案布图设计之前，故涉案布图设计不具备独创性；4. 被诉芯片系国芯公司独立设计而成，国芯公司于 2012 年开始设计并销售线性锂电池充电芯片，产品编号为 GI204，后经过优化改版制作单版，改编号为 GI796，直至 2015 年因市场竞争激烈，国芯公司对 GI796 进行缩版，采用华润微电子（重庆）有限公司的工艺重新设计版图编号为 GI291，之后再对 GI291 进行优化修改编号为 GI328，GI328 经客户使用反馈后进行修改并制作单版编号为 GI672。GI328 和 GI672 系国芯公司于 2012 年设计的 GI204 的迭代产品。被诉芯片使用的是编号 GI328 和 GI672 的芯片，GI328 芯片于 2016 年 6 月开始自主设计，国芯公司有权自行复制和投入商业使用，不侵害天源公司的涉案布图设计专有权；5. 根据芯愿景公司作出的对比报告，被诉芯片与涉案布图设计具有三处重大区别及若干小区别。第一个重大区别为闩锁保护结构，第二个重大区别与第三个重大区别相关联，被诉芯片增加一个修调结构；6. 被诉芯片为国芯公司向蓝箭公司提供；7. 虽然国芯公司在深圳设有办事处，但不能就此推断国芯公司接触了涉案布图设计和涉案布图设计芯片。

一审审理查明

一、案件基本事实

涉案布图设计权利人为天源公司，布图设计名称为线性锂电池充电器，布图设计登记号为 BS.165007060，布图设计申请日为 2016 年 8 月 17 日，布图设计颁证日为 2016 年 9 月 14 日，布图设计创作完成日为 2011 年 8 月 1 日。

天源公司为证明涉案布图设计产品已进行商业利用并投入市场，提交其委托无锡华润上华科技有限公司生产 TP19A 产品的生产订单和发票等为据。

天源公司经调查发现蓝箭公司复制和销售被诉产品，委托深圳市弘沛电子有限公司（以下简称弘沛）与蓝箭公司沟通购买被诉芯片事宜。经沟通，弘沛公司向蓝箭公司购买被诉芯片 6 盘，并取得蓝箭公司的《样品承诺书》一份。蓝箭公司的官方网站记载蓝箭公司是“广东省高新技术企业，国内半导体器件专业研发制造商……产品系列有各种封装的双极型晶体管、场效应晶体管……”等信息。国芯公司的的官方网站记载国芯公司“成立于 2003 年，国家重点高新技术企业，主要从事 IC 产品的设计研发、测试和销售，同时对外承接客户的 IC 芯片委托设计和测试服务业务……在扬州和深圳设有办事处”等信息，国芯公司的官方网站还记载“其中一款产品名称为 4054，兼容型号为 TP4054”等信息。

诉讼之初，国芯公司不确认被诉芯片系其向蓝箭公司提供。一审法院根据当事人的合意决定，选定芯愿景公司就被诉芯片与国芯公司提供给蓝箭公司的《质量保证协议》附图相似性进行分析，分析结果显示，由于《质量保证协议》中所附电路设计布图图像出现粘连现象，有些金属线无法判定是否连接，在推测正确的情况下，被诉芯片与《质量保证协议》中所附电路设计布图仅存在三处区别。上述技术对比结果作出后，国芯公司确认被诉芯片系其提供给蓝箭公司进行封装。

二、涉案布图设计的独创性部分

诉讼中，天源公司向广州知识产权法院申请调取其在国家知识产权局备案的涉案布图设计图样。为了查明案件事实，本院向国家知识产权局调取天源公司在国家知识产权局备案的布图设计图样 A4 复印件。

天源公司指出涉案布图设计具有三个独创点。独创点一为修调熔丝的布图设计，涉案布图设计的修调熔丝摆放在 GND PAD 的两边，不另外占用位置，且该 GND PAD 不是专门用来烧熔丝测试用，而是与常规 GND PAD 复用。独创点二为功率管与控制电路之间的布图设计，涉案布图设计将 HR 电阻设计在 PMOS 和 NMOS 之间，既满足了 PMOS 和 NMOS 之间的距离要求，同时放置 HR 电阻不会对芯片面积造成浪费，有效节省芯片面积，降低芯片的成本。独创点三为 ESD 器件（静电放电保护器件）的布图设计，涉案布图设计独创 ESD 管源极连线布图设计，ESD 管子的源极连线从 GND PAD 引出，最先达到最左边的 ESD 管子的源极，最后达到最右边的 ESD 管子源极，那么最左边的 ESD 管子的源极连线最短，等效阻抗最小；最右边的 ESD 管子源极连线最长，等效阻抗最大。综合 ESD 管源子的极和漏极连线的等效阻抗，该组 ESD 管子从最左边到最右边的 ESD 管子的等效阻抗是基本相等的，这样每个 ESD 管子流经的电流也相等，从而实现 ESD 器件的均匀导通，提高了 ESD 器件的 ESD 性能。

国芯公司反驳涉案布图设计独创点一不具有独创性，并提交往来电子邮件、论坛网站截图、导入合同和采购订单等为据。国芯公司反驳涉案布图设计独创点二不具有独创性，并提交往来电子邮件、导入合同、掩模加工合同等为据。国芯公司还辩称涉案布图设计独创点三不具有独创性，并提交了机械工业出版社出版的《ESD 设计与综合》、PDF 文件、往来电子邮件等为据。

三、被诉芯片布图设计与涉案布图设计的对比事实

（一）独创性部分的对比

关于独创点一，根据对比报告，涉案布图设计的五个修调熔丝分别布置在 GND PAD 两侧，其中左边三个，右边两个；被诉芯片布图设计亦有五个修调熔丝分别布置在 GND PAD 两侧，亦为左侧三个，右侧两个。

关于独创点二，根据对比报告，涉案布图设计的 HR 电阻设置在 PMOS 和

NMOS 之间。根据对比报告，被诉芯片布图设计亦将 HR 电阻设置在 PMOS 和 NMOS 之间。

关于独创点三，根据对比报告，涉案布图设计中图 3.2.8a，涉案布图设计红框范围内金属线连接在一起，根据对比报告中图 3.2.23a，涉案布图设计红框范围内金属线断开，根据对比报告中第 89 页图 3.2.81a，涉案布图设计隔离环连接 PAD。根据对比报告中图 3.2.8b，被诉芯片布图设计红框范围内金属线断开，根据对比报告图 3.2.23b，被诉芯片布图设计红框范围内金属线连接在一起，根据对比报告中第 91 页图 3.2.81b，被诉芯片隔离环连接 PAD1。

（二）被诉芯片布图设计与涉案布图设计的整体对比

经天源公司、蓝箭公司和国芯公司合意决定，广州知识产权法院委托芯愿景公司对被诉芯片的布图设计与天源公司涉案 BS.165007060 集成电路布图设计进行技术对比。芯愿景公司出具被诉芯片布图设计与涉案布图设计的对比报告。根据芯愿景公司出具的对比报告，其上载明：通过对芯片的去层次分析，得知芯片 4054C 包含 2 层金属层（以下简称 MET1 层、MET2 层）、多晶层（以下简称 POLY 层）、注入层（以下简称 DIFF 层）、染色层（以下简称 STAIN 层），其中 MET2 层与 STAIN 层采用光学显微镜拍摄芯片图像，MET1 层、POLY 层、DIFF 层采用电子显微镜拍摄芯片图像。

芯片图像中的 POLY 层图像实际包含 POLY 层、POLY2 层、POLY 层和 POLY2 层连接至 MET1 层的通孔 CONTACT 层，以及没有被 POLY 层、POLY2 层和 CONTACT 层覆盖的 DIFF 层。

涉案布图设计中的器件识别主要依据 NWELL 层、DIFF 层、POLY 层、POLY2 层、MET1 层、VIA1 层、MET2 层，因此被诉芯片 4054C 也主要拍摄了相应的 STAIN 层、DIFF 层、POLY 层、MET1 层、MET2 层，其中被诉芯片的 STAIN 层同涉案布图设计中的 NWELL 层相对应。根据被诉芯片 STAIN-MET2 各层的电子照片识别各区域内部的布图特征，进而将芯片电子照片与布图设计登记照片进行对比。

涉案布图登记电子照片的各层图像和被诉芯片 4054C 的各层图像面积较大，整体分析时，有些区域因为缩放太小，无法观察到局部细节，因此将布图登记电子照片的各层图像和芯片 4054C 反向工程得到的各层图像划分为 B1~B7 个模块，其中 B3 区域、B5 区域和 B6 区域之间的连线较为复杂，为了完整分析中间区域的连线关系，B3 区域和 B5 区域在划分边界与 B5 区域和 B6 区域在划分边界时存在一部分的重叠。

由于识别独创性区域的多数器件特征主要依据“DIFF 层、POLY 层、MET1 层、MET2 层”版图层，故在报告中主要使用芯片 4054C 电子照片与布图电子件的这四层进行对比识别，对于涉及其他版图层的区域，再另对该区域的必要版图层进行说明。

在推测都正确的前提下，B1 区域 DIFF 层（STAIN 层）–MET1 层的布图都实质性相同，MET2 层的红框区域布图不相同，因此 B1 区域的整体布图不是完全相同。在推测都正确的前提下，B2 区域的布图实质上相同。在推测都正确的前提下，B3 区域的 NWELL 层（STAIN 层）–MET1 层都实质上相同，但是由于 MET2 层中的红框区域不相同，因此 B3 区域的布图不是完全相同。在推测都正确的前提下，B4 区域的 NWELL 层（STAIN 层）–POLY 层都实质上相同，但是由于 MET1 层、VIA1 层、MET2 层的布图不是完全相同，因此 B4 区域的布图不是完全相同。在推测正确的情况下，B5 区域的布图实质上相同。在推测都正确的前提下，B6 区域的 NWELL 层（STAIN 层）–MET1 层都实质上相同，MET2 层的布图不是完全相同，因此 B6 区域的布图不是完全相同。在推测都正确的前提下，B7 区域的 NWELL 层（STAIN 层）–POLY 层都实质上相同，但是由于 MET1 层、VIA1 层、MET2 层的布图不是完全相同，因此 B7 区域的布图不是完全相同。

由于布图电子元件存在黏连现象，有些金属线的边界无法辨清，而且当布图缩放时，会存在较小器件无法观察到的情况，因此有些区域无法判定其布图特征，但是根据推测，这些情况可能相同。为了分析布图电子件和芯片电子照片的布图不相同的区域，这里将 B1 ~ B7 区域中所有“推测相同的部分”都暂定为布图特征相同。因为将“推测相同部分”暂定为布图特征相同，所以整个布图电子件和整个芯片只有三个位置在布图上不相同。位置一涉及 B1 区域、B2 区域和 B3 区域。因为位置一的布图不相同，所以该位置中的隔离环连接的 PAD 不同。通过对该区域进行电路分析，从电路功能上来说，该隔离环连接哪一个 PAD 都不影响其功能，但是会影响芯片的闩锁效应，对其隔离的 ESD 电路产生影响。位置二涉及 B4 区域、B6 区域和 B7 区域。位置二所在的区域布图不相同，为了体现该差异是否对电路功能造成影响，分别对两电路进行分析，从电路来看，这两个电路的区别在于芯片 4054C 将布图中一个端口分为两个端口与后面的电路进行连接。位置三涉及 B4 区域。B4 区域的布图不同，通过对该区域进行电路整理，从电路看，这两个电路的区别是 4054C 芯片中的两个电阻不起任何作用，因此导致电阻的串联个数不同。

四、国芯公司提交的用于证明其自主研发被诉芯片的证据

国芯公司主张被诉芯片系其自主研发，于 2012 年开始设计被诉芯片，编号为 GI204，后经过多次优化改版，优化后的芯片分别更名为 GI796、GI291、GI328 和 GI672。国芯公司为证明被诉芯片系其自主研发提交相关证据予以佐证。其中部分证据国芯公司亦用于证明天源公司的涉案布图设计不具有独创性。国芯公司提交其自行研发编号 GI204 芯片的证据包括采购订单、掩模加工合同和掩模产品截图。国芯公司提交其自行研发编号 GI796 芯片的证据包括掩模加工合同和掩模产品截图。国芯公司提交其自行研发编号 GI291 芯片的证据包括信息表格和掩模加工合同。国信公司提交其自行研发编号 GI328 芯片的证据包括信息表格和制版合同。国芯公司还提交了《证明》《客户告知函》等其他证据佐证被诉芯片是其自行研发。

五、蓝箭公司提交的不侵权抗辩证据

蓝箭公司辩称其未侵害天源公司涉案布图设计专有权，提交了其与国芯公司交易的送货单、发票、《购销合同》、《质量保证协议》等为据。

一审判理和结果

一审法院审理认为，《集成电路布图设计保护条例》（以下简称《条例》）、《集成电路布图设计保护条例实施细则》（以下简称《实施细则》）是人民法院开展集成电路布图设计案件审判应当遵循和可以参照的基本依据。根据以上法律规则，布图设计专有权经国务院知识产权行政部门登记产生。受保护的布图设计应当具有独创性，即该布图设计是创作者自己的智力劳动成果，并且是其创作时在布图设计创作者和集成电路制造者中不被公认的常规设计。未经权利人许可，复制受保护的布图设计的全部或者其中任何具有独创性的部分构成侵权；为商业目的以销售等方式提供含有布图设计的集成电路或者含有该集成电路的物品构成侵权。在获得含有受保护的布图设计的集成电路或者含有该集成电路的物品时，不知道也没有合理理由应当知道其中含有非法复制的布图设计，而将其投入商业利用的，不视为侵权。

本案的基本事实是，天源公司将涉案布图设计向国家知识产权局申请集成电路布图设计并获登记，蓝箭公司从国芯公司处购得其生产的被诉芯片后进行封装和销售，天源公司从市场流通环节获取被诉芯片后起诉蓝箭公司和国芯公司侵害其集成电路布图设计专有权。根据上述法律规则，结合当事人的诉辩意见，本案的审理思路是：第一步，鉴于天源公司主张受保护的并非涉案布图设计全部，而是其中的三个部分，而国芯公司对此三个部分的独创性提出质疑，故审查天源公司提出的此三个部分的独创性主张是否成立。第二步，基于第一步的结论，如果独创性主张足以支持，则对比被诉侵权物的对应部分与之是否相同或者实质相同。在以上步骤中，鉴于国芯公司还辩称相关布图设计属自主研发而得，故同时审查该诉讼主张之理据是否充分。第三步，基于第二步的结论，如果两者相同或者实质相同，则审查国芯公司是否曾接触涉案布图设计或者存在接触的可能性。第四步，基于第三步的结论，如果发生接触或者存在接触可能性，则侵权成立，进而确定相关侵权责任；同时审查蓝箭公司提出的“不知情－不侵权”抗辩是否成立。以上审理思路涵盖了当事人之间的争议焦点。

一、关于涉案布图设计的独创性部分

根据民事诉讼的举证规则，关于独创性部分的证明，权利人首先负有举证责任，但也不能过分加大其举证责任；相比而言，被诉侵权人的“反证”与当事人之间的举证能力更相适应，其只要能够提供一份公开在先的常规布图设计就足以推翻权利人的独创性主张。因此，被诉侵权人的相关“反证”应予重点审查。

根据《条例》第十六条和《实施细则》第十四条的规定，在布图设计登记时，向登记部门提交布图设计的材料包括复制件或图样的纸件、复制件或者图样的电子版本、样品。本案中，天源公司在向国家知识产权局申请涉案布图设计登记时提交了登记申请表、复制件或图样的纸件，用以确定布图设计的内容。涉案布图设计的保护范围在本案中具体体现为天源公司主张的三个独创点，即三个独创点在涉案布图设计的复制件或图样纸质件中的对应内容。

天源公司在本案中提出涉案布图的三个独创点：1. 修调熔丝的布图设计；2. 功率管和控制电路之间的布图设计；3.ESD 器件的布图设计。天源公司提出了关于独创点对应部分的常规设计，将涉案布图设计的独创性部分与常规设计进行对比，对独创性部分的独创点进行了说明。天源公司对三个独创性部分的独创点的说明及其中所涉技术术语的含义，是本领域技术人员结合涉案布图设计的图样和独创点的内容可以知晓的，可以据此确定其在布图设计中对应的部分。

如上文查明的事实，关于第一个独创点，天源公司主张涉案布图设计将修调熔丝摆放在 GND PAD 的两边，使得修调熔丝不再另行占用一排位置放置，也不分别摆放在 FUSE PAD 两侧，同时无须专门通过烧熔丝测试即可与常规 GND PAD 复用，可以实现烧断修调熔丝并节省芯片面积、降低芯片成本的目的。国芯公司辩称该涉案布图设计该部分不具有独创性，并提交往来电子邮件、论坛网站截图、导入合同和采购订单为据。经审查，网站论坛截图仅对公共 PAD 进行描述，未涉及涉案布图设计具体元器件的摆放问题；导入合同和采购订单仅记载芯片名称为 GI224，未展示芯片设计图，无法进行布图设计对比。至于往来电子邮件，国芯公司于 2013 年研发的 GI224 芯片的修调熔丝排布确实设置在 GND PAD 的两边，其客观上能够使得熔丝不另行占用一排位置放置，可以节省芯片面积和降低芯片成本，此为其一。其二，虽然天源公司还指称涉案布图设计的修调熔丝集中摆放在 GND PAD 两侧，可以更进一步节省芯片面积，且不影响修调熔丝烧断，但对比报告未体现天源公司所称的独创点一是如何进一步节省芯片面积的同时不影响修调熔丝烧断，故对天源公司的该项主张不予支持。因此，国芯公司提交的往来电子邮件公开了天源公司所主张的第一个独创点，天源公司所主张的第一个独创点不具有独创性。

关于第二个独创点，天源公司主张将 HR 电阻设置在 PMOS 和 NMOS 之间，既能满足 PMOS 和 NMOS 之间保持足够距离以免发生闩锁效应，又能节省芯片面积降低芯片成本。国芯公司辩称涉案布图设计该部分不具有独创性，并以往来电子邮件、导入合同和掩模加工合同为据。经审查，证据导入合同和掩模加工合同仅记载芯片名称为 GI281，未展示芯片设计图，无法进行布图设计对比。至于证据往来电子邮件，国芯公司于 2015 年研发的 GI281 芯片在 PMOS 和 NMOS 之间通过留空区域放置隔离环以防止发生闩锁效应，客观上，国芯公司的 GI281 芯片在 PMOS 和 NMOS 之间留空位置可以减少甚至避免闩锁效应，同时在 PMOS 和 NMOS 之间放置元器件需要用到的电阻，可节省芯片面积降低芯片成本。即国芯公司提交的往来电子邮件公开了天源公司所主张的第二个独创点，故天源公司所主张的第二个独创点不具有独创性。

关于第三个独创点，天源公司主张涉案布图设计的ESD器件为独创的ESD管源极连线布图设计，其ESD管的源极从GND PAD引出，最先到达最左边的ESD管源极，最后到达最右边ESD管源极，使得最左边ESD管的源极连线最小，等效阻抗最小，最右边的ESD管源极连线最长，等效阻抗最大，这样在其最右边ESD管源极连线最短等效阻抗最小、最左边ESD管源极连线最长等效阻抗最大的情况下，可以使得ESD管从最左边到最右边的ESD管的等效阻抗基本相等，故能实现ESD期间均匀导通，提高ESD器件性能。国芯公司辩称涉案布图设计该部分不具有独创性，并以书籍《ESD设计与综合》、PDF文件和往来电子邮件为据。经审查，证据PDF文件上载于内部网站，需账号和密码登录才可下载查阅，且根据系统显示，该PDF文件的上传时间为2020年9月，晚于涉案布图设计的登记申请日。书籍《ESD设计与综合》相应内容仅指出电流导通均匀性和电阻分布设计对称性对ESD器件的影响，并未具体指出天源公司的涉案布图设计中具体通过漏极连线和源极连线等效阻抗互补的方式实现等效阻抗均匀的技术手段。至于证据往来电子邮件，国芯公司于2015年研发的芯片GI204，由于ESD管对应两个不同的PAD，不能保证最终ESD管的等效电阻接近相等，故不能保证ESD期间的均匀导通。因此，国芯公司提交的上述证据尚不足以推翻天源公司提出的独创点三，天源公司提出的独创点三作为独创性部分应受保护。

综上，天源公司主张的独创点一、二不成立，独创点三成立。鉴于此，独创点三的布图设计专有权应受保护，他人未经许可，不得进行复制，不得将含有该部分布图设计的集成电路或含有该集成电路的物品投入商业利用。

二、关于涉案布图设计独创性部分的侵权技术对比

布图设计保护的是集成电路中元件与部分或全部互联线路的三维配置，不延及思想、处理过程、操作方法等。判断被诉侵权物与受保护的布图设计是否相同或者实质相同，应从布图设计创作者和集成电路制造者的角度进行；这个角度上，其知晓现有常规设计规则和制造工艺，知晓在受保护的布图设计创作时所有的公认的常规设计。本案中，相关技术对比已由鉴定机构出具结论，其结论是认定两者是否相同或者实质相同的基本证据。

经过上文分析，天源公司提出的涉案布图设计独创点三应受保护，将被诉芯片与该部分进行对比，根据芯愿景公司作出的对比报告，将报告中“推测相同部分”暂定为布图特征相同的情况下，被诉芯片与涉案布图设计整体上只有三个位置存在差异，其中涉案布图设计具有独创性的部分即天源公司所指称的独创点三存在于被诉芯片与涉案布图设计存在差异位置的位置一。经审查，根据上文查明的技术事实，被诉芯片与涉案布图设计在位置一上金属线连接不相同，进而导致隔离环与不同的 PAD 进行连接，但上述差异不会影响该隔离环的电路功能的实现，对位置一中 ESD 保护模块的功能影响较小，故从功能模块上说，被诉芯片与涉案布图设计在位置一上的功能实质性相同。因此，被诉芯片中的集成电路布图的对应区域与涉案布图设计的独创部分实质相同。

再看独创点三以外的部分。由于天源公司主张的独创点一和独创点二不成立，故该两部分与涉案布图设计其他部分一并考虑。根据芯愿景公司作出的对比报告，虽然由于布图电子元件存在黏连导致有些金属边界无法辨清，但根据推测，这些部分可能相同。在此情况下，整体上被诉芯片的布图设计与涉案布图设计只有三个位置不同。其中位置一涉及天源公司所主张的独创点三，在此不再赘述；位置二和位置三的布图差异对于该位置的电路功能不造成影响，即被诉芯片布图设计与涉案布图设计在位置二、三上实质相同。可见，同为集成电路布图设计，尤其是在不考虑布图设计整体独创性的基础上两者实质相同；基于此，此布图设计整体中的独创点三实质相同，足以认定该部分存在复制关系。

至于国芯公司辩称该部分为其自主研发，经审查，国芯公司在本案中提交用于证明涉案布图设计不具有的独创性的证据与证明其自行研发的证据部分相同，国芯公司提交的自行研发的证据还包括国芯公司的采购订单，其与案外人签订的掩模加工合同、制版合同及案外人开具的掩模业务证明文件等。上述证据仅能证明国芯公司对相关芯片产品进行制版、掩模加工等环节的工业制作，不足以证明其中所涉布图设计为其独立创作。因此，国芯公司的该项抗辩不成立。

综上，被诉芯片的布图设计相应部分与涉案布图设计中天源公司所主张的独创点三实质相同，存在复制关系；国芯公司对该部分自主研发的抗辩主张不成立。

三、关于接触或接触可能性

《条例》规定了布图设计登记时应提交的材料，《实施细则》亦规定，布图设计登记后，公众可请求查阅该布图设计登记簿或请求国家知识产权局提供该登记簿的副本，公众也可以请求查阅该布图设计的复制件或者图样的纸件。对于布图设计复制件或图样的电子版本等完整信息，除了侵权诉讼或者行政处理程序需要外，任何人不得查阅或者复制。可见，在登记公告后，对含有布图设计全部信息的电子版本没有对相关公众无条件全部公开的要求，此规则有别于“一旦授权即公开”的专利制度；登记材料并非相关公众直接获知的渠道。同时，条例对布图设计的保护以登记作为前提，布图设计专有权产生的条件不包括已投入商业使用。在此规则下，布图设计经登记产生专有权之后，权利人如未投入商业使用，相关公众亦无从通过市场接触获知其完整信息。因此，不宜以布图设计已登记直接推断相关公众应当知晓其布图设计具体内容。而基于相关技术领域的研发路径依赖，理论上存在研发成果“殊途同归”的可能性；当被诉芯片与涉案布图设计构成相同或实质相同时，还须考虑被诉侵权人是否曾接触或者存在接触涉案布图设计的可能性。显然，权利人对此有举证责任，且应当结合生产生活常识和商业习惯予以综合考量。

本案中，天源公司于 2015 年 8 月 7 日委托无锡华润上华科技有限公司，将涉案布图设计以 TP19A 为型号进行制造。天源公司还举证国芯公司在深圳设有办事处，其有可能接触到天源公司的涉案芯片产品并通过反向工程复制涉案布图设计。国芯公司辩称被诉芯片系其自行研发，提交了型号为 GI204、GI796、GI291、GI328、GI672 芯片相关制版、掩模合同等为据，且辩称其即便在深圳设立办事处，但与天源公司非竞争关系，不能就此推断其接触了天源公司的涉案芯片产品或涉案布图设计。对此，一审法院认为，首先，涉案布图设计于 2015 年开始制造，随后流入市场进行商业利用，天源公司所在地为深圳市，国芯公司在深圳设有办事处，且天源公司与国芯公司同属于集成电路研发企业，在相同的地域范围内，基于行业习惯，会相互较密切地关注，国芯公司具有接触使用涉案布图设计产品的可能。其次，涉案布图设计系模拟集成电路设计，不同于计算机系统的自动布局布线，模拟集成电路大多数需要“人工”绘制完成，布图设计的设计者需根据其自身经验、知识和设计习惯等进行设计，设计者不同的情况下，难以设计出相同的布图设计。如上文所认定的，被诉芯片布图设计与涉案芯片布图设计实质相同，如果不存在同一设计者，则存在涉案布图设计被反向工具提取复制的可能性。最后，虽然国芯公司辩称被诉芯片系其自行研发，但根据上文所认定的，国芯公司在本案中提交的其自行研发的证据不足以证明被诉芯片的布图设计系其独立创作。在此情况下，国芯公司未进一步举证证明被诉芯片布图设计的来源，基于此，一审法院认定国芯公司满足接触可能性的条件；至于国芯公司是否实际接触了涉案布图设计、实际进行了反向工程，不影响本案处理，不作进一步评述。

四、关于行为认定和侵权责任

关于蓝箭公司责任。蓝箭公司辩称被诉芯片来源于国芯公司，其为封装企业，不构成侵权。如上文所述，对于布图设计复制件或图样的电子版等完整信息，并非如专利授权公开那样可由社会公众直接获知。蓝箭公司作为封装企业，除侵权诉讼或行政处理程序的需要，不得查阅布图设计信息的电子版本。也就是说，在一般的生产经营中，蓝箭公司无从通过关注相关布图设计等方式获知被诉芯片是否涉嫌侵权。同时，天源公司对蓝箭公司知道或有合理理由应当知道所获取的芯片含非法复制的布图设计负有举证责任，但其关于此节的证据不足。基于此，蓝箭公司封装被诉芯片并对外销售，即使被诉芯片含有非法复制的布图设计，其行为不视为侵权。蓝箭公司提出的不侵权抗辩应予支持，天源公司对之提出的诉讼请求应予驳回。

关于国芯公司责任。根据上文的认定，国芯公司生产了被诉芯片，其中的布图设计复制了涉案布图设计独创性部分；并且将芯片提供给蓝箭公司进行封装并对外销售，属于商业利用，足以认定其实施了复制和商业利用行为，侵害了天源公司的布图设计专有权，应承担停止侵权、赔偿损失等民事责任。在本案诉讼过程中，天源公司为避免损失扩大，要求一审法院先行判令国芯公司停止侵权，一审法院予以支持。依据《中华人民共和国民法典》第一百七十九条，《中华人民共和国民事诉讼法》第一百五十三条，《集成电路布图设计保护条例》第四条、第八条、第十六条、第三十条、第三十三条第一款，参照《集成电路布图设计保护条例实施细则》第十四条、第三十九条的规定，先行判决：1. 国芯公司于判决生效之日起停止侵害天源公司 BS.165007060“线性锂电池充电器”集成电路布图设计专有权的行为；2. 驳回天源公司对蓝箭公司的诉讼请求。

一审判决后，天源公司和国芯公司均不服，向最高人民法院提起上诉。二审正在审理中。

【法官评述】

本案是本院审理的首例侵害集成电路布图设计专有权纠纷案，明确了该类案件的审理思路，对今后类似案件的审理提供了有益参考。对集成电路布图设计专有权的保护既不同于专利法对发明创造的保护，亦不同于著作权法对作品的保护。根据《集成电路布图设计保护条例》《集成电路布图设计保护条例实施细则》规定，布图设计专有权经登记产生，但取得登记证书并不当然推定该布图设计具有独创性，还需专有权人在诉讼中明确独创点，并以此作为布图设计侵权判定的基础。未经权利人许可，复制受保护的布图设计的全部或者其中任何具有独创性的部分构成侵权；为商业目的以销售等方式提供含有布图设计的集成电路或者含有该集成电路的物品，也构成侵权。按照条例和实施细则的规定，布图设计专有权登记后，其布图设计的全部信息并非如同专利制度"一旦授权即公开"，因此，不宜以布图设计已登记直接推断相关公众应当知晓其布图设计具体内容。且基于相关技术领域的研发路径依赖，理论上存在研发成果"殊途同归"的可能性，在被诉芯片布图设计与专有权人的布图设计实质相同时，还需考虑被诉侵权人是否曾接触或者存在接触的可能性。在获得含有受保护的布图设计的集成电路或者含有该集成电路的物品时，不知道也没有合理理由应当知道其中含有非法复制的布图设计，而将其投入商业利用的，不视为侵权。

本案还是我院首次对停止侵权之诉请作出先行判决。根据《中华人民共和国民事诉讼法》的规定，人民法院审理案件时，如果其中一部分事实已经清楚，可以就该部分先行判决。本案为侵害集成电路布图设计专有权纠纷，在司法实践中，对该类技术案件审理的裁判规则不是特别明确，且此类案件涉及的技术复杂，采用常规审判方式可能耗费较长周期，采取先行判决的方式推进审理，具有多个优势。首先，可以优先避免因技术类知识产权案件技术复杂、案情疑难、审理周期长导致侵权行为持续及权利人利益受损日益扩大，具有"澄清是非""及时止损"的功能。其次，权利人在知识产权纠纷中的诉请一般包括停止侵权和赔偿损失两方面，先行判决的"定性"对赔偿请求"定量"部分纠纷的解决奠定了基础，有利于当事人在诉讼过程中预测诉讼进度，及时调整诉讼策略。最后，在是非对错明确的情况下，当事人可能会提高和解的积极性，从而促进当事人纠纷的实质性化解。

本案涉及芯片这一前沿领域“卡脖子”技术问题，在近年来我国经济转向高质量发展阶段备受关注。本案的审理，体现了知识产权审判在新兴产业、重点领域、重要产品、关键核心技术领域加大司法保护力度，推动了“广州－深圳－香港－澳门”科技创新走廊建设，彰显了广州知识产权法院在粤港澳大湾区知识产权司法保护水平提升中的“头雁效应”，为该行业创新发挥服务和保障职能作用。

编写人：广州知识产权法院　郑志柱　罗厚胤

（编辑：王冠燕）

45

薏米桔内衣厂与凌微公司因恶意提起知识产权诉讼损害责任纠纷案

阅读提示：在专利权有效期内提起知识产权诉讼是否属于恶意诉讼？

【裁判要旨】

在专利权有效期内提起知识产权诉讼，其诉讼行为不能表明其具有利用诉讼程序达到损害他人合法权益或谋取非法利益的恶意的，不构成恶意提起知识产权民事诉讼，无须承担赔偿责任。

【案号】

广州知识产权法院（2020）粤73民初1390号

【案情与裁判】

原告：汕头市潮阳区谷饶薏米桔内衣厂（以下称“薏米桔内衣厂”）

被告：佛山市凌微服饰有限公司（以下称“凌微公司”）

起诉与答辩

薏米桔内衣厂诉称：广州知识产权法院于2019年10月23日受理了凌微公司以其外观设计专利权（专利号：201830547647.5）分别对惠州市尤里科技发展有限公司、东莞市资江服饰有限公司提起的侵害外观设计专利权纠纷案件，案号分别为（2019）粤73民初2099号、（2019）粤73民初2100号。2019年12月6日，法院以两案被告实施的设计属于现有设计，不构成侵犯专利权为由，驳回凌微公司的全部诉讼请求。在同一时间立案受理的还有凌微公司以同一外观设计专利权起诉薏米桔内衣厂一案，案号为（2019）粤73民初2101号，该案在上述两案件判决作出并送达时尚未开庭，凌微公司在2019年年底已清楚知晓其专利存在现有设计却依旧不顾法院对案件证据事实的认定，一直未撤回对薏米桔内衣厂的起诉，双方私下沟通调解无果，直至薏米桔内衣厂为此委托律师准备证据材料应诉后，凌微公司才于2020年3月提出撤诉，但薏米桔内衣厂此时已经为此案支出一定费用，造成不必要的损失，凌微公司的行为已构成知识产权恶意诉讼。薏米桔内衣厂请求判令：1.凌微公司赔偿在法院认定另案被告实施的设计属于现有设计、不侵犯其专利权后未及时撤回对薏米桔内衣厂的起诉导致薏米桔内衣厂因此产生的律师费15000元及实际产生的差旅费1000元；2.凌微公司承担本案的全部诉讼费用。

凌微公司答辩称：1.（2019）粤73民初2099、2100、2101号三个案件一并起诉，同一时间立案，安排不同的时间开庭，不存在恶意起诉；2.凌微公司对201830547647.5号外观设计专利权享有合法有效的专利，（2019）粤73民初2099、2100号案的民事判决书并没有宣告凌微公司的专利无效，凌微公司仍然有权要求薏米桔公司停止侵权并要求赔偿。且两案判决后凌微公司也向广州知识产权法院申请撤回相关案件的起诉，不存在恶意诉讼；3.薏米桔内衣厂的律师费于2020年4月23日支出，凌微公司于2020年3月18日向法院申请撤诉，因此，薏米桔内衣厂主张的费用不属于合理费用。

一审审理查明

2019年9月18日，凌微公司以薏米桔内衣厂未经许可擅自制造、加工、销售和许诺销售侵犯其名称为“隐形文胸贴”、专利号为ZL201830547647.5专利的产品为由，向法院提起诉讼，请求判令薏米桔内衣厂停止侵权行为，赔偿凌微公司经济损失及维权费用20万元并承担全部诉讼费用。法院于2019年10月23日立案受理，案号为（2019）粤73民初2101号，开庭时间定于2020年4月20日上午。薏米桔内衣厂于2020年3月11日与广东腾锐律师事务所签订了《委托代理合同》，委托广东腾锐律师事务所在凌微公司诉薏米桔内衣厂侵害外观设计专利权纠纷一案中担任代理人，代理薏米桔内衣厂处理诉讼相关事宜，律师代理费为15000元，代理人为办案件支出的差旅费等其他必要费用不属于律师费范围，薏米桔内衣厂需另行负担。2020年3月19日，凌微公司向法院申请撤回该案的起诉，法院经审查后裁定准许凌微公司撤诉。2020 年 4 月 23 日，广东腾锐律师事务所向薏米桔内衣厂开具金额为 15000 元的律师费发票。

2019 年 10 月 23 日，法院立案受理了凌微公司以相同理由起诉惠州市尤里科技发展有限公司、东莞市资江服饰有限公司的侵害外观设计专利权纠纷两案，案号分别为（2019）粤 73 民初 2099 号、（2019）粤 73 民初 2100 号。2019 年 12 月 6 日，法院对上述两案作出相应的民事判决书，以被告提出的现有设计抗辩成立为由，分别判决驳回凌微公司的诉讼请求。凌微公司不服两案的判决，向广东省高级人民法院提起上诉。2020 年 4 月 26 日，凌微公司申请撤回该两案的上诉，广东省高级人民法院分别作出（2020）粤民终 758、759 号民事裁定书予以准许。

薏米桔内衣厂为证明凌微公司具有主观上的恶意，向法院提交了以下证据：

1. 1688 网站黄某顺投诉被驳回的网页截图，拟证明黄某顺于 2019 年 8 月在 1688 网站投诉惠州市尤里科技发展有限公司侵犯其专利，惠州市尤里科技发展有限公司通过上传在先销售等订单截图申诉成功，黄某顺的投诉被驳回；凌微公司在明知其专利设计已有店铺在先公开销售相关产品后仍在 2019 年 9 月起诉包括薏米桔内衣厂在内的多家企业，属于违背诚实信用原则的行为，浪费司法资源，损害薏米桔内衣厂利益，存在恶意诉讼行为。

2.（2019）厦鹭证内字第 95248 号公证书，拟证明涉案专利申请日为 2018 年 9 月 28 日，在此之前天猫店铺“淑秋旗舰店”已公开销售与涉案专利相同的隐形胸贴，薏米桔内衣厂的产品设计属于现有设计，不构成对本案专利的侵权。凌微公司作为同类产品的生产商，对行业内产品的设计与销售有了解，清楚在先销售的产品与其专利相同，仍然提出诉讼，存在恶意诉讼行为。

一审判理和结果

法院认为，本案为因恶意提起知识产权诉讼损害责任纠纷，争议焦点为：1. 凌微公司是否构成恶意提起知识产权民事诉讼；2. 如构成恶意提起知识产权民事诉讼，民事责任如何承担。

关于凌微公司是否构成恶意提起知识产权民事诉讼的问题，法院认为恶意提起知识产权诉讼行为的认定应当根据当事人提起诉讼前后的一系列行为进行综合分析认定，具体考察行为是否满足以下构成要件：1. 一方当事人提起知识产权侵权诉讼；2. 提起诉讼的一方当事人主观上具有恶意；3. 该诉讼行为给另一方当事人造成了实际损害后果；4. 诉讼行为与损害后果之间具有因果关系。本案中，凌微公司向法院提起（2019）粤 73 民初 2101 号案诉讼，薏米桔内衣厂为应对诉讼而聘请律师并由此产生一定的律师费、差旅费，该费用支出对薏米桔内衣厂而言是一种经济上的损害后果，且该损害后果与凌微公司提起诉讼的行为具有因果关系。因此，本案重点审查凌微公司提起（2019）粤 73 民初 2101 号案的诉讼行为是否具有主观上的恶意，应从在先案件的起诉是否具有一定的权利基础和事实基础和起诉方是否具有超出诉讼本身的不正当目的两个方面进行分析。

首先，凌微公司向法院提起（2019）粤 73 民初 2101 号案诉讼时，其名称为“隐形文胸贴”、专利号为 ZL201830547647.5 的外观设计专利处于合法有效状态，其专利权依法应当受到法律保护。凌微公司在提起诉讼前，进行了相应的公证取证工作，将该案被诉侵权产品与涉案专利进行比对后认为被诉侵权产品落入涉案专利的专利权保护范围；在提起该案诉讼时，提交了薏米桔内衣厂未经其许可擅自制造、加工、销售和许诺销售侵犯其外观设计专利权的产品的初步证据。因此，凌微公司的诉讼行为具有一定的权利基础和事实基础。

其次，凌微公司在收到（2019）粤 73 民初 2099、2100 号两案民事判决书后向广东省高级人民法院提起上诉，依法行使了上诉权利，对上述两案中现有设计抗辩的成立提出异议。上述两案二审期间，（2019）粤 73 民初 2099、2100 号两案民事判决书尚未发生法律效力，现有设计抗辩是否成立仍有待二审法院审查，凌微公司在被诉侵权产品实施的是否是现有设计尚未有最终定论的情况下，没有立即撤回对薏米桔内衣厂的起诉，符合常理。在此期间内，凌微公司撤回对薏米桔内衣厂的起诉，属于对其诉讼权利的处分，并不表明其具有拖延诉讼的故意。因此，在（2019）粤 73 民初 2101 号案中凌微公司并非在明知其诉讼请求无法得到法院支持的情况下仍然提起诉讼以谋取不正当利益，不具有超出诉讼本身的不正当目的。

综上所述，法院认为，凌微公司在本案专利的有效期内起诉薏米桔内衣厂侵犯其专利权具有合法的权利基础，其诉讼行为并不表明其具有利用诉讼程序达到损害他人合法权益或谋取非法利益的恶意，不构成恶意提起知识产权民事诉讼，无须承担相应的民事责任。

【法官评述】

知识产权恶意诉讼是指以获取不正当利益为目的，无事实和法律依据故意提起知识产权诉讼的行为。当前理论和实务学界认为该类诉讼行为本质属于侵权行为，侵权案件应当依照《中华人民共和国侵权责任法》第六条进行判断，最高人民法院民三庭曾在《关于恶意诉讼的研究报告》中针对恶意提起民事诉讼进行了调研。知识产权恶意诉讼具有特殊性及特殊的表现形式，对是否构成知识产权恶意诉讼，应当结合知识产权的特殊性从两方面进行审查：1. 提起知识产权诉讼是否具有权利基础和事实基础；2. 起诉方在提起知识产权诉讼时是否具有不正当目的。

一、起诉方是否具有一定的权利基础和事实基础

提起知识产权诉讼的前提是起诉方应具有一定的权利基础，即享有知识产权。

当前对于权利基础的认定主要从以下两方面进行审查：1. 享有的知识产权是否有效；2. 权利人取得该权利是否正当。在知识产权诉讼中，因权利随时可能会被宣告无效或被撤销，因此，在审理知识产权案件过程中需要审查该权利是否处于有效状态。但在诉讼过程中知识产权被宣告无效或者被撤销并不能直接推出当事人对权利有瑕疵是明知的。同时，在恶意提起知识产权诉讼的案件中，判断一方当事人是否具有恶意，还需审查取得该知识产权是否正当。在司法实践中，存在有一方当事人在明知是侵犯他人权利的情况下利用外观设计专利权和实用新型专利权非实质性审查的特点申请侵害他人的专利权，在此种情况下利用所取得的知识产权提起侵权诉讼，难以证明该当事人非出于恶意。

起诉方是否具有事实基础则是指提起诉讼的一方当事人是否有证据证明被诉方实施了侵害其知识产权的行为，如没有证据证明被诉方实施了侵权行为而提起诉讼，难谓其行为的正当性。在凌微公司向广州知识产权法院提起的 2099 号、2100 号、2101 号案件时，凌微公司的外观设计专利权均处在有效期内，亦无相关证据证明凌微公司在取得相关外观设计专利权时存在恶意。同时，在凌微公司提起诉讼前，进行了相应的公证取证工作，向被诉方购买了被诉侵权产品，且将该案被诉侵权产品与涉案专利进行比对后认为被诉侵权产品落入涉案专利权保护范围内，并提交了被诉方实施制造、销售和许诺销售侵害凌微公司外观设计专利权的产品的初步证据。因此，凌微公司起诉薏米桔内衣厂及其他企业或公司的行为具有一定的权利基础和事实基础。

二、起诉方在起诉时是否具有不正当目的

知识产权恶意诉讼的恶意即是起诉方在提起诉讼时明知其诉讼请求缺乏事实依据或法律依据仍提起诉讼，在主观上具有积极侵害他人权利的目的。在判定起诉方是否具有不正当目的时，现阶段的司法实践多以起诉方在诉讼时是否明知其权利具有瑕疵，若明知或者应当知道自己的权利具有瑕疵仍然起诉，可以认定其具有不正当目的。如在腾讯公司诉谭某文恶意提起专利权诉讼案件中，谭某文申请了企鹅音箱的外观设计专利权后，腾讯公司以谭某文侵害其著作权和商标权为由起诉谭某文，该案达成和解后，谭某文未履行和解协议中约定的撤回其侵害腾讯著作权和商标权的外观设计专利权的义务，且在腾讯与某公司达成合作制造、销售企鹅外形音箱后起诉腾讯公司侵害谭某文的外观设计专利权，该诉讼后因谭某文享有的外观设计专利权被宣告无效后判决驳回，后腾讯公司起诉谭某文恶意提起专利权诉讼。深圳市中级人民法院在审理该知识产权恶意诉讼的案件中认为，在谭某文起诉腾讯公司侵害其外观设计专利权之前，谭某文与腾讯公司已因该外观设计专利权与腾讯公司发生诉讼并达成和解，谭某文同意停止侵权并赔偿，因此，谭某文在提起外观设计专利权诉讼时已经明知其所享有的外观设计专利权具有瑕疵，仍提起诉讼，可认定谭某文在提起该案诉讼时具有不正当目的。而在凌微公司诉薏米桔内衣厂侵害外观设计专利权案件中，并无证据证明凌微公司在起诉时明知其外观设计专利权具有瑕疵，不能认定凌微公司有不正当目的。薏米桔内衣厂起诉凌微公司认为2099号案件、2100号案件的一审判决中，广州知识产权法院认定两案被告主张的现有设计抗辩成立，但凌微公司在判决送达后仍未撤诉，直至2020年3月撤诉，造成了薏米桔内衣厂的损失，构成恶意提起知识产权诉讼。但，在2099号、2100号案件一审判决送达凌微公司后，凌微公司提起上诉，一审判决并未生效，一审判决中所认定的事实还有待广东省高级人民法院审查，因此，凌微公司未在一审判决送达后立即撤回2101号案件的起诉符合常理。凌微公司在2101号案件中并非明知其诉讼请求无法得到法院支持的情况下仍然提起诉讼以谋取不正当利益，不具有不正当目的。

综上，本案专利权人在专利有效期内起诉侵害其专利权的诉讼具有合法的权利基础，且专利权人并无利用诉讼程序达到损害他人合法权益或谋取非法利益的恶意，不构成恶意提起知识产权民事诉讼，无须承担相应的民事责任。

编写人：广州知识产权法院　谭卫东

（编辑：王冠燕）

46

优衣库公司、迅销公司与指南针公司、中唯公司因恶意提起知识产权诉讼损害责任纠纷案

阅读提示：知识产权恶意诉讼的认定及其赔偿责任。

【裁判要旨】

恶意提起知识产权诉讼行为的认定，应当根据当事人提起诉讼前后的一系列行为进行综合分析认定，具体考察行为是否满足以下构成要件：1. 一方当事人提起知识产权侵权诉讼；2. 提起诉讼的一方当事人主观上具有恶意；3. 该诉讼行为给另一方当事人造成了实际损害后果；4. 诉讼行为与损害后果之间具有因果关系。构成恶意诉讼的，应当赔偿对方为了应对恶意诉讼产生的损失以及诉讼中的律师费、公证费、差旅费等合理费用。

【案号】

一审：广州市天河区人民法院（2018）粤 0106 民初 21319 号

二审：广州知识产权法院（2020）粤 73 民终 3687 号

【案情与裁判】

上诉人（一审被告）：广州中唯企业管理咨询服务有限公司（以下称“中唯公司”）、广州市指南针会展服务有限公司（以下称“指南针公司”）

被上诉人（一审原告）：迅销（中国）商贸有限公司、优衣库商贸有限公司（以下分别称“迅销公司”“优衣库公司”）

起诉与答辩

迅销公司、优衣库公司向一审法院请求判令：1. 中唯公司、指南针公司共同赔偿迅销公司、优衣库公司经济损失 4736719.89 元；2. 中唯公司、指南针公司赔偿迅销公司、优衣库公司合理费用共计 10 万元；3. 诉讼费由中唯公司、指南针公司承担。

一审审理查明

2014 年 3 月，指南针公司向迅销公司、优衣库公司发出律师函，称侵犯了其享有的涉案注册商标专用权，要求迅销公司、优衣库公司立即停止侵权并作出合理赔偿。之后，指南针公司、中唯公司以迅销公司及其下属分公司，优衣库公司及其下属分公司侵害指南针公司、中唯公司涉案商标专用权为由，以相同诉讼请求分别在北京、上海、广东、浙江四地针对迅销公司或优衣库公司及其多家门店提起了 42 起商标侵权诉讼。迅销公司、优衣库公司提交相关证据证明因指南针公司、中唯公司的恶意诉讼，导致其产生经济损失和合理费用共计 4836719.89 元。

一审判理和结果

一审的争议焦点为：1. 指南针公司、中唯公司起诉迅销公司、优衣库公司侵害其涉案商标专用权的行为是否构成恶意诉讼；2. 法律责任的承担问题。

关于争议焦点 1，指南针公司、中唯公司起诉迅销公司、优衣库公司侵害其涉案商标专用权的行为是否构成恶意诉讼。

诚实信用原则是一切市场活动参与者所应遵循的基本准则，诚信同时也是我国社会主义核心价值观的重要内容之一。一方面，它鼓励和支持人们通过诚实劳动积累社会财富和创造社会价值，并保护在此基础上形成的财产性权益，以及基于合法、正当目的支配该财产性权益的自由和权利；另一方面，它又要求人们在市场活动中讲究信用、诚实不欺，在不损害他人合法利益、社会公共利益和市场秩序的前提下追求自己的利益。民事诉讼活动同样应当遵循诚实信用原则。一方面，它保障当事人有权在法律规定的范围内行使和处分自己的民事权利和诉讼权利；另一方面，它又要求当事人在不损害他人和社会公共利益的前提下，善意、审慎地行使自己的权利。任何违背法律目的和精神，以损害他人正当权益为目的，恶意取得并行使权利、扰乱市场正当竞争秩序的行为均属于权利滥用，其相关权利主张不应得到法律的保护和支持。

所谓恶意诉讼，通常是指当事人以获取非法或不正当利益为目的而故意提起的法律上和事实上无根据之诉，并致使相对人在诉讼中遭受损失的行为。恶意诉讼本质为侵权行为，其行为表现为滥用权利而非正当行使权利，其目的在于获取非法或不当利益，同时亦使相对人在诉讼中遭受损害，而非对法律赋予其的权利进行救济。根据《中华人民共和国民法通则》和《中华人民共和国侵权责任法》的相关规定，恶意诉讼应具备主观过错、侵害行为、损害后果、侵害行为和损害后果之间有因果关系四个要件。即认定某种具体的诉讼行为属于恶意提起知识产权诉讼，应当满足以下构成要件：1. 一方当事人以提起知识产权诉讼的方式提出了某项请求；2. 提出请求的一方当事人具有主观上的恶意；3. 具有实际的损害后果；4. 提出请求的一方当事人提起知识产权诉讼的行为与损害后果之间具有因果关系。

关于要件 1，所谓“提出了某项请求”，通常是指提出请求的一方当事人利用法律赋予的诉讼权利，提起了知识产权诉讼，并且已将另一方当事人拖入诉讼程序中，使另一方当事人陷入一种不利的境地。一审法院查明，指南针公司、中唯公司针对迅销公司、优衣库公司在全国多地提起共计 42 起案件诉讼，要求确认迅销公司、优衣库公司侵权并赔偿损失及支付合理费用，将迅销公司、优衣库公司拖入涉案商标侵权诉讼中，其已完成提出具体诉讼请求的行为。

对于要件 2，所谓恶意，是指提出请求的一方当事人明知其请求缺乏正当理由，以有悖于权利设置时的目的，不正当地行使诉讼权利，意图使另一方当事人受到财产或信誉上的损害。《中华人民共和国民法通则》第四条规定，民事活动应当遵循自愿、公平、等价有偿、诚实信用的原则。本案中，最高人民法院作出的（2018）最高法民再 378、380、381、382、383、390、391、392、393、394、395、396 号民事判决均认定：“指南针公司、中唯公司以不正当方式取得商标权后，目标明确指向优衣库公司等，意图将该商标高价转让，在未能成功转让该商标后，又分别以优衣库公司、迅销公司及其各自门店侵害该商标专用权为由，以基本相同的事实提起系列诉讼，在每个案件中均以优衣库公司或迅销公司及作为其门店的一家分公司作为共同被告起诉，利用优衣库公司或迅销公司门店众多的特点，形成全国范围内的批量诉讼，请求法院判令优衣库公司或迅销公司及其众多门店停止使用并索取赔偿，主观恶意明显，其行为明显违反诚实信用原则，对其借用司法资源以商标权谋取不正当利益之行为，依法不予保护；优衣库公司关于指南针公司、中唯公司恶意诉讼的抗辩成立，予以支持。”可见，指南针公司、中唯公司依据其以不正当方式取得的涉案商标专用权对迅销公司、优衣库公司所提起的42起商标侵权诉讼，具有明显的主观恶意。

对于要件3，在知识产权诉讼中造成对方当事人实际的损害后果。根据现有证据可知，迅销公司、优衣库公司为应对42起商标侵权诉讼已支付了律师费、差旅费、公证费、诉讼费等费用，且在42起案件诉讼期间为了避免被指控的侵权行为再度扩大而主动调整相关涉案产品的销售，确实给迅销公司、优衣库公司造成巨大经济损失的损害后果。

对于要件4，侵权行为与损害后果之间具有因果关系，即损害后果如社会声誉的降低、财产的损失等均是由对方当事人滥用诉讼权利的行为所导致。本案中，考虑到商标专用权案件的专业性、复杂性，迅销公司、优衣库公司为维护自身合法权益聘请律师应对诉讼，符合常理，其所支付的律师费及为应对诉讼而进行举证工作所支出的公证费、差旅费亦属必要。另，42起商标侵权诉讼涉及迅销公司、优衣库公司及其在全国各地的多家门店，诉讼导致这些门店支出额外费用对涉案相关产品的销售进行调整处理。因此，上述费用与指南针公司、中唯公司恶意提起的商标专用权侵权诉讼具有当然的因果关系。

关于争议焦点2，法律责任的承担问题。如前述，指南针公司、中唯公司提起的42起商标侵权诉讼属于恶意诉讼，给迅销公司、优衣库公司造成了经济损失。依据《中华人民共和国侵权责任法》第十五条的规定，应承担赔偿损失的民事责任。关于赔偿金额，一审法院综合考虑以下因素：1. 指南针公司、中唯公司以不正当方式取得涉案商标专用权；2. 涉案商标明确指向优衣库公司，指南针公司、中唯公司意图将该商标高价转让；3. 在未能成功转让涉案商标后，指南针公司、中唯公司又分别以优衣库公司、迅销公司及其全国多家门店侵害该商标专用权为由，以基本相同的事实提起系列诉讼，形成全国范围内的批量诉讼，主观恶意明显；4. 指南针公司、中唯公司借用司法资源以商标权谋取不正当利益；5. 在最高院已认定指南针公司、中唯公司提起42起系列案诉讼属于恶意的情况下，指南针公司、中唯公司仍以其先前获得涉案商标专用权为由坚称依法行使权利，其利用合法形式来掩盖侵权实质行为的主观恶意明显，有违诚实信用原则；6. 迅销公司、优衣库公司应对42起商标侵权诉讼支付了巨额费用；7. 迅销公司、优衣库公司因 42 起商标侵权诉讼调整相关产品销售所产生的巨大经济损失。据此，迅销公司、优衣库公司请求判令指南针公司、中唯公司赔偿经济损失及维权合理费用共计 4836719.89 元，一审法院全部予以支持。

近年来，随着电子商务的发展，围绕知识产权的恶意诉讼频发，一些权利人为了非法获利，故意通过虚假陈述、伪造凭证和恶意抢注商标等手段提起诉讼。恶意诉讼，一是损害了善良公民的合法权益，二是造成了国家司法资源的极大浪费，三是破坏了法律信仰。一审法院认为，在加强知识产权司法保护的同时，也要加大对侵权及恶意诉讼的惩戒力度，推动知识产权领域诉讼诚信体系建设。通过制裁恶意诉讼，规范知识产权诉讼秩序，营造诚实守信的良好营商环境。

综上，一审法院依照《中华人民共和国民法通则》第四条，《中华人民共和国侵权责任法》第六条、第十五条，《中华人民共和国民事诉讼法》第六十四条之规定，判决：中唯公司、指南针公司自判决发生法律效力之日起十日内，赔偿迅销公司、优衣库公司经济损失及维权合理费用共计 4836719.89 元。一审案件受理费 45500 元、保全费 5000 元，均由中唯公司、指南针公司负担。

上诉与答辩

中唯公司、指南针公司上诉请求判令：1. 撤销一审判决依法改判或发回重审，驳回迅销公司、优衣库公司全部诉讼请求；2. 本案全部诉讼费用由迅销公司、优衣库公司承担。事实与理由：1. 诚实信用原则的适用不能违反平等、公平原则，也不能违反社会稳定的要求；2. 中唯公司、指南针公司不存在恶意诉讼的事实，一审法院理解适用法律错误且认定错误；3. 一审法院存在对基本事实认定不清，部分事实认定错误的情形；4.（2013）沪黄证经字第 14546 号公证书来源不合法，是迅销公司、优衣库公司通过违反诚实信用原则的方式取得；5. 最高人民法院作出的（2018）最高法民再 378、380、381、382、383、390、391、392、393、394、395、396 号民事判决书认定中唯公司、指南针公司存在恶意是错误的；6. 一审法院对于迅销公司、优衣库公司提交的证据都予以采纳违反了法定程序。7. 迅销公司、优衣库公司要求的损失除却没有因果关系外，还存在没有证据证明及要求过高的问题。

迅销公司、优衣库公司答辩称：1. 中唯公司、指南针公司对诚实信用原则的基本内涵不理解，从而导致其观点在根本上无法成立；2. 涉案商标是中唯公司、指南针公司以不正当手段所注册取得，中唯公司、指南针公司系专门从事商标注册并转让，利用商标注册进行牟利的主体；3. 一审法院事实认定清楚；4. 中唯公司、指南针公司提出大量商标侵权诉讼，导致迅销公司、优衣库公司支出了相应维权费用及产品经营损失，与本案之间具有直接因果关系；5. 最高人民法院的再审判决为生效民事判决，事实认定清楚，法律适用正确。

二审审理查明

根据（2013）粤广海珠第31505号公证书显示，2013年11月25日，中唯公司、指南针公司对迅销公司、优衣库公司天猫旗舰店内销售涉案产品进行证据保全。根据（2013）粤广海珠第32113、32112号公证书显示，2013年12月2日，中唯公司、指南针公司对迅销公司、优衣库公司位于广州市高德广场和太古汇内店铺的涉案产品进行证据保全。2013年12月17日、18日，上海市华诚律师事务所代理人柯某军与上海市黄浦公证处公证员共同前往广州市天河区体育西路111号建和中心29楼北京华唯环球国际知识产权代理有限公司、中唯公司经营场所，与中唯公司的黄某伟、王某娜洽谈涉案注册商标转让事宜。上海市黄浦公证处对上述洽谈过程出具（2013）沪黄证经字第14546号公证书。该公证书显示：在洽谈过程中，柯某军询问涉案注册商标从原来商定的8万元提高到800万元的原因。黄某伟表示转让价格不能低于800万元，其目标是要将该商标作为某日方企业的附属品牌，卖给该企业。该商标适合日方企业和投资者，不适合一般的使用者。之后，王某娜带柯某军参观了上述日方企业位于广州市天河区天河路383号太古汇商场的“优衣库”专卖店。参观完后，黄某伟表示上述日方企业即是“优衣库”的经营者。其后，迅销公司、优衣库公司为应对即将产生的诉讼对涉案产品的包装袋及吊牌等进行摘除处理，产生了迅销公司、优衣库公司为摘除涉案产品便携袋及吊牌所支出的作业费用，包括：向物流合作方伊藤忠物流（中国）有限公司上海分公司支付作业费132939.56元、向物流合作方日通国际物流（深圳）有限公司支付作业费24186.99元；以及迅销公司、优衣库公司摘除涉案便携袋及吊牌所遭受的损失，包括：摘除的便携袋价值2210531.28元、因摘除便携袋下调产品价格所遭受的损失4396000元、因产品销量降低所遭受损失4130952元，本案迅销公司、优衣库公司按最低金额计算方式主张该项损失为 221 万元。自 2014 年 3 月起，中唯公司、指南针公司开始向法院提起涉案商标侵权案件的起诉。

二审判理与结果

本案为因恶意提起知识产权诉讼损害责任纠纷。结合各方的诉辩意见，二审主要审查以下争议焦点：中唯公司、指南针公司是否存在恶意提起知识产权民事诉讼的行为，以及一审判决认定的法律责任是否正确。

二审法院认为，《中华人民共和国民事诉讼法》第十三条规定："民事诉讼应当遵循诚实信用原则。当事人有权在法律规定的范围内处分自己的民事权利和诉讼权利。"诚实信用原则要求当事人在民事诉讼中秉持诚实，善意行使权利和履行义务，它一方面保障当事人在合法范围内行使自己的诉讼权利，另一方面又要求当事人不得以损害他人利益为目的提起诉讼。恶意提起知识产权民事诉讼，是指当事人以获取非法或不正当利益为目的而故意提起的在法律上或事实上无依据的诉讼，致使相对人在诉讼中遭受损失的行为。根据《中华人民共和国侵权责任法》第六条第一款规定："行为人因过错侵害他人民事权益，应当承担侵权责任。"恶意提起知识产权诉讼损害责任纠纷，本质上属于侵权纠纷，适用过错责任原则。恶意提起知识产权诉讼行为的认定，应当根据当事人提起诉讼前后的一系列行为进行综合分析认定，具体考察行为是否满足以下构成要件：1. 一方当事人提起知识产权侵权诉讼；2. 提起诉讼的一方当事人主观上具有恶意；3. 该诉讼行为给另一方当事人造成了实际损害后果；4. 诉讼行为与损害后果之间具有因果关系。

本案中，一审法院根据最高人民法院作出的（2018）最高法民再 378、380、381、382、383、390、391、392、393、394、394、396 民事判决书的相关认定，认定中唯公司、指南针公司依据其以不正当方式取得的涉案商标专用权对迅销公司、优衣库公司所提起的 42 起商标侵权诉讼具有明显的主观恶意，认定正确，二审法院予以维持。

在中唯公司、指南针公司在涉案商标侵权诉讼前进行相关证据保全之后，迅销公司、优衣库公司通过（2013）沪黄证经字第 14546 号公证书证明的内容，获知中唯公司、指南针公司的意图是要将其以不正当方式取得的涉案商标专用权高价转让给迅销公司、优衣库公司。为了维护自身的合法权益，迅销公司、优衣库公司对其涉案产品进行摘除吊牌等相关调整处理，并且聘请律师参与中唯公司、指南针公司提起的一系列商标侵权诉讼。由于中唯公司、指南针公司提起的涉案商标侵权诉讼均属于恶意提起知识产权民事诉讼的行为，因此一审法院综合考虑各项因素，认定中唯公司、指南针公司应当赔偿迅销公司、优衣库公司为了应对恶意诉讼产生的损失，包括诉讼即将发生之际的调整摘除吊牌产生的损失、诉讼中的律师费、公证费、差旅费等合理费用共计4836719.89元，认定正确，合法合理，二审法院予以维持。

中唯公司、指南针公司的上诉理由均依据不足，不能成立，其上诉请求应予驳回。一审判决认定事实清楚，适用法律正确，二审法院予以维持。依照《中华人民共和国民事诉讼法》第一百七十条第一款第（一）项规定，判决如下：驳回上诉，维持原判。

【法官评述】

该案例涉及认定因恶意提起知识产权诉讼行为的构成要件问题。《与贸易有关的知识产权协议》（以下简称TRIPS协议）第四十八条第一项规定，如果一方当事人滥用了知识产权执法程序，司法部门应有权责令该当事人向受到非法禁止或限制的另一方当事人对因滥用而造成的损害提供适当的赔偿。为了防范知识产权的诉权滥用，我国《民事案件案由规定》于2011年进行了修订，增加了因恶意提起知识产权诉讼损害责任的案由。对于因恶意提起知识产权诉讼行为的具体构成要件，现行法律、法规及相关司法解释尚无明确规定，本案判决对此进行探索。

由于因恶意提起知识产权诉讼的行为属于民事侵权行为，故首先应参照侵权四要件的一般性规定来认定其构成要件。同时，针对专利权人因恶意提起诉讼的行为，《中华人民共和国专利法》第四十七条第二款作了原则性规定，专利权人具有主观恶意，明知其专利属于现有技术或者现有设计等必将导致专利无效的情形仍然实施了滥用诉权向他人提起侵害专利权诉讼的行为，在诉讼中造成对方损失的，属于因恶意提起侵害专利权诉讼的行为，应承担赔偿责任。针对商标权人因恶意提起诉讼的行为，《中华人民共和国商标法》第四十七条第二款规定，注册商标被宣告无效，无效前商标注册人因具有恶意提起诉讼给他人造成损失的，应当给予赔偿。针对品种权人因恶意提起诉讼的行为，《中华人民共和国植物新品种保护条例》也在第三十八条第二款进行了类似规定。

综合考虑上述规定，因恶意提起知识产权诉讼的行为应当由权利人具有主观恶意、权利人具有滥用诉权提起知识产权诉讼的侵害行为、诉讼行为造成对方当事人损失、侵害行为与损失之间存在因果关系四个要件共同构成。

对于造成对方当事人的损失，法院认定构成恶意提起知识产权诉讼行为的，应当承担赔偿责任，例如本案中，迅销公司、优衣库公司为应对42起商标侵权诉讼已支付的律师费、差旅费、公证费、诉讼费等费用，以及在42起案件诉讼期间为了避免被指控的侵权行为再度扩大而主动调整相关涉案产品的销售，对迅销公司、优衣库公司造成的巨大经济损失等损害后果，系由中唯公司、指南针公司恶意诉讼导致，应由中唯公司、指南针公司承担赔偿责任。

编写人：广州知识产权法院　朱文彬

（编辑：王冠燕）

47

通凌公司与百特利公司技术委托开发合同纠纷案

阅读提示：双方在技术开发合同履行过程中产生争议，对于合同未约定事项如何进行处理？

【裁判要旨】

合同当事人对约定内容产生争议或约定不明时，可以综合运用文义解释、体系解释及习惯惯例等方法进行解释，在合同体现有先后履行顺序的条款中，应考量在先义务的履行情况是否对后义务履行乃至合同目的的实现产生阻滞，避免对合同解释的机械把握。

【案号】

一审：广州知识产权法院（2019）粤73民初1960号

【案情与裁判】

原告：上海通凌新能源科技发展有限公司（以下称“通凌公司”）

被告：佛山市百特利农业生态科技有限公司（以下称“百特利公司”）

起诉与答辩

通凌公司起诉称：通凌公司、百特利公司于2016年2月18日签订《技术开发合作协议》《项目合作协议》，约定通凌公司负责技术研发和技术转让，百特利公司负责提供项目开发所需的场地、配套措施和每年50万元的项目研发资金。合同签订后，通凌公司依约完成了相关技术研发工作，并将研发成果申请了四项发明专利和三项实用新型专利，且全部登记在百特利公司名下。百特利公司自合同签订以来，一方面享受通凌公司提供的技术支持服务，另一方面却从未支付相应研发资金，自合同签订之日至今已拖欠3年研发资金共计150万元。通凌公司为完成研发任务垫付了应由百特利公司承担的设备、软件等款项，并委托关联公司上海通凌化工有限公司与第三方签订技术开发合作协议，购买项目所需的水产养殖专用系列配套设备，并垫付了相关款项。通凌公司多次向百特利公司催付上述款项，但百特利公司至今仍拒绝还款，其行为已构成严重违约，故通凌公司已于2019年7月22日函告百特利公司解除相关合作协议。通凌公司为维护自身合法权益，向法院提起诉讼，请求判令：1. 通凌公司、百特利公司签订的《技术开发合作协议》《项目合作协议》于2019年7月23日解除；2. 百特利公司支付研发资金150万元及利息；3. 判令百特利公司支付相关垫付款900030元及其利息；4. 判令百特利公司将相关专利权返还给通凌公司，并办理变更登记手续；5. 本案诉讼费用由百特利公司负担。

百特利公司答辩称：不同意通凌公司的诉讼请求，请求驳回通凌公司的全部诉讼请求。理由：1. 其同意解除涉案合同，涉案合同已不存在继续履行的客观条件。为履行涉案合同，百特利公司、通凌公司与案外人江苏江大泵业制造有限公司于2016年5月23日签订《工矿产品购销合同》，后百特利公司收到通凌公司提供的生态平衡仪等仪器后，发现不能正常运行，经与通凌公司、其他关联方多次沟通后均未得以改进，无法达到百特利公司将该设备投放市场进行运营生产的目的，也与百特利公司签订涉案协议的初衷相违背。百特利公司于2017年7月2日和2018年2月25日分别签署两份解除《工矿产品购销合同》的通知书，并邮寄给通凌公司，该事实已经（2018）苏1283民初972号民事判决、（2018）苏12民终2568号民事判决书确认。另外，通凌公司并未按照《项目合同协议》第三条约定在上海成立实验中试研究室，因而更不存在为后续产品的研发提供技术支持的可能。由于通凌公司的原因，涉案合同的目的无法实现，合作项目亦不能持续进行，通凌公司属于先期违约，百特利公司有权根据《中华人民共和国合同法》第六十七条规定行使先履行抗辩权，因此，百特利公司没有每年向通凌公司提供50万元研发资金的必要。2.《技术开发合作协议》第三条约定，应由百特利公司先期垫付技术开发过程中产生的相关费用，通凌公司没有垫付开发款项的义务，通凌公司主张已为百特利公司垫付款项与事实不符。3. 通凌公司要求百特利公司向其支付900030元垫付款于法无据。就通凌公司主张的专利代理费32020元、远程控制技术软件开发费10万元、便携式溶氧仪设备款8000元，百特利公司的法定代表人卢某伟已经应徐某国要求向徐某国支付完毕，徐某国业已出具相应收款凭证。特种设备款（生态平衡仪不锈钢外机箱体）16万元是通凌公司与上海天一高德机电实业有限公司自行购买的，百特利公司未予认可过，该款项应由通凌公司自行负担。气液泵所涉产品费用60万元，通凌公司提供的文件并无百特利公司盖章，百特利公司从未授权通凌公司或上海通凌化工有限公司实施该款项的任何事宜，该款项与本案无关。4. 徐某国虽为百特利公司股东，但百特利公司及公司其他股东并未作出任何认可或同意徐某国代表百特利公司实施本案所涉行为的股东会决议，故即使本案纠纷下的款项被认定为是徐某国为百特利公司而向其他第三方支付的，也应由徐某国自行承担。另外，徐某国在百特利公司的出资方式为货币出资，不存在以知识产权进行出资的可能。5. 百特利公司在合同履行期间并无任何违约行为，通凌公司在合同履行过程中存在瑕疵。涉案专利的申请人与专利权人均为百特利公司，百特利公司亦已持续在行使相应权利和缴纳相关费用，且通凌公司也不是相关设备的发明人。在涉案专利权的申请和认定无瑕疵，通凌公司没有证据证明百特利公司有将涉案专利返还给通凌公司的充分必要性的情况下，其无权要求返还。

一审审理查明

2016年2月18日，通凌公司（甲方）与百特利公司（乙方）签订《技术开发合作协议》，主要内容如下：“一、研究领域：针对水产养殖业方面生物技术的开发和专项设备的开发运用。1. 针对养殖方面的不同生物种群，开发各种系列微菌肽的生物制剂。2. 生态平衡仪的开发运用：即生物制剂通过该设备的协同运行，以改善水质的富氧条件，促进水产动物的健康生长、达到增产之功效。……三、双方的责任和义务。甲方的责任和义务：1. 甲方充分发挥研发单位在专业领域的影响力，会同乙方共同申报省、市乃至国家级科研项目和国家、省部级科技奖，以获得政府项目资金资助和奖励，促进本项目的顺利开展；2. 以乙方为主，以本项目为纽带，成立专项课题组，为乙方提供代培相关的科技攻关人员并负责相关的技术培训；3. 以甲方为平台，以现有项目为基础，拓展技术的延展性和宽泛性，继而为实现后续产品的技术升级和再次开发提供技术储备。乙方的责任和义务：1. 提供项目开发所需的场地、设备和配套实施；2. 针对不同用户，设计有针对性的技术方案；3. 先期垫付技术开发过程中产生的相关费用，待成功申报项目或转让技术后，再由双方共同分担；如项目技术研发未成功，则先期垫付费用由乙方承担。四、双方对技术成果及知识产权的权属约定：1. 项目申报所得经费，在保证项目研发正常开始之后的结余部分，由甲乙双方协商分配，分配比例原则上按 5∶5 执行；2. 本合同履行中产生的新技术成果及知识产权的归属归甲乙双方共同享有。新技术成果成功转让后，扣除研发成本并在保障技术转让后的后续服务费用及在保留进行二次技术开发费用的基础上，结余的利润部分由甲乙双方协商分配，分配比例原则上按 4∶6 执行。五、合作期限。合作时间自本协议签订之日起有效，合作期限为五年。……”通凌公司法定代表人徐某国、百特利公司法定代表人卢某伟在该协议上签名并加盖公章。

同日，通凌公司（甲方）与百特利公司（乙方）签订《项目合作协议》，主要内容为：“一、本项目由甲乙双方共同实施，甲方负责技术支持，其他所涉一切事物均由乙方承担。技术支持的具体事宜包括：1. 对设备的运行包括设备部件的制造、设备的总装制定技术方案及整体的技术协调；2. 综合本项目前期的实验情况，依据现有的设备总成，在六个月之内可以完成 2—3 项发明专利的前期申报并能如期实施；3. 在产品投放市场之前，甲方应完成本项目“生态平衡仪”ppt 的产品宣传、产品技术标准的制定、产品的使用指南等技术方案的备制及所有工作。……三、为保障设备的在线运行及后续产业的技术支持，甲方在上海成立实验中试研究室，乙方确保每年向甲方提供研发资金计人民币伍拾万元，以保障该项目产品的升级换代和再次开发的技术储备。……五、本协议一式二份，自双方盖章之日起生效，有效期为五年。……”通凌公司、百特利公司在该协议上加盖公章。

通凌公司提交了专利号为 ZL201620340048.1，名称为“一种用于水产养殖的生态平衡仪”的实用新型专利证书，该专利专利权人为百特利公司，发明人为徐某国，申请日为 2016 年 4 月 21 日，授权公告日为 2016 年 12 月 14 日；提交了专利号为 ZL201620340036.9，名称为“一种作用于耗氧的水生动物密度养殖的生态平衡系统”的实用新型专利证书，该专利专利权人为百特利公司，发明人为徐某国，申请日为 2016 年 4 月 21 日，授权公告日为 2016 年 12 月 14

日；提交了专利号为ZL201620340060.2，名称为“一种用于养殖水增氧杀毒一体化的专用设备”的实用新型专利证书，该专利专利权人为百特利公司，发明人为徐某国，申请日为2016年4月21日，授权公告日为2016年12月14日。

百特利公司提交了专利号为ZL201610251178.2，名称为“一种用于水产养殖的生态平衡仪”的发明专利证书，该专利专利权人为百特利公司，发明人为徐某国，申请日为2016年4月21日，授权公告日为2019年6月25日；提交了专利号为ZL201610251150.9，名称为“一种作用于耗氧的水生动物密度养殖的生态平衡系统”的发明专利证书，该专利专利权人为百特利公司，发明人为徐某国，申请日为2016年4月21日，授权公告日为2019年2月12日。另外，百特利公司作为申请人，于2016年6月15日向国家知识产权局提出申请号为201610417749.5，名称为“一种用于水产养殖的好氧混合菌群及其制备方法”的发明专利申请，发明人为徐某国，经查询该专利状态为已驳回申请；百特利公司作为申请人，于2016年4月21日向国家知识产权局提出申请号为201610251179.7，名称为“一种用于养殖水增氧杀毒一体化的专用设备”的发明专利申请，发明人为徐某国，经查询该专利状态为已驳回申请。

2018年10月30日，上海信好知识产权代理有限公司（以下简称信好公司）出具《证明》，拟证明四项发明专利（ZL201610251178.2、ZL201610251179.7、ZL201610251150.9、ZL201610417749.5）、三项实用新型专利（ZL201620340048.1、ZL201620340036.9、ZL201620340060.2）均由发明人通凌公司及徐某国提供并撰写发明专利所涉文件等所有资料。截至2016年5月27日之前，专利申请所涉费用均由当事人支付并按发明人要求，所有专利基于百特利公司名下，并以该公司作为申请人向国家专利局实际申报。其中，“发明人申请所涉专利清单”记载发明人为徐某国，申请人为百特利公司，“我公司收到通凌公司的款项清单”记载收到款项32030元。通凌公司提交了付款回单显示其2016年3月1日通过银行转账方式支付25260元给上海信好知识产权代理有限公司，2016年6月14日通过银行转账方式支付6770元给上海信好知识产权代理有限公司。

除本案纠纷外，通凌公司、百特利公司之间还存在经济往来如下：

1. 2016年1月31日，百特利公司（甲方）、上海天一高德电机实业有限公司（以下简称天一公司，乙方）、通凌公司（丙方）签订《以气液界面合成技术为基础搭载生物制剂微量点加控制系统及远程控制系统的合作开发协议》，主要内容如下：第一条项目名称：以甲方提供的微纳米气液界面合成装置搭载生物制剂的微量点加与远程控制：1. 以甲方提供微纳米气液界面合成技术即现有设备作为本项目的合作基础。2. 在该设备的基础上搭载生物制剂的微量点加与远程控制。……第三条研究开发经费的数额及其支付、结算方式。合作双方确定，按如下方式承担本合同项目的研究开发经费：1. 乙方负责微量点加系统的开发研制，产品定型后以配套设备向甲方定供，价格的确定以甲方的需求而定，按购销合同同步实施。2. 远程控制。技术软件开发费在本合同签订之日起 5 个工作日内甲方向乙方支付人民币 10 万元后生效。3. 地面控制的调试，以甲方送样机至乙方工厂后由乙方负责实施，以防止负责前拾套的费用，经双方技术确认后定型。……第八条合同解除。双方确定，出现下列情形，只是本合同的履行变化变成不必要或不可能的，甲方可以通知另一方解除本合同：1. 因发生不可抗力或技术风险；2. 甲乙双方通过书面协议解除本合同；3. 合同期限届满，甲乙双方不再续签本合同；4. 在合同期限届满之前，当事人一方明确表示或以自己的行为表明不再履行合同主要义务的；5. 当事人一方迟延履行合同主要义务，经催告后在合理期限内仍未履行；6. 当事人有其他违约行为致使合同目的不能实现的。第九条特别条款：1. 丙方作为甲方的全权代表，行使所有的权利和义务，并承担由此所涉的一切法律责任。在该协议即设备总装产品技术标准尚未定型之前，所有法律文本均由丙方代为签署；2. 产品技术方案的修正与产品定型以丙方确认签字为准；3. 研发过程中所涉知识产权由丙方组织实施并以甲方之名申请专利，知识产权归甲方所有。4. 丙方的特别权限：当产品定型后，丙方不再涉及甲乙双方的产品购销协议，权利和义务的移交以三方签署协议为准。……百特利公司、天一公司、通凌公司均在该协议上签名并加盖公章。2016 年 2 月 29 日，天一公司出具收款凭证，证明其已收到金额为 10 万元，由徐某国申请的银行本票，并注明该款项为徐某国个人代付款，执行合同 –2016–1–28。

2. 2016 年 4 月 20 日，杭州美控自动化技术有限公司（以下简称美控公司，甲方）与百特利公司（乙方）签订《产品购销合同》，内容为百特利公司向美控公司购买 1000 台便携式溶氧仪，单价 800 元，总价 80 万元，合同有效期为 2016 年 4 月 11 日至 2017 年 4 月 11 日。同日，美控公司出具收款凭证，证实收到通凌公司代理百特利公司并由徐某国个人垫付的购货款8000元，并开具了发票。

三、2016年5月23日，江苏江大泵业制造有限公司（以下简称江大公司，供方）、百特利公司（需方）、通凌公司（丙方）签订《工矿产品购销合同》，约定百特利公司向江大公司购买纳米水泵1000台，总价为35万元。供方和需方约定了自身权利义务后，与丙方约定特别条款：丙方代列协议首付款项，并承担该合同所有权利和义务。合同签订后，通凌公司于当日回给了江大公司100万元货款。通凌公司为证实其已就与百特利公司、江大公司签订的《工矿产品购销合同》履行过程中垫付的款项50万元向百特利公司提起另案诉讼，提交了广东省佛山市南海区人民法院作出的（2019）粤0605民初21843号民事判决。该判决结果为：1. 百特利公司应于判决发生法律效力之日起十日内向通凌公司返还垫付款50万元；2. 百特利公司应于判决发生法律效力之日起十日内向通凌公司支付以50万元为本金，从2019年7月13日起至2019年8月20日至按中国人民银行同期一年期贷款基准利率、从2019年8月21日起至清偿之日止按全国银行间同业拆借中心公布的同期同类贷款市场报价利率计算的利息；3. 驳回通凌公司的其他诉讼请求。判后，百特利公司不服，提出上诉。广东省佛山市中级人民法院于2020年8月19日作出（2020）粤06民终5209号民事判决，判决结果为：驳回上诉，维持原判。

四、通凌公司主张，2016年7月8日，通凌公司、天一公司签订《供货合同书》，约定通凌公司向天一公司购买"不锈钢户外箱柜"120台，单价为1950元，总金额为23.4万元。2017年12月20日，通凌公司、天一公司签订《谅解备忘录》，内容为：根据2016年7月8日双方签署的供货合作协议，所涉产品为通凌公司代理百特利公司研发生产的特种设备——生态平衡仪的不锈钢外机箱体，但在实际经营过程中，通凌公司与百特利公司目前正面临经济纠纷尚未解决，故该协议已无履约的可能。现就通凌公司委托供货方以生产的实际产品所造成的经济损失达成谅解备忘录：1. 根据协议，供货方实际生产的304不锈钢户外箱柜为120台，合同标的为23.4万元，现双方确认以现金结算为主，确认货款为20万元，并在此基础上按80%计算，总计货款为16万元；2. 所涉款项由通凌公司及徐某国个人为此担保并承担所有还款义务；3. 合同签署后在30日之内，通凌公司或徐某国个人向天一公司交付4万元货款，并质押转账支票一张届时无条件付款。余后款项通凌公司承诺每月还款不少于一万元，最迟于 2018 年 10 月 30 日之前应予清算。2018 年 11 月 2 日，天一公司出具证明，证实其已实际收到通凌公司、徐某国履行担保货款 14 万元，尚余 2 万元未到账。2019 年 1 月 29 日，天一公司出具收款证明，证实其已收到徐某国个人交付现金 2 万元。

第五，通凌公司主张，2017 年 5 月 8 日，上海通凌化工有限公司（以下简称通凌化工公司，甲方）与上海益顿机电设备有限公司（以下简称益顿公司，丙方）签订《技术开发合作协议》，主要内容为："……第二条项目合作方式：1. 乙方作为甲方上游产品的配套企业提供气液泵所涉系列的所有产品，甲方享有核定的优惠条件；2. 乙方提供所涉产品的同时对甲方在后续产品总成时提供所涉产品的技术资料及必要的技术配套支持。第三条技术合作要求：1. 在现有产品中，对双方已确认的技术指标双方签字确认；2. 在现有产品中设计技术升级或技术改造之需，则由甲方提供专利或技术方案。最终产品由甲方签收确认。第四条双方的权利及义务：……5；本合作协议的主要产品将用于水产养殖的专用系列。第五条合作技术的时效：本协议的时效将与附件及专利技术同步。……"通凌化工公司、益顿公司在上述协议上加盖公章。同日，通凌化工公司（甲方）、益顿公司（乙方）签订《技术开发合作协议附件三》，主要内容为根据 2017 年 5 月 8 日双方签署的技术合作协议及技术转让合作协议之要约，双方就 2.2 千瓦的生态平衡仪所涉的宽压电机产品生产研发、整体配套所涉具体要求进行了具体约定。2019 年 2 月 22 日，通凌化工公司、益顿公司出具证明，确认 2017 年 5 月 8 日签订的《技术开发合作协议》中，甲方为通凌化工公司，丙方即为实际履行协议中的乙方益顿公司。同日，通凌化工公司（甲方，转让方）、益顿公司（乙方，受让方）、杭州江潮电机有限公司（丙方，第三人）签订《专利技术转让合同协议》，约定根据 2017 年 5 月 8 日双方签署的技术开发合作协议及合作协议技改方案《协议附件一》之宗旨，双方在合作期间就乙方于第三方的生产合作中所涉技术合作及专利技术的使用等相关事宜，经三方当事人协商一致，签订协议如下："1. 专利发明人：通凌化工公司；专利名称：一种适用于生态养殖平衡仪的宽压电机及控制方法、一种适用于生态平衡仪的宽压电。2. 本专利技术的性质、工业化开发程度：工业产业化。3. 本合同的授权性质：技术合作与技术开发。

4. 使用本专利技术的时限及技术限定范畴：（1）授权使用；（2）时效参照技术专利同步；（3）该技术运用主要用于水产养殖行业，专利技术的限制范畴则参照专利中的权利保护要求所涉条款为准。5. 转让方的主要义务：（1）在合同生效之日起7天内，向受让方提交所有专利技术资料；（2）在合同履行过程中，技术开发前期甲方提供技术支持，技术转让后所及产品质量的监控检测均由乙方全权负责。……”通凌化工公司、益顿公司、江潮公司在该协议上加盖公章。2017年9月16日，通凌化工公司、益顿公司出具《产品质量验收交接证明》，证明收到通凌化工公司技术开发合作协议之款项人民币60万元。备注为：依据2017年5月8日双方签署的技术开发合作协议之要求，益顿公司协调江潮公司，对定向研发产品的数量含技术协议指标要求，向通凌化工公司交货经验收后，认定技术指标均已达到协议规范要求并以双方签字盖章予以确认，现银货二讫。2019年2月22日，通凌化工公司、益顿公司出具证明，确认2017年5月8日签订的《技术开发合作协议》中，甲方为通凌化工公司，丙方即为实际履行协议中的乙方益顿公司。同日，通凌公司、通凌化工公司出具《证明》，内容为通凌公司为通凌化工公司的控股子公司，在通凌公司与百特利公司签订技术合作协议期间，所涉技术支持（专利技术的提供），产品研发过程中的技术开发、技术方案的制定及业务协调等具体事宜均由通凌化工公司全权代理并为此承担所有的权利义务。同日，通凌公司、通凌化工公司出具《情况说明》，内容为：通凌公司为履行与百特利公司签订的《技术开发合作协议》及《项目合作协议》有关研发“生态平衡仪”的义务，特通过通凌化工公司委托益顿公司就生态平衡仪所需的2.2千瓦宽压电机进行研发、开模及式样定制。通凌化工公司向益顿公司实际代付相应款项人民币60万元。

通凌公司、百特利公司均确认，除本案涉案合同及上述经济往来之外，双方之间无其他关系往来。

2019年7月4日，通凌公司、通凌化工公司通过特快专递方式向百特利公司发出《律师函》，内容为：“……（一）贵司拖欠我委托人研发资金。2016年2月18日，通凌公司与贵司签署了《技术开发合作协议》及《项目合作协议》，约定贵司每年向我委托人提供研发资金50万元，有效期为五年。上述合同签订至今已有三年，贵司从未依约向我委托人支付研发资金，截至目前拖欠研发资金为人民币 150 万元。（二）贵司应偿还我委托人相关垫付款及损失。通凌公司基于与贵司之间的技术开发合作关系，已为贵司垫付如下款项：1. 2016 年 1 月 28 日，贵司与天一公司签署《技术合作开发合同》，约定贵司向天一公司支付软件技术开发费 10 万元，通凌公司为该合同第三方。该笔款项已于 2016 年 2 月 29 日由通凌公司代为支付（具体通过公司法定代表人徐某国先生支付）。该笔款项应由贵司承担。2. 2016 年 4 月 1 日，贵司与美控公司签订《产品购销合同》，通凌化工公司代贵司向美控公司购买便携式溶氧仪，购货款共计 8000 元。该笔款项已于 2016 年 4 月 20 日由通凌化工公司代为支付（具体通过公司法定代表人徐某国先生支付）。该笔款项应由贵司承担。3. 2016 年 5 月 23 日，贵司与江大公司签订《工矿产品购销合同》，约定通凌公司代贵司支付合同首付款 100 万元，该笔款项已于 2016 年 5 月 23 日由通凌公司支付。该笔款项应由贵司返还我委托人。4. 我委托人为履行有关合作义务，将四项发明专利权及三项实用新型专利权（发明人均为徐某国先生）均归于贵司名下。我委托人支付的专利申请相关费用共计人民币 32030 元（具体通过公司法定代表人徐某国先生支付）。该笔款项应由贵司承担。5. 2016 年 7 月 8 日，通凌公司为履行与贵司技术合作义务，而与天一公司签署一份《供货合同书》，购买项目研发的特种设备，但因与贵司的相关合作无法继续进行，导致通凌公司货款损失 16 万元。该笔款项应由贵司承担。6. 2017 年 5 月 8 日，通凌化工公司为履行与贵司技术合作义务，而与益顿公司签署一份《技术开发合作协议》，购买项目研发定制的专项设备，带有宽压区域功能的气液泵所涉系列所有产品，但因与贵司间的相互合作无法继续进行，导致通凌公司货款损失 60 万元。该笔款项应由贵司承担。综上，贵司自与我委托人合作过程中，共计拖欠相关款项为 3400030 元。贵司的违约行为已造成我委托人巨大的经济损失，并严重影响了我委托人的正常生产经营。现本律师代表委托人郑重向贵司提出如下要求：1. 望贵司收到本律师函后五日内付清上述全部款项及相关利息。2. 若贵司未在上述期限内履行还款义务，委托人将依法解除相关合同，并要求贵司将所有相关专利权及专利申请权变更登记在我委托人名下。”百特利公司于 2019 年 7 月 7 日签收该邮件。

2019 年 7 月 22 日，通凌公司、通凌化工公司通过特快专递方式向百特利公司发出《解除合同通知函》，内容为：“……我委托人已于 2019 年 7 月 4 日向贵司发出过催款律师函，要求贵司依据协议约定支付相关研发资金及返还垫付款。但时至今日，贵司仍置若罔闻，拒不履行还款义务。……1. 贵司与我司2016年2月18日签订的《技术开发合作协议》及《项目合作协议》，于贵司收到本通知函之日起解除；2. 贵司应在收到本函后五日内支付拖欠我委托人的研发资金和垫付款项共计人民币3400030元及相应利息损失；3. 贵司应在收到本函后五日内向国家知识产权局申请将合作项目所涉创新成果的专利权、专利申请权变更登记于我委托人名下。”百特利公司于2019年7月23日签收该邮件。

通凌公司提交了《厂房租赁协议书》，用以证实其2016年3月20日向天一公司租赁了厂房，租期至2020年3月19日。通凌公司主张其租赁该厂房用于建设《项目合作协议》第三条约定的研究室，并提交了照片7张。照片显示一处厂房，悬挂有两块铭牌，其中一块为“中科院上海高等研究院生态养殖工程技术试验中心”，另一块为“上海通凌新能源科技发展有限公司 中科院上海高等研究院课题合作单位 高效溶氧与动态智控一体化实验中心”。百特利公司不认可上述证据的真实性，称其对该实验室并不知晓，且上述照片均拍摄于本案诉讼期间。

百特利公司提交了《工矿产品购销合同》《解除〈工矿产品购销合同〉通知书》《解除〈工矿产品购销合同〉通知书（二）》及EMS投递记录，用以证实为履行涉案合同，其与通凌公司、江大公司签订《工矿产品购销合同》，后因通凌公司提供的产品不能正常运行，致使百特利公司签订涉案合同的目的不能实现，百特利公司两次向江大公司、通凌公司发出解除合同通知书。百特利公司还提交了江苏省泰州市人民法院作出的（2018）苏1283民初972号民事判决、江苏省泰州市中级人民法院作出的（2018）苏12民终2568号民事判决，用以证实通凌公司向江苏省泰州市人民法院提起诉讼，要求江大公司退还因《工矿产品购销合同》而收取的1018500元货款。该案判决结果为：江大公司于判决发生法律效力之日起十日内返还通凌公司货款965000元。江大公司不服，向江苏省泰州市中级人民法院提起上诉。该案判决结果为：1. 撤销江苏省泰州市人民法院（2018）苏1283民初972号民事判决；2. 驳回通凌公司的全部诉讼请求。

百特利公司主张其在2015年至2016年间，委托他人向通凌公司转账120万元，具体款项支付情况为：2015年10月9日委托邓某浇向徐某国转账支付

8万元、2015年11月3日委托邓某浇向徐某国转账支付12万元、2016年2月29日委托邓某浇向徐某国转账支付20万元、2016年5月20日委托林某莲向徐某国转账支付80万元。为此，百特利公司提交了汇款凭证、委托转账情况说明、银行账户明细单予以证实。百特利公司于本案中提交了《通凌公司就百特利公司的应付款代为付款的情况说明》一份，记载了通凌公司代为付款的时间、付款内容、付款单位、付款方式、金额、收款单位、发票情况及备注说明。其中，第1笔（收款单位备注为上海天一，金额为10万元）、第3笔（收款单位备注为上海信好，金额为25260元）、第4笔（收款单位备注为杭州美控，金额为8000元）、第5笔（收款单位备注为上海信好，金额为6770元）费用为通凌公司于本案中主张百特利公司返还的款项，上述款项共计140030元。2016年12月18日，徐某国向百特利公司出具《收款凭证》一份，内容为："今收到卢某伟个人汇款总计130万元整，款项去向如下：一、0.55千瓦气液界面发生器的开模50万元（模具）；二、2.2千瓦汽液界面发生器的开模30万元（模具）；三、江大泵业有限公司合同汇款50万元。以上合计人民币130万元。"在（2019）粤0605民初21843号案件审理过程中，通凌公司确认该凭证的第一、二项的款项支出，均依据双方之间签订的《技术开发合作协议》及《项目合作协议》，为研发、生产0.55千瓦、2.2千瓦的生态平衡仪所需的相关费用，具体包括产品设计、定型、模具开发、远程控制系统的软件升级、PLC控制系统总成及产品总成等费用。

百特利公司主张涉案专利的相关费用由其缴纳，并提交了办理登记手续通知书、收费收据、发票、信好公司的致函文件等作为证据，其中包括信好公司于2016年3月1日出具的《收据》（金额为3660元）和发票（金额为21600元），以及国家知识产权局于2016年4月26日出具的收费收据（共计9份，金额合计3660元）。通凌公司主张涉案专利的申请费用由其垫付，金额共计30230元。

百特利公司系有限责任公司（自然人投资或控股），成立于2016年1月11日，注册资本308万元，经营范围包括农业养殖生态环境污染治理及技术开发，对环保行业、新能源产业、微生物高科技项目投资及开发。

一审判理和结果

一审法院审理认为，通凌公司与百特利公司签订的《项目委托开发合同书》及《项目合作协议》均为双方当事人的真实意思表示，其内容未违反法律法规的强制性规定，合法有效，各方当事人均应遵照履行。

一、关于涉案合同应否解除问题

本案中，通凌公司主张其自涉案合同签订后已经依约完成了相关技术研发，并将研发成果申请了四项发明专利和三项实用新型专利，全部登记在百特利公司名下，但百特利公司从未向其支付研发资金，且未返还通凌公司为履行涉案合同而垫付的合同款项900030元，构成根本违约，故涉案合同应予解除。经审查，《项目委托开发合同书》虽约定双方合作开发用于水产养殖的生物制剂和专项设备生态平衡仪，并对技术成果和知识产权的权利归属进行了约定，但并未对双方的应履行内容和履行期限做出明确约定，而《项目合作协议》对通凌公司、百特利公司的权利义务进行了进一步约定。根据该协议的约定，通凌公司负责技术支持，需在六个月之内完成二至三项发明专利的前期申报并能如期实施，而百特利公司负责其他事务。就本案履行情况来看，通凌公司、百特利公司已于2016年4月至6月间先后就涉案项目进行了四项发明专利和三项实用新型专利的申请，其中二项发明专利和三项实用新型专利已经获得授权，可见通凌公司已经初步完成了该项申报工作。而且通凌公司也提交证据证实其参与多项百特利公司与案外人为履行涉案项目而签订的协议，并确定技术方案，双方就涉案合同约定的合作项目亦已制作出部分样机，可见涉案项目已经获得了阶段性实施，通凌公司已经履行了其合同约定义务。同样地，百特利公司亦为履行合同义务与案外人签订协议，并支付通凌公司相关代垫款项，可见百特利公司亦积极履行合同约定义务。虽然在合同履行过程中通凌公司对百特利公司应支付的代垫款项数额存在争议，但不宜因双方就该款项数额存在争议即简单视为百特利公司违约，故通凌公司据此主张百特利公司违约不能成立。

至于通凌公司主张百特利公司未支付研发资金150万元构成违约应否支持问题。经审查，双方在《项目合作协议》第三条明确约定，为保障设备的在线运行及后续产业的技术支持，通凌公司在上海成立实验中试研究室，百特利公司确保每年向通凌公司提供研发资金计人民币伍拾万元，以保障该项目产品的升级换代及产品的延伸和再次开发的技术储备。可见，通凌公司依约需履行成立实验中试研究室的义务，且百特利公司支付该笔款项的目的在于涉案项目产品技术升级和延伸。综合本案现有证据，一审法院认为百特利公司未支付上述款项并未构成违约，理由如下：第一，根据涉案协议的约定，通凌公司负有成立实验中试研究室的合同义务。本案中，通凌公司虽提交了厂房租赁协议和实验室照片等，用以证实其已依约成立了研究室，但其提交的租赁协议并未就厂房的用途做出约定，且提交的实验室照片显示该实验室为“中科院上海高等研究院生态养殖工程技术实验中心”“中科院上海高等研究院课题合作单位”“高效溶氧与动态智控一体化实验中心”，均未显示与百特利公司存在关联。而在《技术开发合作协议》签订时，通凌公司即已称其为“国务院发展研究中心课题合作单位、中科院上海高等研究院科企合作单位”，与通凌公司所称实验室所显示出的合作单位基本一致，故上述实验室不能排除系因其他项目而非本案项目而设立的可能性。通凌公司虽在庭审中所述，涉案项目所有产品的总装、研发等均于该实验室进行，但并未提供相应的证据证实上述主张，百特利公司对此亦不予认可，故通凌公司的举证不足以证实其已履行上述合同义务。第二，根据涉案协议的约定，百特利公司支付研发资金的目的在于保证涉案项目产品的技术升级和延伸。但从涉案合同的履行情况来看，合同约定的研究室未能设立，且在样机组装完成并交付后双方即因样机是否存在质量问题而发生争议，双方均未举证证实在争议发生后双方曾就涉案技术进行二次开发或升级，故百特利公司支付上述款项的条件尚未成就，其行为不构成违约。第三，通凌公司于庭审中还主张该150万元为其进行技术开发获得的报酬，因其已完成数项技术开发并申请了专利，百特利公司理应支付该款项。对此，一审法院认为，涉案合同第四条在对技术开发成果的知识产权归属做出约定的同时，亦对技术开发成果所获经济收益进行了分配，可见，一旦技术开发成果产生合同约定的收益，如获得项目申报经费、获得转让费等，通凌公司亦可获得收益分配，故其进行技术开发所获报酬应当依约认定，上述研发资金并非通凌公司进行技术开发获得的报酬。

综上，通凌公司主张百特利公司根本违约，并据此主张解除涉案合同依据不足，不予支持，但这不影响认定通凌公司已经做出要求解除涉案合同的意思表示。鉴于百特利公司在本案诉讼期间明确表示同意解除涉案合同，即其就解除涉案合同事宜已与通凌公司达成一致，一审法院据此认定涉案合同应予解除。

二、关于涉案合同解除后责任如何分担问题

根据《中华人民共和国合同法》第九十七条的规定，合同解除后，尚未履行的，终止履行；已经履行的，根据履行情况和合同性质，当事人可以要求恢复原状、采取其他补救措施，并要求赔偿损失。结合通凌公司的诉讼请求，分别论述如下：1. 关于研发资金 150 万元。如前所述，本案现有证据不足以证实通凌公司已经依约设立了研究室，且涉案合同履行过程中亦未成就该笔款项应予支付的条件，百特利公司未支付该款项不构成违约，通凌公司诉请百特利公司支付该款项缺乏依据，不予支持。2. 关于代垫款项 900030 元。通凌公司、百特利公司为履行涉案合同购置了相关的组件，现合同不能继续履行，该部分款项支出理应与本案一并处理。根据《技术开发合作协议》第三条对百特利公司责任义务的约定，百特利公司需先期垫付技术开发过程中产生的相关费用，待成功申报项目或转让技术后再由双方共同分担，若项目技术研发未成功，则先期垫付费用由百特利公司承担。《项目合作协议》第一条亦约定涉案项目实施过程中，通凌公司负责技术支持，其他一切事物均由百特利公司承担。因此，通凌公司为实施涉案项目而垫付的费用依约可以主张百特利公司返还，至于返还的具体数额将在下一个焦点问题中予以详细论述。3. 关于涉案合同履行期间的技术成果。通凌公司、百特利公司均确认涉案合同履行期间共进行了四项发明专利、三项实用新型专利的申请，其中二项发明专利、三项实用新型专利已获得授权，且权利人登记为百特利公司。鉴于通凌公司主张百特利公司严重违约导致涉案合同解除的主张不能成立，涉案合同解除并非百特利公司单方所致，一审法院对通凌公司所提主张将上述专利返还，并将权利人变更为通凌公司的主张亦不予支持。就已获得授权的五项专利而言，根据《技术开发合作协议》第 4 条第 2 项的约定，该合同履行中产生的新技术成果和知识产权的权属归双方共同享有，由此可以看出双方当事人均认可涉案项目技术开发的收益由双方分享，相应地，除双方已特别约定分担原则的部分之外，涉案项目技术开发的风险也由双方分担符合双方当事人签约时的本意，一审法院据此认定涉案合同所涉专利权应由通凌公司、百特利公司共同所有。至于通凌公司主张百特利公司返还的发明专利申请（申请号分别为 201610417749.5、201610251179.7，）因未能通过国家知识产权局的审查并获得授权，故不属于通凌公司主张返还的专利权范畴，亦不存在百特利公司予以返还的事实基础，一审法院对通凌公司的该项主张不予支持。

三、关于通凌公司诉请百特利公司返还款项 900030 元及其利息应否支持问题

本案中，通凌公司主张百特利公司返还的款项共计 5 笔，具体包括：1. 通凌公司支付给天一公司的合同款项 100000 元；2. 通凌公司支付给美控公司的合同款项 8000 元；3. 通凌公司支付给信好公司的款项 32030 元；4. 通凌公司支付给天一公司的合同款项 160000 元；5. 通凌化工公司支付给益顿公司的合同款项 600000 元。对于上述款项，百特利公司抗辩称第 1 ～ 3 笔款项其已支付给通凌公司，其对第 4、5 笔款项的发生并不知情，与其无关。通凌公司于本案中主张的 5 笔款项是否应当返还问题，一审法院分析认定如下：

第一，对于第 1 ～ 3 笔款项而言，从百特利公司提交的《通凌公司就百特利公司的应付款代为付款的情况说明》可知，该说明所记载款项均发生于 2016 年 2 月至 5 月之间，且说明中对数笔款项的具体支付时间和支付方式等均有详细记载，而这些信息通常情况下应由作为款项实际支付人的通凌公司所掌握，可见通凌公司提供上述信息给百特利公司或系就其已收到百特利公司的款项并代为支付的情况进行通报，或系将其已垫付款项明细告知百特利公司以便获得返还，且百特利公司对上述款项的发生及数额均知情且认可。鉴于通凌公司、百特利公司均认可双方间存在先口头协议收取款项再补签合同的行为，且百特利公司在 2015 年 10 月至 2016 年 5 月间已通过转账方式向通凌公司支付 120 万元，该款项支付期间与情况说明中记载的各笔款项支出期间基本相符，支付的项目也均与涉案合同的履行和涉案项目的推进直接相关，二者相互结合足以证实百特利公司已将款项支付给通凌公司。徐某国于 2016 年 12 月 18 日出具的收款凭证也显示其确认收到卢某伟汇款 130 万元，款项用于涉案项目的实施，亦可证实通凌公司认可百特利公司已支付款项 130 万元的事实。虽然通凌公司与百特利公司就支付给江大公司的合同款项中百特利公司实际支付的数额存在争议，并就此另案提起诉讼，但该争议仅是针对其中一笔款项的具体数额，并不能改变百特利公司已支付款项 130 万元给通凌公司用于涉案项目实施的事实。现通凌公司、百特利公司均确认双方之间除了本案所述及的经济往来之外并无其他往来，一审法院结合本案现有证据，认定百特利公司已支付的款项中已然包括第 1 ～ 3 笔款项，合计 140030 元，百特利公司对于上述 3 笔款项不负重复返还的义务。

第二，对于第4笔款项而言，该笔款项发生于通凌公司与天一公司之间，合同标的为不锈钢户外箱柜120台，通凌公司主张该不锈钢户外箱柜为生态平衡仪的组件，百特利公司对此不予认可。经审查，虽然百特利公司并未作为该合同的签订主体，但合同签订于2016年7月初，结合通凌公司、百特利公司在2016年上半年期间先后与多家案外人签订了购销协议购买产品组件用于组装生态平衡仪的事实，以及百特利公司确认于2016年7月28日收到样机，由此可以推定通凌公司代垫款项所购买的部分箱柜用于涉案项目的组装，百特利公司依约应当返还通凌公司代为支付的合同款项16万元，故此对通凌公司的该项诉讼请求予以支持。

第三，对于第5笔款项而言，该笔款项系据2017年5月8日签订的《技术开发合作协议》及其附件二《专利技术转让合作协议》、附件三《技术开发合作协议》产生，但双方于本案中均未提交证据证实自生态平衡仪样机制作完成后，双方为推进项目实施共同进行了技术开发或其他组件采购，而且《技术开发合作协议》及其附件二、三中所列明为履行合同所采用的技术也并非涉案专利，故从通凌公司的举证不足以证实该款项系因履行涉案合同，实施涉案项目而支出，故百特利公司对该笔款项不负返还义务。

综上所述，依照《中华人民共和国合同法》第六十条、第九十三条、第一百零七条，《中华人民共和国民事诉讼法》第六十四条第一款、第一百四十二条的规定，判决：1. 通凌公司、百特利公司于2016年2月18日签订的《技术开发合作协议》《项目合作协议》自判决发生法律效力之日起解除；2. 百特利公司于判决发生法律效力之日起十日内返还垫付款160000元及利息（以160000元为基数，按全国银行间同业拆借中心公布的贷款市场报价利率，自合同解除之日起支付至款项全部清偿之日止）给通凌公司；3. 确认专利号为ZL201610251178.2（名称为：一种用于水产养殖的生态平衡仪）、ZL201610251150.9（名称为：一种作用于耗氧的水生动物密度养殖的生态平衡系统）的发明专利的专利权，以及专利号为ZL201620340048.1（名称为：一种用于水产养殖的生态平衡仪）、ZL201620340036.9（名称为：一种作用于耗氧的水生动物密度养殖的生态平衡系统）、ZL201620340060.2（名称为：一种用于养殖水增氧杀毒一体化的专用设备）的实用新型专利的专利权为通凌公司、百特利公司共同所有，百特利公司应于判决发生法律效力之日起一个月内配合通凌公司办理变更登记手续；4. 驳回通凌公司的其他诉讼请求。

一审判决后，双方均未提起上诉，该判决已发生法律效力。

【法官评述】

企业间就某些技术研发项目达成合作关系已成为一种普遍现象，通过合作能够发挥各自优势，成功的合作能够促进科技的进步和成果的转化，达到“1+1>2”的效果。为确保合作项目的顺利进展，企业间通常会签订相关合同，双方应当按照合同约定全面履行义务。然而，合同履行过程中，出于约定内容不完善或对某些条款理解不一，容易导致合同当事人互相认为对方构成违约的情形而产生争议。在司法实践中，当事人所主张的问题在合同中完全未涉及的情形较少，多数情况下合同就相关问题使用了较为原则的方式进行约定，而委托方或受托方主张未完成或已完成开发内容属于合同约定范围之内，因此，判断合同履行中出现的问题是否在合同约定范围之内，是涉案纠纷获得有效解决的前提和基础。

本案涉及水产养殖领域的生物制剂和专项设备生态平衡仪等技术的合作开发，并涉及开发后申请的专利权归属，双方虽在合同中就研究经费支付、垫付款项返还、知识产权归属等方面进行了约定，但上述约定过于原则，有失明晰，也没有对于争议产生后如何处理进行约定，导致双方在合同履行过程中已对开发成果认定及多笔代垫款项频频产生争议，待技术成果未能如期转化为成熟的产品时更是陷入僵局，直至合作难以为继，并围绕上述合作产生多起诉讼。根据《中华人民共和国合同法》第一百二十五条的规定，当事人对合同条款的理解有争议的，应当按照合同所使用的词句、合同的有关条款、合同的目的、交易习惯以及诚实信用原则，确定该条款的真实意思。可见，这类判断往往涉及技术问题和法律问题的交织，更需要审理者认真梳理合同履行过程中的各项情形，并通过审查双方当事人的外在行为表现，准确判断其内在意思表示。例如，从双方就研究经费所产生的争议来看，原告方主张其已完成技术开发并申请专利，被告应当依约支付合同履行期间的研究经费。对此，法院经审理认为，首先，研究经费通常情形为研发工作所支付的对价，从合同文义来看，涉案合同已经明确约定被告支付研发资金系用于产品的升级换代和再次开发的技术储备，可见该笔资金的支付并非针对已完成的技术成果，而是针对双方在合同履行期间准备进行的技术合作而支付。其次，从合同其他条款的约定可知，双方对于已开发完成的技术成果的收益分配已做出明确约定，由此可见，受托方已完成的技术开发成果系通过合同约定方式，如项目申报经费、转让费等获得收益，而非由委托方即被告直接支付研发费用。最后，从交易习惯来看，双方在合同实际履行过程中产生的支出均采用受托人代垫款项后，委托人据实际发生款项再行支付的方式进行。特别是自产品制作完成样机之后双方即发生质量问题争议，并未就涉案技术进行二次开发或升级，亦不存在产生新款项支出的客观情况。综合上述理由，法院认定委托人支付该笔费用的条件不成熟，受托人诉请该笔款项缺乏依据，不应予以支持。以此为例可见，本案审理过程中，法院站在“理性第三人”的角度，充分考虑技术合同的特性，围绕双方争议的合同条款，从合同解释的一般规则出发，综合运用文义解释、体系解释及习惯惯例等方法，对双方在涉案合同履行过程中产生的诸多争议均进行了一次性解决，切实做到准确厘清双方责任，使得双方的纠纷得以彻底终结，实现了当事人服判息诉的司法效果。

同时，该裁判的做出也启示合同当事人在就技术转化进行合作时，要对技术风险具有充分的认知，不仅要对技术开发过程中的权利义务及知识产权归属进行约定，还要对开发不能顺利进行时可能产生的争议进行预判，只有这样才能做到防患于未然，确保合作成效，促进科技创新的社会效果。

编写人：广州知识产权法院　张姝

（编辑：王冠燕）